Reinhard Röseler

Frank Barthélemy/Bernd-Uwe Willen
Handbuch IAS/IFRS
Vom Projektplan bis zur erfolgreichen Umsetzung am Beispiel SAP R/3©

Bibliografische Information Der Deutschen Bibliothek
Die Deutsche Bibliothek verzeichnet diese Publikation in der Deutschen
Nationalbibliografie; detaillierte bibliografische Daten sind im Internet über
http://dnb.ddb.de abrufbar.

ISBN 3-448-05631-6   Bestell-Nr. 01156-0001

© 2003, Rudolf Haufe Verlag GmbH & Co. KG,
Niederlassung Planegg/München
Postanschrift: Postfach, 82142 Planegg
Hausanschrift: Fraunhoferstraße 5, 82152 Planegg
Tel. 089 89517-0, Telefax 089 89517-250
Internet: www.haufe.de, E-Mail: online@haufe.de
Lektorat und Redaktion: Dipl.-Kffr. Kathrin Menzel-Salpietro

Alle Rechte, auch die des auszugsweisen Nachdrucks, der fotomechanischen
Wiedergabe (einschließlich Mikrokopie) sowie der Auswertung durch Datenbanken
oder ähnliche Einrichtungen vorbehalten.

Desktop-Publishing: Agentur: Satz & Zeichen, Karin Lochmann, 83119 Obing
Umschlaggestaltung: Michaela Weiss, MikiOrangeDesign, 97941 Tauberbischofsheim
Druck: Bosch Druck GmbH, 84030 Ergolding
Zur Herstellung der Bücher wird nur alterungsbeständiges Papier verwendet.

Handbuch IAS/IFRS

Vom Projektplan bis zur erfolgreichen Umsetzung am Beispiel SAP R/3©

von
Frank Barthélemy
und
Bernd-Uwe Willen

Haufe Mediengruppe
Freiburg • Berlin • München • Zürich

Inhaltsverzeichnis

Geleitwort		**9**
Vorwort		**13**
A	**Notwendigkeit zur Internationalen Rechnungslegung**	**15**
1	Gesetzliche Rahmenbedingungen	16
1.1	IAS alias IFRS	16
1.2	US-GAAP	19
1.3	Wer muss umstellen?	24
1.4	Wer kann, soll oder „muss freiwillig" umstellen?	25
1.5	Chancen und Risiken einer Umstellung	26
2	Strategien zur Umstellung	31
2.1	Dualer Abschluss	32
2.2	Paralleler Abschluss	33
2.3	Befreiender Konzernabschluss	34
3	Probleme bei der IAS-Einführung	35
3.1	Unternehmensinterne Akzeptanz	35
3.2	Projektcharakter und zeitlicher Rahmen	36
B	**IAS – Themenpyramiden und Projektleitfaden**	**39**
1	IAS-Themenpyramiden	40
2	Projektleitfaden	43
2.1	Projektvorbereitungen	43
2.2	Projektteam und Entscheidungsgremien	48
2.3	Projektphasen und Meilensteine	50
C	**Bilanzierung**	**85**
1	Einleitung	86
2	Rahmenbedingungen der Konsolidierung und Bilanzierung	86
2.1	Übersicht der Bewertungsvorschriften nach IAS	86
2.2	Zielsetzungen, grundlegende Annahmen und qualitative Anforderungen der IAS	91
2.3	Die Definition und die Erfassung der Abschlussposten	96
2.4	Bewertung von Abschlussposten und Begriffe	98

Inhaltsverzeichnis

3	**Anlagevermögen**	**99**
3.1	Allgemeines	99
3.2	Begriff der Anschaffungs- und Herstellungskosten	101
3.3	Sachanlagen	104
3.4	Immaterielle Vermögenswerte	113
3.5	Leasing	124
4	**Umlaufvermögen**	**130**
4.1	Langfristige Fertigung (POC)	130
4.2	Vorräte	134
5	**Finanzanlagen, Forderungen und sonstige Vermögensgegenstände**	**141**
5.1	Einteilung des Finanzvermögens nach HGB und IAS	141
5.2	Ausweis des Finanzvermögens in IAS	142
5.3	Beteiligungen im IAS	143
5.4	Sonstiges Finanzvermögen	146
5.5	Notes im Finanzvermögen	159
6	**Eigenkapital**	**161**
6.1	Definition	161
6.2	Mindestgliederung des EK	161
6.3	Akkumuliertes übriges Einkommen	162
6.4	Eigene Anteile	163
6.5	Abgrenzung zum Fremdkapital	164
6.6	Stock Options (Mitarbeiteroptionen)	164
6.7	Notes zum Eigenkapital	166
7	**Fremdkapital und Rückstellungen (liabilities)**	**167**
7.1	Verbindlichkeiten	167
7.2	Pensionsrückstellungen und andere langfristige Leistungen	172
7.3	Steuerrückstellungen	177
7.4	Sonstige Rückstellungen, Eventualverbindlichkeiten und Eventualforderungen	178
8	**Latente Steuern**	**187**
9	**IAS-Konsolidierung**	**194**
9.1	Einführung	194
9.2	Aufstellungspflicht und Konsolidierungskreis	194
9.3	Erfassung, Bewertung und Erstkonsolidierungszeitpunkt im Konzernabschluss	196
9.4	Konsolidierungsverfahren und Konsolidierungsbereiche	198
10	**IAS-Arbeitsbilanz**	**199**
11	**Überleitungsrechnung nach US-GAAP**	**201**
11.1	Einführung	201
11.2	Aktivitäten für die Erstellung einer Überleitungsrechnung	202
11.3	Beispiele für eine Überleitungsrechnung	203

Inhaltsverzeichnis

12	IAS-Bilanzierungsrichtlinie	205
D	**Gewinn- und Verlustrechnung**	**207**
1	Konvergenz des internen und externen Rechnungswesens	208
1.1	Ziele des Rechnungswesens	210
1.2	Anforderungen des Controllings und der Kostenrechnung	213
1.3	Schaffung eines Ein-Kreis-Systems	215
2	Grundlagen zur Gewinn- und Verlustrechnung nach IAS/HGB	221
2.1	Abgrenzung der Erfolgsbegriffe	222
2.2	Ausweis nach dem Gesamt- oder Umsatzkostenverfahren	224
2.3	Vor- und Nachteile des Gesamtkosten- und Umsatzkostenverfahrens	231
2.4	Besonderheiten des Umsatzkostenverfahrens im Rahmen einer parallelen Bewertung	233
3	Herstellungskosten nach IAS/HGB	233
3.1	Rechtliche Grundlagen zur Herstellungskostenermittlung	234
3.2	Begriff der führenden Bewertung	242
4	Ableitung der Funktionsbereiche	242
5	Werteflüsse in der Kostenrechnung	246
5.1	Kostenartenrechnung	247
5.2	Kostenstellenrechnung	251
5.3	Kostenträgerobjekte der Kostenrechnung	254
6	F+E-Ausweis nach IAS	255
6.1	Rechtliche Grundlagen zur Aktivierung von Entwicklungskosten	256
6.2	Anpassung der organisatorischen Abläufe	257
6.3	Ausweis der Entwicklungskosten bei paralleler Bewertung	261
7	Langfristige Fertigung	261
7.1	Modelle zur Bewertung langfristiger Auftragsfertigung	262
7.2	Gesetzlicher Rahmen für langfristige Fertigung nach HGB und IAS	266
7.3	Beispiel zu langfristigen Fertigungsaufträgen	274
8	Konsequenzen für die GuV-Konzeption	279
E	**Kontenplan**	**281**
1	Einführung	281
2	Rahmenbedingungen zur Abbildung der parallelen Rechnungslegung	282
3	Verifizierung der Ergebnisse aus dem Bereich Bilanzierung	289

Inhaltsverzeichnis

4	Verifizierung der Ergebnisse aus dem Bereich GuV	291
5	Nomenklatur neuer Konten	294
6	Definition neuer Bewertungsbereiche	295
7	Festlegung neuer Konten	299

F	**Berichtswesen**	**303**
1	Einführung	303
2	Anforderungen an das interne und externe Berichtswesen	304
2.1	Anforderungen an das interne Berichtswesen	304
2.2	Anforderungen an das externe Berichtswesen	306
3	Gewinn- und Verlustrechnung und Bilanz	306
3.1	Bilanz	306
3.2	Gewinn- und Verlustrechnung	308
4	Eigenkapitalveränderungsrechnung	311
5	Kapitalflussrechnung	313
6	Segmentberichterstattung	315
6.1	Aufstellungspflicht nach HGB und IAS	316
6.2	Definition der Segmente nach IAS	319
6.3	Segmentinformationen nach IAS	321
6.4	Herleitung und Abbildung der Segmentinformationen unter SAP R/3®	325
7	Notes und Anlagenspiegel	331
7.1	Notes	331
7.2	Anlagespiegel	332
8	Konsequenzen für das Berichtswesen	335

G	**Realisation unter SAP R/3®**	**337**
1	Grundlegende Annahmen	337
2	Umsatzkostenverfahren	339
2.1	Funktionsbereiche definieren	339
2.2	Umsatzkostenverfahren zur Vorbereitung aktivieren	345
2.3	Funktionsbereiche eintragen	347
2.4	Substitution für Umsatzkostenverfahren einrichten	349
2.5	Ledger für das Umsatzkostenverfahren einrichten	352
2.6	Umsatzkostenverfahren aktivieren	356
3	Finanzbuchhaltung	357
3.1	Sachkonten	357
3.2	Umbuchen und Rastern der Forderungen und Verbindlichkeiten	360
3.3	Fremdwährungsbewertung	362
3.4	Ergebnisvortragskonten	372
3.5	Exkurs: Buchung von Rückstellungen	376
4	Anlagenbuchhaltung	377

Inhaltsverzeichnis

	4.1	Allgemeines zum Vorgehen der Umstellung der Bewertungsbereiche	377
	4.2	Anmerkungen zur führenden Bewertung IAS in der Anlagenbuchhaltung	378
	4.3	Statistischen Bewertungsbereich einrichten	379
	4.4	Echten IAS-Bewertungsbereich einrichten	389
5		Kostenrechnung und Controlling	398
	5.1	Einleitung	398
	5.2	Abstimmledger	399
	5.3	Exkurs: Anpassung Leistungsartentarife und Kalkulation	405
	5.4	Abwicklung F+E im Investitionsmanagement	406
	5.5	Ergebnisermittlung für langfristige Aufträge bzw. Projekte	417
6		Berichtswesen	436
	6.1	Bilanz und GuV	437
	6.2	Summensatzanzeige der speziellen Ledger	456
	6.3	Anhang (Notes)	459
	6.4	Kapitalflussrechnung	459
	6.5	Eigenkapitalspiegel	461
	6.6	Segmentberichterstattung	462
7		Einzel- und Integrationstests	464
8		Abnahme	469
H		**IAS going live – Produktivstart**	**471**
1		Einführung	471
2		Change Management zu neuen Prozessen/Aufgaben	473
3		Coaching der Key-User	478
4		Schulung der Endanwender	479
5		Erstellung eines Cut-Over-Plans	479
6		Vorbereitungen zum Produktivstart	483
7		Gesamtprojektabnahme	487
8		IAS going live: Nachbetreuung und Prüfungen zum ersten IAS-Abschluss	490

Literaturverzeichnis		**491**
Stichwortverzeichnis		**494**

Geleitwort

IAS/IFRS – Chancen für Controller und Controlling

International Accounting Standards (IAS)/International Financial Reporting Standards (IFRS) sind in einer globalisierten Wirtschaftswelt unverzichtbar. Diese Banalität bedeutet für die nationalen Legislativen und internationalen Gremien jedoch ein Kraftakt. Trotz aller Umstellungsängste, -widerstände, -mühen und -kosten sei folgende These an den Anfang dieses Praktiker-Handbuches gestellt: Mit der gleichen Selbstverständlichkeit wie wir heute mit Euros bezahlen, werden die meisten europäischen Unternehmen in naher oder etwas fernerer Zukunft nach IFRS berichten.

Die Globalisierung der Wirtschaft und die Internationalisierung von Unternehmen haben vor allem in der zurückliegenden Dekade an Tempo zugelegt. Weltumspannende Konzerne, wie z. B. Siemens oder General Electric, agieren schon seit langer Zeit auf sämtlichen Kontinenten. Mittlerweile sehen sich nicht wenige Unternehmen internationalem Wettbewerb ausgesetzt, die sich bis vor kurzem noch national beschränken konnten. So hat uns die Liberalisierung internationale Versorgungsunternehmen beschert. Ein schwäbischer, mittelständischer Automobilzulieferer, der Anfang der Neunziger noch über eine nationale Gesellschaft verfügte, produziert heute in fünf Ländern und auf drei Kontinenten. Das in den 80er-Jahren als visionär gefeierte Triade-Konzept, wonach ein global tätiges Unternehmen in den drei großen Wirtschaftsräumen Amerika (Nord und Süd!), Europa und Asien vertreten sein muss, ist heute für viele Unternehmen bereits Wirklichkeit.

Die Internationalisierung der Warenströme und die der Geldströme gehen Hand in Hand. Kaum etwas bewegt sich schneller und ist „flüchtiger" als Geld. Der Zugang zum Kapitalmarkt ist deshalb

Geleitwort

international gültigen Normen zu unterwerfen. Die stärkste Börse der Welt ist die New York Stock Exchange (NYSE). Nur wer nach US-GAAP (General Accepted Accounting Principles) bilanziert, ist dort zugelassen. So wird aus einer nationalen (!) Norm aufgrund der Dominanz des US-amerikanischen Kapitalmarktes schnell eine internationale. Umso dringender tut es Not, mit den IFRS ein vielleicht europäisches Gegengewicht zu schaffen. Der Beschluss der EU-Kommission, dass alle börsennotierten Unternehmen ab 2005 nach IAS/IFRS berichten müssen, verleiht dem beschriebenem Trend neue Dynamik.

Doch auch die Beschaffung von Fremdkapital wird durch international verbindliche Standards transparenter. Die Entwicklungen im Rahmen von Basel II, womit die Vergabe von Fremdkapital stärker an der Bonität der Kreditnehmer auszurichten ist, zeigen deutlich in Richtung IAS/IFRS. Dadurch werden Ratingkriterien international vergleichbar und damit für alle Beteiligten besser nachvollziehbar.

Der für IAS/IFRS im Vordergrund stehende „true and fair view" öffnet die Tür zu größerer Transparenz zum Nutzen aller Stakeholder. Ausdrückliches Ziel der IAS/IFRS ist es, den unterschiedlichen Interessengruppen entscheidungsnützliche Informationen („decision usefulness") zu liefern. Im Unterschied zum HGB (Stichwort: Kaufmännisches Vorsichtsprinzip) verändern sich somit Informationsinhalte und –empfänger grundlegend. Damit einher geht die wohl historische Chance für Controller, verstärkt steuerungsrelevante Informationen im Rahmen der externen Rechnungslegung abzubilden. Ein DAX-Unternehmen hat hierfür bereits die Funktion eines Biltrollers (Verbindung aus Bilanzen und Controller) vorgesehen. Insbesondere drei Berichtsthemen dürften für Controller von besonderem Interesse sein.

Da ist zum Ersten die gängige Praxis, im Rahmen der IAS/IFRS die Gewinn- und Verlustrechnung (trotz Wahlrecht) nach dem Umsatzkostenverfahren (UKV) zu gliedern. Die Logik des UKV entspricht mehr der einer internen Managementerfolgsrechnung (MER) in Form einer stufenweisen Deckungsbeitragsrechnung, welche den Umsatzerlösen die Kosten des Umsatzes gegenüberstellt.

Geleitwort

Entscheidend sind die Herstellungskosten des Umsatzes oder die so genannten „cost of goods sold" (cogs). Gelingt es dem Controller zwischen Produktkosten (proportionale Herstellkosten) und Strukturkosten der Fertigung (fixe Herstellkosten) zu trennen, so ist ein nahtloser Übergang zwischen Deckungsbeitragsrechnung und Umsatzkostenverfahren möglich. Die Harmonisierungstendenzen zwischen internem und externem Rechnungswesen (Stichwort: Aufwandsgleiche Kosten) finden dadurch zusätzliche Nahrung. Eine Gliederung der Kosten nach Funktionen (Verantwortungsbereichen) ist managementtauglicher als nach Aufwandsarten. So entspricht die Trennung in Vertriebs- und Verwaltungskosten vielmehr der Philosophie einer MER als eine Berichtsstruktur, die in Sachaufwand, Personalaufwand, Abschreibungen etc. gliedert. Das Umsatzkostenverfahren kommt der vom Controller geforderten Ergebnistransparenz (vgl. Controller-Leitbild der International Group of Controlling: www.igc-controlling.org) somit wesentlich näher als das bisher vorwiegend praktizierte Gesamtkostenverfahren.

Zum Zweiten dürfte die durch IAS/IFRS geforderte Segmentberichterstattung auch der Strategietransparenz des Controllers verstärkt Rechnung tragen. Sofern die Segmentgliederung eine Spartenorganisation abzubilden vermag, könnten die wichtigsten strategischen Stoßrichtungen eines Unternehmens in ihren Ergebnis- und Finanzwirkungen transparent gemacht werden. Auch eine regionale Segmentierung könnte die herrschende Profit-Center-Struktur eines Unternehmens entsprechend widerspiegeln.

Auf dem Wege zu mehr Transparenz spielt die Kapitalflussrechnung eine ganz wesentliche Rolle. Innerhalb der IAS/IFRS ist das Cashflow-Statement ein Muss. Es wird i. d. R. in der indirekten Form berichtet. Somit werden ausgehend vom Jahresüberschuss die einzelnen Cashflow-Komponenten zu selbstverständlichen Berichtsgrößen. Zweifelsohne hat dies für die vom Controller geforderte integrierte Ergebnis- und Finanzplanung eine entsprechende Sogwirkung. Es bleibt zu wünschen, dass in Zukunft der Free Cashflow eine gleichermaßen standardisierte Berichts- und Steuerungsgröße wird wie der Jahresüberschuss.

Geleitwort

Angesichts der geschilderten externen Herausforderungen und internen Chancen mag es verwundern, dass ein Projekt „Umstellung auf IAS/IFRS" mancherorts noch nicht den Stellenwert hat, den es verdient. Experten schätzen den IAS-Umstellungsaufwand für ein einzelnes Unternehmen höher ein als den bei der zurückliegenden Euro-Umstellung. So kommt das Handbuch der Autoren Barthélemy und Willen genau zu rechten Zeit. Als ausgewiesene Praktiker und routinierte Schreiber zeigen sie dem geschätzten Leser einen gangbaren Weg bei der Umstellung von HGB auf IAS/IFRS auf. So mag es für den interessierten Praktiker von besonderem Nutzen sein, dass einerseits ein Überblick über die wichtigsten Rechnungslegungselemente gegeben wird und andererseits eine Anleitung vorliegt, wie im Detail der Konten und der SAP-R3-Logik vorzugehen ist. Das vorliegende Werk zeichnet sich zudem dadurch aus, dass es im „Doing" entstanden ist. Nicht zuletzt ist der eigens konzipierte Projektleitfaden ein Beleg für die vielfältig gesammelte Beratungspraxis der Verfasser.

Ich beglückwünsche die Autoren zu ihrem Werk und wünsche dem Handbuch eine möglichst breite und zufriedene Leserschaft.

Prof. Dr. Martin Hauser
Vorstandsmitglied Controller Akademie AG
Professor der Zürcher Fachhochschule
Mitherausgeber des Newsletters „Controlling&Finance"
Mitglied im geschäftsführenden Ausschuss der IGC
(International Group of Controlling)

Vorwort

Nachdem die EU-Kommission in 2002 amtlich festgelegt hat, dass alle berechtigten börsennotierten Unternehmen der EU ab 2005 verpflichtend ihren Konzernabschluss nach den International Accounting Standards/International Financial Reporting Standards (IAS/IFRS) erstellen müssen, besteht für die bezeichneten Firmen ein zwingender Handlungsbedarf. Teilweise wird jedoch der Aufwand und auch der Zeitrahmen, der für eine solche Umstellung erforderlich ist, unterschätzt. Und das, obwohl die einschlägige Presse wiederholt gemahnt hat, die notwendige Umstellung rechtzeitig in die Wege zu leiten, insbesondere im Hinblick auf die geforderten Vergleichszahlen der vorangegangenen Periode, d. h. IAS/IFRS-fähige Werte für 2004. In der Konsequenz bedeutet dies: **„Es ist höchste Eisenbahn!"**

Um eine effektive und zum heutigen Zeitpunkt notwendigerweise rasche Umstellung gewährleisten zu können, ist die Literatur nur bedingt eine Hilfe. Zwar sind zum Thema IAS im Laufe der Zeit diverse Bücher und Quellen am Markt erschienen, die Meisten beschreiben jedoch nur die grundsätzlichen und prinzipiellen Unterschiede zwischen HGB und IAS/IFRS.

Diese Tatsache und die aus unserer Unternehmensberatung gewonnenen Erfahrungen aus IAS-Umstellungsprojekten haben uns dazu veranlasst, diese Lücke mit dem vorliegenden IAS/IFRS-Handbuch als Praxisleitfaden zu schließen.

Aus unserer Beratungspraxis haben wir ein Vorgehen entwickelt, dass in sog. IAS-Themenpyramiden die notwendigen Abhängigkeiten zwischen den Themen, aber auch die Bearbeitungsreihenfolgen in einem Umstellungsprojekt aufzeigt. Das vorliegende Handbuch wurde auf Basis der Themenpyramiden inhaltlich aufgebaut und beschreibt somit neben den betriebswirtschaftlichen auch die notwendigen technischen Aspekte unter SAP R/3®. Zu dem wollen wir darstellen, wie eine sinnvolle Arbeitsteilung zwischen internen Res-

Vorwort

sourcen des Unternehmens und externen Ressourcen wie Wirtschaftsprüfern oder spezialisierten Anwendungsberatern für das Umstellungsprojekt praktiziert werden kann.

Gerne stehen wir Ihnen bei Bedarf als Ansprechpartner zu bestimmten IAS-spezifischen Fragestellungen zur Verfügung. Scheuen Sie sich nicht, uns zu kontaktieren: Frank.Barthelemy@tammena.de, BerndUwe.Willen@tammena.de. Wir würden uns auch freuen, wenn Sie uns von Ihren Erfahrungen aus einem IAS-Umstellungsprojekt berichten würden.

Unser Dank gilt zunächst unseren Familien (Daniela sowie Raphaela und Niclas), die für die zeitliche Mehrbelastung während der Bucherstellung besonderes Verständnis und Unterstützung gezeigt haben.

Auch bedanken wir uns bei unserer Kollegin Heike Schwab, die mit spezifischem fachlichen Wissen tatkräftig zur Entstehung dieses Buches beigetragen hat sowie unserem Kollegen Jens Rosemann, dessen engagierte Koordination die organisatorische Entwicklung des Handbuches maßgeblich unterstützte.

Darüber hinaus danken wir Edzard Tammena und den Kollegen von Tammena + Partner Unternehmensberatung für Management, Logistik und Controlling GmbH für das entgegengebrachte Verständnis während der „Zeit des Schreibens" und die kooperative Zusammenarbeit, deren Ergebnis die Freiräume geschaffen hat, die für das Gelingen des Werkes essenziell waren.

Last but not least bedanken wir uns bei Kathrin Salpietro, die als verantwortliche Redakteurin die Erstellung des Buches von Anfang an aktiv begleitet und koordiniert hat, sowie bei Herrn Dr. Thomas Hermann und Herrn Michael Bernhard, die den Anstoß zu diesem Buch gegeben haben.

Viel Spaß beim Lesen wünschen Ihnen
                 Frank Barthélemy und Bernd-Uwe Willen

Hamburg, im Juni 2003

A Notwendigkeit zur Internationalen Rechnungslegung

Dieses Kapitel beschreibt:
- *die gesetzlichen Rahmenbedingungen, die eine int. Rechnungslegung fordern,*
- *die möglichen verfügbaren Formen (IAS/IFRS und US-GAAP) mit deren konkreten Ausprägungen,*
- *die Beweggründe einer „freiwilligen" Umstellung mit deren Vor- und Nachteilen,*
- *die Strategien zur Umsetzung einer int. Rechnungslegung*
- *sowie die praktischen Probleme einer Einführung von int. Rechnungslegungsvorschriften in Bezug auf die unternehmensinterne Akzeptanz, die Bedeutung des Projektcharakters und den zeitlichen Rahmen.*

Die zunehmende Globalisierung fordert von Wirtschaftsunternehmen immer wieder neue und umfangreiche Aufgaben zu bewältigen. Solche Anforderungen können z. B. die Produktionsseite betreffen, bei der einheitliche Normen und Standards berücksichtigt werden müssen (z. B. DIN EN ISO 9001), um Waren künftig auf einem Europa- oder Weltmarkt zu platzieren. Es kann der Beschaffungsmarkt betroffen sein, der auf ein internationales Umfeld ausgedehnt werden muss, um zu einem wirtschaftlich akzeptablen Ergebnis zu gelangen[1]. Aber auch das Finanzmanagement wird von der Internationalisierung in seinen Aktivitäten immer mehr beeinflusst. So sind z. B. deutsche Unternehmen immer stärker gefordert internationale Kapitalmärkte zur Finanzierung zu nutzen. Um jedoch ausländische, oftmals institutionelle Investoren für ein deutsches Unternehmen zu gewinnen, muss eine Vergleichbarkeit in der Bewertung geschaffen werden. Dazu ist die Anpassung der nationalen Rechnungslegung und externen Berichterstattung an internationale Standards erfor-

Int. Rechnungslegung: Voraussetzung für den Zugang zu int. Kapitalmärkten

---
[1] Vgl. Dangel, P.; Hofstetter, U.; Otto, P. (2001), S. 5 f.

Notwendigkeit zur Internationalen Rechnungslegung

derlich². Doch auch der eigene Zugang und Auftritt auf internationalen Kapitalmärkten (z. B. die Notierung an der New Yorker Börse) ist nur mittels einer international akzeptierten Rechnungslegung realisierbar. Hinzu kommt die von der EU in 2002 erlassene Verordnung, die für bestimmte europäische Unternehmen die Rechnungslegung ab 2005 nach den IAS gesetzlich vorschreibt (s. auch 1.3 in diesem Kapitel).

Vor diesem Hintergrund wird offensichtlich, dass die Umstellung auf eine internationale Rechnungslegung für ein zukunftsorientiertes Unternehmen, das nicht nur am heimischen Markt aktiv sein will, unabdingbar ist³.

1 Gesetzliche Rahmenbedingungen

In Deutschland stehen neben der nationalen Rechnungslegung nach HGB zwei internationale Alternativen zur Verfügung: Zum einen sind dies die sog. IAS resp. IFRS und zum anderen die sog. US-GAAP⁴.

International Accounting Standards – die weltweite Rechnungslegungsvorschrift?

1.1 IAS alias IFRS

Die International Accounting Standards (IAS) wurden mit dem Ziel entwickelt, Rechnungslegungsvorschriften zu gestalten, die bei der Aufstellung und Darstellung von Abschlüssen anzuwenden sind und deren weltweite Akzeptanz und Einhaltung anzustreben ist⁵. Das International Accounting Standards Board (IASB), ehemals International Accounting Standards Committee (IASC), ist eine private Vereinigung, die, obwohl ohne parlamentarische Gesetzgebungskompetenz, Normen mit rechtlicher Bindungswirkung erstellt. Seit seiner Gründung in 1973 in London wurden 33 Vorschriften erarbeitet, die heute als Regelwerk die Grundlage für die Anwendung der

---

² Vgl. Kremin-Buch, B. (2000), S. 1 ff.
³ Vgl. Eggloff, F. (1999), S. 11 ff.
⁴ Vgl. Prangenberg, A. (2000), S. XIII f.
⁵ Vgl. Born, K. (2001), S. 122 ff.

Gesetzliche Rahmenbedingungen   A

IAS-Rechnungslegung bilden[6]. Für den ungeübten IAS-Anwender bilden die IAS zusammen mit den Kommentaren einen überschaubaren Leitfaden, um sich in die neue Rechnungslegung einzuarbeiten.

Obwohl die IAS in einem Standardwerk zusammengefasst sind, das als Rechtsgrundlage herangezogen werden kann, sind sie kein kodifiziertes Recht wie das HGB, da sie dem Grundprinzip der angelsächsischen Rechnungslegung folgen, d. h. auf dem sog. Case-Law-Prinzip und Gewohnheitsrecht aufbauen (ebenso wie die US-GAAP), und die Rechnungslegungsnormen folglich aus Fall-Entscheidungen (Rechtsprechung aus Präzedenzfällen) resultieren[7]. Dies bedeutet aber auch, dass die Standards einer steten Entwicklung unterliegen.

IAS basieren auf dem angelsächsischen Grundprinzip des Common- und Case-Law

Die IAS teilen sich in zwei Hauptbestandteile: das „Framework for the Preparation and Presentation of Financial Statements" (kurz Framework) und die Standards selbst[8].

Das **Framework** enthält Grundprinzipien, auf deren Basis neue Standards entwickelt werden und regelt spezielle Fragen, die in den IAS nicht explizit geklärt sind.

Die **IAS, „lex specialis",** regeln spezifische Einzelfragen und haben Vorrang vor dem Framework. Wahlrechte sind teilweise gestattet, weichen aber häufig dem „Benchmark Treatment" (Regelfall, der zu bevorzugen ist). Die Anwendung des „allowed alternative treatment" (zulässige Alternative) kommt oft, auch wegen der damit verbundenen zusätzlichen Offenlegungspflichten, nicht zum Zuge.

Die vorgeschriebenen **Bestandteile eines Jahresabschlusses** nach IAS sind[9]:

Framework und Standards

- Bilanz (Balance sheet)
- Gewinn- und Verlustrechnung (Income statement)
- Eigenkapitalveränderungsrechnung (Statement of changes in equity)
- Kapitalflussrechnung (Cashflow statement)
- Anhang (Notes)

---

[6] Vgl. Egglofl, F. (1999), S. 35 f.
[7] Vgl. Egglofl, F. (1999), S. 11 ff.
[8] Vgl. Grünberger, D.; Grünberger, H. (2002), S. 3 ff.u. 10 ff.
[9] Vgl. Kremin-Buch, B. (2000), S.23 ff.

A Notwendigkeit zur Internationalen Rechnungslegung

Zielsetzung der IAS: Bereitstellen von Informationen für wirtschaftliche Entscheidungen

Die Informationspflichten nach IAS sind demzufolge umfangreicher und aufwändiger als nach HGB. Dies hängt zum einen mit der **Zielsetzung der IAS** zusammen, deren Hauptinhalt es ist, Informationen über die finanzielle Lage eines Unternehmens zu liefern und über dessen potenzielle Leistungsfähigkeit, um damit wirtschaftliche Entscheidungen zu unterstützen. Und zum anderen mit den Rechnungslegungsadressaten, die Anteilseigner, Investoren, Lieferanten, Kreditgeber, Kunden, Arbeitnehmer, Staat und die Öffentlichkeit umfassen[10].

Schwerpunkt der externen Berichterstattung sind somit die Bedürfnisse der tatsächlichen und potenziellen Aktionäre. Der Investorschutz steht vor dem Gläubigerschutz[11].

Prinzipien der IAS Investorschutz vor Gläubigerschutz

IAS folgt außerdem **grundsätzlichen und qualitativen Prinzipien**, die teilweise dem HGB ähnlich sind. Dazu gehören:

- die Unternehmensfortführung (going concern)
- die periodengerechte Erfolgsermittlung (accrual basis)
- Relevanz (relevance), Wesentlichkeit (materiality)
- Verlässlichkeit (reliability), glaubwürdige Darstellung, wirtschaftliche Betrachtungsweise, Neutralität, Vorsicht, Vollständigkeit
- Vergleichbarkeit (comparability)
- Verständlichkeit (understandability)

Werden die IAS konsequent angewendet, ist das Resultat ein Abschluss, der ein den tatsächlichen Verhältnissen entsprechendes Bild vermittelt[12].

IAS folgt bislang keiner einheitlichen **Bewertungskonzeption**, sondern nutzt folgende Bewertungsmaßstäbe:

Keine einheitliche Bewertungskonzeption

- Historische Anschaffungskosten (historical cost)
- Wiederbeschaffungswert (current cost)
- Veräußerungswert/Rückzahlungsbetrag (realisable/settlement value)
- Gegenwartswert (present value)
- beizulegender Wert (fair value)
- erlösbarer Betrag (recoverable amount) bei Sachanlagen

---

[10] Vgl. Eggloff, F. (1999), S. 16 ff.
[11] Vgl. Kremin-Buch, B. (2000), S. 7 ff.
[12] Vgl. Prangenberg, A. (2000), S. 105 ff.

Gesetzliche Rahmenbedingungen A

- Marktwert (market value) für Finanzinvestitionen und Finanzinstrumente.

Eine Entwicklung zur einheitlichen Bewertung nach dem fair value ist tendenziell zu beobachten, eine entsprechende Verabschiedung jedoch noch nicht absehbar.

Für die Erstellung eines Jahresabschlusses nach IAS ist die fair presentation, die getreue, wahre und ehrliche Darstellung verpflichtend, was bedeutet, dass alle IAS befolgt wurden und evtl. Abweichungen detailliert beschrieben werden.

Zur besseren Vergleichbarkeit verlangt IAS Vergleichszahlen, zumindest von einem Vorjahr[13].

Die IAS haben sich im Laufe ihrer Entwicklung immer mehr den US-GAAP angenähert und dieser Trend hält nach wie vor an. Dies liegt sicher auch in dem Ziel der IAS begründet, an der New York Stock Exchange als offizielle Rechnungslegungsform anerkannt zu werden, was bislang noch nicht der Fall ist. Zur Listung an der NYSE ist immer noch der Konzernabschluss nach US-GAAP oder zumindest eine Überleitungsrechnung nach US-GAAP Voraussetzung. *Annäherung von IAS an US-GAAP*

Dennoch sind die IAS im Vergleich zu den US-GAAP global weiter verbreitet und werden von den Bilanzierenden immer stärker akzeptiert, sie werden daher auch als Standard-Setter bezeichnet[14].

Im April 2001 wurden die International Accounting Standards in International Financial Reporting Standards (IFRS) umbenannt, dieser neue Terminus beginnt jedoch erst sich durchzusetzen, weswegen auch im Folgenden weiter die Bezeichnung IAS genutzt wird. *IAS alias IFRS*

1.2 US-GAAP

Die US-Generally Accepted Accounting Principles (US-GAAP) sind die nationalen Rechnungslegungsvorschriften der USA, die eine Ansammlung von Einzelvorschriften (Rechtsrahmen) darstellen und nicht wie die IAS in einem Regelwerk zusammengefasst sind. Die einzelnen Vorschriften resultieren aus Rechtsurteilen und praktizierten Verfahren (Einzelfällen), die generalisiert und dann als all- *US-GAAP basieren wie die IAS auf dem angelsächsischen Case-Law-Prinzip*

---

[13] Vgl. Eggloff, F. (1999), S. 18 f.
[14] Vgl. Stahl, A. (2001), S. 96 ff.

A Notwendigkeit zur Internationalen Rechnungslegung

gemeingültige Norm in die US-GAAP integriert werden. Sie basieren somit wie die IAS auf dem angelsächsischen Case-Law-Prinzip (Rechtsprechung anhand von Präzedenzfällen)[15].

US-GAAP: die allgemeingültigen quasi-gesetzlichen Rechnungslegungsvorschriften der USA

Die allgemeingültige Verbindlichkeit erhalten die US-GAAP durch die praktische Anwendung, da es in den USA keine gesetzliche Pflicht zur Offenlegung gibt. Jedoch müssen Unternehmen, die an der NYSE gelistet werden wollen, nach den Forderungen des SEC publizieren und Prüfungen durchführen. Und auch bei freiwilligen Prüfungen werden die Maßstäbe von US-GAAP angelegt, dazu sind die Prüfer verpflichtet. In der Konsequenz folgt: Wird in den USA publiziert und eine Prüfung durchgeführt, erfolgt dies nach den Vorschriften von US-GAAP. Die GAAP sind also kein Gesetz und sind auch nicht gesetzlich definiert, werden aber faktisch durch die Anforderungen des SEC wie Gesetze anerkannt.

Im Gegensatz zu einem Board (IASB) wie bei des IAS, werden die US-GAAP von diversen Institutionen erarbeitet, herausgegeben und überwacht.

Dazu gehören unter anderem:

- Financial Accounting Standards Board (FASB)
- American Institute of Certified Public Accountants (AICPA)
- Securities and Exchange Commission (SEC)Wirtschaftsprüferverbände/Fachorganisationen
- Bilanzersteller

House of GAAP

Diese Einrichtungen werden unter dem Begriff **House of GAAP** zusammengefasst. Hierin spiegelt sich auch eine Hierarchie wider, die die Wichtigkeit der Vorschriften regelt[16].

---

[15] Vgl. Eggloff, F. (1999), S. 18 ff.
[16] Vgl. Grünberger, D.; Grünberger, H. (2002), S. 2 ff. u. 7 ff.

Gesetzliche Rahmenbedingungen A

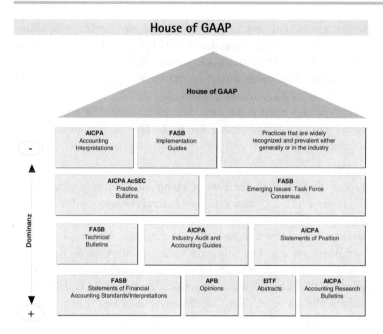

Jede Institution gibt eigene Normen mit spezifischen Anforderungen heraus:

SEC:

Normen der US-GAAP

Das SEC erlässt Normen mit grundlegendem Charakter, die konkrete Umsetzung wird über die Institutionen des „House of GAP" realisiert.

Die SEC-Normen regeln die Form, den Inhalt und die Prüfung des Jahresabschlusses. Wesentlich sind die **Regulation S-X** (Vorschriften für Form, Inhalt, Prüfung eines bei der SEC eingereichten Abschlusses) und die **Regulation S-K** (Vorschriften zur Publizität qualitativer Informationen), ergänzt von den **Accounting Series Releases (ASR)** (Interpretationen, Auslegungen, Berichte)[17].

AICPA:

Die Dachorganisation der Wirtschaftsprüfer der USA wurde von der SEC mit der Aufgabe betraut konkrete Rechnungslegungsvorschrif-

---

[17] Vgl. Prangenberg, A. (2000), S. 112 ff.

Notwendigkeit zur Internationalen Rechnungslegung

ten zu entwickeln und zu gestalten. Zunächst wurden vom **Committee on Accounting Procedures (CAP)** die sog. **Accounting Research Bulletins (ARB)** des CAP entwickelt. Das CAP wurde vom **Accounting Principles Board (APB)** in den 50-ern abgelöst und erstellte die **APB Opinions**, die von allen Prüfern zur Vergabe eines Testats befolgt werden mussten. Seit 1973 werden die Vorschriften vom FASB (s. u.) erstellt, die ARBs und APBs gelten jedoch teilweise immer noch.

FASB:
Erlässt die **SFAS** (**Statements of Financial Accounting Standards** oder nur FAS) und dazugehörige **Interpretations** und **Technical Bulletins**. Diese Regelungen legen fest, wie die Normen des SEC konkret umgesetzt werden sollen und bieten damit einen Handlungsleitfaden zur Erstellung des externen Reportings nach US-GAAP. Die Besonderheit des FASB ist die Unabhängigkeit der Mitglieder (Wirtschaftsprüfer, Vertreter der Industrie und Wissenschaft), die während ihrer Zugehörigkeit zum Board keine andere Beschäftigung ausüben dürfen, sondern sich nur um die Belange des FASB kümmern[18].

Getrennte Handels- und Steuerbilanz

Handels- und Steuerbilanz sind in den USA voneinander nahezu unabhängig. Der Grundsatz der Maßgeblichkeit ist unbedeutend und latente Steuern gewinnen stark an Gewicht. So müssen beispielsweise sowohl aktivische als auch passivische latente Steuern bilanziert werden und auch die verursachenden Sachverhalte unterscheiden sich. Z. B. müssen nach US-GAAP für steuerlich realisierbare Verlustvorträge latente Steuern erfasst werden.

Priorität des Investorschutzes

Eindeutiger Adressat der Unternehmensinformationen aus der Bilanz ist der Investor, sowohl bereits involvierte Investoren, als auch potenzielle. Grund hierfür ist die für US-Firmen übliche Finanzierung über den Kapitalmarkt.

Wie nach IAS dient die externe Berichterstattung zur Bereitstellung von entscheidungsrelevanten Informationen und folgt damit dem „**Decision-Usefulness-Ansatz**".

Prinzipien der US-GAAP

Außerdem wird, ebenfalls wie nach IAS, das Prinzip der „**fair presentation**" unterstellt, also einen übersichtlichen, realen Einblick in

---

[18] Vgl. Eggloff, F. (1999), S. 19 ff.

Gesetzliche Rahmenbedingungen A

die finanzwirtschaftliche Situation eines Unternehmens zu ermöglichen. Das Prinzip der „fair presentation" ist auch dafür verantwortlich, dass die zahlreichen Wahlrechte nach HGB im US-GAAP grundsätzlich nicht gegeben werden. Eindeutige Offenlegung aller relevanten Sachverhalte ist oberste Maxime. Gerade diese Sachverhalte und insbesondere deren bilanzielle Gestaltung und davon abhängige Relevanz bieten nach US-GAAP bilanzpolitische Spielräume[19].

Das führende Prinzip für die Aufstellung des Jahresabschlusses nach US-GAAP ist die **periodengerechte Erfolgsermittlung (accrual principle)**, das Vorsichtsprinzip nach deutschem Verständnis rückt in den Hintergrund. Die **Bilanzpolitik** wird tendenziell entsprechend **progressiv** gestaltet, d. h. Gewinne werden periodengerecht zugeordnet und sogar aus künftigen Perioden in die laufende Periode vorgezogen. Dies steht der deutschen Neigung, Gewinne z. B. über stille Reserven eher in die Zukunft zu verschieben, konträr entgegen.

Ein wesentlicher Unterschied zwischen HGB und US-GAAP besteht in der Ausgestaltung des Eigenkapitals und den hier dargestellten Werten. So ist in US-GAAP genau wie bei den IAS das so genannte **OCI (Other Comprehensive Income)** ein Teil des Eigenkapitals, der im HGB keine Entsprechung findet. Hier werden z. B. noch nicht realisierte aber potenziell mögliche Gewinne (bspw. unter best. Bedingungen aus Währungskursschwankungen) erfolgsneutral erfasst. Diese potenziellen Gewinne werden nach dem Vorsichtsprinzip des HGB nicht berücksichtigt, im HGB müssen nur potenzielle Verluste beachtet werden.

<small>Wesentlicher Unterschied zwischen HGB und US-GAAP: Gestaltung des Eigenkapitals</small>

Wie bereits erwähnt, nähern sich US-GAAP und IAS immer mehr aneinander an. Nach wie vor bestehende Unterschiede können zum Teil über im IAS erlaubte Wahlrechte US-GAAP-konform ausgelegt werden. Damit werden sich Abschlüsse nach IAS und US-GAAP immer ähnlicher und vergleichbarer.

<small>US-GAAP: ein komplexes, schwer durchschaubares Regelwerk</small>

Dennoch bleibt zu berücksichtigen, dass die US-GAAP ein Sammelsurium aus generalisierten Einzelfallentscheidungen sind und keinen Leitfaden wie die IAS bieten. Zwar gibt es für nahezu jedes

---

[19] Vgl. Grünberger, D.; Grünberger, H. (2002), S. 8 f.

23

A Notwendigkeit zur Internationalen Rechnungslegung

Problem eine Lösung, aber das Regelwerk wird dadurch sehr komplex und „verliert" sich im Detail. Die US-GAAP sind für den ungeübten Anwender schwieriger zu durchschauen und erfordern eine umfangreiche Kenntnis der US-Rechtsprechung, die kontinuierlich aktualisiert werden muss. Die Unterstützung durch Spezialisten ist anzuraten[20].

1.3 Wer muss umstellen?

Im Juni 2000 hat die EU-Kommission dem Europäischen Rat und Parlament die Mitteilung „Künftiges Vorgehen" zur Rechnungslegungsstrategie der EU vorgelegt. In dieser Mitteilung wird bestimmt, wie künftig die internationale Rechnungslegung erfolgen und wie sie kontrolliert werden soll.

Im Februar 2001 wurde diese Mitteilung durch die EU-Kommission angenommen.

EU-Verordnung zur internationalen Rechnungslegung vom 27. Mai 2002

Schließlich erlies am 27. Mai 2002 die EU die verbindliche Verordnung zur Anwendung internationaler Rechnungslegungsstandards, die sich auf die Vorschläge der Mitteilung vom 13. Juni 2000 bezieht[21].

Ab 2005 ist für börsennotierte AGs die Bilanzierung des Konzernabschlusses nach den IAS verpflichtend

Absatz (6) der EU-Verordnung besagt, „... dass alle kapitalmarktorientierten Gesellschaften in der Gemeinschaft ihre konsolidierten Abschlüsse spätestens ab dem Jahr 2005 nach einheitlichen Rechnungslegungsstandards, den „International Accounting Standards"(IAS), aufstellen."[22]

Absatz (13) beschreibt ein Wahlrecht der Mitgliedstaaten, nachdem die Rechnungslegung nach IAS auch auf die Jahresabschlüsse ausgedehnt werden kann. Dieses Wahlrecht kann auch für „konsolidierte Abschlüsse und/oder Jahresabschlüsse anderer Gesellschaften" angewendet werden.

Absatz (17) räumt für bestimmte Gesellschaften eine Toleranz bis zum Jahre 2007 ein. Danach gilt: „Es ist jedoch unverzichtbar, dass

---

[20] Vgl. Stahl, A., (2001), S. 95 ff.
[21] Europäische Union (2002), S. 1-13; Internet: www.standardsetter.de/drsc/docs/press_releases/reg2002-3626_de.pdf.
[22] Europäische Union (2002), S. 4, Absatz 6.

Gesetzliche Rahmenbedingungen A

bis spätestens 2007 die IAS als einheitliches Regelwerk globaler internationaler Rechnungslegungsstandards für alle Gemeinschaftsunternehmen gelten, deren Wertpapiere zum Handel in einem geregelten Gemeinschaftsmarkt zugelassen sind."[23]
Aktiengesellschaften ist somit die Wahl zwischen einer nationalen und einer internationalen Rechnungslegung genommen, für sie ist ab 2005 die Bilanzierung des Konzernabschlusses nach den IAS verpflichtend.

Inwieweit und vor allem wann diese gesetzliche Bindung auch auf den Einzelabschluss und nicht börsennotierte Unternehmen verbindlich ausgedehnt wird, ist noch nicht absehbar. Es ist jedoch anzunehmen, dass langfristig nicht mehrere Rechnungslegungsvorschriften parallel in einem Mitgliedstaat Anwendung finden, auch im Hinblick auf die nationale Vergleichbarkeit und unter Berücksichtigung der Prämisse eines national einheitlichen Bilanzierungswesens.

Zudem können wirtschaftliche Aspekte, auch ohne gesetzlichen Druck, bereits dazu führen, dass Unternehmen freiwillig ihre Rechnungslegung nach internationalen Standards aufstellen[24].

1.4 Wer kann, soll oder „muss freiwillig" umstellen?

Wer kann umstellen?
Grundsätzlich kann jedes Unternehmen neben den nationalen Rechnungslegungsvorschriften seine externe Berichterstattung auch parallel nach internationalen Standards erstellen. Wie in 1.3 dieses Kapitels bereits erwähnt, haben nicht börsennotierte Kapitalgesellschaften der EU-Mitgliedstaaten ein Wahlrecht ihren Konzern- und/oder Einzelabschluss auch nach IAS zu erstellen und nicht nach HGB oder US-GAAP.

Jeder kann umstellen

Wer sollte oder „muss freiwillig" umstellen?
Die immer stärker verschmelzenden Wirtschafts- und Kapitalmärkte erfordern, dass auch die Bewertungsmaßstäbe für Unternehmen

---

[23] Europäische Union (2002), S. 7, Absatz 17.
[24] Vgl. Stahl, A. (2001), S. 93 ff.

Notwendigkeit zur Internationalen Rechnungslegung

international angeglichen werden, um die Vergleichbarkeit zu ermöglichen.

Für einige Unternehmen kann es daher auch faktische Verpflichtungen geben, die eine Umstellung der Rechnungslegung auf IAS empfehlen, stark nahe legen oder gar unabdingbar machen.

Wer internationale Kapitalmärkte nutzen will, sollte umstellen

So wird bspw. ein Unternehmen, das einen ausländischen Investor für sich gewinnen will, faktisch dazu gezwungen sein, einen Abschluss zu erstellen, der von einem ausländischen Interessenten auch gelesen und bewertet werden kann. Es ist auch nötig, um im Vergleich gegen die Mitbewerber zu bestehen, ein vergleichbares Berichtswesen zu bedienen[25].

Die Konzernmutter kann zur „freiwilligen Umstellung" verpflichten

Eine „freiwillige" Umstellung kann auch durch Unternehmens- oder Konzernstrukturen zur Pflicht werden. Die Schweiz bspw. ist grundsätzlich von IAS nicht betroffen. Dennoch ist die internationale Rechnungslegung auch dort ein Thema, da diverse Tochterfirmen von EU-Konzernen dort ansässig sind und einige Mutterkonzerne neuerdings eine Berichterstattung nach IAS, auch für den Einzelabschluss, einfordern. Dieses Vorgehen betrifft nicht nur die Schweiz, sondern ist eine globale Erscheinung. Die „Mutter" legt fest, nach welchen Standards die Rechnungslegung erfolgen soll und die „Tochter" muss dem nachkommen.

Die Internationalisierung der Rechnungslegung wird demnach zum einen von gesetzlichen Rahmenbedingungen vorangetrieben, zum anderen durch das Bestreben internationaler Konzerne die interne Rechnungslegung zu harmonisieren gefördert, und nicht zuletzt tatsächlich „freiwillig" angenommen, um die Potenziale, die eine IAS-Rechnungslegung in sich birgt, zu nutzen.

Um eine fundierte Entscheidung treffen zu können, müssen Chancen und Risiken sorgfältig abgewogen werden.

1.5 Chancen und Risiken einer Umstellung

Wie bereits erörtert, sind die Beweggründe für eine Umstellung des Rechnungswesens nach internationalen Standards vielschichtig und

---

[25] Vgl. Prangenberg, A. (2000), S. XIII f.

Gesetzliche Rahmenbedingungen A

umfassend[26]. Im Folgenden sollen zunächst die Chancen aufgezeigt werden, die eine solche Umstellung bietet, aber auch die Risiken, die zu berücksichtigen sind.

1.5.1 Argumente PRO einer Internationalisierung

- Öffnung und Zugang zu internationalen Kapitalmärkten
- Internationalisierung der Investorenbasis
- Erfüllung der Erwartungen (Informationsbedarf) der Kapitalmarkt-Aktionäre (Investoren, Analysten, Banken)
- Internationale Wettbewerbsfähigkeit durch Vergleichbarkeit
- Imagevorteile
- Transparenz der Berichterstattung durch Vereinheitlichung des internen Konzern-Rechnungswesens

In den USA ist es die übliche Form der Finanzierung, den Kapitalbedarf über die Börse zu decken. Diese Art der Kapitalbeschaffung wird international immer stärker beansprucht, setzt jedoch Bedingungen voraus. Um an internationalen Börsen gelistet zu werden, verlangen die Aufsichtsbehörden eine Berichterstattung, die internationalen Standards entspricht. Z. B. setzt für eine Listung an der NYSE die SEC einen Abschluss nach US-GAAP voraus. Der Zugang zu den internationalen Kapitalmärkten führt ausschließlich über eine Umstellung des Rechnungswesens nach internationalem Standard.[27]

Öffnung und Zugang zu internationalen Kapitalmärkten

Sind die internationalen Börsen selbst und eine Listung nicht von Interesse, sind es dennoch die Investoren, die international aktiv sind, nach renditeträchtigen Objekten suchen und ihr Kapital in wirtschaftlich erfolgversprechenden Unternehmen investieren wollen. Um einen internationalen Investor, oft sind dies auch institutionelle Anleger wie Fonds, zu gewinnen, ist das Unternehmen jedoch auch gefordert, eine internationale Berichterstattung anzubieten[28]. Insbesondere, da die deutsche Bilanzierung nach HGB Wahlrechte beinhaltet, die einer offenen Darstellung im Sinne des Investorenschutzes zuwiderläuft. Im IAS und US-GAAP sind bspw. stille Reserven

Internationalisierung der Investorenbasis

---

[26] Vgl. Kresse/Leuz (Hrsg.) (2002), S. 93 ff.
[27] Vgl. Dangel, P.; Hofstetter, U.; Otto, P. (2001), S. 6 f.
[28] Vgl. Prangenberg, A. (2000), S. XIII f.

A Notwendigkeit zur Internationalen Rechnungslegung

zum Schutz des Gläubigers nicht gestattet. Ein Investor kann unter Umständen aus einer HGB-Bilanz nicht die für ihn notwendigen Informationen in Bezug auf die Ertragsrealisierung und potenziellen Entwicklungen des Unternehmens ablesen, die ihn zu einer Entscheidung für das entsprechende Unternehmen führen würden, der Investor ist „verloren". Das Unternehmen selbst ist somit gefordert, eine Rechnungslegung anzubieten, die Informationen liefert, die den Bedürfnissen internationaler Investoren genügt.

Erfüllung der Erwartungen der Kapitalmarkt-Aktionäre (Investoren, Analysten, Banken)

Neben den Investoren sind jedoch auch Erwartungen weiterer Kapitalmarkt-Aktionäre zu befriedigen. In Deutschland liegt der Anteil der Finanzierung über Fremdkapital bei ca. 75 %. Ein wichtiger Partner sind hierbei die Banken. Mit Basel II haben diese bereits signalisiert, dass die Vergabe von Fremdmitteln immer höheren Anforderungen ausgesetzt sein wird. Einen wesentlichen Pluspunkt im Ratingsystem von Basel II stellt eine IAS-Rechnungslegung dar, die den internationalen Vergleich ermöglichen soll. Die Beschaffung von Fremdmitteln wird also auch auf dem heimischen Markt künftig immer stärker an internationalen Maßstäben gemessen. Um sich diese Wege der Kapitalbeschaffung zu sichern, müssen rechtzeitig die relevanten Voraussetzungen geschaffen werden.

Internationale Wettbewerbsfähigkeit

Der internationale Vergleich ist jedoch nicht nur bei der Beschaffung von Fremdmitteln von Bedeutung, sondern auch bei der Gewinnung von potenziellen Aufträgen. Will ein Unternehmen bspw. an einer internationalen Ausschreibung teilnehmen, müssen international vergleichbare Werte bereitgestellt werden. Um die Wettbewerbsfähigkeit über die nationalen Grenzen hinaus zu erhalten, ist es für ein Unternehmen essentiell eine internationale Rechnungslegung zu pflegen, um den Vergleich zu ermöglichen und diesem auch standzuhalten[29].

Imagevorteile

In diesem Zusammenhang sind auch Imagevorteile zu beachten. Durch das starke Zusammenwachsen der Märkte, sowohl der Beschaffungs- als auch der Absatzmärkte, sollte sich ein Unternehmen auch international präsentieren können. Dies betrifft nicht nur die globalen Konzerne, auch der Mittelstand kann dank moderner Technik und weltweiter Vernetzung via Internet inzwischen auf dem

---

[29] Vgl. Lüdenbach, N. (2001), S. 22 f.

Gesetzliche Rahmenbedingungen A

„Weltmarkt" agieren. Erfolgversprechend kann diese Entwicklung aber nur genutzt werden, wenn sprachliche Barrieren abgebaut und Informationen vermittelt werden, die der internationale Betrachter auch bewerten kann. Die Präsentation des Unternehmens umfasst dabei nicht nur die Produktpalette, auch die Bewertung der Unternehmensentwicklung und Informationen über wirtschaftliche Potenziale, veranschaulicht und vermittelt anhand international anerkannter Maßstäbe, sind von Bedeutung.

Für ein international agierendes Unternehmen besteht jedoch auch ein internes Interesse einer einheitlichen Rechnungslegung. Schlimmstenfalls muss in jedem Land, in dem das Unternehmen wirtschaftet, ein eigener nationaler Abschluss erstellt werden. Ein internationales Berichtswesen verschafft hier Transparenz und Klarheit.

Transparenz der Berichterstattung

1.5.2 Argumente gegen eine Internationalisierung

- Höherer Aufwand durch parallele Rechnungslegung
- Zusätzliche Publikationsforderungen
- Verbot von stillen Reserven
- Vernachlässigung des Vorsichtsprinzips im Austausch gegen die periodengerechte Erfolgsermittlung
- Aufwändige Schulungen der Mitarbeiter, die kontinuierlich aktualisiert werden müssen
- Umstellung der EDV

Stellt man die Rechnungslegung nicht vollständig auf den internationalen Standard um, sondern betreibt eine parallele Rechnungslegung, die für den Einzelabschluss bislang ohnehin noch nach nationalen Vorschriften erstellt werden muss, führt dies zunächst zu höheren Aufwendungen im Berichtswesen. Sowohl Personal- als auch EDV-Kapazitäten werden stärker beansprucht und gebunden. Der Einzelabschluss muss zwei Mal erstellt werden, national und international. Die EDV muss die entsprechenden Werte ermitteln, ebenfalls national und international. Vor dem Hintergrund der Forderung nach immer schnelleren, zeitnahen Abschlüssen und der immer stärker gestrafften Personalentwicklung scheint dies zunächst kontraproduktiv. Es muss jedoch von Fall zu Fall sorgfältig abgewo-

Höherer Aufwand durch parallele Rechnungslegung

A Notwendigkeit zur Internationalen Rechnungslegung

gen werden, ob langfristig die oben genannten Vorteile die scheinbaren Nachteile nicht doch überwiegen.

Zusätzliche Publikationsforderungen

Die Publikationspflichten der IAS und auch US-GAAP sind weit umfangreicher und detaillierter als die nach HGB.

So gehören zu den Bestandteilen eines Jahresabschlusses nach IAS neben der Bilanz, der GuV und den Notes auch zwingend die Eigenkapitalveränderungsrechnung und die Kapitalflussrechnung. Bei bestimmten Unternehmen muss zusätzlich eine Segmentberichterstattung aufgestellt werden. Die Notes bspw. werden weit umfangreicher ausfallen, da mehr Detailinformationen gefordert sind. Es wird mehr Zahlenmaterial verlangt und auch die Unternehmensstrategien müssen detaillierter ausgeführt und erläutert werden. Die Segmentberichterstattung gewährt Einblicke in die unternehmerische Zusammensetzung, die Entwicklung und in unternehmerische Potenziale, an die sich der HGB-gewohnte Bilanzierer erst gewöhnen muss.

Verbot von stillen Reserven

Das Verbot stiller Reserven nach IAS und US-GAAP fordert eine Umstellung der Bilanzpolitik. Diese wird hier wie dort betrieben, jedoch ist die Unternehmensführung gezwungen, neue bilanzpolitische Spielräume zu eruieren und gezielt einzusetzen. Dieses Instrumentarium kann zunächst nur unerfahren und nicht routiniert eingesetzt werden und birgt damit die Gefahr von „schlechten Entscheidungen".

Das Verbot stiller Reserven geht Hand in Hand mit der Aufgabe des Vorsichtsprinzips nach HGB, das dem Investorenschutz nach IAS und US-GAAP weicht. Die Orientierung an der periodengerechten Erfolgsermittlung setzt ein Umdenken voraus, welches der HGB-geübte Bilanzierer erst verinnerlichen muss.

Aufwändige Schulungen der Mitarbeiter, die kontinuierlich aktualisiert werden müssen

Mitarbeiter müssen zunächst in die Inhalte der neuen Rechnungsgungsstandards eingewiesen werden. Dies erfordert Zeit und Lernbereitschaft. Erschwerend kommt hinzu, dass sowohl die IAS als auch US-GAAP dem Case-Law-Prinzip folgen und sich damit in einer steten Weiterentwicklung und Veränderung befinden. Das Erlernen der International Accounting Standards ist also kein einmaliger Kraftaufwand, sondern muss kontinuierlich aktualisiert werden, um die neuen Entwicklungen der Standards stets verfolgen zu können.

Strategien zur Umstellung A

Dies birgt auch die Gefahr, dass aus Unkenntnis Fehler resultieren.

> **Tipp:**
> Das IASB wird die bis Anfang 2004 gültigen IAS bis 2006 ruhen lassen und keine Veränderungen vornehmen, um den betroffenen Unternehmen die Chance einzuräumen, die verpflichtende Umstellung in 2005 mit gültigen und unstrittigen Standards durchzuführen.

Aber auch die EDV muss auf die neuen Anforderungen umgestellt werden. Zunächst sind Eröffnungswerte nach SIC 8 retrograd zu ermitteln. Hierfür ist zu prüfen, ob die eingesetzte Software diese Werte liefern kann, ansonsten müssen spezielle Programme erworben oder entwickelt werden. Danach ist zu klären, ob die parallele Abbildung der nationalen und internationalen Rechnungslegung im System vollzogen werden kann. Auch diesbezüglich muss die Software entsprechend vorbereitet und eingestellt werden. *Umstellung der EDV*

Nach Abwägung der Pro und Kontra Argumente muss ein Unternehmen grundsätzlich entscheiden, **ob und wann** eine Bilanzierung nach internationalen Standards sinnvoll ist. *Wann ist eine internationale Rechnungslegung sinnvoll?*

Ist diese Frage entschieden, kann das Unternehmen verschiedene Strategien zur Umstellung anwenden.

2 Strategien zur Umstellung

Ist die Entscheidung eines Unternehmens zur künftigen Bilanzierung nach internationalen Standards gefallen, stellt sich die Frage, nach **welcher Art der Rechnungslegung**, IAS oder US-GAAP, soll künftig bilanziert werden[30]?

Diese Frage kann nur anhand der unternehmensspezifischen Zielsetzungen beantwortet werden. So wird sich eine AG, die eine Listing an der NYSE anstrebt, zwangsläufig für US-GAAP entscheiden. Ein mittelständiges Unternehmen hingegen wird sich fragen: *Die Auswahl IAS oder US-GAAP hängt von den unternehmensspezifischen Zielsetzungen ab.*

---

[30] Vgl. Stahl, A. (2001), S. 95 ff.

A Notwendigkeit zur Internationalen Rechnungslegung

- Welcher Standard ist überschaubarer und somit leichter umzusetzen?
- Welcher Standard ist weiter verbreitet und bei meinen relevanten Zielgruppen stärker akzeptiert?
- Welche bilanzpolitischen Spielräume kann ich bei welchem Standard ausschöpfen?

Die Auswahl der Form der Aufstellung.

Auch nach **welcher Form** bilanziert werden soll – nur ein internationaler Abschluss oder eine parallele Rechnungslegung (doppelter Abschluss oder Überleitungsrechnung) –, muss geklärt werden[31].

Übersicht zu grundsätzlichen Aufstellungsformen

2.1 Dualer Abschluss

Dualer Abschluss

Der duale Abschluss eines Konzerns zielt darauf ab, die Wahlrechte des HGB so auszulegen, dass sie den internationalen Anforderungen entsprechen oder doch zumindest möglichst nahe kommen, d. h. einen Abschluss anzustreben, der weitestgehend dem HGB und bspw. den IAS genügt. Problem dieser Form ist, dass es Vorschriften gibt (z. B. die Bilanzierung von Wertpapieren: nach HGB max. zu Anschaffungskosten; nach IAS zum aktuellen Tageskurs ggf. über den Anschaffungskosten), die nicht kompatibel anwendbar sind und die auch keine Interpretationsspielräume bieten, weder im HGB

---

[31] Vgl. Bruns, C. (Hrsg.) (2001), S. 8 ff.

noch im IAS. Für diesen Sachverhalt ist damit ein duale Bilanzierung nicht möglich, was zur Kritik des Instituts der Wirtschaftsprüfer (IdW) an dieser Form des Abschlusses geführt hat.[32]
Zwar gibt es Bestrebungen die Regelungen der betroffenen Sachverhalte weiterzuentwickeln, bis jedoch diesbezüglich Entscheidungen gefallen sein werden, ist ein dualer Abschluss kaum umzusetzen. Aus diesem Grund ist er in der Praxis auch quasi nicht mehr zu finden.

2.2 Paralleler Abschluss

2.2.1 Zwei vollständige Abschlüsse

Bei dieser Form der Rechnungslegung werden parallel nebeneinander zwei vollwertige Abschlüsse erstellt, ein HGB- und ein IAS-Abschluss. Wesentlich ist dabei die Erfassung und Fortschreibung der unterschiedlichen Bewertungsparameter, deren Ergebnisse in die jeweilige Bilanz und GuV einfließen. Ist dieses Prinzip organisatorisch in der EDV entsprechend installiert, kann es fortlaufend ohne weiteren Aufwand betrieben werden. In der Praxis ist diese Form der Rechnungslegung häufig anzufinden, da sie zwar bei der Umstellung einen gewissen Aufwand verursacht, aber dann relativ einfach weiter gepflegt werden kann. Außerdem haben zwei vollständige Abschlüsse den Vorteil, weiterhin die „altbekannten" Werte und Auswertungen des HGB zur Verfügung zu stellen und zusätzlich Werte aus dem neuen Berichtswesen zu liefern. Die Analyse der entsprechenden Werte kann somit ebenfalls zunächst parallel erfolgen. *Zwei vollständige Abschlüsse*

Nachteil: Die ggf. stark unterschiedlichen Werte der Vermögens-, Finanz- und Ertragslage ziehen evtl. einen Erklärungsbedarf nach sich.

2.2.2 HGB-Abschluss mit „reconciliation" nach IAS

Nach den IAS ist eine Überleitungsrechnung nicht vorgesehen, da der Konzernabschluss von vornherein nach IAS erstellt werden muss. Die erstmalige Anwendung von IAS erfordert die Darstellung des gesamten Abschlusses – einschließlich der Vorjahreszahlen – so, als ob schon immer nach den IAS bilanziert worden ist, die zum *IAS sieht keine Überleitungsrechnung vor*

---

[32] Vgl. Lüdenbach, N. (2001), S. 27.

A Notwendigkeit zur Internationalen Rechnungslegung

Zeitpunkt der erstmaligen Anwendung der IAS gelten. Man bezeichnet dieses Vorgehen als „retrospektive Anpassung".[33]

2.2.3 HGB-Abschluss mit „reconciliation" nach US-GAAP

Reconciliation nach US-GAAP

Für eine „reconciliation" wird zunächst der herkömmliche HGB-Abschluss erstellt und nur für die Positionen, deren Bewertungsansätze nach US-GAAP unterschiedlich sind, werden die Differenzbeträge ermittelt. Diese Differenzbeträge werden positionsweise in einer Tabelle gesammelt und dann in einer Überleitungsrechnung, der sog. „reconciliation", dargestellt. Die „reconciliation" wird dabei nur für das Eigenkapital und das Jahresergebnis erstellt. Da der Aufwand dieses Ansatzes überschaubar ist und eine „reconciliation" nach US-GAAP auch für eine Zulassung an der NYSE von der SEC akzeptiert wird, ist diese Form der internationalen Rechnungslegung in der Praxis häufig vorzufinden.

Nachteil: Die „reconciliation" lässt viel Interpretationsspielräume für Analysten.

2.3 Befreiender Konzernabschluss

Befreiender Konzernabschluss

Nach dem Beschluss des Kapitalaufnahmeerleichterungsgesetzes vom Dezember 1996 gilt folgendes: „Es besagt, dass deutsche Mutterunternehmen vom Abschluss gem. § 290 HGB befreit werden können, wenn ein nach ausländischen Vorschriften erstellter Abschluss zur Inanspruchnahme des ausländischen Kapitalmarktes (§ 292 a HGB) erforderlich ist."[34]

Daraus folgt, dass bei einem Konzernabschluss nach IAS oder US-GAAP auf den HGB-Konzernabschluss vollständig verzichtet werden kann. Diese Form hat in der Praxis stark an Bedeutung gewonnen, da nur noch ein Konzernabschluss erstellt werden muss.

---

[33] Vgl. Prangenberg, A. (2000), S. 127.
[34] Vgl. Eggloff, F. (1999), S. 12-13.

> **Tipp:**
> Hat sich ein Konzern auf Basis des befreienden Konzernabschlusses für eine Bilanzierung nach US-GAAP entschieden, so muss er dennoch aufgrund der EU-Verordnung von 2002 auch nach IAS bilanzieren. In diesem Fall kommt dem Konzern die tendenzielle Annäherung von IAS an die US-GAAP entgegen. Werden die Wahlrechte der IAS weitestgehend US-GAAP-konform ausgelegt, sollte ein IAS-Abschluss problemlos vom US-GAAP-Abschluss abgeleitet werden können.

3 Probleme bei der IAS-Einführung

3.1 Unternehmensinterne Akzeptanz

Die Entscheidung zur Umstellung der Rechnungslegung nach internationalen Vorschriften wird immer eine Unternehmensentscheidung auf Führungsebene sein. Die Mitarbeiter an der Basis haben diese Entscheidung jedoch wesentlich mitzutragen.

Daher sollte rechtzeitig auf die Umstellung hingeführt werden, um bereits in den Anfängen Aversionen zu vermeiden. Nichts kann darüber hinwegtäuschen, dass die Umstellung auf eine internationale Rechnungslegung alle Beteiligten fordert und den routinierten Alltag in erheblichem Maße „aus der Bahn" bringt.

Rechtzeitige Information über eine IAS-Einführung fördert die Zusammenarbeit

Die betroffenen Mitarbeiter müssen sich neuen Herausforderungen stellen:

- In begrenztem Zeitrahmen müssen neue Bewertungsregulierungen erlernt und angewendet werden,
- Berichte müssen teilweise neu aufgebaut und deren Auswertung neu analysiert werden,
- die EDV muss umgestellt und entsprechend den neuen Regelungen bedient werden,
- das Tagesgeschäft soll reibungslos nebenbei weiterlaufen.

Vor diesem Hintergrund müssen die personellen Kapazitäten überdacht und gegebenenfalls neu, mit entsprechenden Freiräumen, eingeteilt werden. Dabei ist darauf zu achten, dass die individuellen

A Notwendigkeit zur Internationalen Rechnungslegung

Fähigkeiten der Einzelnen berücksichtigt werden, um Überforderungen zu vermeiden[35].

Erläuterung der Notwendigkeit der Maßnahme

Für eine erfolgreiche Umsetzung ist es ebenso sehr wichtig, die relevanten Mitarbeiter frühzeitig zu informieren und ihnen die Bedeutung und Notwendigkeit der Maßnahmen zu erläutern. Motivierte Mitarbeiter werden die Mehrbelastungen einer Umstellung besser bewältigen und damit wesentlich zu einer reibungslosen Abwicklung beitragen.

3.2 Projektcharakter und zeitlicher Rahmen

Zeitliche Obergrenze zur Einführung bis 2005

Eine erfolgreiche Umstellung der Rechnungslegung auf IAS setzt voraus, dass dem Vorhaben Projektcharakter verliehen wird, insbesondere, da in 2005 die Umstellung für börsennotierte Unternehmen vollzogen sein muss und damit ein zeitlicher Höchstrahmen fixiert ist, der nur noch in Ausnahmefällen überschritten werden darf[36].

In einem Projekt zur „Umstellung auf internationale Rechnungslegung" müssen unterschiedliche Aspekte berücksichtigt werden, die an dieser Stelle auszugsweise genannt werden sollen:

Aspekte zur IAS-Umstellung

- **Rahmenbedingungen**
  Festlegung der unternehmensspezifischen Rahmenbedingungen zur Umstellung, wie z. B. Termin der Umstellung, Projektbeteiligte (interne und externe Ressourcen)
- **IT-Technik und –Infrastruktur**
  Definition der technischen Notwendigkeiten und Rahmenparameter zur Umstellung, wie z. B. Festlegung der notwendigen Infrastruktur, erforderliche SAP-Module u. v. m.
- **Unternehmensstrukturen**
  Bestimmung der zu berücksichtigenden Unternehmensstrukturen und landesspezifischen Gesetzgebungen (Frankreich, Spanien) bei international agierenden Unternehmen.
- **Bilanzierung**
  Mit der Umstellung auf IAS, werden eine Reihe von neuen Bewertungsvorschriften für das Unternehmen wirksam. In ver-

---

[35] Vgl. Stahl, A. (2001), S. 102 ff.
[36] Vgl. Stahl, A. (2001), S. 99 ff.

schiedenen Schritten müssen diese Unterschiede für das Unternehmen bzw. die Unternehmensgruppe erarbeitet werden.

- **Gewinn- und Verlustrechnung**
Neben der Auswahl der Darstellungsform der GuV, nach dem HGB i. d. R. das Gesamtkostenverfahren, international i. d. R. das Umsatzkostenverfahren müssen unterschiedliche Bewertungsansätze und Auswirkungen für das interne Rechnungswesen (Konvergenz des externen und internen Rechnungswesens) im Rahmen des Projektes neu festgelegt werden.

- **Kontenplan**
Zur Abbildung der internationalen Rechnungslegung in der Finanzbuchhaltung bestehen verschiedene Möglichkeiten, eine davon ist die häufig angewendete Form der Anpassung des Kontenplans zur Abbildung einer parallelen Rechnungslegung nach HGB und IAS bzw. US-GAAP.

- **Berichtswesen**
Mit der Einführung der Internationalen Rechnungslegung kommen auf das Unternehmen neue bzw. veränderte Berichtsanforderungen zu, die im Rahmen des Umstellungsprojektes realisiert werden müssen. Zum Teil kann die Erstellung der Berichte in Zukunft systemisch unterstützt werden, wenn die Einstellung am System dafür vorgenommen werden, zum Teil können Berichtserfordernisse nur manuell erstellt werden, wie die umfangreichen Notes (Anhangsangaben).

- **Realisation unter SAP R/3**
Alle definierten Veränderungen haben mehr oder weniger starke Auswirkungen auf das eingesetzte ERP-System[37]. Diesen Veränderungen muss durch umfangreiches Customizing und ggf. mit notwendigen Anpassungen von bestehenden Schnittstellen zu Vor- und Folgesystemen des Unternehmens Rechnung getragen werden.

---

[37] ERP steht für Enterprise Ressource Planning. Darunter versteht man eine umfassende Datenverarbeitungslösung, die alle Funktionen der Auftragsabwicklung, Warenwirtschaft, Produktionsplanung und -steuerung (PPS), Betriebsdaten-Erfassung (BDE) und des Finanz- und Rechnungswesens umfasst. Bekannte Hersteller von ERP-Systemen sind z. B. SAP oder Navision.

A Notwendigkeit zur Internationalen Rechnungslegung

- **IAS going live – Produktivstart**
  Nach der Durchführung aller notwendigen Festlegungen und Systemeinstellungen muss in dieser Phase der geordnete Übergang zum Produktivstart sichergestellt werden.

Im vorliegenden Buch werden auf Basis dieser Themen anhand einer IAS-Themenpyramide die notwendigen Schritte detailliert beschrieben.

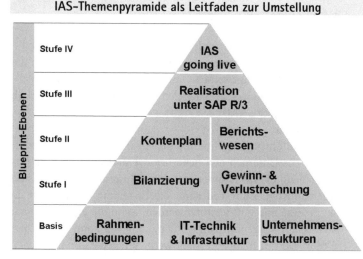

Auswahl der Projektleitung

Die Wahl der richtigen Projektleitung kann von entscheidender Bedeutung für das Projekt „Umstellung auf internationale Rechnungslegung" sein. Es ist Aufgabe der Projektleitung, dass die einzelnen Abteilungen rechtzeitig den relevanten Input liefern und dessen Qualität zu überprüfen. Die Einhaltung der Meilensteine obliegt ebenfalls dieser Verantwortung. Das rasche Eingreifen bei auftauchenden Problemen, die Unterstützung bei der Lösung derselben und auch die Kommunikation zur Unternehmensleitung – einerseits um den Stand des Projektes zu vermitteln, andererseits um Entscheidungshilfen einzufordern – ist maßgeblich für die erfolgreiche Umsetzung des Projektes. Die Projektleitung muss über ein umfangreiches fachspezifisches Wissen und ein hohes Maß an Akzeptanz bei den Mitarbeitern und der Unternehmensführung verfügen, um diese Aufgaben zufrieden stellend bewältigen zu können.

B IAS – Themenpyramiden und Projektleitfaden

Dieses Kapitel beschreibt:
- *den Begriff, die Notwendigkeit und die Anwendung der IAS-Themenpyramiden im Rahmen eines Umstellungsprojektes,*
- *die Notwendigkeit der Projektplanung und –organisation für das Vorhaben einer Umstellung der Rechnungslegung,*
- *die erforderlichen internen, nach Abteilungen und externen Ressourcen (Wirtschaftprüfer und Anwendungsberater), die für die Durchführung eines Umstellungsprojektes i.d.R. erforderlich sind,*
- *einen Gesamtüberblick der Inhalte im Buch und damit zu gesamten Projektinhalten, die in den einzelnen Kapiteln vertiefend behandelt werden.*

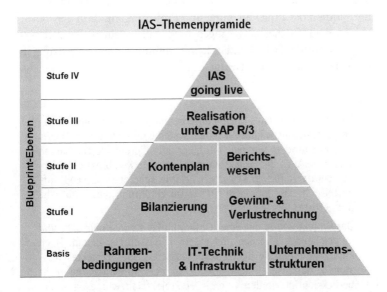

IAS-Themenpyramide

B IAS – Themenpyramiden und Projektleitfaden

1 IAS-Themenpyramiden

Die IAS-Themenpyramiden spielen für die Durchführung einer Umstellung anhand dieses Leitfadens eine Schlüsselrolle. Sie beschreiben die Zusammenhänge einer Umstellung der Rechnungslegung vom Landesrecht HGB hin zum internationalen Recht IAS/IFRS.

Themenpyramiden als Grundstruktur einer Umstellung

Zwar weisen alle Projekte individuelle Besonderheiten auf, gleichwohl dient die folgende Grundstruktur als Ausgangspunkt einer Umstellung. Diese Themenpyramiden wurden aus einer Reihe von Projektdurchführungen entwickelt und immer weiter detailliert, so dass sie letztlich nahezu vollständig sind. Wie bereits erwähnt, hat jedes Projekt leicht abweichende Schwerpunkte, woraus sich zusätzliche Themengebiete ergeben können, die in den allgemeinen Themenpyramiden nicht gänzlich erfasst werden können. Die eigentliche Umstellungsthematik wird hiervon jedoch meist nur am Rande tangiert.

Die Art der Anordnung von Themen stellt eine entscheidende Größe im Rahmen der Projektplanung und Projektorganisation dar. Bevor jedoch darauf näher eingegangen wird, soll an einem Beispiel verdeutlicht werden, wie wichtig Themendefinition und -abgrenzung in der Durchführung einer Umstellung sind.

Beispiel:

Ein großes deutsches Chemieunternehmen hatte sich die Aufgabe gestellt, eine Migration seiner Systeme durchzuführen. Dieses Projekt wurde im Vorwege mit einer detaillierten Projektplanung versehen. Auch die Projektorganisation, eine Kombination externer Berater mit sog. Key-Usern, wurde scheinbar passend aufgestellt, so dass man sich für die Durchführung dieser Aufgabe gut gerüstet fühlte.

Das Projekt wurde mit einer Gesamtlaufzeit von einem Jahr und ausreichenden internen und externen Ressourcen belegt. Nach kurzer Zeit musste der Lenkungsausschuss des Projektes feststellen, dass wesentliche Inhalte in der Projektplanung nicht berücksichtigt worden waren. Der Projektplan wurde daraufhin erweitert und die Zeit- und Meilensteinplanung entsprechend angepasst. Es war jetzt absehbar, dass der Projektzeitraum von einem Jahr nicht mehr eingehalten werden konnte. In der Konsequenz wurde ein neuer Projektendtermin festgelegt.

Es gab darüber hinaus noch eine Reihe von inhaltlichen Ergänzungen, verbunden mit entsprechenden zeitlichen Anpassungen, die die Projektlaufzeit kontinuierlich verlängerten. Letztlich betrug die Projektlaufzeit insgesamt zweieinhalb Jahre und statt 20 mussten über 100 externe Berater in dem Projekt eingesetzt werden. Der Gesamtaufwand des Projektes überstieg die Planung um das Zehnfache.

Das Grundproblem der Projektplanung ist zum einen, dass notwendige Themen entweder nicht oder nicht vollständig aufgenommen werden oder im Laufe des Projektes weitere scheinbar notwendige Projektinhalte definiert werden. Der Erfolg eines Projektes spiegelt sich nicht nur in der Messung der erfolgreichen Umsetzung wider, sondern auch in dem Grad der Abweichung zwischen Projektplanung und tatsächlichem Ressourcenaufwand. Aus diesem Grund ist es wichtig, die Projektinhalte genau zu definieren und im Projektkreis zu kommunizieren, um während der Projektlaufzeit so wenig neue Themen wie möglich aufnehmen zu müssen.

Grundprobleme der Projektplanung

Im Rahmen der Projektplanung ist es nicht nur von besonderer Wichtigkeit, die Projektinhalte zu definieren, sondern auch deren Abfolgen innerhalb der Projektierung genau festzulegen. Planungsunzulänglichkeiten lassen sich vermeiden, wenn das Projektteam so zusammengestellt wird, dass zum einen Erfahrung in den jeweiligen Projektthemen besteht und andererseits Mitglieder in das Projekt eingebunden werden, die die innerbetrieblichen Prozesse und Gegebenheiten genau kennen und diese Kenntnis in die Projektplanung einbringen können.

Projektplanung und Auswahl der Projektmitglieder

An der Vielfalt der Themen (Anlagenbuchhaltung, Kostenrechnung und Controlling, die Frage der „führenden" Bewertung, die technische Umsetzung in den vorhandenen Transaktionssystemen, wie zum Beispiel SAP R/3®, bis hin zum gesamten Berichtswesen, in dem diverse Anforderungen im Rahmen der Umstellung realisiert werden müssen) ist ablesbar, wie viele erfahrene Spezialisten ihre Erfahrungen für eine erfolgreiche Umsetzung einbringen müssen – angefangen bei Wirtschaftsprüfern über erfahrene Controller und

Heranziehen von Spezialisten

B IAS – Themenpyramiden und Projektleitfaden

Anlagenbuchhalter bis hin zu Anwendungsberatern, die in der Lage sind, die erarbeiteten Konzepte in den vorhanden Transaktionssystemen einzubringen.

Die Themenpyramiden haben dabei die Aufgabe, die notwendigen Inhalte und jeweilige Abhängigkeiten aufzuzeigen.

Ausgangspyramide ist die IAS-Themenpyramide. Sie zeigt alle Themen, die in einem Umstellungsprojekt bearbeitet werden müssen. Ausgehend von diesem Grundraster gibt es weitere Unterthemen, die wiederum in gleicher Weise inhaltlich und mit ihren Abhängigkeiten in Pyramidenformen dargestellt werden.

Die Basis des gesamten Umstellungsprojektes sind die Rahmenbedingungen und die IT-Technik. Auf diese Themen wird im vorliegenden Buch zuerst eingegangen, weil sie im Rahmen der Umstellung die größte Bedeutung haben. Aufbauend darauf können annährend parallel die Themen Bilanzierung und Gewinn- und Verlustrechnung im Projekt begonnen werden. Dadurch, dass die Themen Bilanzierung und aufbauend darauf der Kontenplan gleichwertig mit der Thematik Gewinn- und Verlustrechnung sind, besteht zum einen ein Abstimmungsbedarf zwischen diesen Themen, zum anderen kann erst nach Abarbeitung dieser Themen mit den Folgethemen Berichtswesen und SAP®-Einstellungen begonnen werden. In den einzelnen Kapiteln zu diesem Thema werden auch die Werkzeuge und externen Berater in ihrem Aufgabenumfang, der für die Projektschritte notwendig ist, sowie die internen Ressourcen aus verschiedenen Fachbereichen des Unternehmens, die herangezogen werden sollten, beschrieben.

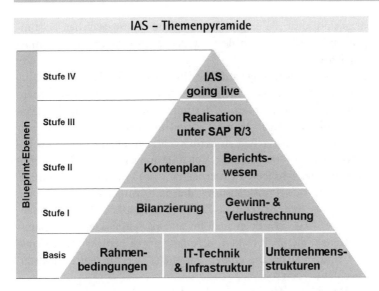

Die Pyramidendarstellung kann und soll nicht den konventionellen Projektplan ersetzen. Sie ist für die Projektierung nur ein weiteres Hilfsmittel, mit dem alle Projektbeteiligten jederzeit ablesen können, in welchem Hauptthema bzw. Subthema sie sich befinden bzw. wie die Abhängigkeit zu anderen Themen ist. Auch kann mit dieser Darstellungsform der Fortschrittsgrad des Projektes angezeigt werden, der berichtet werden soll.

2 Projektleitfaden

2.1 Projektvorbereitungen

Jedes Projekt, unabhängig davon ob es rein mit internen oder mit der Unterstützung externer Ressourcen bearbeitet wird, hat eine bestimmte Vorlaufzeit. Es ist zu berücksichtigen, dass neben dem Tagesgeschäft i. d. R. diverse Fachbereiche zum Teil 30 % und mehr ihrer Arbeitsleistung in Themen investieren, die im Allgemeinen nichts mit der Abwicklung des Tagesgeschäftes zu tun haben. Oft-

Einstimmung auf das Projekt

B — IAS – Themenpyramiden und Projektleitfaden

mals sind sogar die eingesetzten Systeme von zusätzlichen Leistungen, die ebenfalls neben dem Tagesgeschäft erbracht werden müssen, betroffen.

Projektzeitraum von einem bis anderthalb Jahren

Bei einer Umstellung auf die Internationale Rechnungslegung (IAS/IFRS) muss man einen Projektzeitraum – je nach Unternehmensgröße und Komplexität der umzusetzenden Strukturen – von einem bis anderthalb Jahren Laufzeit unterstellen. In der Projektlaufzeit sind Pufferzeiten zu berücksichtigen, um Einbußen im Tagesgeschäft zu vermeiden und Vollauslastungen interner Ressourcen zu verhindern. In jedem Unternehmen gibt es bestimmte Termine, zu denen jede Projektleistung drastisch zurückgefahren werden muss, wie zum Beispiel zu Zeiten des Quartals- bzw. Jahresabschlusses. Das gilt jedoch auch für andere Zeitpunkte, wie Urlaubsstoßzeiten, die im Projekt von Anfang an zu berücksichtigen sind.

Das sind zunächst die groben Parameter, die für den Projektstart beachtet werden sollten.

Abstimmung der Kapazitäten

Im Detail bedeutet dies, dass ein solches Projektvorhaben innerhalb der Vorbereitungsphase im Unternehmen mit den in das Projekt einzubeziehenden Fachbereichen frühzeitig kommuniziert und besprochen werden muss. Im konkreten Fall der Umstellung der Rechnungslegung müssen folgende Fachbereiche und Abteilungen berücksichtigt werden:

- Geschäftsleitung bzw. kaufmännische Leitung
- Finanz- und Anlagenbuchhaltung
- Treasury, sofern vorhanden
- Kostenrechnung und Controlling
- IT-Management, Systemadministration und Anwenderbetreuung

Das sind die Bereiche, die zwingend für die Projektdurchführung dieses Vorhabens benötigt werden. Aus unternehmerischer Sicht ist es empfehlenswert, jeweils zwei Personen je Fachbereich/Abteilung für das Projekt vorzusehen, um den Know-how-Transfer im Unternehmen sicherzustellen, aber auch um einen evtl. Ausfall eines Projektmitglieds während der Projektlaufzeit durch Krankheit oder Ausscheiden weitestgehend verlustfrei für das Projekt ausgleichen zu können.

Projektleitfaden B

Natürlich wird in einem solchen Projekt auch die Unterstützung externer Ressourcen benötigt. Zunächst sind hier die Wirtschaftprüfer des Unternehmens zu erwähnen. Im Rahmen der Projektvorbereitungen ist zu klären, inwieweit die bisher für das Unternehmen tätige Wirtschaftprüfungsgesellschaft qualifiziertes Fachpersonal für internationale Abschlüsse hat, welches das Projekt grundsätzlich und auch die spätere Betreuung übernehmen kann. Die großen Wirtschaftsprüfungsgesellschaften verfügen mittlerweile alle über entsprechend ausgebildete Wirtschaftprüfer, die kleineren Prüfungsgesellschaften stellen sich oftmals erst jetzt auf den neuen Beratungsbedarf um. Deshalb ist es wichtig, diese Frage ebenfalls vor Projektbeginn zu klären, um noch ausreichend Zeit zu haben, ggf. eine andere, entsprechend qualifizierte Wirtschaftprüfungsgesellschaft beauftragen zu können.

Externe Ressourcen

Die Aufgaben des Wirtschaftsprüfers in Zusammenhang mit einer Umstellung lassen sich aus folgender Übersicht ablesen:

Aufgaben des Wirtschaftsprüfers

Aufgaben des Wirtschaftsprüfers in Zusammenhang mit der Umstellung auf IAS
Fachlicher Ansprechpartner für Bilanzierungsregeln und deren Auslegung
Prüfung der IAS/IFRS-Arbeitsbilanzen sowie Abnahme der neuen Bilanzierungsrichtlinien
Sicherstellung einer problemlosen Konsolidierung von Tochtergesellschaften nach der Umstellung
Außerhalb der Abschlussprüfung Qualitätssicherung für weiterhin ordnungsgemäße Buchhaltung und Bilanzierung (z. B. taggenaue Führung der Kassenbücher, Grundsätze der Bilanzklarheit und Wahrheit (true and fair view)

Auf jeden Fall ist das Projektvorhaben mit den Kapazitäten der Wirtschaftsprüfungsgesellschaft abzustimmen, weil sich auf dieser Seite der Aufwand ebenfalls erhöhen wird. Gerade zur Umstellung der Bilanzpolitik müssen die Wirtschaftprüfer zur Abstimmung hinzugezogen werden, da diese die folgenden Abschlüsse des Unternehmens nach internationalem Recht testieren müssen. I. d. R. ist hierfür keine permanente Unterstützungsleistung während der ge-

B IAS – Themenpyramiden und Projektleitfaden

samten Projektlaufzeit erforderlich und zulässig[38], vielmehr sind zu bestimmen Fragestellungen und Meilensteinen Abstimmungen zwischen den Wirtschaftprüfern und dem Unternehmen zum Thema der Bilanzpolitik erforderlich. Der konkrete Aufwand wird anhand von Beispielen in dem Kapitel C „Bilanzierung" näher beschrieben.

Anwendungsberater

Als weitere externe Ressourcen sind Anwendungsberater – im konkreten Fall SAP®-Anwendungsberater – für die notwendigen Einstellungen zur Umstellung der Rechnungslegung zu berücksichtigen. Der hierfür erforderliche Aufwand der externen Unterstützung richtet sich nach der SAP®-Erfahrung der im Unternehmen tätigen sog. „Key-User", also solcher Personen, die sich in den jeweiligen Fachbereichen des Unternehmens in den Prozessen des Tagesgeschäft gut auskennen und zugleich die daraus resultierenden Einstellungen am SAP®-System realisieren können. Weiterhin beruht der benötigte externe Beratungsaufwand auf der vorhandenen SAP®-Customizingqualifikation der IT-Mannschaft. In dem Kapitel G „Realisation unter SAP R/3 ®" werden 90 % der erforderlichen Einstellungen am SAP®-System ausführlich beschrieben, sodass, wenn die o. g. Qualifikationen im Unternehmen vorhanden sind, auf die Unterstützung entsprechender Anwendungsberater verzichtet werden kann. Dies ist jedoch vor Projektbeginn durch die beteiligten Personen festzulegen. Ein Erfassungsbogen für die notwendige Mitarbeiterqualifikation ist im Folgenden beispielhaft wiedergegeben:

---

[38] Sofern die Wirtschaftsprüfer die nach IAS aufgestellten Abschlüsse testieren sollen, dürfen sie grundsätzlich nicht an der Erstellung dieser Abschlüsse beteiligt sein. Hierbei entstehen erhebliche Abgrenzungsprobleme, deren Darstellung jedoch den Rahmen dieses Buches überschreiten würde.

Projektleitfaden B

Mitarbeiter	Hanns Schulze
Alter	38
Qualifikation	Bilanzbuchhalter
Funktion	Teamleiter Anlagenbuchhaltung
Im Unternehmen seit	1995
Englischkenntnisse	Grundkenntnisse
IAS-Kenntnisse	nein
Zukünftige Funktion	Teamleiter Anlagenbuchhaltung
IAS-Kenntnisse notwendig	IAS 16, IAS 17, IAS 20, IAS 36, SIC-2, SIC-14, SIC-23
Englischkenntnisse notwendig	Wirtschaftsenglisch fortgeschritten
Zu besuchende Kurse	Beispielkurs 1 für IAS, Beispielkurs 2 für Englisch
Sonstiges	Mehrkosten pro Jahr durch Schulungen: € 15.000, bei Ausscheiden anteilige Erstattung festlegen

Zu welchem Zeitpunkt sollte die Umstellung erfolgen? Grundsätzlich kann die Umstellung der Rechnungslegung technisch zu jedem beliebigen Zeitpunkt erfolgen. Ratsam ist jedoch, die Einführung der Internationalen Rechnungslegung mit dem Beginn eines Geschäftsjahres zu verbinden. Zum einen, weil der Abschluss nach IAS mindestens einen Vorjahresabschluss gem. IAS-Bewertung voraussetzt, zum anderen weil der Trend zu einer Konvergenz des internen und externen Rechnungswesens geht, was bedeutet, dass gleiche Bewertungsmaßstäbe in der kostenrechnerischen wie in der bilanziellen Bewertung angesetzt werden. Das wiederum hat zur Folge, dass die Standardkostensätze zur Bewertung der unfertigen und fertigen Erzeugnisse nach IAS-Richtlinien auch im internen Rechnungswesen angesetzt werden. Eine solche Umbewertung der Standardpreise ist nur zu einem Geschäftsjahreswechsel sinnvoll, weil man sich

Zeitpunkt der Umstellung auf IAS

sonst jeder Vergleichbarkeit innerhalb des Jahres beraubt[39]. Sollte die Entscheidung dennoch auf eine unterjährige Umstellung fallen, sollte dies auf jeden Fall mit den Wirtschaftsprüfern abgestimmt werden.

2.2 Projektteam und Entscheidungsgremien

Sind die Rahmenbedingungen soweit abgestimmt, kann mit der Aufstellung des Projektteams begonnen werden.
Die Gestaltungsmöglichkeiten für Aufgaben in einem Umstellungsprojekt reichen von der beratenden Projektkoordination bis zur vollen Projektverantwortlichkeit, die die fachliche und disziplinarische Unterstellung der Projektmitarbeiter einschließt. Aus der unterschiedlichen Kompetenzausstattung der Projektleitung ergeben sich drei Grundformen der Projektorganisation:
- Projektkoordination,
- Matrix-Projektorganisation und
- „reine" Projektorganisation.

Projektkoordination

Bei der Projektkoordination führt der „Projektleiter" selbst keine Teilaufgaben der Leistungserstellung durch, diese wird von den Fachbereichen/Abteilungen ausgeführt. Meist wird in den Fachbereichen/Abteilungen ein Verbindungsmann oder auch Teilprojektleiter benannt, über den alle Kontakte zum Projekt laufen. Der Projektkoordinator wirkt wie ein Katalysator. Er sorgt für den Planungsformalismus, Informationsaustausch, Soll-Ist-Vergleich und die Berichterstattung gegenüber dem Projektkoordinator und dem Lenkungsausschuss. Das Risiko bei dieser „lockeren" Form der Projektorganisation liegt in der Isolierung des Projektkoordinators durch Vorenthalten von Informationen, also in der Beeinträchtigung einer wirksamen Koordination. Die Chance liegt darin, die bestehende Organisation und Aufgabenverteilung im Wesentlichen „unangetastet" belassen zu können.

Matrix-Projektorganisation

Bei der Matrix-Projektorganisation sind die Kompetenzen des Projektleiters projektbezogen definiert, das heißt er koordiniert sein

---

[39] Vgl. Kapitel D „Gewinn- und Verlustrechnung"

Projekt über alle beteiligten Fachbereiche/Abteilungen. Die Leiter der Fachbereiche/Abteilungen koordinieren alle in ihrem Bereich laufenden Projekte.

Bei der reinen Projektorganisation entsteht eine eigenständige organisatorische Einheit unter der Leitung des Projektleiters. Die erforderlichen Speziallisten werden für die Dauer des Projektes von den Fachabteilungen zum Teil oder ganz freigestellt. Die Chance liegt in der Konzentration aller Aktivitäten auf das Projekt. Das Risiko liegt im „Brüten im eigenen Saft" mit der Gefahr von zu einfachen, einseitigen Lösungen und in der Auslegung der Personalkapazität auf einen Spitzenbedarf mit zu hohen Kosten.

Reine Projektorganisation

Neben diesen kurz skizzierten Grundformen der Projektorganisation sind, je nach Bedarf, in der Praxis verschiedene Zwischenformen möglich. Sie unterscheiden sich vor allem in der unterschiedlichen Zuordnung der Kompetenzen zum Projektleiter und zu den Leitern der Fachabteilungen[40].

Im vorliegenden Projektmodell ist eine Mischung aus der Projektkoordination und der Matrix-Projektorganisation zu empfehlen. Der Projektleiter fungiert als Koordinator über die Fachbereiche/Abteilungen und verantwortet den Planungsformalismus, Informationsaustausch, Soll-Ist-Vergleich und die Berichterstattung über alle Teilprojekte hinweg. Je nach Größe und Umfang des Projektes ist zu entscheiden, ob der Projektleiter auch fachbezogene Themen innerhalb des Projektes mitbearbeitet oder die Konzentration auf die reine Koordination des Projektes gelegt werden muss.

Mischform der Projektorganisation

Hierarchisch über der projektbezogenen Organisation angesiedelt ist ein weiteres Gremium einzurichten, der Lenkungsausschuss. Dieser hat die Aufgabe, innerhalb des Projektes die Interessen der Geschäftsleitung im Projekt zu vertreten und in regelmäßigen Lenkungsausschuss-Meetings (Empfehlung: mindestens einmal im Monat) über Themen und Weichenstellungen im Projekt zu entscheiden bzw. diese zur kurzfristigen Entscheidung der Geschäftsleitung vorzulegen.

Lenkungsausschuss

---

[40] Vgl. Blazek, A. (1994), Seite 155 ff.

B IAS – Themenpyramiden und Projektleitfaden

Die nachfolgende Abbildung zeigt eine beispielhafte Projektorganisation:

Beispiel einer Projektorganisation zur Umstellung auf IAS

2.3 Projektphasen und Meilensteine

Die detaillierte Planung und Terminierung bestimmter Meilensteine eines Projektes bilden das Fundament für eine wirtschaftliche Gestaltung des Vorhabens und sind somit unverzichtbar.

Abhängigkeiten der Projektplanung

Ein Projekt gewinnt im Unternehmen durch die Planung des Grob- und Feinkonzeptes sowie durch die Erstellung des Pflichtenheftes immer mehr an Konturen. Der Verlauf eines Projektes wird durch die Faktoren Leistung (Qualität, Quantität), Kosten und Zeit (Termine) beeinflusst. Die Veränderung eines Faktors tangiert unvermeidlich mindestens einen der anderen Faktoren. In diesem Zusammenhang wird deshalb auch vom „magischen Dreieck" gesprochen[41].

---

[41] Vgl. Strack, T. (2002), Haufe-Index: 658903

Das magische Dreieck der Projektplanung

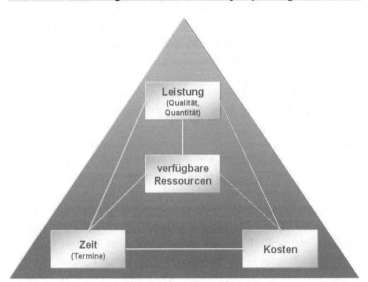

Zwei der vier dargestellten Determinanten des magischen Dreiecks sind in dem betrachteten Umstellungsprojekt zur Internationalen Rechnungslegung vorgegeben:
- Die Leistung, die durch den Richtlinienrahmen der International Accounting Standards definiert wird, und
- der Zeitrahmen, der durch den Einführungszeitpunkt zur Umstellung auf die int. Rechnungslegung bestimmt ist.

Folglich sind die verbleibenden Größen Ressourcen und Kosten die einzigen Variablen im Rahmen der Projektplanung, wobei der Ressourceneinsatz allerdings nur bedingt variabel ist, worauf später noch eingegangen wird.

Vergleichbar sind solche Projekte mit Umstellungen zur Jahr-2000-Wende oder auch zur Euro-Umstellung. Hier ist die Festlegung der variablen Einflussgrößen ähnlich zu betrachten wie im vorliegenden Projektvorhaben. Die Termine zur Jahr-2000-Umstellung standen fest und damit der Zeitpunkt der Produktivsetzung des Projektes. Unternehmen, die sich sehr spät mit der Umstellungsproblematik

<small>Vergleich zur Jahr-2000-Wende und zu Euro-Umstellungs-Projekten</small>

B IAS – Themenpyramiden und Projektleitfaden

ihrer eingesetzten Systeme beschäftigt hatten, mussten ungleich stärker an den verbleibenden Stellgrößen, wie den eingesetzten Ressourcen und damit an den Kosten des Projektes „drehen", als andere, die sich rechtzeitig mit dem Problem auseinandergesetzt hatten. Das gleiche gilt für Umstellungsprojekte auf die europäische Gemeinschaftswährung.

Der Unterschied zur Umstellung der Rechnungslegung besteht jedoch darin, dass zum einen die Unternehmen den Zeitpunkt der Umstellung weitestgehend selbst bestimmen, zumindest bis maximal zum Jahre 2007, zu dem alle börsennotierten Unternehmen umgestellt haben müssen[42] und damit folglich auch ein größerer Spielraum für die Definition des Projektzeitraumes besteht. Ein weiterer Unterschied besteht in der Skalierbarkeit des Ressourceneinsatzes. Konnten Projekte zur Umstellung auf das Jahr 2000 oder auf den Euro relativ frei skalierbar mit externen Ressourcen unterstützt werden, sind die Projekte zur Umstellung der Rechnungslegung viel stärker an die Ressourcen im eigenen Unternehmen gebunden. Das erklärt sich aus der Tatsache, dass der Umstellungsaufwand sowohl technisch orientiert ist als auch zu einem großen Teil auf die inhaltliche Definition für die jeweilig betriebswirtschaftlich sinnvollen Inhalte und Parameter entfällt, die nur mit der Unterstützung eigener Mitarbeiter erarbeitet werden können. Darüber hinaus muss in dem Projekt Know-how, das auch zukünftig weiterentwickelt werden muss, bei den eigenen Mitarbeitern aufgebaut werden. Somit ist die Skalierbarkeit des Ressourceneinsatzes, der zu einem großen Teil aus den Fachbereichen des Unternehmens zur Verfügung gestellt werden muss und nur bedingt fremdvergeben werden kann, begrenzt. Umso wichtiger ist in solchen Projekten die eingangs beschriebene Auswahl und Festlegung des „richtigen" Umstellungszeitpunktes.

Sachgebiete der IAS-Umstellung

Analog zur der bereits dargestellten IAS-Themenpyramide sind in der Projektplanung insgesamt neun Sachgebiete zu berücksichtigen:

---

[42] Vgl. Europäische Union (2002), S. 1-13

- Rahmenbedingungen
- IT-Technik und Infrastruktur
- Unternehmensstrukturen
- Bilanzierung
- Gewinn- und Verlustrechnung
- Kontenplan
- Berichtswesen
- Realisation unter SAP R/3 ®
- IAS going live – Produktivstart

Die zeitliche Reihenfolge und der zu berücksichtigende Gesamtaufwand des Projekts kann am besten in einem sog. Gant-Diagramm dargestellt werden, in dem zunächst nur die Hauptphasen des Projektes abgebildet werden.

Beispiel eines Projektplans zur IAS-Umstellung

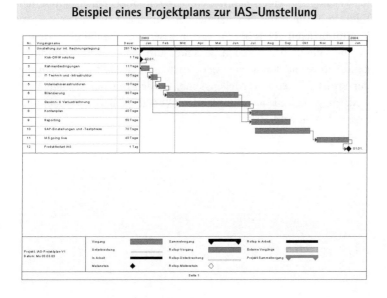

Diese Inhalte sollen im Folgenden erläutert werden.

B   IAS – Themenpyramiden und Projektleitfaden

2.3.1 Kick-Off-Meeting zum Projektstart

> **Teilnehmerkreis:**
> Gesamtes Projektteam und Lenkungsausschuss sowie externe Berater
> Dauer: 0,5 bis 1 Workshoptag(e)

Wie jedes gut geplante Projekt, sollte auch dieses mit einem Kick-Off-Meeting beginnen, zu dem alle beteiligten Projektmitglieder eingeladen werden und Projektleiter sowie die Mitglieder des Lenkungsausschusses das Vorhaben vorstellen und die Terminplanung besprechen. Häufig wird diese Veranstaltung als überflüssig angesehen, doch bedenkt man, dass ein Projekt eine zeitlich befristete und zudem neue Aufgabe im Unternehmen darstellt, ist es von besonderer Wichtigkeit, einen definierten Startzeitpunkt, einen definierten Endtermin und die bevorstehenden Inhalte eines Projektes zu kommunizieren. Darüber hinaus müssen alle Beteiligten wissen, welche Verantwortlichkeiten bestehen, um fehlgeleitete Kommunikation zu vermeiden. Neben der Vorstellung der zeitlichen Planung der Projektphasen und Meilensteine, werden in einer solchen Veranstaltung auch die anzuwendenden Werkzeuge und Dokumentationsmethoden vorgestellt.

Folgende Agenda ist für die Durchführung eines Kick-Off-Meetings denkbar:

Beispiel einer Agenda zum Kick-Off:

Einleitung zum Projektstart
- Ziele des Projektes
- Vorstellung des Projektteams

Vorstellung des Projektvorgehens
- IAS-Themenpyramide
- Projektplan und Meilensteine
- Details zur Workshopabwicklung

Projektorganisation
- Vorstellung der Projektdatenbank
- Projektdokumentation
- Software-Werkzeuge im Projekt
- Agenden und Protokolle

Projekttermine
- Workshoptermine in den Teilprojekten
- Abnahme- und Meilensteintermine
- Lenkungsausschusstermine

Technische Infrastruktur
- Zugriff auf die Projektdaten
- Zugriff auf das SAP®-System

Mit einer Agenda wird sichergestellt, dass alle projektrelevanten Themen vorgestellt und mit allen Projektbeteiligten besprochen werden. Im Rahmen dieser Vorstellung sollten auch alle Projekttermine, die zuvor mit den einzelnen Teams erarbeitet wurden, mindestens für das folgende halbe Jahr vorgestellt werden.

2.3.2 Projektphase: Rahmenbedingungen

Teilnehmerkreis:
Projektleiter, Mitarbeiter der Organisation, ggf. externe Berater (SAP®- und IAS-Spezialisten)
Dauer: 2 – 3 Workshoptage

Die Definition bestimmter Rahmenbedingungen in einem Projekt ist für einen erfolgreichen Abschluss unerlässlich. Im Gesamtprojekt sollte diese Phase nicht mehr als zwei Wochen betragen.

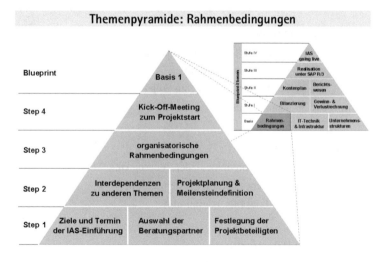

Projektleitfaden B

Zu den Rahmenbedingungen gehören:
- Einrichtung von Internet- bzw. Intranetzugängen für alle Projektbeteiligten (auch für externe Projektmitglieder).
- Einrichtung von E-Mail-Verteilern gemäß der im Kick-Off-Meeting vorgestellten Projektteamstrukturen und für alle Mitglieder des Projektes.
- Einrichtung von Projekträumen, die nach Möglichkeit für den gesamten Projektzeitraum den Teams zur Verfügung stehen und mit den notwendigen Infrastrukturen, wie PC mit Netzwerk-, Internetanschluss und SAP®-Zugang sowie einer separaten Telefonleitung für externe Berater und einem Flipchart oder Whiteboard ausgestattet sein sollten.

Die Internet- bzw. Intranetzugänge sollten bereit gestellt werden, damit alle Projektteilnehmer auf die Projektdatenbank zugreifen können. Heute sind fast alle Projektdokumentations- und -managementwerkzeuge mit solchen Schnittstellen ausgestattet. Die Bereitstellung der Projektinformationen mit allen notwendigen Dokumenten im Internet oder Intranet ist deshalb in einem solchen Projekt sinnvoll, weil diese Projekte immer mit externer Unterstützung durchgeführt werden und somit der Zugang auf die Daten unabhängig von der jeweils installierten Projektmanagementsoftware sichergestellt werden kann. Natürlich muss der Zugriff auf die im Internet bereitstehenden Projektdaten sorgfältig kommuniziert werden. Dies kann bereits im Kick-Off-Meeting des Projektes geschehen, muss jedoch spätestens in dieser Projektvorbereitungsphase erfolgen. Neben der URL (Internet-Adresse) muss dem Anwenderkreis auch die Browser-Anwendung mitgeteilt werden und – da die Daten i. d. R. nur über einen passwortgeschützten Zugang bereitgestellt werden – der Benutzername und das jeweilige Kennwort. Meistens kann jedoch auf die Vergabe mehrerer Benutzer und Kennwörter verzichtet werden, weil alle Beteiligten mit den gleichen Rechten zur Bearbeitung und Einsicht der Projektdaten ausgestattet werden. Ein solches Vorgehen erleichtert auch die Rechteadministration für solche Anwendungen.

Bereitstellen der Infrastruktur

Die Einrichtung von E-Mail-Verteilern ist notwendig, damit innerhalb der Projektabwicklung sichergestellt werden kann, dass Infor-

E-Mail-Verteiler

B IAS – Themenpyramiden und Projektleitfaden

mationen, die einzelne Projektteams oder das gesamte Projektteam betreffen, an alle Teilnehmer gesandt werden können. Bei externen Projektmitgliedern müssen diese E-Mail-Verteiler separat definiert und eingerichtet werden.

Projekträume

Der Vorteil bei eigens eingerichteten Projekträumen ist das Wegfallen lästiger Abstimmungen und Organisationen zur Beschaffung eines Besprechungsraumes zu jedem Projektworkshop. Weiterhin können Informationen wie Projektpläne, Notizen und Stichpunkte auf Flipcharts an den Wänden dauerhaft angebracht werden. Es hat sich in der Praxis als hoch effektiv erwiesen, wenn die notwendige Infrastruktur ständig bereitsteht.

Einrichtung einer Projektdatenbank

Die Informationen zur Nutzung einer Projektdatenbank werden üblicherweise bereits im Kick-Off-Meeting nach Abstimmung mit den externen Projektmitgliedern und der hauseigenen IT-Abteilung besprochen. In dieser Phase muss nun sichergestellt werden, dass allen Projektmitgliedern diese Werkzeuge an ihren Arbeitsplätzen und in den Projekträumen zur Verfügung stehen. Dazu gehört jedoch auch die initiale Einrichtung der entsprechende Projektdatenbank und die Festlegung der Verantwortlichkeit für die weitere Pflege und Entwicklung.

Agenden

Die im Projektverlauf durchzuführenden Workshops und Besprechungen müssen gut vorbereitet und vor allem nach den Sitzungen auch nachvollziehbar dokumentiert sein. So sind für alle Workshops und Meetings Verantwortliche und Protokollführer im Vorwege zu benennen. Auch hier bedient man sich bestimmter Werkzeuge, die einheitlich eingesetzt werden sollten. So hat man sich im Kick-Off-Meeting beispielsweise darauf verständigt, dass vor jeder Projektsitzung eine Agenda einige Tage vorher erstellt wird. Diese wird zuvor an die Beteiligten per E-Mail versandt und zusätzlich in die Projektdatenbank abgelegt, damit sie auch später für andere Projektmitglieder jederzeit einsehbar ist. Diese Agenda hat den Zweck, alle Beteiligten darüber zu informieren, welche Themen zum nächsten Termin anstehen, um sich entsprechend darauf vorbereiten zu können bzw. Anpassungen oder Ergänzungen zum Agenda-Vorschlag machen zu können.

Projektleitfaden B

Diese Festlegungen werden an alle Projektmitglieder kommuniziert, gleichzeitig müssen für die Verwendung solcher Werkzeuge auch die entsprechenden Vorlagen zentral bereitgestellt werden. Das gilt ebenso für die Anfertigung von Protokollen als Dokumentationsmedium der Ergebnisse von Projektsitzungen und Workshops.

Die Protokolle sollten, wie auch schon die Agenden, immer einen einheitlichen Aufbau haben, in dem folgende Informationen enthalten sind:

- Ersteller, Datum und Ort der Sitzung
- Workshop bzw. Sitzungsthema und Zuordnung zur Projektphase
- Teilnehmer und Verteilerkreis

Protokolle

Zu den Rahmenbedingungen gehört auch die Definition der Verteilung, die in diesem Beispiel über E-Mail erfolgt, weil das Dokument in der Projektdatenbank erstellt werden soll.

Damit sind die organisatorischen Rahmenbedingungen für den Projektstart soweit abgeschlossen. Es verbleibt nur noch eine Festlegung zur Abwicklung der Arbeitsergebnisse im Projekt sowie die Art der Dokumentation bzw. Fachkonzeption.

Dokumentation

Der Fachkonzeption kommt eine besondere Bedeutung zu, weil mit ihr dargestellt wird, in welcher Form die notwendigen bzw. beschlossenen Änderungen umgesetzt werden. In einem Umstellungsprojekt wird es fünf Fachkonzepte und eine Dokumentation geben:

- Fachkonzept Bilanzierung (inkl. Einzel- und Konzernabschluss),
- Fachkonzept Kontenplan,
- Fachkonzept Gewinn- und Verlustrechnung,
- Fachkonzept Berichtswesen,
- Fachkonzept Cut-Over-Plan (Übergang zur Produktivsetzung) sowie eine
- Dokumentation der Einstellungen am SAP®-System und an Schnittstellen.

Die Fachkonzepte haben zwei Aufgaben: Zum einen werden darin die fachlichen Inhalte als Ergebnis eines Projektteams beschrieben, zum anderen, welche Prozess- und Systemänderungen dazu vorzusehen sind. Die Kompetenzen in dem Team müssen daher so verteilt sein, dass ein Teil die vorliegenden Bedingungen und Prozesse im

Aufgaben der Fachkonzepte

Unternehmen kennt und sie beschreiben kann, der andere Teil in der Lage sein muss, aus den Ausgangsbedingungen im Unternehmen und den Anforderungen der IAS-Rechnungslegung die notwendigen fachlichen Änderungen beschreiben zu können. Ebenso muss der Überblick darüber gewährleistet sein, welche technischen Anpassungen im SAP®-System als auch in Vor- und Folgesystemen des Unternehmens diese Änderungen bedingen. Mit diesen Kompetenzen zum jeweiligen Fachgebiet muss jedes Projektteam ausgestattet sein. Dieses Buch wird hierbei eine Hilfe sein, kann jedoch nur bedingt die notwendigen Kompetenzen ersetzen, weil in keinem Unternehmen die gleichen Ausgangsbedingungen vorliegen werden. Jedoch können aus den Erfahrungen der Verfasser die Erfordernisse für die eigene Organisation abgeleitet werden.

Organisatorisch kennzeichnend für die erste Phase des Projekts, ist die Kommunikation dieser Anforderungen an das Gesamtprojektteam sowie das Vorgehen zur Erstellung und Verteilung der Fachkonzeptionen und Dokumentationen.

Damit sind die vorbereitenden Maßnahmen im Projekt abgeschlossen und die Teams können ihre Arbeit in den jeweiligen Themenbereichen beginnen.

2.3.3 Projektphase: IT-Technik und Infrastruktur

Teilnehmerkreis:
Projektleiter, Mitarbeiter des IT-Teams und SAP®-Teams, ggf. externe Berater (SAP®-Spezialisten)
Dauer: 2 – 3 Workshoptage

Innerhalb dieser Projektphase werden die technischen Rahmenbedingungen und Festlegungen zur Einhaltung bestimmter Standards und Vorgaben für die Durchführung des Projektes definiert.

Projektleitfaden B

Themenpyramide: IT-Technik & Infrastruktur

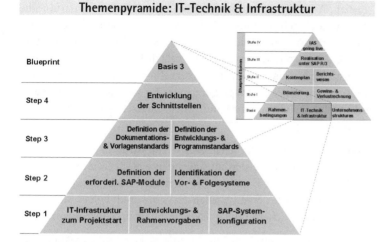

Als Erstes ist die notwendige IT-Infrastruktur im Projekt von der IT-Abteilung des Unternehmens gem. den Absprachen im Kick-Off-Meeting für alle Projektbeteiligten sicherzustellen. Das heißt auch, dass die notwendigen Zugriffe für externe Projektmitarbeiter eingerichtet werden müssen.

Infrastruktur zum Projektstart

Viele Unternehmen haben heute aufgrund des Umfangs der technischen Systeme Regeln und Standards für die Nutzung und die Weiterentwicklung ihrer Systeme festgeschrieben, die in jedem Projekt zu berücksichtigen sind. So ist es für Konzerne oder Unternehmen mit ausgeprägten Beteiligungsstrukturen nicht ungewöhnlich, dass so genannte SAP®-Mehrmandantensysteme im Einsatz sind. Auf solchen Mehrmandantensystemen arbeiten i. d. R. mehrere Unternehmen jeweils in eigenen SAP®-Mandaten, aber alle auf **einem** SAP-System. So ist es hier sicher sinnvoll, wenn Rahmenbedingungen für das Customizing und für Entwicklungsarbeiten auf dem System für das Projekt vorgegeben werden. Diese und andere Vorgaben müssen allen Projektbeteiligten gegenüber kommuniziert werden. Manche Unternehmen bieten dazu interne Schulungen an.

Entwicklungs- und Rahmenvorgaben

In einem weiteren Schritt ist mit den Projektbeteiligten, die an der technischen Realisierung der Umstellung zur Internationalen Rechnungslegung beteiligt sind, die derzeitige Konfiguration des einge-

SAP®-Systemkonfiguration

B IAS – Themenpyramiden und Projektleitfaden

setzten SAP®-Systems zu prüfen. Hier geht es vor allem darum, die im Unternehmen im Einsatz befindlichen Module und die jeweiligen Ausprägungen sowie unternehmensspezifische Add-ons und User-Exits aufzunehmen, um die zusätzlichen technischen Erfordernisse abgrenzen zu können. Unternehmen, die mehrere Systeme mit unterschiedlichen Ausprägungen im Einsatz haben, müssen eine entsprechende Gesamtaufstellung der eingesetzten SAP®-Systeme erstellen.

Definition der notwendigen SAP®-Module

Sind die Basisdaten der technischen Infrastruktur aufgenommen und dokumentiert, werden im folgenden evtl. notwendige zusätzliche SAP®-Module, die im Unternehmen noch nicht im Einsatz sind, sowie erforderliche Schnittstellen zu Vor- und Folgesystemen in dem verantwortlichem Projektteam erarbeitet und dokumentiert.

Vorlagen- und Entwicklungsstandards

Bevor die einzelnen Projektteams die Arbeit zur Erstellung der Fachkonzeptionen aufnehmen, sollten im Projekt die Dokumentations- und Vorlagenstandards, sowie Entwicklungs- und Programmierungsstandards festgeschrieben und an den gesamten Projektmitgliederkreis kommuniziert werden.

Die gesammelten Erkenntnisse zur technischen Infrastruktur als Rahmenparameter für das Projekt und die Festlegungen zu notwendigen Ergänzungen sollten in einer Gesamtdokumentation zu dem Thema IT-Technik & Infrastruktur abgelegt werden.

2.3.4 Projektphase: Unternehmensstrukturen

Teilnehmerkreis:

Projektleiter, Controller, zuständiges Mitglied der Geschäftsleitung (zeitweilig), IT-Leiter (zeitweilig), ggf. externe Berater (SAP®- und IAS-Spezialisten)

Dauer: 5 – 10 Workshoptage

Die Einführung der Internationalen Rechnungslegung betrifft in der Regel alle Unternehmen innerhalb eines Konzerns. Aus diesem Grund ist es erforderlich, zu Beginn des Projektes, bevor die Fachkonzeption zu den einzelnen Sachgebieten begonnen wird, die Strukturen innerhalb einer Unternehmensgruppe bzw. eines Konzerns hinsichtlich ihrer Anforderungen zu untersuchen und zu dokumentieren.

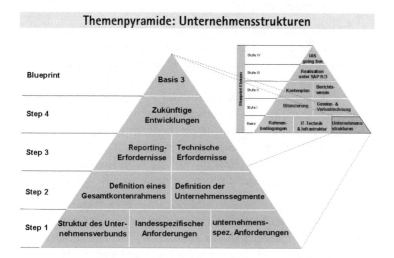

Kern der Untersuchung der Unternehmensgruppe (des Konzerns) ist der Konsolidierungskreis gemäß den Vorschriften des IAS 27. Zu dem Konsolidierungskreis gehören alle Tochterunternehmen, die einem sog. „Control-Verhältnis" unterliegen.

Control-Verhältnis

Ein Control-Verhältnis wird – widerlegbar – angenommen, wenn das Mutterunternehmen mehr als die Hälfte der Stimmrechte besitzt. Ein Control-Verhältnis liegt – unwiderlegbar – vor, wenn das Mutterunternehmen bei den Tochterunternehmen

- mehr als die Hälfte der Stimmrechte (aufgrund einer vertraglichen Vereinbarung mit anderen Anteilseignern) ausüben,
- das Recht hat, aufgrund eines Vertrages oder einer Satzungsbestimmung einen beherrschenden Einfluss auszuüben,
- die Möglichkeit hat, die Mehrheit der Mitglieder der Aufsichts- und Leitungsorgane zu bestellen oder abzurufen oder

B   IAS – Themenpyramiden und Projektleitfaden

- die Möglichkeit hat, bei Abstimmungen der Aufsichts- oder Leitungsorgane entscheidenden Einfluss zu nehmen (faktische Stimmrechtsmehrheit).[43]

Landes- und unternehmensspezifische Anforderungen

Im Rahmen dieser Untersuchungen sollte nicht nur die Struktur der Unternehmensgruppe und die Festlegung des Konsolidierungskreises vorgenommen werden, sondern es ist auch zu prüfen, welche landesspezifischen Anforderungen bei internationalen Unternehmensstrukturen im Hinblick auf die Umstellung nach IAS weiter zu berücksichtigen sind. So ist beispielsweise in Frankreich für den Ausweis des Materialverbrauchs ein bestimmter Standard der zu verwendenden Konten gesetzlich vorgegeben. Das hat natürlich auch Auswirkungen auf einen zu entwickelnden Kontenrahmen, in dem diese Anforderungen für den Landesausweis Berücksichtigung finden.

Festlegungen zum Kontenrahmen

In dieser frühen Phase des Projektes sollten bereits die Grundpfeiler für einen Gesamtkontenrahmen gesteckt werden. Ein solcher Kontenrahmen kann noch nicht den Anspruch auf Vollständigkeit erfüllen. Dennoch sind Überlegungen anzustellen, auf welche Form eines Konzernkontenrahmens man sich für die Unternehmensgruppe verständigen will.

Definition der Segmente

Die Rechnungslegung auf Basis der IAS verlangt den Ausweis der Ergebnisse, neben der Gewinn- und Verlustrechnung im Umsatzkosten- oder wahlweise auch nach dem Gesamtkostenverfahren, auch die Darstellung so genannter Segmente. Grundsätzlich wird bei diesem Ausweis von primären und sekundären Segmenten gesprochen. D. h., ein Unternehmen bzw. eine Unternehmensgruppe hat sein/ihr Ergebnis bis zum ersten Deckungsbeitrag primär nach den Geschäftsbereichen der Gruppe und sekundär nach den Regionen in denen die Produkte/Leistungen verkauft werden, darzustellen. Diese Aspekte sind ebenfalls konsolidiert darzustellen.[44]

Es bietet sich daher an, im Rahmen der Untersuchungen zu den Unternehmensstrukturen auch die zu berichtenden Segmente (primäre und sekundäre) zu erarbeiten und festzulegen. I. d. R. sind

---

[43] Vgl. Kapitel C „Bilanzierung", Punkt „IAS-Konsolidierung"
[44] Vgl. Kapitel F „Berichtswesen", Punkt „Segmentberichterstattung"

Projektleitfaden B

diese Prozesse zur Festlegung der Segmente langwieriger als Unternehmen es im Vorwege vermuten würden. Wichtig dabei ist, dass alle Leistungen der Einzelunternehmen der Gruppe sich in die definierte Struktur der primären Segmente einordnen lassen.

Eine weitere Hürde stellt die Festlegung der sekundären Segmente dar. Es ist nicht vorgeschrieben, nach welchen Kriterien der regionale Ausweis der Ergebnisse erfolgen soll. Denkbar sind grundsätzlich zwei Varianten:
- Ausweis der Umsätze nach Verkaufsregion oder
- Ausweis der Umsätze nach Standort der Vertriebsgesellschaften.

Normalerweise werde die derzeitigen Berichtswesenmöglichkeiten der Einzelgesellschaften von der Einführung der Internationalen Rechnungslegung nicht berührt. Dennoch ist zu prüfen, ob bestimmte Berichtswesenerfordernisse in der Unternehmensgruppe bestehen und in der Bearbeitung des Projektes zu berücksichtigen sind.

Ein weiterer wichtiger Punkt in dieser Projektphase ist die Untersuchung und Dokumentation der technischen Erfordernisse in der Unternehmensgruppe für die Realisierung des Projektvorhabens. Die Idealsituation wurde bereits für die Phase „IT-Technik & Infrastruktur" beschrieben: Alle Unternehmen der Gruppe arbeiten auf einem SAP®-Mehrmandantensystem. Das muss jedoch – gerade bei sehr schnell gewachsenen Unternehmensstrukturen – nicht die Regel sein. So ist zu prüfen, welche Systemanforderungen bzw. -erfordernisse für die Einzelgesellschaften zu definieren sind. Ein Beispiel dafür ist das Reporting nach dem Umsatzkostenverfahren. In diesem Fall ist es für alle Unternehmen erforderlich, eine Kostenträgerrechnung im Einsatz zu haben, es sein denn, es handelt sich um ein Einproduktunternehmen.

Untersuchung der technischen Erfordernisse

Es ist nicht erforderlich, dass alle Unternehmen auf SAP®-Systemen arbeiten, zumal unterschiedliche Releasestände und Ausprägungen die Regel sein dürften. Vielmehr ist es notwendig, die Rahmenbedingungen zu definieren unter denen es zukünftig möglich wird, die Konsolidierung der Daten weitestgehend automatisch zu realisieren.

B IAS – Themenpyramiden und Projektleitfaden

Berücksichtigung zukünftiger Entwicklungen

Bis hier wurden die Anforderungen der bislang bekannten Strukturen bearbeitet und dokumentiert. Sind jedoch Entwicklungen bereits heute bekannt, die noch in den Projektzeitrahmen fallen, so sind die zukünftigen Entwicklungen ebenfalls aufzunehmen und deren Rahmenparameter in gleicher Weise zu dokumentieren. Zu einer solchen Entwicklung kann gehören:
- Kauf oder Verkauf von Unternehmen
- Aufgabe oder Aufnahme neuer Geschäftsbereiche
- Zukünftige Änderungen der Landesgesetzgebungen
- Anstehende technische Anpassungen/Änderungen in Teilen der Unternehmensgruppe

Es gibt noch eine Reihe von Punkten, die an dieser Stelle aufgeführt werden könnten, wichtig ist, dass möglichst viele der bekannten zukünftigen Entwicklungen innerhalb der Unternehmensgruppe im Rahmen dieser Projektphase im Hinblick auf ihre Auswirkungen identifiziert und geprüft werden.

Teilnehmerkreis

Finanz- und Anlagenbuchhalter, Treasurymitarbeiter und Wirtschaftsprüfer (zeitweilig), ggf. externe Berater (SAP®- und IAS-Spezialisten)
Dauer: 10 – 20 Workshoptage

Nachdem die Rahmenbedingungen in der Basisstufe des Projektes bearbeitet und dokumentiert wurden, kann nun mit den konzeptionellen Arbeiten in den betriebswirtschaftlichen Themen begonnen werden. Das erste Thema Bilanzierung bildet einen der Schwerpunkte in dem Projekt zur Umstellung der Rechnungslegung.

Projektleitfaden B

Themenpyramide: Bilanzierung[45]

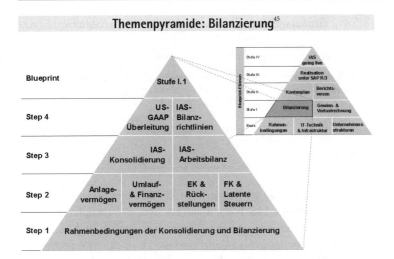

In einem ersten Schritt sollten sich die Projektbeteiligten einen Überblick zu den zu erarbeitenden Themen verschaffen. In der Projektübersicht wird das als Rahmenbedingungen der Konsolidierung und Bilanzierung bezeichnet. Dazu gehört, abzugrenzen, welche Verfahren bisher eingesetzt wurden und welche davon weiter eingesetzt werden können sowie einen Überblick zum Gesamtthemenumfang darzustellen.

Rahmenbedingung der Bilanzierung und Konsolidierung

Die Teilnehmer dieser Projektphase sollten bereits über ein profundes Wissen der Rechnungslegung nach IAS verfügen. Andernfalls muss im Rahmen dieser Projektphase dafür Sorge getragen werden, dass alle Mitglieder auf den gleichen notwendigen Wissensstand zur Internationalen Rechnungslegung gebracht werden.

Beginnend mit den Aktiva der letzten Bilanz des Unternehmens bzw. der Unternehmensgruppe werden, unterteilt nach den Bilanzkategorien (Anlage-, Umlauf- sowie Finanzvermögen), die Unterschiede zwischen der bisherigen Bilanzierung nach Landesrecht und den neuen Bilanzierungsvorschriften gem. IAS für das Unternehmen erarbeitet.

---

[45] Vgl. Kapitel C „Bilanzierung"

B IAS – Themenpyramiden und Projektleitfaden

Grundlagen zur Erstellung einer IAS-Arbeitsbilanz

Aktiva	Geschäftsjahr € (HGB)	Geschäftsjahr € (IAS)	Passiva
A. Anlagevermögen			
I. Immaterielle Vermögensgegenstände	247.289,05	?????	

ZIEL!

Da es Ziel ist, im Rahmen dieser Projektphase eine Arbeitsbilanz mit den anzusetzenden IAS-Werten aufzustellen, ist es empfehlenswert, alle Positionen der vorliegenden Bilanz zu erarbeiten und nach vollständiger Erarbeitung der Bilanzpositionen und der entsprechenden Kategorien die neuen IAS-Bilanzwerte zu dokumentieren, um so sukzessive die Unterschiede darstellen zu können. Für die spätere Einbindung dieser Bilanzierungsunterschiede in die sog. Notes bietet sich die Erstellung der Dokumentation in einem Tabellenkalkulationsprogramm an.

Mithilfe synoptischer Darstellungen, die den bisherigen landesrechtlichen Bilanzansatz, die Art der Bewertung, die Bilanzposition, erforderliche Anhangsangaben und eventuell notwendige neue Konten dem internationalen Bilanzierungsansatz gegenüberstellen, werden systematisch die neuen Bilanzierungsrichtlinien erarbeitet. Diese stellen gleichzeitig die erforderliche Grundlage zur Abstimmung mit dem Wirtschaftprüfer dar.

In dieser Form werden im Anschluss auch die Passiva der Bilanz mit allen notwendigen Positionen erarbeitet, sodass nach Abschluss dieser Arbeiten eine erste Roh-Arbeitsbilanz gemäß IAS in der Projektphase entsteht.

Nach dem Aufstellen der Unterschiede ist das Thema Konsolidierung zu bearbeiten. Alle gewonnenen Erkenntnisse müssen danach in einer testierbaren Form einer IAS-Arbeitsbilanz vorliegen, sodass diese vom Wirtschaftprüfer abschließend abgenommen werden kann. Da dieses Ergebnis der Arbeitsbilanz in kontinuierlicher Zusammenarbeit mit dem Wirtschaftprüfer erarbeitet werden sollte,

Projektleitfaden B

dürften sich bei dieser Abnahme keine größeren Änderungsmaßnahmen ergeben.

Die bisherigen Arbeiten wurden bereits in einer mitlaufenden Dokumentation der Bilanzrichtlinien erfasst, sodass das Ergebnis eine vollständige Aufstellung der neuen IAS-Bilanzrichtlinien darstellt.

Einer der letzten Punkte im Rahmen dieser Phase ist die (sehr zeitaufwändige) Erarbeitung und Aufstellung der sog. Notes (Anhang) und die Festlegung der sonstigen Angaben (z. B. Anlagespiegel, Rückstellungsspiegel, Eigenkapitalspiegel). Die Notes werden mit Einführung der IAS erheblich umfangreicher als sie bisher nach dem HGB erforderlich waren. Viele der Informationen, die vorher in der Bilanz dargestellt wurden, werden nun in den Anhangsangaben ausgewiesen und entsprechend erläutert. *Notes und sonstige Angaben*

Zu relativieren ist das nur insofern, als man sich für die Aufstellung an den Beispielen anderer Unternehmen orientieren und so ein Grundraster für die Notes für das eigene Unternehmen abgeleitet werden kann.

Anders ist das bei den erforderlichen Spiegeln, die in dieser Projektphase nur in ihren notwendigen Inhalten besprochen und dokumentiert werden, die Ausgestaltung und technische Umsetzung erfolgt in der Projektphase „Realisation unter SAP R/3 ®".

Im letzten Teil dieser Projektphase wird eine Dokumentation (Blueprint) erstellt, die im Wesentlichen aus zwei Teilen besteht. Zum einen werden die grundsätzlich erarbeiteten bilanziellen Unterschiede und verwendeten Methoden in einem betriebswirtschaftlichen Fachkonzept dokumentiert, zum anderen werden alle notwendigen technischen Anpassungen und Entwicklungen in Vor- und Folgesystemen für den Bereich der Bilanzierung in einem technischen Realisationsleitfaden beschrieben.

Insbesondere für diesen Teil der Dokumentation ist ein profundes technisches und betriebswirtschaftliches Wissen erforderlich. Begonnen werden sollte die Dokumentation jedoch erst im Anschluss an die Bearbeitung der Projektphase „Gewinn- und Verlustrechnung", weil sich hieraus Wechselwirkungen in der Bearbeitung bestimmter Themen ergeben können. So ist zum Beispiel die Festlegung zur Ermittlung der Herstellungskosten und die Behandlung des Themas

B IAS – Themenpyramiden und Projektleitfaden

der langfristigen Fertigung im Sachgebiet Gewinn- und Verlustrechnung hinterlegt, dennoch haben diese Festlegungen Auswirkungen auf den Bereich der Bilanzierung.

2.3.5 Projektphase: Gewinn- und Verlustrechnung

Teilnehmerkreis:

Kostenrechner, Controller und Wirtschaftprüfer (zeitweilig), ggf. externe Berater (SAP®- und IAS-Spezialisten)

Dauer: 7 – 14 Workshoptage

Themenpyramide: Gewinn- und Verlustrechnung[46]

Blueprint	Basis 3
Step 4	Zukünftige Entwicklungen
Step 3	Reporting-Erfordernisse / Technische Erfordernisse
Step 2	Definition eines Gesamtkontenrahmens / Definition der Unternehmenssegmente
Step 1	Struktur des Unternehmensverbunds / landesspezifischer Anforderungen / unternehmensspez. Anforderungen

Blueprint-Ebenen: Stufe I (Basis: Rahmenbedingungen, IT-Technik & Infrastruktur, Unternehmensstrukturen), Stufe II (Kontenplan, Bilanzierung, Gewinn- & Verlustrechnung), Stufe III (Realisation unter SAP R/3, Berichtswesen), Stufe IV (IAS going live).

Gliederungsvorschriften zur GuV

Die IAS enthalten generell keine verpflichtenden Vorschriften zur Gliederung der Gewinn- und Verlustrechnung (GuV). Somit ist eine Strukturierung der GuV nach dem Umsatzkostenverfahren (UKV) lediglich eine Möglichkeit der Unterteilung. Gemäß IAS 1.75 sind in der GuV jedoch gewisse Mindestangaben (wie z. B. Umsatzerlöse

---

[46] Vgl. Kapitel D „Gewinn- und Verlustrechnung"

und Betriebsergebnis) notwendig. Eine beispielhafte Darstellung einer GuV nach UKV ist in IAS 1.82 dargestellt.

Technisch gesehen ist die GuV nach IAS zum einen nach dem Gesamtkostenverfahren (GKV), gleichzeitig jedoch auch nach dem UKV abbildbar. Der Grund zur gleichzeitigen Abbildung nach UKV-Gesichtspunkten rührt daher, dass diese Sichtweise international dem Standard entspricht. Eine Darstellung nach dem GKV ist international nicht üblich. Sollte es im Rahmen des Umstellungsprojektes geplant sein, auch eine Überleitungsrechnung nach US-GAAP zu realisieren, ist es hier zwingend erforderlich, das UKV anzuwenden, weil diese Rechnungslegung nur die Darstellung nach dem Umsatzkostenverfahren zulässt.

Umsatzkosten- oder Gesamtkostenverfahren

Das UKV ist im Vergleich zum GKV eine andere Darstellungsform der Gewinn- und Verlustrechnung, die jedoch zum gleichen Ergebnis führt. Das UKV beantwortet die Frage: „**Wofür** sind Kosten angefallen?" wohingegen das GKV zeigt, **welche** Kosten angefallen sind. Somit ist der Ordnungsbegriff der Gliederung beim UKV der Funktionsbereich und nicht das Konto wie beim GKV. Nachfolgende Übersicht zeigt die Zusammenhänge:

Zusammenhänge UKV und GKV

B IAS – Themenpyramiden und Projektleitfaden

Der Erfolg eines Unternehmens am Markt kann von Periode zu Periode erheblich schwanken. Der Umfang der betrieblichen Leistung, also die Produktion, muss davon nicht unbedingt abhängen. Ein Vergleich der Erlöse am Markt mit den Kosten der Produktion, ohne Berücksichtigung einer evtl. Bestandsveränderung, liefert daher ein falsches Bild. In der Kostenrechnung wird sowohl für den Jahresabschluss als auch für die kurzfristige Erfolgsrechnung, die meist monatlich durchgeführt wird, ein Ergebnis der Unternehmensaktivitäten ermittelt, das diesen Sachverhalt einbezieht. Eine der zu diesem Zweck angewandten Methoden ist das Umsatzkostenverfahren.

Das sind einige Punkte, die mit zu den Rahmenbedingungen dieser Projektphase gehören. Zu den Rahmenbedingungen des internen und externen Rechnungswesens gehört jedoch auch die Festlegung einer „führenden Bewertung".

Konvergenz des Rechnungswesens

Die Festlegung einer führenden Bewertung bedeutet eine Konvergenz des Rechnungswesens. Ziel ist es im internen und im externen Rechnungswesen von aufwandsgleichen Kosten auszugehen, d. h. es wird davon Abstand genommen, in der Kostenrechnung kalkulatorische Abschreibungswerte anzusetzen und in der Gewinn- und Verlustrechnung dagegen mit bilanziellen Abschreibungswerten zu arbeiten. Die führende Bewertung bedeutet in diesem Zusammenhang, dass in dem Projekt entschieden werden muss, ob die Kostenrechnung und die externe Rechnungslegung mit gleichen Wertansätzen arbeiten will – konkret, ob die IAS-Wertansätze für Abschreibungen, Zinsen etc. in die Kostenrechnung laufend übernommen werden oder ob landesrechtliche bzw. kalkulatorische Vorschriften (HGB) den Rahmen der Bewertung bilden. Ziel muss es sein, sich auf **einen** Bewertungsmaßstab festzulegen.

Funktionsbereiche und Herstellkosten

In dieser Projektphase werden ferner die Ableitungen der zu berichtenden Funktionsbereiche (z. B. Herstellung, Vertrieb, Verwaltung sowie Forschung und Entwicklung) erarbeitet. Die Ableitung resultiert zu einem großen Teil aus Kontierungsvorschriften der Kostenrechnungsobjekte, wie zum Beispiel Kostenstellen, Aufträge etc. Einen wichtigen Punkt zur Erarbeitung stellt auch die Kalkulation der Herstellungskosten dar, die nach Maßgaben des IAS 2.34 im

Projektleitfaden B

Vergleich zum HGB mit weniger Wahlrechten ausgestattet sind (Stichwort: Produktionsbezogene Vollkosten). Die Festlegung der Herstellungskostenkomponenten steht im unmittelbaren Zusammenhang mit dem Sachgebiet Bilanzierung, sodass hier eine Abstimmung der Inhalte erfolgen muss, weil diese Festlegung zur Bewertung des Vorratsvermögens herangezogen wird.

Im Rahmen der Behandlung des Themas Forschung und Entwicklung wird zum einen der Unterschied zwischen Forschungs- und Entwicklungsaufwendungen gemäß IAS 38.7 und 38, 42 ff. dargestellt. Zum anderen wird darauf eingegangen, wann Entwicklungsaufwendungen gemäß IAS 38, 45 aktivierungspflichtig sind. In diesem Zusammenhang wird ferner darauf eingegangen, wie in der Unternehmenspraxis die Prozesse derart geändert werden können, dass eine Unterscheidung zwischen aktivierungspflichtigen und nicht aktivierbaren Aufwendungen im Bereich der Entwicklung vorgenommen werden kann. Unternehmen, die sich für eine parallele Rechnungslegung entschieden haben, stehen vor dem Problem, die unterschiedliche Behandlung aktivierbarer Entwicklungskosten gemäß HGB und IAS nicht nur in der Bilanz korrekt darzustellen, sondern dies auch richtig im System abzubilden. Auf diese besondere Problematik wird im Kapitel G „Realisation unter SAP R/3 ®" eingegangen.

Forschung und Entwicklung

Als letztes Thema des Kapitels „Gewinn- und Verlustrechnung" muss auf die Behandlung der langfristigen Fertigung eingegangen werden. Im Anlagenbau, im Hoch- und Tiefbau, im Schiffbau, aber auch bei der Erstellung von kundenspezifischer Software kann der Fertigungsprozess über einen oder mehrere Bilanzstichtage hinausreichen. Dann stellt sich die Frage, ob der Gewinn erst mit Fertigstellung und Abnahme oder in Teilen bereits früher als realisiert gelten soll. Nach dem HGB (§ 253) ist eine Teilgewinnrealisierung aus noch nicht abgerechneten Teilleistungen grundsätzlich nicht möglich, es sei denn, es handelt sich um Großprojekte mit einer Laufzeit von mehr als 24 Monaten. Angewendet wird hier die sog. Completed Contract Method. Gemäß den Richtlinien des IAS 11 ist eine Teilgewinnrealisierung zwingend erforderlich, wenn die Erträge zuverlässig ermittelbar sind, andernfalls nur der erstattungsfähige

Langfristige Fertigung

Aufwand. Gemäß IAS ist hierfür die Percentage of Completion Method (POC) anzuwenden. Die Umstellung auf die POC-Methode ist für die meisten Unternehmen eine Herausforderung. Auf die Anwendung und Umsetzung dieser Methode muss in dieser Projektphase mit Beispielen und konkreten Umsetzungsmöglichkeiten im System eingegangen werden.

Die in dieser Projektphase gewonnenen Erkenntnisse und Methoden müssen ausführlich dokumentiert und in einem Fachkonzept (inkl. dem Vorgehen der technischen Umsetzung) beschrieben werden.

2.3.6 Projektphase: Kontenplan

Teilnehmerkreis:

Kostenrechner, Controller, Finanz- und Anlagenbuchhalter(innen) und Wirtschaftprüfer (zeitweilig), ggf. externe Berater (SAP®-Spezialisten)

Dauer: 5 – 8 Workshoptage

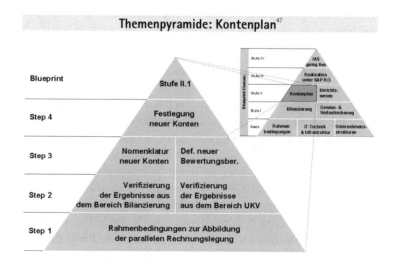

[47] Vgl. Kapitel E „Kontenplan"

Projektleitfaden B

In der Projektphase „Kontenplan" werden die Konten festgelegt, welche zur Abbildung der parallelen Rechnungslegung (HGB/IAS) benötigt werden. Grundlegender Gedanke hierbei ist, dass die parallele Rechnungslegung im R/3-System über parallele Konten abgebildet wird. Gemäß der so genannten „Mickey-Mouse-Konzeption" werden die Bewertungsunterschiede auf unterschiedlichen Konten abgebildet:

Es gibt gemeinsame Konten für alle Buchungen, die keine Bewertungsunterschiede aufweisen (gemeinsame Konten) sowie für jede Rechnungslegung zusätzliche Konten, auf welchen die spezifischen Buchungen für die jeweiligen Bewertungsunterschiede erfolgen (HGB-Konten, IAS-Konten).

Die Stufe „Rahmenbedingungen zur Abbildung der parallelen Rechnungslegung" beinhaltet u. a. diese grundsätzliche Entscheidung der Art der (systemtechnischen) Abbildung, wobei zu berücksichtigen ist, dass neben der beschriebenen Kontenlösung auch andere Realisierungsmöglichkeiten (z. B. über verschiedene Buchungskreise oder über ein eigenes Ledger) möglich sind.

Rahmenbedingungen zur Abbildung der parallelen Rechnungslegung

B IAS – Themenpyramiden und Projektleitfaden

Verifizierung der Ergebnisse aus dem Bereich Bilanzierung

Aufbauend auf den Erkenntnissen der Art und Weise der Abbildung beschäftigt sich die zweite Stufe der Themenpyramide mit den Ergebnissen aus den Projektphasen „Bilanzierung" sowie „GuV". Die Phase „Bilanzierung" liefert die entsprechenden bilanziellen Bewertungsunterschiede zwischen HGB und IAS, auf Basis derer die unterschiedlichen Konten (gemeinsame Konten sowie IAS- und HGB-Konten) definiert werden können.

Verifizierung der Ergebnisse aus dem Bereich UKV

Im Sachgebiet „Gewinn- und Verlustrechnung" wird u. a. bestimmt, welche Bewertungen überhaupt notwendig sind bzw. welche Bewertung als die führende anzusehen ist. Dieses ist für die Phase „Kontenplan" insofern von Bedeutung, als dass z. B. monatliche Umbewertungen (bei führender Bewertung „HGB") auf IAS für die interne Berichtserstattung (auf speziellen Konten) notwendig sind. Außerdem werden in der Projektphase „GuV" die Funktionsbereiche definiert. In Abstimmung mit der Projektphase „Kontenplan" sind hier u. U. Zuordnungen von Konten und Funktionsbereichen zu treffen. Insbesondere für die so genannten neutralen Konten, welche keine Entsprechung in der Kostenrechnung haben, müssen Zuordnungen getroffen werden. Die Erkenntnisse der Phase „GuV" im Hinblick auf die Abwicklung von Entwicklungsleistungen müssen ebenfalls kontentechnisch berücksichtigt werden.

Nomenklatur von Konten

In der Stufe „Nomenklatur neuer Konten" ist die Nummernvergabe der (neuen) HGB- und IAS-Konten festzulegen. Denkbar ist hier beispielsweise ein Nummernaufbau, beginnend mit „I" (für IAS-eigene Konten) oder „H" (für HGB-eigene Konten), oder eine Identifikation mit Nummern (z. B. „0" oder „1").

Definition neuer Bewertungsbereiche

Um eine systemtechnische Abbildung der parallelen Rechnungslegung gewährleisten zu können, müssen im SAP® R/3 System neue Bewertungsbereiche eingerichtet werden. Insbesondere für die Abwicklung in der Anlagenbuchhaltung sowie für die Fremdwährungsbewertung sind neue Bewertungsbereiche einzurichten. In dieser Phase wird somit entschieden, ob und ggf. wie die neuen Bewertungsbereiche definiert werden.

Projektleitfaden B

Die Projektphase „Kontenplan" schließt mit der endgültigen Festlegung der neuen Konten ab. Die Erkenntnisse der einzelnen Stufen werden i. d. R. in Tabellenkalkulations-Listen entsprechend der nachfolgenden Abbildung aufgelistet bzw. dargestellt:

Festlegung neuer Konten

Bilanzposition	HGB	Gemeinsame Konten	Bezeichnung	Konten IAS	Bezeichnung	Funktionsbereich (f. neutrale Bereiche)
	25000		Einbauten in fremden Gebäuden	i025000	Einbauten in fremden Gebäuden	
			Summe Grundstücke, grundstücksgleiche Rechte		Summe Grundstück, grundstücksgleiche Rechte	
2. technische Anlagen und Maschinen:						
	11000		Maschinen und masch. Anlagen	i011000	Maschinen und masch. Anlagen	
	12000		Betriebsanlagen	i012000	Betriebsanlagen	
			Summe techn. Anlagen und Maschinen		Summe techn. Anlagen und Maschinen	
3. andere Anlagen, Betriebs- und Geschäftsausstattung:						
	13000		Fuhrpark	i013000	Fuhrpark	
	14000		Sonstige Fahrzeuge (Gabelstapler)	i013400	Sonstige Fahrzeuge (Gabelstapler)	
	21000		Betriebs- und Geschäftsausstattung	i021000	Betriebs- und Geschäftsausstattung	
	22000		Geringwertige Wirtschaftsgüter	i022000	Geringwertige Wirtschaftsgüter	
	23000		Mess- und Prüfgeräte	i023000	Mess- und Prüfgeräte	
	24000		EDV-Hardware	i024000	EDV-Hardware	
			Summe andere Anlage, BuG		Summe andere Anlage, BUG	
4. geleistete Anzahlungen und Anlagen im Bau:						
	h031000		Geleistete Anzahlungen Sachanlagen	i031000	Geleistete Anzahlungen Sachanlagen	
	h031002		Geleistete Anzahlungen auf Sachanlagen	i031002	Geleistete Anzahlungen auf Sachanlagen	
	h031010		Vorsteuer-Verrechnung auf Anzahl. f. S	i031010	Vorsteuer-Verrechnung auf Anzahl. fur S	
	33000		Investitionsmaßnahmen (Anlagen im Bau)	i033000	Investitionsmaßnahmen (Anlagen im Bau)	
	h092000		Vertberichtigungskonto AfA (war für Eurenumstellung)		Vertberichtigungskonten	
			Summe Sachanlagen		Summe Sachanlagen	
III. Finanzanlagen:						
1. Anteile an verbundenen Unternehmen		43000	Anteile an verbundenen Unternehmen			
2. Vertpapiere des Anlagevermögens:						
		45000	Vertpapiere des Anlagevermögens(Pensionsrückstellungen)			
		45001	Sonst. Vertpapiere (held-to-maturity)			
			Summe Finanzanlagen		Summe Finanzanlagen	
			Summe Anlagevermögen		Summe Anlagevermögen	
B. Umlaufvermögen						

Auf Basis dieser Informationen ist abschließend ein Kontierungshandbuch zu erstellen.

B IAS – Themenpyramiden und Projektleitfaden

2.3.7 Projektphase: Berichtswesen

Teilnehmerkreis:
Finanz- und Anlagenbuchhalter, Kostenrechner, Controller und Wirtschaftprüfer (zeitweilig), ggf. externe Berater (SAP®- und IAS-Spezialisten)
Dauer: 10 – 15 Workshoptage

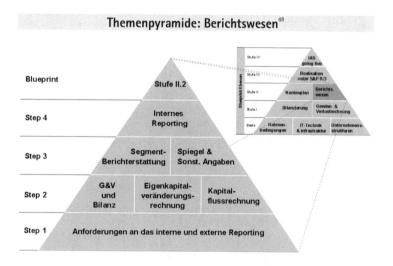

In der Projektphase „Berichtswesen" werden die gemäß IAS 1.7 geforderten Berichtsbestandteile wie Bilanz und GuV, Eigenkapitalveränderungsrechnung, Kapitalflussrechnung sowie Notes hinsichtlich des Aufbaus und ihres Inhaltes analysiert. Hierbei wird z. B. geprüft, inwieweit die derzeitigen HGB-Berichte den IAS entsprechen und welche Anpassungen ggf. vorzunehmen sind.

Anforderungen an das interne und externe Berichtswesen

Ausgangsbasis der Analyse sind zunächst die generellen Anforderungen an das interne und externe Berichtswesen. Hier wird z. B. festgelegt, ob eine Segmentberichterstattung implementiert werden

---

[48] Vgl. Kapitel F „Berichtswesen"

Projektleitfaden B

muss und ob ggf. Konzernvorgaben die interne und externe Berichterstattung beeinflussen.

Nach IAS gibt es keine feste Gliederungsvorschrift für die Erstellung der Bilanz. IAS 1.66 fordert lediglich einige Mindestpositionen. Grundsätzlich könnte der Aufbau der HGB-Bilanz übernommen werden. Generell sollte jedoch geprüft werden, ob gemäß internationalen Ansprüchen die Bilanz nach abnehmender Liquidität strukturiert werden sollte. Bei Erstellung der Gewinn- und Verlustrechnung in IAS bestehen erhebliche Wahlrechte. Als Minimum muss die GuV im operativen Bereich nur Umsatzerlöse und das Betriebsergebnis ausweisen (IAS 1.75). Eine Aufgliederung der operativen Kosten kann entweder in der Art des Umsatzkostenverfahrens (IAS 1.82) oder analog zum Gesamtkostenverfahren (IAS 1.80) erfolgen. Zu prüfen ist hier u. a., welche Art der Aufstellung gewählt werden soll. Die in der Projektphase „Bilanzierung und Kontenplan" angesprochene „Mickey-Mouse-Lösung" muss hier insofern berücksichtigt werden, als über eine eigene IAS-Bilanz- und -GuV-Struktur den entsprechenden GuV-Positionen neue Konten (reine IAS-Konten) zugeordnet werden. Die GuV nach dem UKV leitet sich nicht aus Konten sondern aus Funktionsbereichen ab. Insofern müssen an dieser Stelle die Ergebnisse der Projektphase „Gewinn- und Verlustrechnung" einbezogen werden. Zielsetzung dieser Phase ist somit die Dokumentation des Aufbaus der Bilanz und GuV nach IAS als Basis für die spätere Umsetzung im SAP-R/3 ® System.

GuV und Bilanz

Die Eigenkapitalveränderungsrechnung (statement of changes in equity) ist – im Gegensatz zum HGB – in IAS ein eigener Bestandteil des Jahresabschlusses. Die Entwicklung des gesamten Eigenkapitals muss in einem gesonderten Rechenwerk neu dargestellt und aufgebaut werden. Hierbei ist auf dieser Stufe der grundsätzliche Aufbau zu prüfen und zu dokumentieren, wobei IAS 1.7 in Verbindung mit IAS 1.86-89 im Jahresabschluss eine gesonderte Aufstellung über Höhe, Zusammensetzung und Veränderungen des EK verlangt.

Eigenkapitalveränderungsrechnung

IAS 1.7 i. V. m. IAS 1.90 verlangt von allen Unternehmen die Aufstellung einer Kapitalflussrechnung (cashflow statement), sowohl für den Konzern- als auch für den Einzelabschluss, im Gegensatz zu

Kapitalflussrechnung

B IAS – Themenpyramiden und Projektleitfaden

§ 297 (1) S. 2 HGB, der diese Aufstellung nur für börsennotierte Konzerne verlangt. Auf dieser Stufe ist insbesondere die Methode der Darstellung (direkte bzw. indirekte Methode) festzulegen sowie die Gliederungsformate für die spätere Umsetzung im R/3 ® System zu dokumentieren.

Segmentberichts-erstattung

Gemäß IAS 14 besteht für börsennotierte Mutter-Unternehmen grundsätzlich die Pflicht zur Erstellung einer Segmentberichterstattung. Hier gilt es u. a. zu prüfen, was die primären (z. B. Produkte) und was die sekundären Segmente (z. B. Regionen) repräsentieren. Außerdem gilt es, den Inhalt der Segmentberichte zu definieren und zu dokumentieren. Die generellen Abbildungsmöglichkeiten im SAP R/3® System werden im Kapitel G „Realisation unter SAP R/3 ®" beschrieben.

Spiegel und sonstige Angaben

Die Notes nach IAS sind sehr viel umfangreicher als der Anhang nach HGB. Sie werden in Text- und Tabellenform erstellt. IAS 1.91 ff. beschreibt generell Struktur und Inhalte der Notes, verweist aber auch auf die einzelnen IAS, die jeweils relevante Sonderregelungen enthalten. Es ist zu prüfen, wie die Notes inhaltlich strukturiert werden. Hierbei ist zu untersuchen, ob auf Vorlage-Notes (z. B. anderer Unternehmen) zurückgegriffen werden kann. Außerdem müssen an dieser Stelle die Layout-Anforderungen definiert werden.

Internes Berichtswesen

Im Zuge der Abbildung der parallelen Rechnungslegung (HGB/IAS) ist hinsichtlich der Einführung der führenden Bewertung nach IAS das gesamte interne Berichtswesen zu überprüfen. Beispielsweise müssen bestimmte (HGB-) Wertansätze (z. B. kalkulatorische Bewertungsmaßstäbe) angepasst und Berichtsstrukturen umgestellt bzw. hinterfragt werden. Insbesondere ist hier die Angleichung von externer und interner Rechnungslegung zu berücksichtigen.

B Projektleitfaden

2.3.8 Projektphase: Realisation unter SAP R/3 ®

Teilnehmerkreis:
Wirtschaftprüfer (zeitweilig), SAP®-Team, externe Berater (SAP®-Spezialisten)
Dauer: 10 – 40 Leistungstage

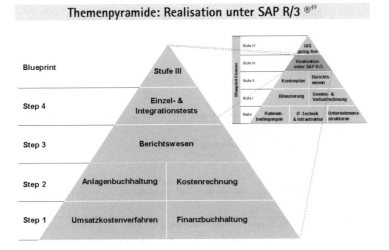

Themenpyramide: Realisation unter SAP R/3 ®[49]

In der Phase „Realisation unter SAP R/3 ®" werden die Erkenntnisse aus den Projektphasen „Bilanzierung und Kontenplan", „Gewinn- und Verlustrechnung" sowie „Berichtswesen" modulweise ins System eingestellt. Anforderungen, welche über den SAP R/3® Standard hinausgehen, müssen programmiertechnisch eingebunden werden. Außerdem sind mögliche Schnittstellen zu Vor- und Folgesystemen zu berücksichtigen. Die hierbei wesentlichen Einstellungen sind im Kapitel G „Realisation unter SAP R/3 ®" explizit beschrieben. Sämtliche Customizingaktivitäten sind in schriftlicher Form zu dokumentieren. Durch übergreifende, auf Basis von vordefinierten Geschäftsprozessen durchgeführte Einzel- und Integrationstests werden die Einstellungen abschließend geprüft.

---

[49] Vgl. Kapitel G „Realisation unter SAP R/3®"

B IAS – Themenpyramiden und Projektleitfaden

2.3.9 Projektphase: IAS going live – Produktivstart

Teilnehmerkreis:
Kostenrechner, Controller und Wirtschaftprüfer (zeitweilig), ggf. externe Berater (SAP®- und IAS-Spezialisten)
Dauer: 7 – 14 Workshoptage

Themenpyramide: IAS going live – Produktivstart[50]

Produktivstart	IAS going live
Step 4	Gesamtprojektabnahme
Step 3	Vorbereitungen zum Produktivstart
Step 2	Coaching der Key-User / Schulung der Endanwender / Erstellung Cut-Over-Plans
Step 1	Change Management zu neuen Prozessen / Aufgaben

Das Erreichen dieser Projektphase impliziert, dass die Umstellungsarbeiten im Rahmen des Projektes konzeptionell und technisch abgeschlossen sind, dass sich somit die Projektaktivitäten nun auf die Inbetriebnahme der IAS-Rechnungslegung konzentrieren.

Change Management zu neuen Prozessen/ Aufgaben

Im Rahmen des Umstellungsprojektes wurden eine Reihe von Prozessen und Arbeitsinhalten im Unternehmen verändert. Die Change Management Phase ist dazu gedacht, den von der Umstellung der Rechnungslegung betroffenen Mitarbeitern im Unternehmen die Veränderungen in Art einer Zusammenfassung mit den entsprechenden Interdependenzen zwischen den Aufgabenbereichen und den erforderlichen Abstimmungsprozessen aufzeigen.

---

[50] Vgl. Kapitel H „IAS going live – Produktivstart"

Projektleitfaden B

Beispiel:

Nachfolgend werden einige Prozesse und Aufgaben aufgezeigt, die im Rahmen eines Change Managements zum Projekt mit den Mitarbeitern besprochen werden sollten:
- Einführung von Checklisten zur Aktivierung der Entwicklungskosten und erforderliche Abstimmungsprozesse zur Anlagenbuchhaltung und der Kostenrechnung,
- Konvergenz des internen und externen Rechnungswesens und dessen Auswirkungen auf die Kostenrechnung und die Finanz- und Anlagenbuchhaltung,
- Konsequenzen einer führenden Bewertung im Rahmen der internen und externen Berichterstattung im Unternehmen und in der Unternehmensgruppe.

Das sind nur einige wenige Beispiele der Punkte die vor dem Produktivstart im Unternehmen abgestimmt werden müssen.

Neben den veränderten Inhalten müssen auch die veränderten systemtechnischen Bedingungen geschult werden. Hierfür bietet es sich an, sofern das Unternehmen die Unterstützung externer Berater für die im Rahmen des Projektes erforderlichen SAP®-Einstellungen in Anspruch genommen hat, dass diese die Key-User auf Basis der angepassten Geschäftsprozesse am System schulen. Erwartungsgemäß ist der erforderliche Schulungsaufwand verhältnismäßig gering, da die Key-User einen Großteil der systemtechnischen Veränderungen im Laufe des Projektes mit begleitet haben. Die Key-User sollten jedoch in die Lage versetzt werden, alle Prozesse am System sicher zu bedienen und intern dieses Wissen weiterzugeben. *Coaching der Key-User*

Neben den am Projekt beteiligten Key-Usern müssen auch die restlichen Endanwender aus den am Projekt beteiligten Abteilungsbereichen geschult werden. Die Praxis zeigt, dass die besten Schulungserfolge erzielt werden, wenn die Schulungen durch eigene Mitarbeiter durchgeführt werden, in diesem Fall die Key-User. Bei den erforderlichen Unterlagen zur Durchführung der Schulungen kann auf die Unterlagen der externen Beratung zur Schulung der Key-User zurückgegriffen werden. *Schulung der Endanwender*

B — IAS – Themenpyramiden und Projektleitfaden

> **Tipp:**
> Damit die Schulungsunterlagen für die Endanwender durch die Key-User individuell ergänzt bzw. gemäß den Anforderungen im Unternehmen entsprechend überarbeitet werden können, ist es wichtig, die Unterlagen von der externen Beratung in einem editierbaren Format und nicht nur als Ausdruck zu erhalten.

Erstellung eines Cut-Over-Plans

Die Produktivsetzung der neuen Rechnungslegung IAS bedeutet auch, dass einige Spielregeln und Reihenfolgen beachtet werden müssen. Aus diesem Grund ist die Aufstellung eines Cut-Over-Plans (welche Schritte sind in welcher Reihenfolge inhaltlich und an welchem System vorzunehmen) unumgänglich. Die Inhalte eines Cut-Over-Plans werden im Kapitel H „IAS going live – Produktivstart" ausführlich beschrieben.

Vorbereitungen zum Produktivstart

Während der Cut-Over-Plan die theoretische Grundlage der erforderlichen Schritte zur Produktivsetzung beinhaltet, dient diese Phase des Projektes der Durchführung der erforderlichen Arbeiten und Einstellungen am SAP®-System bzw. dem Einstellen notwendiger Stammdaten.

Gesamtprojektabnahme

Auf Basis der in der Projektphase „Realisation unter SAP R/3 ®" durchgeführten und dokumentierten Ergebnisse der Integrationstests und der auf Grundlage des Cut-Over-Plans durchgeführten Vorbereitungen zum Produktivstart muss eine Gesamtprojektabnahme mit dem Lenkungsausschuss und der Wirtschaftsprüfungsgesellschaft vor dem eigentlichem Produktivstart durchgeführt werden.

IAS going live

Ist die Abnahme erfolgt, der Termin zur Umstellung und Produktivsetzung der neuen Rechnungslegung erreicht, wird das System aktiviert und das Projekt beendet.

> **Tipp:**
> Es ist zu empfehlen, das Projekt offiziell erst nach dem ersten Monats- bzw. Quartalsabschluss enden zu lassen, damit im Produktivbetrieb auftauchende Fehler und Anpassungserfordernisse auch mit Hilfe externer Beratung als Nachlauf bearbeiten werden können.

C Bilanzierung

Dieses Kapitel beschreibt:
- *die grundsätzlichen Bewertungsunterschiede zwischen handelsrechtlichen und internationalen Bewertungsgrundsätzen auf Basis der jeweiligen Bilanzpositionen,*
- *die notwendigen bilanziellen Maßnahmen zur Überleitung eines handelsrechtlichen Abschlusses auf einen IAS-Abschluss,*
- *die Einbindung von IAS-Arbeitsbilanzen im Umstellungsprozess,*
- *die Aktivitäten für die Erstellung einer Überleitungsrechnung nach US-GAAP,*
- *Inhalte und Bedeutung der Bilanzierungsrichtlinie.*

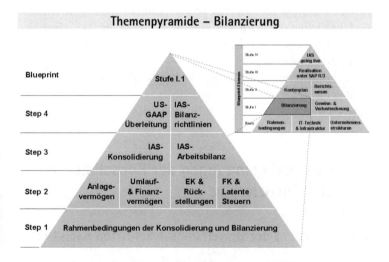

C Bilanzierung

1 Einleitung

Das Kapitel 2.1 gibt zunächst als Orientierungshilfe eine grundlegende Übersicht der aktuell gültigen IAS-Bewertungsvorschriften, auf deren Regelwerk bei den jeweils zu untersuchenden Bilanzpositionen Bezug genommen wird. Im Kapitel 2.2 „Zielsetzungen, grundlegende Annahmen und qualitative Anforderungen der IAS" werden die im Framework beschriebenen Grundsätze der IAS-Rechnungslegung dargestellt. Die im Rahmenkonzept sowie in den einzelnen Standards definierten Bilanzposten wie z. B. Vermögenswerte, Schulden und Eigenkapital werden im Kapitel 2.3 erläutert. Kapitel 2.4 „Bewertung von Abschlussposten und Begriffe" stellt die für die IAS relevanten Wertmaßstäbe, die bei der Bewertung der Bilanzposten zum Tragen kommen, inhaltlich dar.

Aufbauend auf diesen fundamentalen IAS- und Bewertungsgrundsätzen und orientiert an der Gliederung des IAS-Rahmenkonzeptes (Frameworks), werden in den nachfolgenden Kapiteln die Ansatz- und Bewertungskriterien der einzelnen Posten im IAS-Abschluss beschrieben, wobei zu jedem Bilanzposten ein Überblick

- über die Definition,
- über die Zugangs- und Folgebewertung sowie
- über die Angabepflichten in den Notes

gegeben wird.

2 Rahmenbedingungen der Konsolidierung und Bilanzierung

2.1 Übersicht der Bewertungsvorschriften nach IAS

IASB regelt IAS-Bewertungsvorschriften

Die Bewertungsvorschriften sowie die Bilanzierungsgrundsätze der IAS-Rechnungslegung werden im International Accounting Standards Board (IASB; vor dem 1. April 2001: IASC International Accounting Standards Committee) geregelt. Das IASC wurde am 29. Juni 1973 durch eine Vereinigung von Berufsverbänden der Wirtschaftsprüfer und sonstiger Fachleute gegründet. Heute arbei-

Rahmenbedingungen der Konsolidierung und Bilanzierung   C

ten im IASB zwölf hauptberufliche und zwei nebenberufliche „board member" sowie 20 fachliche Mitarbeiter.[51] Die Ziele des IASB liegen in der Entwicklung qualitativ hochwertiger Bilanzierungsstandards sowie in der Förderung der Anwendung. Außerdem ist das IASB bemüht, eine Konvergenz zwischen den weltweit unterschiedlichen Rechnungslegungsstandards (u. a. US-GAAP) herzustellen.

Generell ist anzumerken, dass in manchen Fällen die IAS für identische Geschäftsvorfälle und Ereignisse zwei unterschiedliche Bewertungsmethoden gestatten: eine so genannte Benchmark-Methode (benchmark treatment) und eine alternativ zulässige Methode (alternative allowed treatment, z. B. Aktivierung von Fremdkapitalkosten – IAS 23)[52]. Bei der Ausübung der Wahlrechte ist zu berücksichtigen, dass laut Absichtserklärung des IASB die Benchmark-Methode den betreffenden Sachverhalt besser abbildet als die alternativ zulässige Methode. Bei Anwendung der alternativ zulässigen Methode sind zusätzliche Angaben im Anhang erforderlich. Eine einmal gewählte Methode ist gemäß dem Grundsatz der Stetigkeit (IAS 1.27) beizubehalten, wenn nicht die Durchbrechung dieses Grundsatzes von einem Standard oder einer SIC (Standing Interpretation Committee) Interpretation erzwungen wird oder durch veränderte betriebliche Umstände gerechtfertigt ist.[53]

Benchmark treatment und alternative allowed treatment

---

[51] Zum Aufbau der aktuellen Organisationsstruktur sei auch verwiesen auf: Baetge, J.; Dörner, D.; Kleekämper, H.; Wollmert, P.; Kirsch, H. J. (2002), Teil A Grundlagen, S. 16 – 27.
[52] Die in den jeweiligen Kapiteln angesprochenen Framework Grundsätze (abgekürzt mit F., z. B. F.12), IAS Grundsätze (abgekürzt mit IAS, z. B. IAS 1.11) sowie SIC Interpretationen (abgekürzt mit SIC, z. B. SIC – 18) sind entnommen aus: IASB (2001).
[53] Zum Grundsatz der Stetigkeit s. auch SIC-18: Stetigkeit, alternative Verfahren.

C Bilanzierung

Aufbau des IAS-Regelwerks

Das vom IASB verabschiedete Regelwerk ist mehrstufig aufgebaut und beinhaltet:

- **das Rahmenkonzept für die Aufstellung und Darstellung von Abschlüssen (Framework)**
  Das Rahmenkonzept fungiert hierbei als „theoretischer Unterbau" der gesamten IAS-Rechnungslegung und „legt die Konzeptionen dar, die der Aufstellung und Darstellung von Abschlüssen für externe Adressaten zu Grunde liegen." (F.1) Neben den Zielsetzungen (F.12 – 21) und qualitativen Anforderungen (F. 24 – 46) von IAS-Abschlüssen werden die Abschlussposten (F.47 – F.81) definiert und die Kriterien zur Erfassung und Bewertung von Abschlussposten (F.82 – 101) dargelegt. Anzumerken ist, dass das Rahmenkonzept kein International Accounting Standard (IAS) ist (F.2), und dass bei Konfliktfällen zwischen den IAS und dem Rahmenkonzept die IAS Vorrang haben (F.3).

- **die einzelnen Standards des IASB**
  Die bisher verabschiedeten 41 IAS (Stand 1. Januar 2002) bilden die Grundlage für den Jahresabschluss. Entscheidend hierbei ist, dass ein Abschluss „als nicht mit den International Accounting Standards übereinstimmend bezeichnet werden kann, solange er nicht sämtliche Anforderungen jedes anzuwendenden Standards und jeder anzuwenden Interpretation des Standing Interpretations Committee (SIC) erfüllt" (IAS 1.11). Im Gegensatz zum Framework behandeln die Standards somit Einzelfragen der Rechnungslegung. Die nachfolgende Übersicht zeigt die vom damaligen Board des IASC in chronologischer Reihenfolge bis zum 1. Januar 2002 verabschiedeten IAS:

Rahmenbedingungen der Konsolidierung und Bilanzierung

Tabelle 1: Aktuell gültige Standards des IASB[54]

IAS	Standard	(spätestens) anzuwenden
IAS 1	Darstellung des Abschlusses	01.07.1998
IAS 2	Vorräte	01.01.1995
IAS 7	Kapitalflussrechnungen	01.01.1994
IAS 8	Periodenergebnis, grundlegende Fehler und Änderungen der Bilanzierungs- und Bewertungsmethoden	01.01.1995
IAS 10	Ereignisse nach dem Bilanzstichtag	01.01.2000
IAS 11	Fertigungsaufträge	01.01.1995
IAS 12	Ertragsteuern	01.01.1998
IAS 14	Segmentberichterstattung	01.07.1998
IAS 16	Sachanlagen	01.01.1995
IAS 17	Leasingverhältnisse	01.01.1999
IAS 18	Erträge	01.01.1995
IAS 19	Leistungen an Arbeitnehmer	01.01.1999
IAS 20	Bilanzierung und Darstellung von Zuwendungen der öffentlichen Hand	01.01.1984
IAS 21	Auswirkungen und Änderungen von Wechselkursen	01.01.1995
IAS 22	Unternehmenszusammenschlüsse	01.07.1999
IAS 23	Fremdkapitalkosten	01.01.1995
IAS 24	Angaben über Beziehungen zu nahe stehenden Unternehmen und Personen	01.01.1986
IAS	Standard	(spätestens) anzuwenden
IAS 26	Bilanzierung und Berichterstattung von Altersversorgungsplänen	01.01.1988
IAS 27	Konzernabschlüsse und Bilanzierung von Anteilen an Tochterunternehmen	01.01.1990
IAS 28	Bilanzierung von Anteilen an assoziierten Unternehmen	01.01.1990

---

[54] Vgl. Baetge, J.; Dörner, D.; Kleekämper, H.; Wollmert, P.; Kirsch, H. J. (2002), Teil A Grundlagen, S. 33.

C Bilanzierung

Tabelle 1: Aktuell gültige Standards des IASB[54]

IAS	Standard	(spätestens) anzuwenden
IAS 29	Rechnungslegung in Hochinflationsländern	01.01.1990
IAS 30	Angaben im Abschluss von Banken und ähnlichen Finanzinstitutionen	01.01.1991
IAS 31	Rechnungslegung über Anteile an Joint Ventures	01.01.1992
IAS 32	Finanzinstrumente: Angaben und Darstellung	01.01.1996
IAS 33	Ergebnisse je Aktie	01.01.1998
IAS 34	Zwischenberichterstattung	01.01.1999
IAS 35	Einstellung von Bereichen	01.01.1999
IAS 36	Wertminderung von Vermögenswerten	01.07.1999
IAS 37	Rückstellungen, Eventualschulden und Eventualforderungen	01.07.1999
IAS 38	Immaterielle Vermögenswerte	01.07.1999
IAS 39	Finanzinstrumente: Ansatz und Bewertung	01.01.2001
IAS 40	Als Finanzinvestition gehaltene Immobilien	01.01.2001
IAS 41	Landwirtschaft	01.01.2003

Aufbau der IASB-Standards

Der Aufbau der IASB-Standards folgt einer festen Struktur. Im ersten Teil erfolgt eine Einführung, in welcher u. a. auf die relevanten SIC-Interpretationen, die für diesen Standard gelten, verwiesen wird. In den folgenden Teilen des Standards wird auf dessen Zielsetzung, den Anwendungsbereich sowie die Definitionen (Grundlagen) eingegangen. Den Abschluss eines Standards bilden die Übergangsbestimmungen sowie der Zeitpunkt des Inkrafttretens. Für einige spezielle Standards (z. B. IAS 36) sind im Anhang erläuternde Beispiele angefügt.

Rahmenbedingungen der Konsolidierung und Bilanzierung C

- die Interpretationen des im Januar 1997 eingerichteten Standing Interpretation Committee (SIC).

Das SIC (ab April 2001 umbenannt in International Financial Reporting Interpretations Committee – IFRIC) wurde im Januar 1997 vom IASC eingerichtet. „Aufgabe des IFRIC ist es, auf der Basis bestehender Regelungen zeitnah zu praktisch relevanten Interpretations- und Anwendungsfragen von IAS/IFRS Stellung zu nehmen. (...) Die Erarbeitung der Interpretationen erfolgt auf der Basis bestehender IAS/IFRS sowie des Frameworks".[55] Wird eine Interpretation vom IFRIC herausgegeben und vom IASB genehmigt, hat es grundsätzlich den gleichen Stellenwert wie ein Standard. Bis zum 1. Januar 2002 sind 24 Interpretationen verabschiedet worden.

2.2 Zielsetzungen, grundlegende Annahmen und qualitative Anforderungen der IAS

Die Zielsetzungen, die grundlegenden Annahmen sowie die qualitativen Anforderungen an die IAS sind im Framework niedergeschrieben. Zahlreiche Prämissen des Frameworks wurden mit Inkrafttreten des IAS 1 (überarbeitet 1997) in diesen Standard eingebunden. Hierzu gehören z. B. der Grundsatz der Unternehmensfortführung (IAS 1.23 – 1.24) oder das Konzept der Periodenabgrenzung (IAS 1.25 – 1.26).

2.2.1 Zielsetzung von Abschlüssen

Die wesentliche Zielsetzung (F.12 f.) des Jahresabschlusses ist es, entscheidungsnützliche Informationen (decision usefulness) über die Vermögens-, Finanz und Ertragslage des Unternehmens zu geben (Informationsfunktion). Entscheidungsnützliche Informationen beinhalten dabei Informationen über die nachfolgenden Bestandteile des Abschlusses (ein vollständiger Abschluss besteht gemäß IAS 1.7 aus Bilanz, Gewinn- und Verlustrechnung (GuV), einer Aufstellung über Veränderung des Eigenkapitals, einer Kapitalflussrech-

Entscheidungsnützliche Informationen als Zielsetzung

---

[55] Vgl. Baetge, J.; Dörner, D.; Kleekämper, H.; Wollmert, P.; Kirsch, H. J. (2002), Teil A Grundlagen, S. 24.

nung, Angaben zu Bilanzierungs- und Bewertungsmethoden sowie erläuternden Anhangsangaben), also Informationen über
- die Finanzlage (Bilanz),
- die Ertragslage (GuV),
- die Änderung der Finanzlage (Kapitalflussrechnung),
- Bilanzierungsansätze und sonstige wesentliche Angaben (Notes) sowie
- Veränderungen des Eigenkapitals.

Im Gegensatz zum HGB (Gläubigerschutzfunktion) erfolgt in den IAS eine Vermittlung der Informationen unter besonderer Berücksichtigung des Investorenschutzes. Im Framework werden Zielsetzung, Grundsätze und Methoden der IAS-Rechnungslegung beschrieben. Um einer solchen Informationsfunktion nachkommen zu können, sind so genannte qualitative Anforderungen (Kapitel 2.2.3), durch welche die im Abschluss erteilten Informationen für die Adressaten nützlich werden, zu erfüllen.

2.2.2 Zu Grunde liegende Annahmen

Die grundlegenden Annahmen (F.22 – 23) der IAS Rechnungslegung basieren auf dem Grundsatz der Periodenabgrenzung (accrual basis) sowie auf dem Prinzip der Unternehmensfortführung (going concern).

Gemäß dem Konzept der **Periodenabgrenzung** (F.22 sowie IAS 1.25) werden die Auswirkungen von Geschäftsvorfällen dann erfasst, wenn sie auftreten und nicht erst dann, wenn Zahlungen erfolgen. Sie werden in der Periode der Buchhaltung erfasst und ausgewiesen, der sie zuzurechnen sind.

Realisationsprinzip nach IAS

Aus dem Grundsatz der Periodenabgrenzung wird nach IAS das Realisationsprinzip abgeleitet (im Gegensatz zum HGB, wo das Realisationsprinzip aus dem Vorsichtsprinzip abgeleitet wird), wonach nicht die erfolgte Realisation sondern die Realisierbarkeit am Bilanzstichtag die Voraussetzung für die Erfolgwirksamkeit darstellt. Aus diesem Grund kann es nach IAS im Gegensatz zum HGB zum Ausweis nicht realisierter bzw. vereinnahmter Gewinne kommen (z. B. im Zuge der langfristigen Auftragsfertigung).

Rahmenbedingungen der Konsolidierung und Bilanzierung

Nach dem Grundsatz der **Unternehmensfortführung** (F.23) ist bei der Aufstellung des Jahresabschlusses von der Annahme auszugehen, dass das Unternehmen über den Abschlussstichtag hinaus fortgeführt wird (Zeitraum von mind. 12 Monaten nach dem Bilanzstichtag – IAS 1.24). Sind wesentliche Unsicherheiten bekannt, die erhebliche Zweifel an der Fortführungsfähigkeit des Unternehmens aufwerfen, so sind diese Unsicherheiten anzugeben (IAS 1.23).

Fortführung der Unternehmenstätigkeit über den Abschlussstichtag

2.2.3 Qualitative Anforderungen an den Abschluss

Zu den wichtigsten qualitativen Anforderungen, die ein Abschluss erfüllen muss, zählen Verständlichkeit, Relevanz, Verlässlichkeit und Vergleichbarkeit:

- Verständlichkeit (F.25)
  Die Informationen im Abschluss müssen für die Adressaten leicht verständlich sein. Dabei wird bei den Adressaten vorausgesetzt, dass sie eine angemessene Kenntnis geschäftlicher und wirtschaftlicher Tätigkeiten und der Rechnungslegung besitzen sowie die Bereitschaft haben, die Informationen mit entsprechender Sorgfalt zu lesen.

- Relevanz (F.26 f.)
  Um nützlich zu sein, müssen die Informationen für die wirtschaftlichen Entscheidungen der Adressaten relevant sein, d. h. sie beeinflussen die wirtschaftlichen Entscheidungen der Adressaten, indem sie ihnen bei der Beurteilung vergangener, derzeitiger oder zukünftiger Ereignisse helfen oder ihre Beurteilungen aus der Vergangenheit bestätigen oder korrigieren. Insbesondere muss auch dem Grundsatz der Wesentlichkeit („Materiality") entsprochen werden. Die Relevanz einer Information wird durch ihre Art und Wesentlichkeit bedingt, wobei Informationen dann wesentlich sind, wenn ihr Weglassen oder ihre fehlerhafte Darstellung die auf der Basis des Abschlusses getroffenen wirtschaftlichen Entscheidungen der Adressaten beeinflussen könnte (F.29 – F.30 i. V. m. IAS 1.29 f.). Der Grundsatz der Wesentlichkeit ist im § 252 HGB nicht explizit geregelt, sondern durch Berufsstandards der Wirtschaftsprüfer festgelegt.

Informationen für wirtschaftliche Entscheidungen relevant

C Bilanzierung

Wesentlichkeitsgrundsatz wichtig bei der praktischen Umstellungsarbeit

In der praktischen Umstellungsarbeit von HGB- auf IAS-Bewertungsgrundsätze ist gerade dieser Grundsatz verstärkt anzuwenden (z. B. bei der Frage, ab welcher Betragshöhe Entwicklungskosten zu aktivieren sind).

- Verlässlichkeit (F. 31 f.)
  Nützliche Informationen des Abschlusses müssen verlässlich sein, wobei eine Verlässlichkeit dann gegeben ist, wenn die Informationen keine wesentlichen Fehler enthalten, frei von „verzerrenden" Einflüssen sind und sich die Adressaten auf die Glaubwürdigkeit der Informationen verlassen können. Glaubwürdigkeit beinhaltet hierbei, dass die Informationen das darstellen, was sie vorgeben darzustellen oder was vernünftigerweise inhaltlich von ihnen erwartet werden kann (F. 31). Ausfluss dieses Zuverlässigkeitsgrundsatzes der Informationsvermittlung sind insbesondere folgende Prämissen:
  - Glaubwürdige Darstellung (F.33 – 34). Glaubwürdige Informationsdarstellung impliziert z. B., dass in bestimmten Fällen die Bewertung der finanziellen Auswirkungen so ungewiss sein kann, dass die Unternehmen diese im Allgemeinen nicht in den Abschluss aufnehmen dürfen (z. B. Bewertung und Bestimmung eines originären Firmenwertes).
  - Wirtschaftliche Betrachtungsweise (substance over form; F. 35). Dieser Grundsatz besagt, dass Geschäftsvorfälle nicht allein nach rechtlichen Verhältnissen, sondern nach ihrem wirtschaftlichen Gehalt bzw. ihrer wirtschaftlichen Realität zu erfassen sind. Beispielsweise werden unter der Bilanzposition „Technische Anlagen und Maschinen" auch solche ausgewiesen, die sicherungsübereignet oder unter Eigentumsvorbehalt geliefert sind (rechtliche Zugehörigkeit zum Eigentum spielt keine Rolle).[56]
  - Neutralität (F. 36). Die Informationen des Abschlusses müssen frei von verzerrenden Einflüssen sein. Eine Neutralität ist nicht mehr gegeben, wenn Abschlüsse durch Auswahl und/oder Darstellung der Informationen eine Entscheidung oder Beur-

---

[56] Vgl. Kremin-Buch, B. (2000), S. 20.

Rahmenbedingungen der Konsolidierung und Bilanzierung

teilung beeinflussen, um damit ein vorher festgelegtes Resultat zu erzielen.
- Vorsicht (F. 37). Das Prinzip der Vorsicht besagt, dass ungewisse Informationen bei der Aufstellung des Abschlusses (z. B. voraussichtliche Nutzungsdauer von technischen Anlagen) durch Angabe ihrer Art und ihres Umfanges berücksichtigt werden. Insbesondere bedeutet Vorsicht, Vermögenswerte oder Erträge nicht zu hoch und Schulden oder Aufwendungen nicht zu niedrig anzusetzen. Die Schaffung von stillen Reserven durch Überbewertung von Rückstellungen, der bewusst zu niedrige Ansatz von Vermögenswerten und Erträgen oder der bewusst zu hohe Ansatz von Schulden oder Aufwendungen würden allerdings aufgrund mangelnder Neutralität gegen den Grundsatz der Verlässlichkeit verstoßen und sind deshalb, anders als nach HGB, nicht zulässig.

- Vergleichbarkeit (F. 39 f.)
  - Vergleichbarkeit besagt zum einen, dass die Adressaten die Abschlüsse eines Unternehmens über die Zeit hinweg vergleichen können (Erkennung von Tendenzen unter Berücksichtigung des Stetigkeitsgrundsatzes) und zum anderen, dass sie die Abschlüsse verschiedener Unternehmen vergleichen können (F. 39). Um einen Vergleich durchführen zu können, müssen insbesondere die bei der Aufstellung der Abschlüsse zu Grunde gelegten Bilanzierungs- und Bewertungsmethoden offengelegt werden (z. B. verstärkte Notes Angaben). Außerdem müssen die Abschlüsse der Unternehmen auch die entsprechenden Informationen für die vorhergehenden Perioden anführen (F. 42).

Die genannten qualitativen Anforderungen des Abschlusses unterliegen den Beschränkungen der Zeitnähe (F. 43: zeitnahe Berichterstattung), der Abwägung von Kosten und Nutzen (F. 44: der aus einer Information abzuleitende Nutzen muss höher sein als die Kosten für die Bereitstellung) sowie der Abwägung der qualitativen Anforderungen an den Abschluss (F.45: um die Zielsetzung des Abschlusses zu erreichen, wird eine angemessene Ausgewogenheit zwischen den Anforderungen angestrebt). Die Anwendung der qualitativen Anforderungen führt im Regelfall zu einem Abschluss, der das widerspiegelt, was im Allgemeinen als ein den tatsächlichen Verhältnissen entsprechendes Bild verstanden wird. (F. 46 in Verbindung mit IAS 1.10 f.).

2.3 Die Definition und die Erfassung der Abschlussposten

Zu den IAS-Abschlussposten (F. 47 f.) zählen Vermögenswerte, Schulden und das Eigenkapital in der Bilanz sowie die Erträge und Aufwendungen in der Gewinn- und Verlustrechnung.

Zweistufe Definition aktivierungsfähiger assets bzw. passivierungsfähiger liabilities

Hierbei definieren die IAS aktivierungsfähige Vermögenswerte (assets) bzw. passivierungsfähige Schulden (liabilities) generell zweistufig.

Die erste Stufe definiert zunächst den Vermögenswert (F. 49 a) als
- eine in der Vermögensmacht des Unternehmens stehende Ressource (...),
- von der erwartet wird, dass dem Unternehmen aus ihr künftiger wirtschaftlicher Nutzen zufließt (Erhöhung des unternehmerischen Cashflows → F. 53).

Die Frage der Erfassung bzw. Bilanzierung eines Vermögenswertes wird auf der 2. Stufe (F. 83) geregelt, und zwar dann,
- wenn es wahrscheinlich ist, dass ein mit dem Sachverhalt verknüpfter künftiger wirtschaftlicher Nutzen zu- bzw. abfließen wird,
- wenn die Kosten des Sachverhaltes zuverlässig gemessen bzw. ermittelt werden können.

Im Vergleich zum HGB-Begriff des Vermögensgegenstandes ergeben sich zwar in der ersten Stufe mögliche (theoretische) Unterschiede, allerdings werden diese Unterschiede in der 2. Stufe der Aktivierung praktisch bedeutungslos.[57]

---

[57] Vgl. Lüdenbach, N. (2001), S. 40.

Rahmenbedingungen der Konsolidierung und Bilanzierung   C

Ähnlich verhält es sich mit dem zweistufig gefassten Begriff der passivierungsfähigen Schuld (liability). In der ersten Stufe ist eine liability definiert als (F. 49b)
- eine gegenwärtige (Außen-)Verpflichtung des Unternehmens,
- von deren Erfüllung erwartet wird, dass aus dem Unternehmen Ressourcen abfließen.

Anders als bei der Definition des Vermögenswertes ergeben sich bei den Schulden durchaus Unterschiede zwischen HGB und IAS. Durch die in der ersten Stufe definierte Außenverpflichtung als Kriterium einer liability sind z. B. Aufwandsrückstellungen für unterlassene Instandhaltungen (s. auch § 249 Abs. 2 HGB) keine Schulden nach IAS. *Unterschiede beim Ansatz von liabilities zwischen HGB und IAS*

Framework 91 definiert die 2. Stufe der Passivierungsfähigkeit von Schulden (ähnlich der Definition bei den Vermögenswerten). Schulden werden dann passiviert,
- wenn der Mittelabfluss wahrscheinlich ist,
- und wenn der Erfüllungsbetrag verlässlich ermittelt werden kann.

Das Rahmenkonzept definiert das Eigenkapital als den nach Abzug aller Schulden verbleibenden Restbetrag der Vermögenswerte des Unternehmens und entspricht soweit dem HGB-Begriff. (F. 49 c i. V. m. F. 65 f.) *Eigenkapital nach IAS*

Die Definition der Erträge gemäß F. 70 a als Zunahme des wirtschaftlichen Nutzens in der Berichtsperiode in Form von Zuflüssen oder Erhöhungen von Vermögenswerten oder einer Abnahme von Schulden, die zu einer Erhöhung des Eigenkapitals führen, unterscheidet zwischen: *Erträge nach IAS*
- Erträgen aus der gewöhnlichen Geschäftstätigkeit (revenues; F. 74) und
- Anderen Erträgen (gains; F. 76).

Die Definition der Aufwendungen gemäß F. 70 b als Abnahme des wirtschaftlichen Nutzens in der Berichtsperiode in Form von Abflüssen oder Verminderungen von Vermögenswerten oder einer Erhöhung von Schulden, die zu einer Abnahme des Eigenkapitals führen, unterscheidet: *Aufwendungen nach IAS*

- Aufwendungen im Rahmen der gewöhnlichen Geschäftstätigkeit (expenses; F. 78) und
- Andere Aufwendungen (losses; F.80)

Die Erfassung von Aufwendungen (F. 94) und Erträgen (F. 92) in der Gewinn- und Verlustrechnung erfolgt, wenn es zu einer Abnahme bzw. zu einer Zunahme des künftigen wirtschaftlichen Nutzens in Verbindung mit einer Ab- bzw. Zunahme bei einem Vermögenswert oder einer Ab- bzw. Zunahme bei einer Schuld gekommen ist.

2.4 Bewertung von Abschlussposten und Begriffe

Im Framework (F. 100 f.) werden für die Bewertung der Vermögenswerte und Schulden im Einzelnen folgende Wertkonzeptionen definiert:
- Historische Anschaffungs- und Herstellungskosten (historical cost)
- Tageswert (current cost)
- Veräußerungswert bzw. Erfüllungsbetrag (realizable value)
- Barwert (present value)

Neben diesen im Framework für die Bewertung der Abschlussposten festgelegten Begriffen sind darüber hinaus in den einzelnen IAS folgende Wertmaßstäbe von Bedeutung:
- Zeitwert (fair value, z. B. IAS 16.6)
  Betrag, zu dem zwischen sachverständigen, vertragswilligen und voneinander unabhängigen Personen ein Vermögenswert getauscht werden könnte. Die Bewertung von Abschlussposten zu Zeitwerten spiegelt sich insbesondere in der nach HGB nicht zulässigen Methode der Neubewertung (IAS 16.29) wider.
- Marktwert (z. B. IAS 32.5)
  Betrag, der auf einem aktiven Markt bei Veräußerung einer Finanzinvestition erzielbar ist. Der Marktwert wird bei der Bewertung von Finanzinstrumenten herangezogen.
- Nettoveräußerungswert (net selling price; IAS 36.5)
  Betrag, der durch den Verkauf eines Vermögenswertes in einer Transaktion zu Marktbedingungen zwischen sachverständigen,

vertragswilligen Parteien nach Abzug der Veräußerungskosten erzielt werden könnte.
- Nutzungswert (value in use; IAS 36.5)
Barwert der geschätzten künftigen Cashflows, die aus der fortgesetzten Nutzung eines Vermögenswertes und aus dessen Abgang am Ende der Nutzungsdauer erwartet werden.
- Erzielbarer Betrag (IAS 36.5)
Hierbei handelt es sich um den höheren der beiden Beträge aus Nettoveräußerungswert und Nutzungswert eines Vermögenswertes. Somit ergibt sich der erzielbare Betrag aus dem Vergleich von Barwert (F. 100 d) und Veräußerungswert (F. 100 c).
- Net realizable value (IAS 2.4)
Ebenso wie der net selling price ist auch der net realizable value als Nettoveräußerungspreis bzw. -wert zu übersetzen. Während der net selling price ausschließlich in IAS 36 bezüglich der Wertminderung von Vermögenswerten verwendet wird, wird der net realizable value als der geschätzte, im normalen Geschäftsgang erzielbare Verkaufserlös abzüglich der geschätzten Kosten bis zur Fertigstellung und der geschätzten notwendigen Verkaufskosten dagegen hauptsächlich bei der Vorratsbewertung als Vergleichswert zu den Anschaffungs- und Herstellungskosten (IAS 2.7) angewendet.

3 Anlagevermögen

3.1 Allgemeines

Die Bilanzposition des Anlagevermögens umfasst im Wesentlichen die Kategorien:
- Immaterielle Vermögenswerte (IAS 38)
- Sachanlagen (IAS 16)
- Als Finanzinvestition gehaltene Immobilien (IAS 40)
- Finanzanlagen

Bilanzierung

Aus den genannten Kategorien lässt sich für die IAS-Bilanz folgender Gliederungsvorschlag ableiten:[58]

Gliederungsvorschlag Anlagevermögen

ANLAGEVERMÖGEN
Immaterielle Vermögenswerte (Intangible Assets)
Geschäfts- oder Firmenwert
Software
Lizenzen
Gewerbliche Schutzrechte
Rezepte
Warenzeichen
Sachanlagen (Property, Plant, Equipment)
Unbebaute Grundstücke
Grundstücke und Gebäude
Maschinen und technische Anlagen
Betriebsausstattung
Geschäftsaustattung
Nicht betrieblich genutzte Grundstücke (Investment Properties)
Finanzanlagen (Financial Assets)
equity-Beteiligungen
Sonstige Finanzanlagen

Weiterhin sind folgende IAS-Standards in Verbindung mit dem Ansatz und der Bewertung des Anlagevermögens von Bedeutung:
- IAS 17 – Leasingverhältnisse
- IAS 20 – Bilanzierung und Darstellung von Zuwendungen der öffentlichen Hand
- IAS 22 – Goodwill
- IAS 23 – Fremdkapitalkosten
- IAS 36 – Wertminderung von Vermögenswerten

---

[58] Vgl. Lüdenbach, N. (2001), S. 58.

3.2 Begriff der Anschaffungs- und Herstellungskosten

Im Zuge der Bewertung von immateriellem und Sachanlagevermögen kommt dem Begriff der Anschaffungs- und Herstellungskosten eine besondere Bedeutung zu, da eine Bewertung nach IAS grundsätzlich nach dem Anschaffungskostenprinzip zu erfolgen hat. Eine Bewertung zum Verkehrswert ist hingegen nur in Ausnahmefällen erlaubt (z. B. bei Wertpapieren). Gemäß IAS 16.14 muss ein Gegenstand der Sachanlagen, der als Vermögenswert ansatzpflichtig ist, anfangs zu Anschaffungs- oder Herstellungskosten angesetzt werden. Genauso sind immaterielle Vermögenswerte, die entsprechend den Ansatzvorschriften zu aktivieren sind, anfänglich (initially) mit ihren Anschaffungs- oder Herstellungskosten zu bewerten (IAS 38.22).

Anschaffungskostenprinzip nach IAS

Die Anschaffungs- oder Herstellungskosten werden in den IAS allgemein als derjenige Betrag an Zahlungsmitteln bzw. Äquivalenten zu Zahlungsmitteln oder als der fair value einer anderen Entgeltform definiert, der hingegeben wurde, um den Vermögenswert zum Zeitpunkt der Anschaffung bzw. der Herstellung zu erwerben (IAS 16.6, 38.7). Eine differenzierte Betrachtung der Bestandteile der Anschaffungs- und Herstellungskosten findet sich in den zugehörigen Standards wieder (IAS 16.15 ff. für Sachanlagen, IAS 38.23 ff. für gesondert angeschaffte immaterielle Vermögenswerte).

Definition Anschaffungs- oder Herstellungskosten nach IAS

- Anschaffungskosten
  Zu den Anschaffungskosten zählen der Anschaffungspreis, die Anschaffungsnebenkosten abzüglich der Anschaffungspreisminderungen. Anschaffungsnebenkosten sind hierbei alle Kosten, die nötig sind, um den Vermögenswert in den betriebsbereiten Zustand zu versetzen, wobei Verwaltungs- und andere allgemeine Gemeinkosten nur dann zu den Anschaffungskosten zählen, wenn sie direkt dem Erwerb des Vermögenswertes zugerechnet werden können (IAS 16.17).

  Geschätzte Kosten für den Abbruch und das Abräumen des Vermögenswertes und die Wiederherstellung des Standortes sind, falls sie gemäß IAS 37 als Rückstellung anerkannt werden, als Bestandteil der Anschaffungskosten zu berücksichtigen (IAS

Abbruchkosten und Wiederherstellung

16.15 e). Im Gegensatz zum HGB (Buchung: Aufwand an Rückstellung) erfolgt die Gegenbuchung bei den Anschaffungskosten des Anlagengegenstandes.

Behandlung von Investitionszuschüssen

Während im deutschen Steuer- bzw. Handelsrecht Investitionszuschüsse entweder sofort erfolgswirksam vereinnahmt bzw. von den Anschaffungskosten abgezogen werden können, verlangt IAS 20.24, Zuwendungen der öffentlichen Hand für Vermögenswerte in der Bilanz entweder als passivischen Abgrenzungsposten darzustellen oder bei der Feststellung des Buchwertes des Vermögenswertes abzusetzen. Eine passivische Abgrenzung ist während der Nutzungsdauer des Vermögenswertes auf einer planmäßigen Grundlage als Ertrag zu erfassen (IAS 20.26).

Im Wesentlichen entsprechen die IAS-Regelungen für den Bereich der Anschaffungskosten jedoch denen der HGB-Grundsätze (§ 255 Abs. 1 HGB).

- Herstellungskosten

Der Herstellungskostenbegriff für selbsterstellte Anlagen folgt zunächst denselben Grundsätzen wie beim Erwerb von Vermögenswerten. Grundsätzlich wird bei der Definition des Umfanges auf die Regelungen des Vorratsvermögens (IAS 16.18, IAS 38.45) verwiesen. Die Herstellungskosten umfassen gemäß IAS 2.10 die Kosten, die den Produktionseinheiten direkt zuzurechnen sind, wie z. B. Fertigungslöhne. Weiterhin umfassen sie systematisch zugerechnete fixe und variable Produktionsgemeinkosten, welche bei der Umwandlung von Rohstoffen in Fertigerzeugnisse entstehen.

Produktionsbezogene Vollkosten nach IAS

Die Herstellungskosten nach IAS werden auch als produktionsbezogene Vollkosten bezeichnet. Somit ergeben sich bei der Aktivierung nach IAS durch die Einbeziehung von Materialgemeinkosten, Fertigungsgemeinkosten und fertigungsbezogenen Verwaltungskosten im Gegensatz zu § 255 HGB Unterschiede[59]. Sonstige Kosten dürfen nur dann in die Anschaffungs- oder Herstellungskosten einbezogen werden, soweit sie dazu gedient haben, die Vorräte an ihren derzeitigen Ort und in ihren derzeitigen Zustand zu versetzen (IAS 2.13).

---

[59] Vgl. Kapitel D „Gewinn- und Verlustrechnung", Punkt „Herstellungskosten".

Folgende Abbildung verdeutlicht die Unterschiede im Herstellungskostenbegriff zwischen HGB und IAS exemplarisch:[60]

Herstellungskostenbegriff nach HGB und IAS

Herstellungskostenbestandteil	§ 255 HGB	IAS	Beispiele
Materialeinzelkosten	Einbeziehungspflicht	Einbeziehungspflicht	Verbrauch von Roh- und Hilfsstoffen, Einbauteilen
Fertigungseinzelkosten			Direkt zurechenbare Löhne und Lohnnebenkosten der Fertigung
Sondereinzelkosten der Fertigung			Stückbezogene Lizenzgebühren, Spezialwerkzeuge
Materialgemeinkosten			Aufwendungen für Einkauf, Warenannahme, Materialverwaltung
Fertigungsgemeinkosten			Betriebsstoffe, Werkzeuge, planmäßige Abschreibungen auf Maschinen
Fertigungsbezogene Kosten der allgemeinen Verwaltung, Aufwendungen für freiwillige soziale Leistungen, Aufwendungen für betriebliche Altersversorgung	Einbeziehungswahlrecht		Zuführung der Pensionsrückstellung oder Aus- und Weiterbildung der Beschäftigten im Fertigungsbereich
Nicht fertigungsbezogene Kosten der allgemeinen Verwaltung, Aufwendungen für freiwillige soziale Leistungen, Aufwendungen für betriebliche Altersversorgung		Einbeziehungsverbot	Aufwendungen für Rechnungswesen, Betriebsrat, Geschäftsführung, Kantine, Abschlussprüfung
Herstellungsbezogene Fremdkapitalzinsen bei qualifizierten Vermögenswerten		Einbeziehungswahlrecht (alternative Methode)	Zeitlich und sachlich zurechenbare Zinsen
Herstellungsbezogene Fremdkapitalzinsen bei allen anderen Vermögenswerten		Einbeziehungsverbot	Zeitlich und sachlich zurechenbare Zinsen
Nicht herstellungsbezogene Fremdkapitalzinsen	Einbeziehungsverbot		Alle anderen, nicht eindeutig zurechenbaren Zinsaufwendungen
Vertriebskosten			Personal- und Sachaufwendungen der Vertriebsabteilung

Die Definition von nachträglichen Anschaffungs- oder Herstellungskosten gemäß IAS 16.23 f. stimmt weit gehend mit den handelsrechtlichen Bestimmungen (§ 255 Abs. 2, S.1) überein. Nach IAS 16.24 sind nachträgliche Anschaffungs- oder Herstellungskosten nur dann zu aktivieren, wenn diese nachträglichen Ausgaben den Zustand des Vermögenswertes über seine ursprünglich veranschlagte Ertragskraft hinaus verbessert. Beispiele für eine solche Leistungsverbesserung sind (IAS 16.24a-c):

- eine Verlängerung der Nutzungsdauer der Maschine,
- eine Erweiterung der Kapazität,
- eine Erhöhung der Produktionsqualität der Maschine,
- eine Senkung der berechneten Betriebskosten.

Nachträgliche Anschaffungs- oder Herstellungskosten

---

[60] Vgl. Bruns, C. (Hrsg.) (2001), S. 107.

C Bilanzierung

Die Herstellungskosten von selbsterstellten immateriellen Vermögenswerten (IAS 38.53 ff.) umfassen alle Aufwendungen, die ab dem Zeitpunkt anfallen, in dem alle Ansatzkriterien erstmals erfüllt sind. IAS 38.59 untersagt dabei eine Nachaktivierung von Kosten, die in vorangegangenen Perioden als Aufwand erfasst wurden.

Fremdkapitalkosten

Fremdkapitalkosten (z. B. Zinsen für Kontokorrentkredite, zeitanteilige Disagien oder Agien auf Fremdkapital → IAS 23.5) sind nach IAS 23 gemäß der Benchmark-Methode in derjenigen Periode als Aufwand zu erfassen, in der sie angefallen sind. Alternativ können jedoch Fremdkapitalkosten, die direkt dem Erwerb, dem Bau oder der Herstellung eines qualifizierten Vermögenswertes zugeordnet werden können, als Teil der Anschaffungs- und Herstellungskosten aktiviert werden (IAS 23.11).

Qualifizierter Vermögenswert

Dabei handelt es sich um einen qualifizierten Vermögenswert, wenn ein beträchtlicher Zeitraum erforderlich ist, um diesen in seinen beabsichtigten gebrauchs- oder verkaufsfähigen Zustand zu versetzen (IAS 23.4). Die Aktivierung der Fremdkapitalkosten ist dann gegeben bzw. vorzunehmen, wenn Ausgaben für den (qualifizierten) Vermögenswert anfallen, Fremdkapitalkosten anfallen oder die erforderlichen Arbeiten begonnen haben, um den Vermögenswert für seinen beabsichtigten Gebrauch oder Verkauf herzurichten (IAS 23.20). Dabei endet der Aktivierungszeitraum, sobald der Gegenstand seinen bestimmungsgemäßen Zustand erreicht hat. Gemäß SIC-2.3 hat ein Unternehmen, welches die Fremdkapitalkosten aktiviert, dieses Vorgehen (stetig) auf alle Fremdkapitalkosten anzuwenden, die direkt dem Erwerb, dem Bau oder der Herstellung aller qualifizierten Vermögenswerte des Unternehmens zugerechnet werden können.

3.3 Sachanlagen

3.3.1 Definition

IAS 16 regelt die Bilanzierung von Sachanlagen (property, plant and equipment). Dabei umfassen gemäß IAS 16.6 Sachanlagen alle materiellen Vermögenswerte,

Anlagevermögen C

- die ein Unternehmen für Zwecke der Herstellung oder der Lieferung von Gütern und Dienstleistungen, zur Vermietung an Dritte oder für Verwaltungszwecke besitzt und die
- erwartungsgemäß länger als eine Periode genutzt werden.

Anzumerken ist, dass die zweite Bedingung offen lässt, ob eine Nutzung länger als ein Geschäftsjahr (12 Monate) oder eine Nutzung in zwei Geschäftsjahren (evtl. nur 2 Monate mit einem dazwischen liegenden Bilanzstichtag) gemeint ist.[61]

Für Grundstücke und Bauten, die nur deshalb gehalten werden, um z. B. Mieteinnahmen zu erzielen und somit nicht dem eigentlichen Betriebszweck dienen, ist IAS 40 anzuwenden, welcher einen gesonderten Ausweis als investment properties sowie besondere Bewertungsvorschriften vorschreibt.

3.3.2 Erfassung

Wie bereits im Kapitel 2.3 beschrieben, gelten für alle Gegenstände des Anlagevermögens allgemeine Kriterien für den Ansatz in der Bilanz. Demnach schreibt IAS 16.7 vor, eine Sachanlage als Vermögenswert dann zu aktivieren bzw. anzusetzen, wenn

- es wahrscheinlich ist, dass ein mit ihm verbundener künftiger wirtschaftlicher Nutzen dem Unternehmen zufließen wird und
- seine Anschaffungs- oder Herstellungskosten verlässlich ermittelt werden können.

Die Kriterien zur Aktivierung eines Vermögensgegenstandes nach HGB und die Aktivierungskriterien eines Vermögenswertes nach IAS entsprechen in den überwiegenden Fällen einander, so dass es bis auf wenige Ausnahmen beim immateriellen Vermögen **keine** relevanten (praktischen) Unterschiede zwischen den Aktivierungsvoraussetzungen nach IAS und HGB gibt.[62]

---

[61] Vgl. Baetge, J.; Dörner, D.; Kleekämper, H.; Wollmert, P.; Kirsch, H. J. (2002), IAS 16, S. 4.
[62] Vgl. Lüdenbach, N. (2001), S. 60.

3.3.3 Zugangsbewertung

Die Zugangsbewertung erfolgt bei Sachanlagen zu Anschaffungs- oder Herstellungskosten (IAS 16.14).

3.3.4 Folgebewertung

Benchmark: Folgebewertung zu fortgeführten Anschaffungs- oder Herstellungskosten

Im Zuge der Folgebewertung des Sachanlagevermögens unterscheiden die IAS zwischen der Benchmark-Methode, die vom IASB bevorzugt wird und der alternativ zulässigen Methode. Gemäß der bevorzugten Methode erfolgt die Bewertung entsprechend den HGB-Grundsätzen zu fortgeführten Anschaffungs- oder Herstellungskosten (IAS 16.28).

Dagegen erlaubt IAS 16.29 als alternativ zulässige Methode den Vermögenswert der Sachanlagen zu einem Neubewertungsbetrag anzusetzen, der seinem beizulegenden Zeitwert (fair value) am Tage der Neubewertung abzüglich nachfolgender kumulierter planmäßiger Abschreibungen entspricht.

Neubewertung

Eine Neubewertung ist dann unvereinbar mit dem nach HGB zwingend geltenden Anschaffungswertprinzip, wenn ihr Ergebnis ein über den historischen Anschaffungskosten liegender Wert wäre. Eine Neubewertung muss hierbei in regelmäßigen Abständen erfolgen, damit der Buchwert nicht wesentlich von dem Wert abweicht, der sich bei einer Bewertung mit dem beizulegenden Zeitwert am Bilanzstichtag ergeben würde. (IAS 16.29). Falls eine Sachanlage neu bewertet wird, ist die ganze Gruppe der Sachanlagen (z. B. Grundstücke und Gebäude, Maschinen und technische Anlagen), zu denen der Gegenstand gehört, neu zu bewerten (IAS 16.34).

Der für die Neubewertung heranzuziehende fair value ist folgendermaßen zu bestimmen:

- durch Gutachten ermittelter Marktwert (IAS 16.30),
- falls keine Marktwerte ermittelbar sind, zu fortgeführten Wiederbeschaffungskosten (IAS 16.31).

Bei einer Neubewertung lassen sich grundsätzlich zwei Fälle unterscheiden:

- fair value > Buchwert (IAS 16.37)

    Ist der fair value größer als der Buchwert, muss zunächst für den betreffenden Vermögensgegenstand geprüft werden, ob bereits eine außerplanmäßige Abschreibung in früheren Perioden stattgefunden hat:

Neubewertung: fair value > Buchwert

```
                    Fair value > Buchwert
                    /                    \
    Frühere außerplanmäßige Afa      Keine frühere außerplanmäßige
       auf den Gegenstand                Afa auf den Gegenstand
              |                                    |
    Folge: ertragswirksame              Folge: erfolgsneutral gegen
       Wertaufholung                      Neubewertungsrücklage
```

Die Neubewertung erfolgt (soweit in der Vergangenheit keine außerplanmäßige Abschreibung vorgenommen wurde) erfolgsneutral gegen eine Neubewertungsrücklage (per Anlage an Neubewertungsrücklage). Gemäß IAS 16.39 wird bei Abgang (Stilllegung, Veräußerung) des Anlagegutes die Neubewertungsrücklage erfolgsneutral in die Gewinnrücklage umgegliedert (IAS 16.39).

- fair value < Buchwert (IAS 16.38)
  Eine Abwertung des Buchwertes im Zuge einer Neubewertung ist als Aufwand zu erfassen. Eine Verminderung ist jedoch mit einer zugehörigen Neubewertungsrücklage zu verrechnen, soweit sie den Betrag der entsprechenden Neubewertungsrücklage nicht übersteigt (IAS 16.38).

Neubewertung: fair value < Buchwert

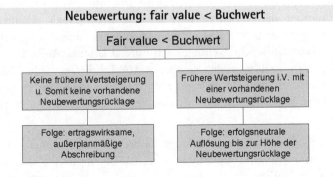

C Bilanzierung

Abschreibungsmethoden

Sachanlagen sind auf systematischer Grundlage über deren Nutzungsdauer zu verteilen, wobei die Abschreibungsmethode dem Verbrauch des wirtschaftlichen Nutzens des Vermögenswertes durch das Unternehmen zu entsprechen hat. Damit sind steuerliche Abschreibungen nur dann erlaubt, wenn Sie dem Verbrauch des wirtschaftlichen Nutzens entsprechen. Für eine planmäßige Abschreibung kommen dabei eine Vielzahl von Methoden in Betracht. Hierzu zählen gemäß IAS 16.47 z. B. die lineare, die degressive oder die leistungsabhängige Abschreibungsmethode.

Abschreibungsvolumen

Bei der Ermittlung des Abschreibungsvolumens ist ein Restwert nur dann zu berücksichtigen, wenn er von materieller Bedeutung ist (IAS 16.46).

Abschreibungen auf GWG oder die Anwendung der Halbjahresvereinfachungsregel (i. d. R. nach Absprache mit dem Wirtschaftsprüfer) sind auch für die IAS-Bilanz zulässig.

In der Praxis wird üblicherweise für die IAS-Bilanz komplett auf die lineare Abschreibungsmethode übergegangen, da diese Methode international anerkannt ist.

Nutzungsdauer

Für die Schätzung der Nutzungsdauer sind die in IAS 16.43 genannten Faktoren (z. B. erwartete Nutzung, erwarteter physischer Verschleiß, technische Alterung) zu berücksichtigen. Außerdem ist die Nutzungsdauer einer Sachanlage periodisch zu überprüfen. Ggf. sind die Abschreibungsbeträge für die gegenwärtige Periode und für die Folgeperioden anzupassen.

Für die praktische Umstellung auf die IAS sollte man sich bei der Ermittlung der Nutzungsdauern an den in der Praxis geläufigen Nutzungsdauern (je Anlagenklasse) orientieren, die aus den jeweiligen Geschäftsberichten entnommen werden können. Außerdem ist zu prüfen, ob die aus den steuerlichen AfA-Tabellen gewählten Nutzungsdauern den IAS-Prämissen entsprechen (eine Abstimmung mit den Wirtschaftsprüfern wird an dieser Stelle dringend empfohlen).

Außerplanmäßige Abschreibungen

Außerplanmäßige Abschreibungen sind dann vorzunehmen, wenn Wertminderungen (impairment) gem. IAS 36 eingetreten sind. IAS 36 sieht hierbei vor, die einzelnen Assets einem Niederstwerttest (impairment test) zu unterziehen, allerdings nicht regelmäßig (z. B. zum Abschlussstichtag), sondern nur dann, wenn Indikatoren für eine Wertminderung vorliegen.

Ein Impairment-Test ist insbesondere in folgenden Fällen durchzuführen (IAS 36.9):[63]

Impairment-Test

- erheblich gesunkener Marktwert
- Änderung der Nutzung des Vermögenswertes
- nachteilige Veränderung der rechtlichen, wirtschaftlichen oder technischen Rahmenbedingungen

Die Wertminderung muss, im Gegensatz zum HGB, nicht unbedingt von Dauer sein, um eine außerplanmäßige Abschreibung hervorzurufen.

Liegt also der Verdacht einer Wertminderung vor, so ist der erzielbare Betrag (recoverable amount) zu ermitteln.

Dieser ist nach IAS 36.5 definiert als höherer Betrag vom Nettoveräußerungspreis (net selling price) und Nutzwert (value in use).

Eine außerplanmäßige Abschreibung ist demnach dann geboten, wenn der erzielbare Betrag (Nettoveräußerungswert bzw. Ertragswert) unter dem Buchwert liegt.

Gemäß IAS 36.16 ist es nicht immer erforderlich, sowohl den Nettoveräußerungspreis als auch den Nutzungswert eines Vermögenswertes zu bestimmen. Liegt z. B. einer dieser Werte über dem Buchwert des Vermögenswertes, ist der Vermögenswert nicht wertgemindert, und es ist nicht erforderlich, den anderen Wert (z. B. die komplexe Ermittlung des Ertragswertes) zu schätzen.

Für die praktische Umsetzung vom HGB- zum IAS-Abschluss sollte mit dem Wirtschaftsprüfer abgestimmt werden, ob eine Anwendung des IAS 36 mit der komplizierten Ermittlung des Ertragswertes im Einzelfall geboten ist oder ob nicht die bisher praktizierte HGB-Lösung (außerplanmäßige Abschreibung auf den beizulegenden Wert) beibehalten werden kann.

Praktische Umsetzung

Liegt eine Wertminderung nicht mehr vor, so ist nach den IAS, wie auch nach HGB zwingend eine (erfolgswirksame) Wertaufholung durchzuführen.

---

[63] Vgl. Grünberger, D.; Grünberger, H. (2002), S. 28.

C Bilanzierung

3.3.5 Angabepflichten

Die IAS-Regelungen zur Erläuterung des Sachanlagevermögens in den Notes finden sich in IAS 16.60 f. wieder. In der praktischen Umstellung von HGB auf IAS empfiehlt es sich, bei der Erstellung der (umfangreichen IAS-) Notes auf bereits bestehende Geschäftsberichte (mit IAS-Abschluss) anderer (branchenähnlicher) Unternehmen zurückzugreifen und diese Gliederungen für die eigenen Notes zu übernehmen.

Arbeiten mit Arbeitsbilanzen

Für die erstmalige Umstellung von der HGB- auf die IAS-Bilanz bietet es sich an, mit so genannten Arbeitsbilanzen zu arbeiten, in denen die wertmäßigen Unterschiede für die jeweilige Bilanzposition (inhaltlich und optisch) aufbereitet dargestellt werden. Die so aufbereiteten Tabellen können dann bei der Erstellung der Notes eingebunden werden. Außerdem können die ermittelten IAS-Arbeitsbilanzwerte als Vortragswerte (z. B. Arbeitsbilanz 2001, erste geforderte IAS-Vorjahresbilanz 2002, erste IAS-Bilanz 2003) für die erste IAS-Bilanz übernommen werden.

Für die Position des Anlage- bzw. Sachanlagevermögens sollten z. B. folgende Arbeits-Tabellen (für das betreffende Geschäftsjahr) bearbeitet und später in die Notes eingebunden werden:

Arbeitsbilanz Aktiva

AKTIVA	IAS 01.01.-31.12.2001	HGB 01.01.-31.12.2001	Veränderung
Latente Steuern	4.895.789,01 €	3.571.170,00 €	1.324.619,01 €
Rechnungsabgrenzungsposten	- €	- €	- €
Flüssige Mittel	42.018.552,64 €	42.018.552,64 €	- €
Wertpapiere	- €	- €	- €
Forderungen u. sonstige Vermögensgegenstände	46.654.666,31 €	46.654.666,31 €	- €
Vorräte	25.985.633,53 €	24.517.764,29 €	1.467.869,24 €
Umlaufvermögen	**114.658.852,48 €**	**113.190.983,24 €**	**1.467.869,24 €**
Finanzanlagen	127.822,97 €	127.822,97 €	- €
Sachanlagevermögen	21.011.790,41 €	22.488.570,18 €	- 1.476.779,77 €
Immaterielle Vermögenswerte	1.262.428,25 €	247.289,05 €	1.015.139,20 €
Anlagevermögen	**22.402.041,63 €**	**22.863.682,20 €**	**- 461.640,57 €**
Bilanzsumme	**141.956.683,12 €**	**139.625.835,45 €**	**2.330.847,67 €**

Neben einer solchen Darstellung der Aktivseite der Bilanz (in welcher für dieses Kapitel nur die Position des Sachanlagevermögens berücksichtigt werden soll), ist es ratsam, für die weitere Gegenüberstellung der Veränderungen von HGB zu IAS die Position des Anlagevermögens zu untergliedern:

Arbeitsbilanz Aktiva – Detail (Sachanlagen)

Anlagevermögen zum 31.12.2001 nach HGB	22.863.682,20 €
Aktivierung von Entwicklungskosten	1.015.139,20 €
Neubewertung (Abwertung) Gebäude	- 2.869.950,24 €
Abschreibungsminderungen	1.393.170,47 €
Anlagevermögen zum 01.01.2002 nach IAS	22.402.041,63 €

Außerdem sollte der Anlagenspiegel in die Gegenüberstellung (und damit in die Notes) eingebunden werden:

Anlagenspiegel – Sachanlagevermögen

AKTIVA	Historische AK/HK	kumulierte AFA (HGB)	Stand am 31.12.2001 (HGB)	kumulierte AFA (IAS)	Stand am 31.12.2002 (IAS)
Langfristige Ausleihungen	127.822,97 €	- €	127.822,97 €	- €	127.822,97 €
Wertpapiere des Anlagevermöge	- €	- €	- €	- €	- €
Finanzanlagen	**127.822,97 €**	**- €**	**127.822,97 €**	**- €**	**127.822,97 €**
Grundstücke, grundstücksgleiche Rechte und	18.348.910,18 €	4.169.878,24 €	14.339.905,40 €	1.130.044,84 €	11.469.965,16 €
technische Anlagen u. Maschin	9.732.657,13 €	6.809.032,79 €	5.047.807,88 €	5.865.405,45 €	5.991.435,22 €
andere Anlagen, Betriebs- u. Geschäftsausstattung	6.369.837,97 €	5.503.412,58 €	2.501.637,60 €	5.053.869,45 €	2.951.180,73 €
Anlagen im Bau	312.750,34 €	- €	350.383,20 €	- €	350.383,20 €
Anzahlungen	248.836,10 €	- €	248.836,10 €	- €	248.836,10 €
Sachanlagen	**35.012.991,72 €**	**16.482.323,61 €**	**22.488.570,18 €**	**12.049.319,74 €**	**21.011.790,41 €**
Entwicklungskosten	2.537.848,00 €	- €	- €	1.522.708,80 €	1.015.139,20 €
Konzessionen, Schutzrechte	1.239.141,23 €	1.152.714,00 €	247.289,05 €	1.152.714,00 €	247.289,05 €
geleistete Anzahlungen	- €	- €	- €	- €	- €
Immaterielle Vermögenswert	**3.776.989,23 €**	**1.152.714,00 €**	**247.289,05 €**	**2.675.422,80 €**	**1.262.428,25 €**
Anlagevermögen	**38.917.803,92 €**	**17.635.037,61 €**	**22.863.682,20 €**	**14.724.742,54 €**	**22.402.041,63 €**

Generell bleibt festzuhalten, dass bei der optischen Gestaltung der Notes dem Unternehmen keine Grenzen gesetzt sind. Lediglich sämtliche inhaltlichen Kriterien des IAS 16.60 ff. müssen berücksichtigt werden. Die hier dargestellten Arbeitstabellen können natürlich nicht nur für die Periode bzw. das Jahr der erstmaligen Umstellung von HGB auf IAS sondern auch für spätere Perioden bzw. Jahre genutzt werden.

C Bilanzierung

3.3.6 Maßnahmen zur Überleitung eines Abschlusses nach HGB auf einen IAS-Abschluss[64]

Für die praktische Umstellungsarbeit vom HGB- zum IAS-Abschluss sind u. a. folgende Punkte zu beachten bzw. zu klären:

- Nutzungsdauerschätzungen erfolgen häufig unter Beachtung der steuerlichen AfA-Tabellen. Dies kann zu Nutzungsdauern führen, die aus Sicht von IAS 16 zu kurz sind[65] und somit zu verlängern sind (bzw. die planmäßigen Abschreibungen sind anzupassen). Zu beachten ist, dass sich dieser Punkt nach Änderung der steuerlichen AfA-Tabellen mit Wirkung vom 1. Januar 2002 relativiert hat.
- Planmäßige Abschreibungen müssen den Verbrauch des wirtschaftlichen Nutzens widerspiegeln. Insofern kann es geboten sein, die bisher nach HGB praktizierten Abschreibungsmethoden umzustellen (i. d. R. wird nach IAS komplett auf die lineare Abschreibungsmethode gewechselt).
- Der IAS 16 kennt keinen Sonderposten mit Rücklageanteil. Der Sonderposten ist beim Übergang auf eine Bilanzierung nach IAS aufzulösen.
- Es ist zu prüfen, inwieweit eine außerplanmäßige Abschreibung nach IAS 36 anzuwenden ist (Abstimmung mit Wirtschaftprüfer, ob die bisher praktizierte außerplanmäßige Abschreibung nach HGB-Grundsätzen angewendet werden kann → materiality Grundsatz beachten).
- Die Angabepflichten nach IAS 16.60 ff. gehen weit über die handelsrechtlichen Anhangangaben hinaus. Insofern müssen die in IAS 16.60 ff. beschriebenen Anforderungen erfüllt werden (i. d. R. durch Vergleich zu anderen Notes bzw. über Vorlagen des Wirtschaftsprüfers).
- IAS 16 erlaubt dem HGB unbekannte Neubewertungen. Im Zusammenhang mit der Neubewertung sind Gutachten heranzuzie-

---

[64] Vgl. Baetge, J.; Dörner, D.; Kleekämper, H.; Wollmert, P.; Kirsch, H. J. (2002), IAS 16, S. 24.

[65] Der umgekehrte Fall einer nach IAS zu langen Nutzungsdauer, die aufgrund von steuerlichen Vorschriften gewählt wurde, ist ebenso denkbar, aber selten anzutreffen.

Anlagevermögen C

hen. Außerdem können sich in der Praxis erhebliche infrastrukturelle Auswirkungen für die Anlagenbuchhaltung ergeben (z. B. Anpassung von Nutzungsdauern).

Für die praktische Umstellungsarbeit empfiehlt es sich, aus den genannten Punkten einen Fragenkatalog zusammenzustellen, der vom Kunden bzw. von der jeweiligen Abteilung im Unternehmen zu beantworten ist. Beispielhaft könnte eine Fragestellung lauten, ob Neubewertungen für bestimmte Gruppen des Sachanlagevermögens vorgesehen sind oder ob die bisher gewählten Nutzungsdauern den tatsächlichen wirtschaftlichen Verbrauch des Vermögenswertes widerspiegeln. Die Ergebnisse aus dem beantworteten Fragenkatalog sind in die o. g. Arbeitsbilanzen einzuarbeiten.

Fragenkatalog für den Kunden bzw. für das Unternehmen

Weiterhin ist für die erstmalige Anwendung der IAS der SIC-8 zu berücksichtigen, wonach in derjenigen Periode, in der die IAS zum ersten Mal als primäre Grundlage der Rechnungslegung angewendet werden, die Abschlüsse des Unternehmens so aufzustellen sind, als ob sie schon immer gemäß den IAS aufgestellt worden wären. Ist z. B. die Arbeitsbilanz 2001 die Ausgangsbilanz (in welcher die Vortragswerte für die Vorjahresbilanz 2002 ermittelt werden), muss rückwirkend geprüft werden, ob z. B. in 1998 Entwicklungskosten gemäß IAS 38.45 zu aktivieren sind. Bei einer Laufzeit von z. B. 10 Jahren, würde die Arbeitsbilanz 2001 bzw. die Vorjahresbilanz 2002 noch die fortgeführten Anschaffungs- oder Herstellungskosten enthalten. Demnach müssen die Entwicklungskosten berücksichtigt werden. Gleiches gilt beispielsweise für die rückwirkende Anpassung der Abschreibungsmethode von degressiv auf linear.

3.4 Immaterielle Vermögenswerte

3.4.1 Definition

IAS 38 regelt die Bilanzierung von immateriellen Vermögenswerten. Dabei ist ein immaterieller Vermögenswert gemäß IAS 38.7 definiert als

- ein identifizierbarer, nicht monetärer Vermögenswert ohne physische Substanz, der für die Herstellung von Erzeugnissen oder

Dienstleistungen, die Vermietung an Dritte oder Zwecke der eigenen Verwaltung genutzt wird,
- der in der Verfügungsmacht des Unternehmens steht,
- und vom dem ein zukünftiger wirtschaftlicher Nutzen erwartet wird.

Identifizierbarkeit
Die Definition der Identifizierbarkeit verlangt eine eindeutige Trennung bzw. Unterscheidbarkeit vom Geschäfts- und Firmenwert (IAS 38.10), wobei eine eindeutige Separierbarkeit ggf. dann gegeben ist, wenn sich der Vermögenswert eigenständig vermieten bzw. verkaufen lässt (IAS 38.11).

Verfügungsmacht
Ein Unternehmen hat dann eine Verfügungsmacht über einen immateriellen Vermögenswert, wenn es in der Lage ist, den Zugriff Dritter auf den Nutzen zu beschränken (IAS 38.13). Dieses basiert normalerweise auf juristisch durchsetzbaren Ansprüchen (z. B. Urheberrechte).

Wirtschaftlicher Nutzen
Das Kriterium des zukünftig zu erwartenden wirtschaftlichen Nutzens (auch in den allgemeinen Kriterien gemäß F. 49 zu finden) erwartet z. B. Erlöse aus dem Verkauf von Produkten oder der Erbringung von Dienstleistungen, Kosteneinsparungen oder andere Vorteile, die sich für das Unternehmen aus der Eigenverwendung des Vermögenswertes ergeben (IAS 38.17).

Unterschiede bei immateriellen Vermögenswerten zwischen HGB und IAS ergeben sich allerdings nur bei:[66]

- Ingangsetzungsaufwendungen
  Während nach § 269 HGB Aufwendungen für die organisatorische und wirtschaftliche Ingangsetzung (und Erweiterung) des Geschäftsbetriebes als Bilanzierungshilfe wahlweise aktiviert werden dürfen, unterliegen gemäß IAS 38.57 a Gründungs- und Anlaufkosten generell einem Aktivierungsverbot.
  Außerdem sind gemäß IAS 38.57b – d:
  – Ausgaben für Aus- und Weiterbildungsaktivitäten,
  – Ausgaben für Werbung,

---

[66] Vgl. Lüdenbach, N. (2001), S. 62.

Anlagevermögen

- Ausgaben für die Verlegung oder Reorganisation von Unternehmensteilen
nicht zu aktivieren.

- Forschungs- und Entwicklungsaufwendungen
Im HGB gilt grundsätzlich ein Aktivierungsverbot für selbsterstellte immaterielle Vermögensgegenstände des Anlagevermögens (§ 248 Abs. 2 HGB) sowie für Forschungs- und Entwicklungskosten. *Aktivierungsverbot nach HGB*

Für selbsterstellte immaterielle Vermögenswerte nach IAS muss allerdings zunächst geprüft werden, ob sich die Herstellung in der Forschungsphase oder bereits in der Entwicklungsphase befindet. IAS 38.7 bzw. 38.47 ff. definiert die Begriffe Forschung und Entwicklung explizit. Während Forschung definiert ist als die eigenständige und planmäßige Suche mit der Aussicht, zu neuen wissenschaftlichen oder technischen Erkenntnissen zu gelangen, ist Entwicklung als die Anwendung von Forschungsergebnissen oder von anderem Wissen definiert, mit dem Ziel der Verbesserung und Innovation von Produkten, Vorrichtungen oder Verfahren.

Gemäß IAS 38.42 besteht für selbsterstellte immaterielle Vermögenswerte, die durch Forschung bzw. in der Forschungsphase eines internen Projektes entstehen, ein Aktivierungsverbot. Begründet wird dieses Ansatzverbot damit, dass ein Unternehmen in der Forschungsphase nicht nachweisen kann, dass ein immaterieller Vermögenswert existiert, der einen voraussichtlichen wirtschaftlichen Nutzen erzeugen wird (IAS 38.43).

Entwicklungsaufwendungen sind hingegen dann zu aktivieren, wenn die Bedingungen des IAS 38.45 a – f kumulativ erfüllt sind. Hierzu gehören u. a. folgende Bedingungen: *Kriterien zur Aktivierung von F+E nach IAS*

- Technische Realisierbarkeit,
- Absicht des Unternehmens, den immateriellen Vermögenswert fertig zu stellen,
- Fähigkeit, den immateriellen Vermögenswert zu nutzen,
- Verfügbarkeit von finanziellen Ressourcen, um die Entwicklung abzuschließen.

Kann ein Unternehmen die Forschungsphase jedoch nicht von der Entwicklungsphase eines internen Projektes zur Schaffung ei-

C Bilanzierung

Wesentlichkeits-grundsatz nach IAS beachten

nes immateriellen Vermögenswertes unterscheiden, so sind alle mit dem Projekt verbundenen Ausgaben als Aufwand zu buchen. In der praktischen Umstellungsarbeit kann das Unternehmen in Absprache mit den Wirtschaftsprüfern jedoch z. B. unter dem Materiality-Grundsatz bestimmte Beträge festlegen, ab denen eine explizite Prüfung der Entwicklungskriterien (IAS 38.45) erst stattfinden soll. Außerdem lassen ggf. die Kriterien wie technische Realisierbarkeit bzw. Kriterien der eindeutigen Trennung zwischen Forschung und Entwicklung Möglichkeiten der Interpretationen zu, sodass je nach bilanzpolitischer Zielsetzung eine Aktivierung von Entwicklungsausgaben bzw. eine vollständige Buchung in den Aufwand möglich erscheinen sollte. Bei den genannten Wahlmöglichkeiten hinsichtlich der Aktivierung bzw. der Aufwandsverbuchung sollte das Unternehmen jedoch unbedingt berücksichtigen, dass eine Aktivierung von Entwicklungskosten das Ergebnis zwar kurzfristig schont, allerdings in späteren Jahren (über die Abschreibungen) die künftigen Gewinne stärker belastet[67].

Beispiel:[68]

Die Wahlmöglichkeit bzw. „kreative Buchführung" nach IAS hinsichtlich der Aktivierung von Forschungs- und Entwicklungskosten wird z. B. bei Automobilherstellern intensiv genutzt. VW weist beispielsweise für das Geschäftsjahr 2002 immaterielle Vermögenswerte in Höhe von 7,7 Milliarden Euro aus, wovon 2,5 Milliarden Euro neu aktivierte Entwicklungskosten darstellen (jeder dritte Euro des immateriellen Vermögens!). VW aktivierte im Geschäftsjahr 2002 insgesamt 56 % der F+E-Ausgaben. Der aufgrund dieser Bilanzierungspraxis ausgewiesene Gewinn nach Steuern betrug 2,6 Milliarden Euro; wären die F+E-Kosten als Aufwand verbucht worden, wäre der Gewinn wesentlich geringer ausgefallen. Da VW im gleichen Zeitraum ca. 980 Millionen Euro Entwicklungskosten abschrieb ergab sich ein positiver Ergebniseffekt in Höhe von ca. 1,5 Milliarden Euro. Bei Nichtaktivierung der Entwicklungskosten in Höhe von 2,5 Milliarden Euro

---

[67] Vgl. Kapitel D „Gewinn- und Verlustrechnung", Punkt „F+E-Ausweis nach IAS".

[68] Vgl. Bieker, C.; Haslauer, A.; Jacobs T. (2002), S. 14.

hätte dagegen das Ergebnis anstatt 2,6 Milliarden nur 1,1 Milliarden Euro betragen.

Bei Bilanzierung nach US-GAAP (speziell für F+E-Kosten in der Automobilindustrie) bzw. nach HGB ergeben sich solche bilanzpolitischen Spielräume nicht, da eine Aktivierung der F+E-Kosten nicht möglich ist. Daimler-Chrysler (Bilanzierung nach US-GAAP) erwirtschaftete beispielsweise 2002 einen Gewinn in Höhe von 4,7 Milliarden Euro, obwohl ca. 6,2 Milliarden Euro Entwicklungskosten aufwandswirksam verbucht wurden bzw. werden mussten. Die nachfolgende Übersicht zeigt exemplarisch das Verhältnis der aktivierten Entwicklungskosten zum ausgewiesenen Jahresergebnis bei verschiedenen Unternehmen:

Keine bzw. nur begrenzte Spielräume nach HGB bzw. US-GAAP

Verhältnis aktivierter F+E Kosten zum Jahresergebnis

Name	Index	Rechnungslegung	Verhältnis
Volkswagen	Dax	IAS	94,70%
Funkwerk	TecDax	IAS	69,43%
MAN	Dax	IAS	53,06%
Technotrans	TecDax	IAS	43,09%
BMW	Dax	IAS	42,48%
Nordex	TecDax	IAS	23,00%
Heidelberger Druck	Mdax	IAS	15,05%
RWE	Dax	IAS	6,20%
Micronas Semiconductor	TecDax	IAS	1,60%
Lion Bioscience	TecDax	US-GAAP	1,27%

- Goodwill
Die bilanzielle Behandlung des Firmenwertes wird in IAS 22 geregelt. Hierbei ist im Gegensatz zum HGB (sofortige Aufwandsverrechnung bzw. erfolgsneutrale Rücklagenverrechnung möglich) ein positiver, derivativer Geschäftswert (Kaufpreis für das Unternehmen übersteigt die Zeitwerte der einzelnen Vermögensgegenstände abzüglich der Schulden) zwingend zu aktivieren. Ein negativer Firmenwert wird gemäß IAS 22.59 ff. nicht nur im Konzernabschluss, sondern auch im Einzelabschluss zugelassen. Ein selbst geschaffener (originärer) Firmenwert darf – entsprechend den HGB-Grundsätzen – nicht aktiviert werden (IAS 38.36).

C Bilanzierung

Gemäß IAS 22.44 ist der Geschäfts- und Firmenwert planmäßig über die Nutzungsdauer abzuschreiben, wobei IAS 22.45 die lineare Abschreibungsmethode vorschlägt. Ein Werthaltigkeitstest (mindestens einmal am Bilanzstichtag) und eine damit verbundene mögliche außerplanmäßige Abschreibung (IAS 36) ist für den Firmenwert dann vorzunehmen, wenn
- dieser über einen Zeitraum von mehr als 20 Jahren abgeschrieben wird (IAS 22.56),
- oder dieser keinen wirtschaftlichen Nutzen für den Erwerber reflektiert (IAS 22.53).

Die konkreten Methoden zur Feststellung einer Wertminderung sind in IAS 36.80 ff. erläutert.

3.4.2 Erfassung

Wie bereits im Kapitel 2.3 beschrieben, gelten für alle Gegenstände des Anlagevermögens allgemeine Kriterien für den Ansatz in der Bilanz. Demnach schreibt IAS 38.19 vor, einen immateriellen Vermögensgegenstand dann zu aktivieren bzw. anzusetzen, wenn
- es wahrscheinlich ist, dass ein mit ihm verbundener künftiger wirtschaftlicher Nutzen dem Unternehmen zufließen wird,
- seine Anschaffungs- oder Herstellungskosten verlässlich ermittelt werden können.

Daneben muss eine Definition eines immateriellen Vermögenswertes gemäß IAS 38.7 – 17 vorliegen (IAS 38.18 a).

Allerdings dürfen
- selbst geschaffene Markennamen,
- Drucktitel,
- Verlagsrechte
- sowie Kundenlisten

nicht als immaterielle Vermögenswerte angesetzt werden (IAS 38.51).

Ansatzkriterien von immateriellen Vermögensgegenständen

Die nachfolgende Abbildung gibt einen Überblick über die Ansatzkriterien von immateriellen Vermögensgegenständen gemäß IAS:[69]

---

[69] Vgl. Prangenberg, A. (2000), S. 142.

Ansatz immaterieller Vermögenswerte nach IAS		
	Immaterieller Vermögenswert ist identifizierbar	Immaterieller Vermögenswert ist nicht identifizierbar
Immaterieller Vermögenswert wurde einzeln entgeltlich erworben	Aktivierungspflicht	–
Immaterieller Vermögenswert wurde zusammen mit **anderen Vermögenswerten** entgeltlich erworben.	Aktivierungspflicht	–
Immaterieller Vermögenswert wurde selbst erstellt	Faktisches Aktivierungswahlrecht (s. IAS 38.45, abhängig von Nutzenpotenzialen)	–

3.4.3 Zugangsbewertung

Die Zugangsbewertung erfolgt bei immateriellen Vermögenswerten zu Anschaffungs- oder Herstellungskosten (IAS 38.22).

3.4.4 Folgebewertung

Im Zuge der Folgebewertung der immateriellen Vermögenswerte unterscheiden die IAS zwischen der Benchmark-Methode und der alternativ zulässigen Methode. Gemäß der bevorzugten Methode (i. d. R. Benchmark-Methode) erfolgt die Bewertung entsprechend den HGB-Grundsätzen zu fortgeführten Anschaffungs- oder Herstellungskosten (IAS 38.63).

Benchmark-Methode versus alternative Methode

Dagegen erlaubt IAS 38.64 als alternativ zulässige Methode den Vermögenswert der immateriellen Vermögenswerte zu einem Neubewertungsbetrag anzusetzen, der seinem beizulegenden Zeitwert (fair value) am Tage der Neubewertung abzüglich nachfolgender kumulierter planmäßiger Abschreibungen entspricht. Eine Neubewertung ist unvereinbar mit dem nach HGB zwingend geltenden Anschaffungswertprinzip. Die Häufigkeit von Neubewertungen ist abhängig vom Ausmaß der Schwankung des beizulegenden Zeitwertes der einer Neubewertung unterliegenden immateriellen Vermögenswerte (IAS 38.68). Falls ein immaterieller Vermögenswert

Neubewertung

C Bilanzierung

neu bewertet wird, sind alle anderen Vermögenswerte seiner Gruppe (Markennamen, Drucktitel, Lizenzen B IAS 38.108) ebenfalls neu zu bewerten, es sei denn, dass kein aktiver Markt für diese Vermögenswerte existiert (IAS 38.70). Kann ein Vermögenswert aufgrund des Fehlens eines aktiven Marktes nicht neu bewertet werden, ist der Vermögenswert mit seinen (fortgeführten) Anschaffungs- oder Herstellungskosten anzusetzen (IAS 38.72).

Die Buchung im Rahmen der Neubewertung (fair value > Buchwert bzw. fair value < Buchwert) ist im Kapitel Sachanlagen bereits ausführlich beschrieben worden. Genau wie bei der Neubewertung beim Sachanlagevermögen, ist eine mit der Neubewertung in Verbindung stehende Erhöhung des Buchwertes erfolgsneutral in das Eigenkapital unter der Position Neubewertungsrücklage einzustellen (IAS 38.76). Führt eine Neubewertung zu einer Verringerung des Buchwertes, ist die Wertminderung als Aufwand zu erfassen (IAS 38.77).

Nutzungsdauer

Immaterielle Vermögenswerte sind planmäßig über die bestmöglich geschätzte Nutzungsdauer zu verteilen (IAS 38.79). Hierbei besteht die widerlegbare Vermutung, dass die Nutzungsdauer eines immateriellen Vermögenswertes 20 Jahre nicht überschreitet. IAS 38.83 regelt dabei das Vorgehen, das ein Unternehmen anzuwenden hat, wenn in seltenen Fällen überzeugende substanzielle Hinweise vorliegen, wonach sich die Nutzungsdauer eines immateriellen Vermögenswertes über einen Zeitraum von mehr als 20 Jahren erstrecken wird.

Methoden der planmäßigen AfA

Für eine planmäßige Abschreibung kommen dabei eine Vielzahl von Methoden in Betracht. Hierzu zählen gemäß IAS 38.89 z. B. die lineare, die degressive oder die leistungsabhängige Abschreibungsmethode. Dabei muss die Abschreibungsmethode den Verlauf widerspiegeln, in dem der wirtschaftliche Nutzen des Vermögenswertes durch das Unternehmen verbraucht wird. Im Unterschied zum Sachanlagevermögen verlangt IAS 38.88, im Zweifel (bei nicht zuverlässiger Bestimmbarkeit des Verlaufes) die lineare Abschreibungsmethode anzuwenden.

Im Gegensatz zum Sachanlagevermögen ist ein Restwert eines immateriellen Vermögenswertes mit Null anzusetzen (IAS 38.91).

Anlagevermögen C

Die Abschreibungsdauer und -methode sind wenigstens zu jedem Bilanzstichtag zu überprüfen (IAS 38.94).
In der Praxis wird üblicherweise für die IAS-Bilanz komplett auf die lineare Abschreibungsmethode übergegangen, da diese Methode international anerkannt ist.

Außerplanmäßige Abschreibungen sind dann vorzunehmen, wenn Wertminderungen (impairments) gem. IAS 36 eingetreten sind (IAS 38.97). Die Erläuterungen zum IAS 36 finden sich im Kapitel „Sachanlagen". Über die in IAS 36 bestehenden Anforderungen ist der erzielbare Betrag für folgende immaterielle Vermögenswerte mindestens am Ende eines jeden Geschäftsjahres zu schätzen (gem. IAS 36), selbst wenn es keine Anzeichen für eine Wertminderung gibt (IAS 38.99):

Außerplanmäßige Abschreibung

- ein immaterieller Vermögenswert ist noch nicht zum Gebrauch verfügbar,
- ein immaterieller Vermögenswert wird über einen Zeitraum von mehr als 20 Jahren abgeschrieben.

3.4.5 Angabepflichten

Die IAS Regelungen zur Erläuterung des Sachanlagevermögens in den Notes finden sich in IAS 38.107 f. wieder. An dieser Stelle sei auf die Beschreibungen zu den Angabepflichten im Kapitel „Sachanlagen" verwiesen (Stichwort: Arbeiten mit Arbeitsbilanzen).

Für die Position des Anlagevermögens bzw. der immateriellen Vermögenswerte sollten z. B. folgende Arbeits-Tabellen (für das betreffende Geschäftsjahr) bearbeitet und später in die Notes eingebunden werden:

Bilanzierung

Arbeitsbilanz Aktiva

AKTIVA	IAS 01.01.-31.12.2001	HGB 01.01.-31.12.2001	Veränderung
Latente Steuern	4.895.789,01 €	3.571.170,00 €	1.324.619,01 €
Rechnungsabgrenzungsposten	- €	- €	- €
Flüssige Mittel	42.018.552,64 €	42.018.552,64 €	- €
Wertpapiere	- €	- €	- €
Forderungen u. sonstige Vermögensgegenstände	46.654.666,31 €	46.654.666,31 €	- €
Vorräte	25.985.633,53 €	24.517.764,29 €	1.467.869,24 €
Umlaufvermögen	**114.658.852,48 €**	**113.190.983,24 €**	**1.467.869,24 €**
Finanzanlagen	127.822,97 €	127.822,97 €	- €
Sachanlagevermögen	21.011.790,41 €	22.488.570,18 € -	1.476.779,77 €
Immaterielle Vermögenswerte	1.262.428,25 €	247.289,05 €	1.015.139,20 €
Anlagevermögen	**22.402.041,63 €**	**22.863.682,20 €** -	**461.640,57 €**
Bilanzsumme	**141.956.683,12 €**	**139.625.835,45 €**	**2.330.847,67 €**

Neben einer solchen Darstellung der Aktivseite der Bilanz (in welcher für dieses Kapitel nur die Position der immateriellen Vermögenswerte berücksichtigt werden soll), ist es ratsam, für die weitere Gegenüberstellung der Veränderungen von HGB zu IAS die Position der immateriellen Vermögenswerte zu untergliedern:

Arbeitsbilanz Aktiva: Immaterielles Vermögen

AKTIVA - Anlagevermögen	IAS 01.01.-31.12.2001	HGB 01.01.-31.12.2001	Veränderung
Entwicklungskosten	1.015.139,20 €	- €	1.015.139,20 €
Konzessionen, Schutzrechte	247.289,05 €	247.289,05 €	- €
geleistete Anzahlungen	- €	- €	- €
Immaterielle Vermögenswerte	**1.262.428,25 €**	**247.289,05 €**	**1.015.139,20 €**

Außerdem sollte der Anlagenspiegel in die Gegenüberstellung (und damit in die Notes) eingebunden werden:

Anlagenspiegel (immaterielles Vermögen) Notes Angabe

AKTIVA	Historische AK/HK	kumulierte AFA (HGB)	Stand am 31.12.2001 (HGB)	kumulierte AFA (IAS)	Stand am 31.12.2002 (IAS)
Entwicklungskosten	2.537.848,00 €	- €	- €	1.522.708,80 €	1.015.139,20 €
Konzessionen, Schutzrechte	1.239.141,23 €	1.152.714,00 €	247.289,05 €	1.152.714,00 €	247.289,05 €
geleistete Anzahlungen	- €	- €	- €	- €	- €
Immaterielle Vermögenswert	**3.776.909,23 €**	**1.152.714,00 €**	**247.289,05 €**	**2.675.422,80 €**	**1.262.428,25 €**

Auch bei der Erläuterung der immateriellen Vermögenswerte in den Notes sind keine optischen Vorgaben vorhanden. Lediglich sämtliche inhaltliche Kriterien des IAS 38.107 ff. müssen berücksichtigt werden.[70]

3.4.6 Maßnahmen zur Überleitung eines handelsrechtlichen Abschlusses auf einen IAS-Abschluss

Für die praktische Umstellungsarbeit vom HGB- zum IAS-Abschluss sind u. a. folgende Punkte zu beachten bzw. zu klären:

- Aufwendungen für die wirtschaftliche und organisatorische Ingangsetzung des Geschäftsbetriebes dürfen gemäß § 269 HGB als Bilanzierungshilfe aktiviert werden. IAS 38.57a sieht dagegen für jede Art von so genannten start-up-costs ein Aktivierungsverbot vor. Insofern dürfen solche Ingangsetzungsaufwendungen nicht in der IAS-Bilanz berücksichtigt werden.
- Es ist zu prüfen, inwieweit nach den IAS Entwicklungsaufwendungen (Zeitpunkt der Zugangsbewertung, Abschreibungsmethode, Ansatz zu fortgeführten Anschaffungskosten in der IAS-Arbeitsbilanz) gemäß IAS 38.7 und IAS 38.42 ff. zu aktivieren sind. Nach HGB sind solche Aufwendungen stets in den Aufwand zu buchen. Hier muss also untersucht werden, ob es in der Vergangenheit (rückwirkende Betrachtung) klar abzugrenzende Entwicklungsprojekte im Unternehmen gegeben hat, die die Kriterien des IAS 38.45 erfüllen.
- Ist in den vergangenen Perioden ein positiver (derivativer) Geschäftswert im Rahmen eines Unternehmenserwerbes angefallen, so muss geprüft werden, ob dieser gemäß § 255 Abs. 4 S. 1 HGB sofort aufwandswirksam gebucht wurde. Eine solche Buchung muss gemäß IAS 22 rückgängig gemacht werden. Nach IAS ist der Firmenwert zu aktivieren und entsprechend abzuschreiben.
- Planmäßige Abschreibungen müssen den Verbrauch des wirtschaftlichen Nutzens widerspiegeln. Insofern kann es geboten sein, die bisher nach HGB praktizierten Abschreibungsmethoden umzustellen (i. d. R. wird nach IAS komplett auf die lineare Abschreibungsmethode gewechselt).

---

[70] Zu den Pflichtangaben im Anhang sei auch verwiesen auf: Baetge, J.; Dörner, D.; Kleekämper, H.; Wollmert, P.; Kirsch, H. J. (2002), IAS 38, S. 65 – 67.

- Es muss geprüft werden, inwieweit eine außerplanmäßige Abschreibung nach IAS 36 vorzunehmen ist (Abstimmung mit Wirtschaftsprüfer, ob die bisher praktizierte außerplanmäßige Abschreibung nach HGB-Grundsätzen angewendet werden kann → Materiality-Grundsatz beachten).
- Die Angabepflichten nach IAS 38.107 ff. gehen weit über die handelsrechtlichen Anhangangaben hinaus. Insofern müssen die in IAS 38.107 ff. beschriebenen Anforderungen erfüllt werden (i. d. R. durch Vergleich zu anderen Notes bzw. über Vorlagen des Wirtschaftsprüfers).
- IAS 38 erlaubt dem HGB unbekannte Neubewertungen. Im Zusammenhang mit der Neubewertung sind Gutachten heranzuziehen. Außerdem können sich in der Praxis erhebliche infrastrukturelle Auswirkungen für die Anlagenkartei ergeben (z. B. Anpassung von Nutzungsdauern).

Weitere Erläuterungen zu den Angabepflichten sind im Kapitel „Sachanlagen" beschrieben.

3.5 Leasing

Leasingverhältnisse werden im IAS 17 geregelt, wobei ein Leasingverhältnis als eine Vereinbarung definiert ist, bei der der Leasinggeber dem Leasingnehmer gegen eine Zahlung oder eine Reihe von Zahlungen das Recht auf Nutzung eines Vermögenswertes für einen vereinbarten Zeitraum überträgt (IAS 17.3). Unterschieden wird dabei zwischen dem

- Finanzierungsleasing (finance lease), bei dem das Leasinggut dem Leasingnehmer zuzurechnen ist.
- Operating Leasing (operate leasing), bei dem das Leasinggut dem Leasinggeber zuzurechnen ist.

Prüfen, ob Finanzierungs- oder Operating Leasing

Somit besteht zunächst die Aufgabe des Bilanzierenden darin, das Leasingverhältnis als Finanzierungsleasing bzw. als Operating Leasing zu qualifizieren. Die nachfolgende Übersicht verdeutlicht die

Anlagevermögen C

Zusammenhänge der Zurechnung von Leasinggegenständen gemäß IAS 17.8:[71]

Zurechnung von Leasinggegenständen nach IAS

```
Leasing-                                           Operating
vertrag                                            Leasing
   |                                                  |
   |                                                 Nein
   |                                                  |
   v    Nein              Nein    Vertrags-   Nein   Barwert
Erfolgt ein  --->  Wurde eine --->  laufzeit  --->  der Mindest-
Eigentums-         „günstige"      überwieg. Teil der leasingzahlungen
übergang?          Kaufoption      wirtschaftl.      mind. 90 % des
                   vereinbart?     Nutzungs-         fair value?
                                   dauer?
   |                   |              |                  |
   Ja                  Ja             Ja                 Ja
   |                   |              |                  |
   v                   v     Finance  v                  v
                             Lease
```

Anmerkung: IAS 17.8 (c) enthält lediglich die Angabe, dass die Laufzeit den überwiegenden Teil der wirtschaftlichen Nutzungsdauer des Vermögenswertes umfassen muss. Aufgrund dieser Nichtquantifizierung (nach US-GAAP wird der überwiegende Teil mit > 75 % definiert) in den IAS-Bestimmungen, werden hinsichtlich möglicher bilanzpolitischer Maßnahmen (zumindest in Grenzbereichen) Interpretationsspielräume offen gelassen.[72]

Nach IAS 17.11 werden Leasingverhältnisse bei Grundstücken und Gebäuden ebenso als Operating Leasingverhältnis oder Finanzierungsleasingverhältnis klassifiziert. Allerdings besitzen Grundstücke i. d. R. eine unbegrenzte Nutzungsdauer und sofern das Eigentum nicht am Ende der Laufzeit des Leasingvertrages auf den Leasingnehmer übergeht, werden ihm nicht im Wesentlichen alle mit dem Eigentum verbundenen Risiken und Chancen übertragen.

---

[71] Vgl. Coenenberg, A. (2001), S. 203.
[72] Vgl. Lüdenbach, N. (2001), S. 84.

C Bilanzierung

Ob es sich um Finanzierungsleasing oder um Operating Leasing handelt, hängt somit eher von dem wirtschaftlichen Gehalt der Vereinbarung (d. h. davon, wie die mit dem Eigentum am Leasinggegenstand verbundenen Risiken und Chancen verteilt sind), als von einer bestimmten Vertragsform ab (IAS 17.8).

Neben den Klassifikationen des Finanzierungsleasings und des Operating Leasings unterscheidet IAS 17.49 ff. noch die so genannten Sale and lease back Transaktionen.

3.5.1 Finance Leasing

Behandlung beim Leasinggeber

Ausweis als Forderung

Beim Finance Leasing weist der Leasinggeber den Leasinggegenstand nicht in seiner Bilanz unter dem Anlagevermögen aus, sondern stellt ihn als Forderung dar und zwar in Höhe des so genannten Nettoinvestitionswertes (net investment in the lease) aus dem Leasingverhältnis (IAS 17.28). Der Nettoinvestitionswert ermittelt sich aus der Summe der Barwerte der Mindestleasingzahlungen und des nicht vom Leasingnehmer bzw. durch fremde Dritte garantierten Restwertes (IAS 17.3).

Noch ausstehende Leasingzahlungen sind vom Leasinggeber als Kapitalrückzahlung und Finanzertrag zu behandeln (IAS 17.29), wobei die Erfassung der Finanzerträge über die Laufzeit des Leasingverhältnisses auf einer planmäßigen und vernünftigen Grundlage zu erfolgen hat (IAS 17.30).

Behandlung beim Leasingnehmer

Beim Finanzierungsleasing wird der Leasingnehmer zum wirtschaftlichen Eigentümer des Leasinggegenstandes, d. h. dieser wird mit Beginn des Leasingverhältnisses beim Leasingnehmer aktiviert.

Vermögenswert und Verbindlichkeit

Hierbei hat der Leasingnehmer gemäß IAS 17.12 den geleasten Gegenstand als Vermögenswert sowie eine Verbindlichkeit in gleicher Höhe zu bilanzieren.

Der zu aktivierende Vermögenswert entspricht dem beizulegenden Zeitwert (= Verkehrswert) des Leasingobjektes oder dem Barwert der Mindestleasingzahlungen (= vertraglich garantierte Leasingzahlungen an den Leasinggeber), sofern dieser niedriger ist (IAS 17.12). Bei der Berechnung des Barwertes der Mindestleasingzahlungen ist der dem Leasingverhältnis zu Grunde liegende Zinssatz als Abzinsungsfaktor heranzuziehen. Kann dieser Zinssatz nicht in praktikabler Weise ermittelt werden, so ist der Grenzfremdkapitalzinssatz (entspricht dem Zins, den der Leasingnehmer für ein ähnliches Leasinggeschäft zu bezahlen hätte) anzuwenden.

Das als Vermögenswert bilanzierte Leasinggut ist beim Leasingnehmer entsprechend den Grundsätzen von IAS 16 bzw. IAS 38 über seine Nutzungsdauer abzuschreiben. Ist zu Beginn des Leasingverhältnisses nicht hinreichend sicher, dass das Eigentum auf den Leasingnehmer übergeht, so ist der Vermögenswert über den kürzeren der beiden Zeiträume *Abschreibung*

- Laufzeit des Leasingverhältnisses
- oder Nutzungsdauer

vollständig abzuschreiben (IAS 17.19).

Leasingzahlungen sind in einen Zins- und einen Tilgungsanteil aufzuteilen, wobei die Finanzierungskosten so über die Laufzeit des Leasingverhältnisses zu verteilen sind, dass über die Perioden ein konstanter Zinssatz für den verbleibenden Saldo der Verbindlichkeit entsteht (IAS 17.19). Allerdings können zur Vereinfachung der Berechnungen in der Praxis Näherungsverfahren verwendet werden, um so die Finanzierungskosten den Perioden während der Laufzeit des Leasingverhältnisses zuzuordnen (IAS 17.18).

3.5.2 Operate Leasing

Behandlung beim Leasinggeber
Beim Operating Leasing bzw. beim Mietleasing wird das Leasinggut beim Leasinggeber (entsprechend der Eigenschaften des Vermögenswertes als current oder non-current asset) bilanziert (IAS 17.41), da alle Risiken und Chancen, die sich aus dem Eigentum am entsprechenden Leasinggut ergeben, beim Leasinggeber liegen. Die Abschreibung von abschreibungsfähigen Leasinggegenständen hat nach den gleichen Abschreibungsmethoden zu erfolgen, wie diese

gemäß IAS 16 vorgesehen sind (IAS 17.45 ff.). Die Leasingerträge sind erfolgswirksam linear über die Laufzeit des Leasingverhältnisses zu erfassen (IAS 17.42). Kosten die im Zusammenhang mit den Leasingerträgen anfallen, werden als Aufwand berücksichtigt.

Behandlung beim Leasingnehmer
Die zu zahlenden Leasingraten sind beim Leasingnehmer als Aufwand linear über die Laufzeit der Leasingverhältnisse zu erfassen. (IAS 17.25).

3.5.3 Sale-and-lease-back

Eine Sale-and-lease-back-Transaktion umfasst nach IAS 17.49 die Veräußerung eines Vermögenswertes durch die Verkäufer und die Vermietung des gleichen Vermögenswertes zurück an den Verkäufer.

Art des Leasingverhältnisses

Die Behandlung von Sale-and-lease-back-Transaktionen hängt von der Art des betreffenden Leasingverhältnisses ab:

- Sale-and-lease-back-Transaktion führt zu einem Finanzierungs-Leasingverhältnis.
  Der Überschuss der Verkaufserlöse über den Buchwert darf nicht sofort als Gewinn vereinnahmt werden (im Gegensatz zum HGB). Stattdessen ist der Überschuss passivisch abzugrenzen (deferred gain) und über die Leasingdauer erfolgswirksam aufzulösen (IAS 17.50).

- Sale-and-lease-back-Transaktion führt zu einem Operating Leasingverhältnis.
  Beim so genannten Mietleasing sind folgende Fälle zu unterscheiden:

Anlagevermögen C

Sale-and-lease-back-Transaktionen beim Operate Leasing

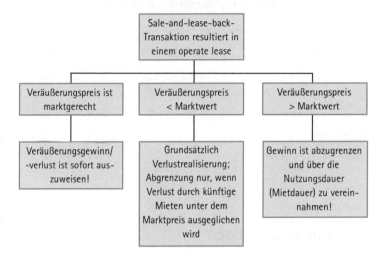

Beispiel:[73]

Ein Leasinggegenstand, der beim veräußernden späteren Leasingnehmer mit 800 GE bilanziert ist, wird an den Leasinggeber veräußert, wobei die bilanziellen Auswirkungen verschiedener möglicher Verkaufspreise betrachtet werden sollen. Der beizulegende Zeitwert (= Marktwert) des Gegenstandes soll 1.000 GE betragen.

Die nachfolgende Übersicht zeigt die Behandlung des Veräußerungserfolges beim Leasingnehmer in Abhängigkeit von der Höhe des Verkaufspreises (Spalte A) und von der Tatsache, ob ein Operate Leasing (Spalte B) oder ein Finanzierungsleasing (Spalte C) vorliegt:

---

[73] Vgl. Baetge, J.; Dörner, D.; Kleekämper, H.; Wollmert, P.; Kirsch, H. J. (2002), IAS 17, S. 29.

Behandlung eines Veräußerungserfolges aus einem Sale-and-lease-back-Verhältnis

A Verkaufspreis	B Operate Leasing	C Fianzierungsleasing
1.500 €	200 € erfolgswirksam 500 € abgrenzen	700 € abgrenzen
1.000 €	200 € erfolgswirksam	200 € abgrenzen
750 € und Ausgleich durch niedrigere Leasingraten nein ja	 - 50 € erfolgswirksam - 50 € abgrenzen	- 50 € abgrenzen

4 Umlaufvermögen

4.1 Langfristige Fertigung (POC)

4.1.1 Definition

IAS 11 regelt den Sonderfall der Gewinnrealisierung für die langfristige Fertigung. Speziell wird hier die Frage behandelt, wann Gewinne als realisiert gelten, die aus langfristigen Fertigungsaufträgen resultieren.

Gemäß IAS 11.3 ist ein langfristiger Fertigungsauftrag ein Vertrag über die kundenspezifische Fertigung einzelner Gegenstände, die hinsichtlich Design, Technologie und Funktion oder hinsichtlich ihrer Verwendung aufeinander abgestimmt oder voneinander abhängig sind. Dabei regeln langfristige Fertigungsaufträge lediglich die Fertigung eines einzelnen Gegenstandes (z. B. Brücke, Gebäude, Damm, Pipeline, Straße, Schiff oder Tunnel). Alternativ kann sich ein Fertigungsauftrag auch auf die Fertigung von einer Anzahl von Leistungen beziehen (z. B. Verträge über den Bau von Raffinerien oder anderen komplexen Ausrüstungen).

Umlaufvermögen C

Die Definition der langfristigen Fertigungsaufträge erwähnt nicht explizit die Dauer der Leistungserbringung, allerdings sollte sich nach IAS 11 die Leistungserbringung über verschiedene Rechnungsperioden erstrecken. Indes ist nicht zu erkennen, ob IAS 11 generell auf Aufträge mit einer über ein Geschäftsjahr hinausgehenden Abwicklungsdauer begrenzt wird.[74]

Dauer der Leistungserbringung

Unterschieden wird (im Hinblick auf die von IAS geforderte Verlässlichkeit der Ergebnisschätzung gemäß IAS 11.22[75]) zwischen folgenden Vertragstypen:[76]

Cost-Plus-Verträge, bei denen der Auftragnehmer abrechenbare oder anderweitig festgelegte Kosten zuzüglich eines vereinbarten Prozentsatzes vergütet bekommt (IAS 11.3). Nach IAS 11.24 müssen die dem Vertrag zurechenbaren Auftragskosten eindeutig bestimmt und verlässlich ermittelt werden.

Vertragstypen

Bei Festpreisverträgen müssen zusätzlich
- die gesamten Auftragserlöse,
- die bis zur Fertigstellung des Auftrages noch anfallenden Kosten
- als auch der Grad der erreichten Fertigstellung

am Bilanzstichtag verlässlich ermittelt werden können.

Gemäß IAS 11.29 kann ein Unternehmen im Allgemeinen verlässliche Schätzungen vornehmen, wenn es einen Vertrag abgeschlossen hat, der

Verlässliche Schätzungen

- jeder Vertragspartei durchsetzbare Rechte und Pflichten bezüglich der zu erbringenden Leistung einräumt,
- die zu erbringende Gegenleistung festlegt und
- Art und Bedingungen der Erfüllung festlegt.

---

[74] Vgl. Baetge, J.; Dörner, D.; Kleekämper, H.; Wollmert, P.; Kirsch, H. J. (2002), IAS 1, S. 4.

[75] IAS 11.22: „Ist das Ergebnis eines Fertigungsauftrages verlässlich zu schätzen, so sind die Auftragserlöse und Auftragskosten in Verbindung mit diesem Fertigungsauftrag entsprechend dem Leistungsfortschritt am Bilanzstichtag jeweils als Erträge und Aufwendungen zu erfassen, ein erwarteter Verlust ist sofort als Aufwand zu bilanzieren".

[76] Vgl. Lüdenbach, N. (2001), S. 143.

Kann das Ergebnis des Fertigungsauftrages (gemäß den o. g. Kriterien bei Cost-Plus-Verträgen sowie bei Festpreisverträgen) nicht verlässlich geschätzt werden, so ist der Erlös nur in Höhe der angefallenen Auftragskosten zu erfassen, die wahrscheinlich einbringbar sind. Die Auftragskosten sind in der Periode als Aufwand zu erfassen, in der sie anfallen (auch in diesem Fall sind Umsatzerlöse in der GuV zu erfassen). Ab dem Zeitpunkt einer möglichen zuverlässigen Schätzung ist wieder auf die percentage-of-completion-method überzugehen (IAS 11.35).

Verluste

Ist abzusehen, dass Verluste auftreten (Gesamtkosten übersteigen die Gesamterlöse eines Auftrages), ist der drohende Verlust in voller Höhe als Aufwand zu buchen (Rückstellungsbildung; IAS 11.32 i. V. m. IAS 11.36).

4.1.2 Bewertung

POC-Methode

IAS 11.22 verlangt für alle Fertigungsaufträge, bei denen eine verlässliche Ermittlung von Fertigstellungsgrad, Gesamtkosten und Gesamterlösen möglich ist, eine Gewinnrealisierung nach dem Leistungsfortschritt (percentage-of-completion-method, POC-Methode). Hierbei liegt der POC-Methode die These zu Grunde, dass ein Erfolgsbeitrag nicht zu einem bestimmten Zeitpunkt (z. B. Vertragsabschluss oder -erfüllung), sondern in einer kontinuierlichen Entwicklung mit der Herstellung entsteht.

Teilgewinne werden realisiert

Bei der POC-Methode werden somit Teilgewinne realisiert. Die POC-Methode ist mit der nach HGB praktizierten „Completed Contract Method" unvereinbar, bei welcher die Gewinnrealisierung grundsätzlich in dem Geschäftsjahr erfolgt, in dem der Risikoübergang erfolgt (§ 253 HGB).

Methoden zur Ermittlung des Fertigstellungsgrades

Bei Festpreisaufträgen ergibt sich die Problematik der Ermittlung des Fertigstellungsgrades zum Bilanzstichtag. Je nach Vertragsart umfassen die Methoden zur Ermittlung des jeweiligen Fertigstellungsgrades folgende Methoden (IAS 11.30):
- das Verhältnis der bis zum Stichtag angefallenen Auftragskosten zu den am Stichtag geschätzten gesamten Auftragskosten (cost-to-cost-method),

- eine Begutachtung der erbrachten Leistung (effort-expended-method).

In der Praxis wird meistens die cost-to-cost-method angewendet[77].

4.1.3 Angabepflichten

Die IAS-Regelungen zur Erläuterung der langfristigen Fertigungsaufträge in den Notes finden sich in IAS 11.39 ff. wieder. An dieser Stelle sei auf die Beschreibungen zu den Angabepflichten im Kapitel „Sachanlagen" verwiesen (Stichwort: Arbeiten mit Arbeitsbilanzen). Für die Position der langfristigen Fertigungsaufträge sollte z. B. folgende Arbeits-Tabelle (für das betreffende Geschäftsjahr) bearbeitet und später in die Notes eingebunden werden:

Arbeitsbilanz (Langfristige Fertigung (POC)

Auftragsfertigung mit Festpreisvereinbarung				
Jahr	1999	2000	2001	(...)
ursprünglicher Erlös	- €	- €	- €	
+ Nachtrag wg. Erweiterung	- €	- €	- €	
= gesamter Erlös	- €	- €	- €	
- gesamte Kosten	- €	- €	- €	
= geschätzter Gesamtgewinn	- €	- €	- €	
Kosten bis Stichtag (kummuliert)	- €	- €	- €	
Fertigstellungsgrad (= kumulierte Stichtagskosten / Gesamtkosten)	0,00%	0,00%	0,00%	
kumulierter Erlös (Gesamterlös X % Fertigstellung)	- €	- €	- €	
- davon in Vorjahren	- €	- €	- €	
= **Periodenerlös**	- €	- €	- €	
kumulierte Kosten (s.o.)	- €	- €	- €	
- davon in Vorjahren	- €	- €	- €	
= **Periodenkosten**	- €	- €	- €	
Periodengewinn (Ertrag - Kosten)	- €	- €	- €	
Buchungssätze (Annahme: Abrechnung in Periode 3)				
Umsatz	- €	- €	- €	
Umsatzkosten				
Ergebnis	- €	- €	- €	
Forderungen POC bzw. Aufträge in Bearb. an Umsatzerlöse	- €	- €	- €	
Aufwand (zukünftige Kosten sind nicht zu berücksichtigen IAS 11.31a) an Verbindlichkeiten	- €	- €	- €	
Bank an erhaltene Anzahlungen PoC bzw. Aufträge in Bearbeitung	- €	- €	- €	
Materialeinkauf zusätzlich in 2002 (weiterverarbeitet in 2003)		- €		
Forderungen aus L+L an Forderungen an POC		- €	- €	
Ausweis (Bilanz / GuV):				
Umsatzerlöse (IAS 11.39a)	- €	- €	- €	
Aufträge in Arbeit (IAS 11.42a) - Vermögenswert	- €	- €	- €	
Angaben im Anhang:				
angefallene Kosten + realisierte Gewinne/Verulste (IAS 11.40a)	- €	- €	- €	
Betrag der erhaltenen Anzahlungen (IAS 11.40b)	- €	- €	- €	

---

[77] Vgl. Kapitel D „Gewinn- und Verlustrechnung", Punkt „Langfristige Fertigung".

C Bilanzierung

Die hier dargestellte Arbeitstabelle kann natürlich nicht nur für die Periode der erstmaligen Umstellung von HGB auf IAS sondern auch für spätere Perioden genutzt werden.

Weitere Erläuterungen zu den Angabepflichten sind im Kapitel „Sachanlagen" beschrieben.

4.2 Vorräte

4.2.1 Definition

IAS 2 regelt die Bilanzierung von Vorräten. Vorräte sind nach IAS 2.4 definiert als Vermögenswerte,
- die zum Verkauf im normalen Geschäftsgang gehalten werden,
- die sich in der Herstellung für einen solchen Verkauf befinden oder
- als Roh-, Hilfs- und Betriebsstoffe dazu bestimmt sind, bei der Herstellung verbraucht zu werden.

Im Vergleich zur HGB-Definition der Vorräte bestehen grundsätzlich keine Unterschiede. Vorräte sind als kurzfristige Vermögenswerte (current assets) in der Bilanz auszuweisen.

Saldierungsverbot bei erhaltenen Anzahlungen

Während nach § 268 Abs. 5 Satz 2 HGB erhaltene Anzahlungen auf Bestellungen von den Vorräten offen abgesetzt werden können, besteht nach IAS ein Saldierungsverbot. Erhaltene Anzahlungen müssen deshalb als (kurzfristige) Verbindlichkeiten auf der Passivseite ausgewiesen werden.

4.2.2 Bewertung

Gemäß IAS 2.6 sind Vorräte mit dem niedrigeren Wert aus Anschaffungs- oder Herstellungskosten und Nettoveräußerungswert (net realizable value) in der Bilanz anzusetzen.

Net realizable value

Der Nettoveräußerungswert ist definiert als der geschätzte Verkaufserlös abzüglich der geschätzten Produktions- und Vertriebskosten (IAS 2.4). Nachfolgende Übersicht zeigt exemplarisch die Ermittlung des Nettoveräußerungswertes:

Umlaufvermögen C

Geschätzter Verkaufserlös (ohne Vorsteuer)
./. geschätzte noch anfallende Produktionskosten
./. Erlösschmälerungen
./. geschätzte noch anfallende Verkaufskosten
   (die bei marketing, selling and distributing anfallen)
= Nettoveräußerungswert (net realizable value)

Schätzungen des Nettoveräußerungswertes haben basierend auf den zuverlässigsten substanziellen Hinweisen zu erfolgen. Die Schätzungen berücksichtigen Preis- oder Kostenänderungen, die in unmittelbaren Zusammenhängen mit Vorgängen nach der Berichtsperiode stehen, soweit diese Vorgänge Verhältnisse aufhellen, die bereits am Ende der Berichtsperiode bestanden haben (IAS 2.27).

Der Umfang der Anschaffungskosten ist in IAS 2.8 geregelt, wobei sich keine wesentlichen Unterschiede zum Anschaffungskostenbegriff nach HGB (§ 255 Abs. 1 HGB) ergeben. *Anschaffungskosten*

Zum Umfang des Herstellungskostenbegriffes gemäß IAS 2.10 ff. sei auf Kapitel 3.2 verwiesen, wobei eine Abweichung zum HGB-Herstellungskostenbegriff im nach IAS vorgeschriebenen (produktionsbezogenen) Vollkostenansatz besteht. *Herstellungskosten*

Nach IAS gilt grundsätzlich das strenge Niederstwertprinzip, welches auch als „Lower of cost or market" Methode bezeichnet wird. Ist somit der Nettoveräußerungswert (der grundsätzlich über den Absatzmarkt ermittelt wird) am Stichtag niedriger als die Anschaffungs- oder Herstellungskosten der Vorratsposition, ist eine außerplanmäßige Abschreibung auf diesen niedrigeren Wert vorzunehmen. *Lower of cost or market*

Allerdings werden – im Gegensatz zu Waren und Erzeugnissen – Roh-, Hilfs- und Betriebsstoffe, die für die Herstellung von Vorräten bestimmt sind, nicht auf einen unter ihren Anschaffungs- oder Herstellungskosten liegenden Wert abgewertet, wenn die Fertigerzeugnisse, in die sie eingehen, voraussichtlich zu den Herstellungskosten oder darüber verkauft werden können. *Besonderheit bei R/H/B-Stoffen*

Liegen die Herstellungskosten der Fertigerzeugnisse über dem Nettoveräußerungswert, ist eine Abwertung (wahlweise auf Basis der Wiederbeschaffungskosten) der Rohstoffe vorzunehmen (IAS 2.29).

C Bilanzierung

In der Regel Einzelbewertung

Abwertungen von Vorräten auf den Nettoveräußerungswert erfolgen im Regelfall im Wege der Einzelbewertung (IAS 2.26). Von einer solchen Einzelbewertung kann jedoch bei Vorräten abgesehen werden, die z. B. derselben Produktlinie angehören und einen ähnlichen Zweck oder Endverbleib haben. In solchen Fällen können die zusammengehörigen Produkte zu einer Gruppe zusammengefasst werden (IAS 2.26). Die häufig in der Praxis genutzten Gängigkeitsabschläge (Reichweitenverfahren) sind generell anwendbar; sie dürfen jedoch nicht zur Bildung von stillen Reserven führen.[78]

Wertaufholung verpflichtend

Der Nettoveräußerungswert ist in jeder Folgeperiode neu zu ermitteln. Sind die Gründe für die Niederstwertabschreibung entfallen, ist gemäß IAS 2.30 verpflichtend eine Wertaufholung (Obergrenze: historische Anschaffungs- oder Herstellungskosten) vorzunehmen.

Als Verfahren zur Zuordnung der Anschaffungs- oder Herstellungskosten schreibt IAS 2.19 grundsätzlich die Einzelbewertung vor, soweit die Vorräte nicht austauschbar sind bzw. für bestimmte Projekte hergestellt und ausgesondert werden. Somit gilt der Einzelbewertungsgrundsatz lediglich für bedeutende Objekte des Vorratsvermögens.

Allerdings ist nach IAS 2.20 eine Einzelzuordnung ungeeignet, wenn
- es sich um eine große Anzahl von Vorräten handelt
- und die Vorratsgegenstände untereinander austauschbar sind.

Bewertungsvereinfachungsverfahren

Sind diese Voraussetzungen erfüllt, können die Anschaffungs- oder Herstellungskosten über folgende Bewertungsvereinfachungsverfahren ermittelt werden, wobei IAS zwischen einer Benchmark- und einer alternativen Methode unterscheidet:
- Benchmark-Methode: Die Anschaffungs- oder Herstellungskosten sind nach dem First-in-First-out-Verfahren (FIFO) oder nach der Durchschnittsmethode (gewogener Durchschnitt kann periodenbezogen oder gleitend bei jedem Neuzugang bestimmt werden) zu ermitteln (IAS 2.21).

---

[78] Vgl. Baetge, J.; Dörner, D.; Kleekämper, H.; Wollmert, P.; Kirsch, H. J. (2002), IAS 2, S. 36.

- Alternative-Methode: Die Anschaffungs- oder Herstellungskosten, sind nach dem Last-in-First-out-Verfahren (LIFO) zu ermitteln (IAS 2.23).

Der handelsrechtliche Festwertansatz (§ 256 i. V. m. § 240 Abs. 3 HGB) wird zwar in IAS 2 nicht erwähnt, er kann jedoch unter Berücksichtigung des Grundsatzes der Wesentlichkeit (Festwert soll dem tatsächlichen Wert entsprechen und mit einem Festwert bewertete Vermögenswerte müssen für das Unternehmen von nachrangiger Bedeutung sein) auch im IAS-Abschluss beibehalten werden.[79] IAS 2.21 und IAS 2.23 lassen wie beschrieben verschiedene Verfahren für die Zuordnung von nicht bedeutenden Objekten des Vorratsvermögens zu. SIC-1 untersucht in diesem Zusammenhang die Fragestellung, ob ein Unternehmen unterschiedliche Zuordnungsverfahren für unterschiedliche Arten von Vorräten anwenden darf. SIC-1 schreibt dabei vor, dass ein Unternehmen für alle Vorräte, die von ähnlicher Beschaffenheit und Verwendung für das Unternehmen sind, das gleiche Verfahren zur Zuordnung der Anschaffungs- oder Herstellungskosten anwenden muss. Für Vorräte von unterschiedlicher Beschaffenheit oder Verwendung können jedoch unterschiedliche Zuordnungsverfahren gerechtfertigt sein.

Auch Festwertansatz nach IAS möglich

Weitere (vereinfachende) Verfahren zur Bemessung der Anschaffungs- oder Herstellungskosten nach IAS 2.17 sind z. B. die Standardkostenmethode sowie die retrograde Methode. Die Standardkostenmethode wird nicht näher im HGB geregelt. Lediglich unter Berücksichtigung enger Voraussetzungen wird die Anwendung für zulässig erachtet. Die retrograde Methode (IAS 2.18) findet häufig im Einzelhandel Anwendung, um eine große Anzahl rasch wechselnder Vorratsposten zu bewerten.

Standardkosten- und retrograde Methode

Wenn Vorräte verkauft wurden, ist der Buchwert dieser Vorräte in der Berichtsperiode als Aufwand zu erfassen, in der die zugehörigen Erträge realisiert sind. Abwertungen von Vorräten auf den Nettoveräußerungswert sind in der Periode als Aufwand zu erfassen, in der die Abwertungen vorgenommen wurden (IAS 2.31). Dieses Vorge-

---

[79] Vgl. Baetge, J.; Dörner, D.; Kleekämper, H.; Wollmert, P.; Kirsch, H. J. (2002), IAS 2, S. 28.

hen spiegelt die nach IAS geforderte periodengerechte Verrechnung von Aufwendungen und Erträgen (matching of costs and revenues) wider.

4.2.3 Angabepflichten

Die IAS-Regelungen zur Erläuterung des Sachanlagevermögens in den Notes finden sich in IAS 2.34 f. wieder. An dieser Stelle sei auf die Beschreibungen zu den Angabepflichten im Kapitel „Sachanlagen" verwiesen (Stichwort: Arbeiten mit Arbeitsbilanzen).
Für die Position der Vorräte sollten z. B. folgende Arbeits-Tabellen (für das betreffende Geschäftsjahr) bearbeitet und später in die Notes eingebunden werden:

Arbeitsbilanz Aktiva

AKTIVA	IAS 01.01.-31.12.2001	HGB 01.01.-31.12.2001	Veränderung
Latente Steuern	4.895.789,01 €	3.571.170,00 €	1.324.619,01 €
Rechnungsabgrenzungsposten	- €	- €	- €
Flüssige Mittel	42.018.552,64 €	42.018.552,64 €	- €
Wertpapiere	- €	- €	- €
Forderungen u. sonstige Vermögensgegenstände	46.654.666,31 €	46.654.666,31 €	- €
Vorräte	25.985.633,53 €	24.517.764,29 €	1.467.869,24 €
Umlaufvermögen	**114.658.852,48 €**	**113.190.983,24 €**	**1.467.869,24 €**
Finanzanlagen	127.822,97 €	127.822,97 €	- €
Sachanlagevermögen	21.011.790,41 €	22.488.570,18 € -	1.476.779,77 €
Immaterielle Vermögenswerte	1.262.428,25 €	247.289,05 €	1.015.139,20 €
Anlagevermögen	**22.402.041,63 €**	**22.863.682,20 €** -	**461.640,57 €**
Bilanzsumme	**141.956.683,12 €**	**139.625.835,45 €**	**2.330.847,67 €**

Neben einer solchen Darstellung der Aktivseite der Bilanz (in welcher für dieses Kapitel nur die Position der Vorräte berücksichtigt werden soll) ist es ratsam, für die weitere Gegenüberstellung der Veränderungen von HGB zu IAS die Position der Vorräte zu untergliedern:

Umlaufvermögen

Arbeitsbilanz Aktiva (Vorräte – Detail)

AKTIVA - Umlaufvermögen	IAS 01.01.-31.12.2001	HGB 01.01.-31.12.2001	Veränderung
Roh- / Hilfs- / Betriebsstoffe	10.670.213,66 €	10.670.213,66 €	- €
Unfertige Erzeugnisse, unfertige Leistungen	11.156.765,02 €	9.688.895,78 €	1.467.869,24 €
Fertige Erzeugnisse und Waren	3.999.149,16 €	3.999.149,16 €	- €
Geleistete Anzahlungen für Vorräte	159.505,69 €	159.505,69 €	- €
Vorräte	25.985.633,53 €	24.517.764,29 €	1.467.869,24 €

4.2.4 Maßnahmen zur Überleitung eines handelsrechtlichen Abschlusses auf einen IAS-Abschluss[80]

Für die praktische Umstellungsarbeit vom HGB- zum IAS-Abschluss sind u. a. folgende Punkte für die Vorratsposition zu beachten bzw. zu klären:

- Die Abgrenzung des Vorratsvermögens gemäß IAS 2.4 entspricht nicht vollständig der handelsrechtlichen Definition, da nach IASB-Vorschriften Betriebsstoffe und nicht betriebsnotwendiges Vorratsvermögen aus dem Vorratsvermögen auszugliedern und vorzugsweise in die sonstigen Vermögenswerte einzustellen sind (z. B. noch nicht ausgegebenes Büromaterial, Werbemittel, Heizmaterialien, Treibstoffe und Vorräte der Werksküche). Allerdings kann unter Berücksichtigung des Grundsatzes der Wesentlichkeit (zu berücksichtigende Vermögenswerte von untergeordneter Bedeutung) von einer Umgliederung abgesehen werden.
- Wurden Zuwendungen der öffentlichen Hand innerhalb der handelsrechtlichen Anschaffungskostenermittlung erfolgswirksam vereinnahmt, ist eine Korrektur vorzunehmen, da eine sofortige ertragswirksame Buchung nach IAS nicht erlaubt ist. Nach IAS können finanzielle Zuwendungen alternativ von den Anschaffungskosten abgesetzt oder in einem passiven Ausgleichsposten ausgewiesen werden.
- Der Umfang der anzusetzenden Herstellungskosten im Vorratsvermögen erfolgt nach IAS im Gegensatz zum HGB zu produktionsbezogenen Vollkosten. Insofern müssen u. U. Anpassungen

---

[80] Vgl. Baetge, J.; Dörner, D.; Kleekämper, H.; Wollmert, P.; Kirsch, H. J. (2002), IAS 2, S. 44.

der Herstellungskosten (inhaltlich aber auch in der technischen Umsetzung z. B. unter SAP R/3) vorgenommen werden.

- Werden im Handelsrecht im Zuge der Bewertungsvereinfachungsverfahren andere Methoden als das FIFO-, das LIFO-Verfahren oder die Methode des gewogenen Durchschnitts verwendet, muss eine Umstellung auf eine der genannten Methoden vorgenommen werden.
- Die Vorschriften des IASB kennen nur die Abwertung auf einen niedrigeren Nettoveräußerungswert. Andere Abwertungen, die aufgrund handels- oder steuerrechtlicher Vorschriften vorgenommen wurden (Abschreibungen auf einen unter dem Tageswert liegenden Zukunftswert, § 253 Abs. 3 S. 3 HGB; Abschreibungen auf einen niedrigeren steuerlichen Wert, § 254 HGB; Abschreibungen nach vernünftiger kaufmännischer Vorsicht, § 253 Abs. 4), können nicht aufrecht erhalten werden und müssen werterhöhend rückgängig gemacht werden. Hierbei ist zu beachten, dass nicht nur die (unzulässigen) Abwertungen in der laufenden Periode sondern alle Abwertungen, die in der Vorperiode vorgenommen wurden, korrigiert werden müssen.
- Während nach HGB ein Vermögenswert des Vorratsvermögens dann abgewertet wird, wenn der Stichtagswert unter den Anschaffungs- oder Herstellungskosten liegt, wird nach IAS bei Roh-, Hilfs- und Betriebsstoffen keine Abwertung vorgenommen, wenn die Fertigerzeugnisse, in die die Stoffe eingehen, mindestens zu ihren Herstellungskosten verkauft werden. Insofern müssen u. U. handelsrechtlich vorgenommene Abwertungen für diese Stoffe rückgängig gemacht werden.
- Die Angabepflichten nach IAS 2.34 ff. gehen weit über die handelsrechtlichen Anhangsangaben hinaus. Insofern müssen die in IAS 2.34 ff. beschriebenen Anforderungen erfüllt werden (i. d. R. durch Vergleich zu anderen Notes bzw. über Vorlagen des Wirtschaftsprüfers).

Weitere Erläuterungen zu den Angabepflichten sind im Kapitel „Sachanlagen" beschrieben.

5 Finanzanlagen, Forderungen und sonstige Vermögensgegenstände

Bei der Umstellung von HGB auf IAS stellt die Behandlung des Finanzvermögens eine schwierige Aufgabe dar. Einem schlichten HGB-System steht ein differenziertes Regelwerk im IAS gegenüber, zudem lässt sich die Einteilung des Finanzvermögens nach der herkömmlichen Klassifizierung des HGB nicht übernehmen.[81]

Schlichtes HGB zu differenziertem IAS

5.1 Einteilung des Finanzvermögens nach HGB und IAS

Klassifizierung des Finanzvermögens nach HGB:
- Das Finanzvermögen (d. h.: Anteile an verbundenen UN/Beteiligungen; kurzfristige FO; Wertpapiere aus Anlage- und Umlaufvermögen) wird grundsätzlich nach dem Anschaffungskostenprinzip unter Berücksichtigung des Niederstwertprinzips bewertet.
- Bedeutung hat die Bewertung nur für einen kleinen Teil von Wertpapieren, bei denen geklärt werden muss, ob sie dem Anlagevermögen (gemildertes Niederstwertprinzip) oder dem Umlaufvermögen (strenges Niederstwertprinzip) angehören.
- Weitere Klassifizierungsfragen sind kaum bewertungsrelevant, sondern reine Ausweisprobleme.

Klassifizierung nach HGB

Klassifizierung des Finanzvermögens nach IAS[82]:
- IAS nutzt differenzierte und differenzierende Bewertungsmaßstäbe und klassifiziert nach Anschaffungskosten, amortisierten Anschaffungskosten, Equity und fair value.
- Die Differenzierung erfolgt nicht nach Fristigkeit (wie im HGB: Anlage- oder Umlaufvermögen), sondern nach wirtschaftlichem Gehalt (Absicht des Bilanzierenden).
- Daraus ergibt sich eine Bilanzierung von Vermögenswerten zu **AK** sowohl aus dem Anlage- (z. B. Ausleihungen und bis zur

Klassifizierung nach IAS

---

[81] Vgl. Lüdenbach, N. (2001), S. 94 ff.
[82] Vgl. IASB (2001), IAS 27, 28, 31, 36, 39.

Endfälligkeit gehaltene Rentenwerte) als auch aus dem Umlaufvermögen (z. B. FO diverser Art).
- Und eine Bilanzierung mit dem **fair value** ebenso für das Anlage- als auch das Umlaufvermögen (z. B. für Aktien unabhängig von deren zeitlichen Verwendungsabsicht).
- Beteiligungen werden in den IAS ebenso in spezifischen Vorschriften differenziert geregelt:
  - IAS 27 (Tochter-UN)
  - IAS 28 (assoziierte UN)
  - IAS 31 (joint ventures)
  - IAS 36 (evtl. außerplanm. Abschr. auf Beteiligungen).
- Das sonstige Finanzvermögen wird in dem umfangreichen IAS 39 behandelt, der im Wesentlichen zwischen substanziellen Vermögenswerten (IAS 39.73 – Fo, Ausleihungen und Fälligkeitsinvestments) und „flüchtigen" Vermögenswerten (IAS 39.69 – Handelswerte und zur Veräußerung verfügbare Werte) unterscheidet.
- IAS 39.121-165 regelt, über das HGB hinaus, die Behandlung von Finanzderivaten und Sicherungszusammenhängen.

5.2 Ausweis des Finanzvermögens in IAS

Grundsätzlich ergeben sich beim Ausweis des Finanzvermögens in der Bilanz selbst keine Probleme, eine Anlehnung an die HGB-Gliederung ist möglich:

Gliederung und Ausweis des Finanzvermögens nach IAS

- Finanzanlagen des Anlagevermögens (long term investments) sind langfristige Vermögensgegenstände, die der Erzielung von Einnahmen oder Wertsteigerungen oder sonstigen Vorteilen dienen. Sie werden gemäß IAS 1.66 unter „finanziellen Vermögenswerten" oder der Position „nach der Equity-Methode bilanzierte Finanzanlagen" ausgewiesen.[83]
- Forderungen des Umlaufvermögens werden ebenfalls nach IAS 1.66 unter „Forderungen aus Lieferungen und Leistungen" und „sonstige Forderungen und Vermögenswerte" ausgewiesen.
- Wertpapiere des Umlaufvermögens können, bei unwesentlichen Beträgen, bei „sonstige Forderungen und Vermögenswerte" mit

---

[83] Vgl. Kremin-Buch, B. (2000), S. 96 ff.

erfasst werden. Bei wesentlichen Beträgen werden sie als dritte Position des Finanz-Umlaufvermögens separat, gemäß IAS 1. 67, ausgewiesen.[84]
- Für die Finanzderivate wird, in Abweichung zum HGB, eine neue Position geschaffen, da nach IAS 39 erstmalig eine Ansatzpflicht für alle derivativen Finanzinstrumente in der Bilanz besteht.[85]
- Weitere Erklärungen und Untergliederungen werden in den Notes ausgewiesen.

5.3 Beteiligungen im IAS

5.3.1 Einteilung von Beteiligungen

Nach den IAS werden Anteile an anderen Unternehmen im Einzelabschluss wie folgt eingeteilt[86]:

Differenzierung von Beteiligungen

- Anteile an Tochterunternehmen (IAS 27);
  diese entsprechen im Wesentlichen den „Anteilen an verbundenen Unternehmen" nach HGB § 271 Abs. 2 i. V. m. HGB § 290 Abs.1 u. 2. Charakteristisch für diese Einteilung ist die Kontrolle, die das Mutterunternehmen ausüben kann.
- Anteile an assoziierten UN (IAS 28);
  dieser Art werden Unternehmen zugeordnet, die einem signifikanten Einfluss unterliegen.
- Anteile an Gemeinschafts-UN (joint ventures – IAS 31);
  diese Unternehmensgruppe steht unter Kontrolle oder signifikantem Einfluss[87].
- Sonstige Anteile (other long-term-investments – IAS 39);
  hier besteht keine Einflussmöglichkeit.

Die dargestellte Klassifizierung zeigt auf, dass das Einteilungskriterium zwischen Beteiligungen und sonstigen langfristigen Finanzanlagen oder -anteilen die Einflussnahme der Mutter auf das beteiligte

Bedeutung des signifikanten Einflusses im IAS

---

[84] Vgl. Kremin-Buch, B. (2000), S. 130 ff.
[85] Vgl. Coenenberg, A. (2001), S. 259 ff.
[86] Vgl. Lüdenbach, N. (2001), S. 97ff.
[87] Vgl. Eggloff, F. (1999), S. 73 ff.

Unternehmen ist. Der signifikante Einfluss wird in IAS 28.4 beschrieben:
- Beträgt der unmittelbar oder mittelbar gehaltene Stimmrechtsanteil mind. 20 % geht man von einem signifikanten Einfluss aus, außer diese Annahme wird eindeutig widerlegt.
- Bei einem Stimmrechtsanteil unter 20 % wird kein signifikanter Einfluss unterstellt, außer er ist eindeutig zu belegen.

Bedeutung der dauernden Bindung im HGB

Im HGB hingegen ist die angestrebte dauernde Bindung zum eigenen Unternehmen das relevante Kriterium der Unterscheidung. Nur die Einflussnahme auf die Geschäftsführung wäre nicht ausreichend um eine dauernde Bindung zu begründen.

5.3.2 Bewertung von Beteiligungen

Entsprechend der Klassifizierung erfolgt die Bewertung der Beteiligung. Tochter-UN, assoz.-UN und Gemeinschafts-UN haben ein Wahlrecht. Sie können sich zwischen AK (IAS 28.7), der Equity-Methode (IAS 28.3,6 u.16 ff.) und dem fair value (IAS 39) entscheiden.[88]

Sonst. Anteile werden nach dem fair value (IAS 39) bewertet.

Übersicht Bewertung von Beteiligungen			
Beteiligungsart	Beschreibung der Einflussnahme	korrespondierende Bewertung	Standard
Tochter	Kontrolle über Finanz- und Geschäftspolitik	Wahl zw. – AK – at equity – Zeitwert	IAS 27.29
Assoziierte Unternehmen	Signifikanter Einfluss (Anteil größer 20 %)	Wahl zw. – AK – at equity – Zeitwert	IAS 28.14

---

[88] Vgl. Grünberger, D.; Grünberger, H. (2002), S. 36 f. und vgl. auch Eggloff, F. (1999), S. 24.

Finanzanlagen, Forderungen und sonstige Vermögensgegenstände

Übersicht Bewertung von Beteiligungen

Beteiligungsart	Beschreibung der Einflussnahme	korrespondierende Bewertung	Standard
Joint Ventures	Kontrolle oder signifikanter Einfluss	Wahl zw. – AK – at equity – Zeitwert	IAS 31.42
Sonstige Anteile	keine Einflussnahme	Zeitwert	IAS 39.66 ff.

> **Hinweis:**
> Bei der Bewertung der Beteiligungen ist nach IAS das Gebot der Bewertungseinheitlichkeit zu befolgen, d. h. das Wahlrecht ist für alle Tochter-UN einheitlich anzuwenden.

Vor diesem Hintergrund wird deutlich, dass die Frage der Einstufung der Beteiligung in der IAS-Bilanz, anders als im HGB, entscheidend für deren Bewertung und damit den Bewertungserfolg ist. Die Einstufungsfrage ist daher sorgfältig zu prüfen.

Einstufungsfrage wesentlich für die Bewertung

5.3.3 Realisierung positiver wie negativer Ergebnisse aus Beteiligungen

Während im HGB-Einzelabschluss die Realisierung von Gewinnen und Verlusten aus Beteiligungen von der Rechtsform und der Beteiligungsquote anhängig ist, haben diese Kriterien diesbezüglich im IAS keine Auswirkung.
Zwar sind auch die Regelungen im IAS abstrakt und interpretationsfähig, z. B. besagt IAS 18.30, dass Dividenden zu berücksichtigen sind, wenn ein Rechtsanspruch besteht, jedoch kann diese Interpretationsfähigkeit umgangen werden, wenn man die entsprechenden

Gewinne und Verluste abhängig von Rechtsform und Quote

C   Bilanzierung

Bewertung at equity in IAS

Anteile at equity bewertet. Dies ist im Konzernabschluss ohnehin notwendig und im Einzelabschluss zulässig.[89]

Die Equity-Methode führt dazu, dass symmetrisch die Änderung des Eigenkapital (EK) in der Bilanz des Tochter-UN auch im Beteiligungsansatz der „Mutter" in ihrer Bilanz um Gewinne/Verluste und Ausschüttungen fortgeschrieben wird.

Nach der Ersterfassung zu AK (ungeachtet stiller Reserven) erhöht sich demnach der Beteiligungsansatz um anteilige Gewinne und vermindert sich um anteilige Verluste und erhaltene Dividenden. Das Resultat der Tochter wird unabhängig von der Rechtsform und der Unterscheidung nach Mehr- oder Minderheitsbeteiligung, die im Gegensatz zum HGB wie bereits erwähnt diesbezüglich im IAS nicht relevant sind, in das Ergebnis der Mutter überführt.

Außerplanmäßige AfA bei dauernder Wertminderung

Nur bei einer zu erwartenden dauernden Wertminderung verlangt IAS zwingend eine außerplanmäßige Abschreibung. Der Beteiligungsansatz selbst darf auch nicht negativ werden.

Entstehen also Verluste, die über den Buchwert des Investments hinausgehen (überschießender Verlust), muss die Mutter nach SIC 20 in der Höhe Rückstellungen bilden, in der ihr Verpflichtungen gegenüber der Tochter oder Dritten aus dem Verlust entstehen (z. B. bei gesellschaftsvertraglich unbeschränkter Haftung oder bei schuldrechtlichen Verpflichtungen).

5.4   Sonstiges Finanzvermögen

Regelung des sonst. Finanzvermögens in IAS 39

Neben den unterschiedlichen Formen der Beteiligungen wird das restliche Finanzvermögen unter Sonstiges Finanzvermögen subsumiert. Es wird in IAS 39 geregelt, der in weiten Teilen den Vorläufer IAS 25 ersetzt. IAS 39 wurde am 15.März 1999 veröffentlicht und ist für Jahresabschlüsse wirksam, deren Berichtsperioden am oder nach dem 01.01.2001 beginnen.[90] Der sehr umfangreiche Standard umfasst 172 Textziffern und zusätzlich wurden vom eigens hierfür gegründeten Implementation Guidance Committee (IGC) weitere

---

[89] Vgl. Coenenberg, A. (2001), S. 606 ff. u. 615 f.; vgl. auch Grünberger, D.; Grünberger, H. (2002), S. 44 f.
[90] Vgl. IASB (2001), IAS 39 Einführung S. 929.

Finanzanlagen, Forderungen und sonstige Vermögensgegenstände   C

Implementierungshilfen, die so genannten Q&A (häufig gestellte Fragen und Antworten), entwickelt. Mittlerweile hat das IGC 220 Q&A zur Unterstützung der praktischen Anwendung des IAS 39 herausgegeben.

Dennoch ist dieser Standard eine Interimslösung (Kommentar IAS 39 Tz. 2), wenn auch eine Verbindliche, der aufgrund heftiger Diskussionen und Probleme aus der Praxis vom IASB weiter entwickelt wird. So hat das IASB im Juni 2002 einen 340 Seiten umfassenden Exposure Draft mit Änderungen zu IAS 39 und IAS 32 eingebracht, der zum einen die Konvergenz zu US-GAAP verbessern und zum anderen die Anwendung des IAS 39 in der Praxis erheblich erleichtern soll.

Brisanz und Komplexität des IAS 39

Drei grundlegende Unterschiede zum HGB ist und bleibt jedoch unverändert:
- Der Ansatz von derivativen Finanzinstrumenten ist verbindlich vorgeschrieben (IAS 39.172c)[91],
- die Bewertung zum beizulegenden Zeitwert (fair value) gewinnt an Bedeutung und ist für einen großen Teil der Finanzaktiva einzig zulässiger Bewertungsmaßstab[92],
- sämtliche Sicherungsgeschäfte müssen auf ihre Zuverlässigkeit und Wirksamkeit hin überprüft werden.

Wesentliche Grundsätze des IAS 39

IAS 39 sieht des Weiteren eine Einteilung aller finanzieller Vermögenswerte in vier Kategorien vor:[93]
- zu Handelszwecken gehalten (einschließlich Derivate),
- bis zur Endfälligkeit zu halten,
- zur Veräußerung verfügbar,
- ausgereichte, nicht zu Handelszwecken gehaltene Kredite und Forderungen.

Die vier Kategorien der finanziellen Vermögenswerte

---

[91] Vgl. Scharpf, P. (2001), S. 7.
[92] Vgl. Baetge, J.; Dörner, D.; Kleekämper, H.; Wollmert, P.; Kirsch, H. J. (2002), IAS 39, Tz 4.
[93] Vgl. Scharpf, P. (2001), S. 21 ff.

5.4.1 Forderungen und Ausleihungen

Kredite und Forderungen werden in IAS 39.68 ff. geregelt. IAS unterscheidet zwei Arten von Krediten und Forderungen:
- die das UN selbst ausreicht,
- die durch Kauf (z. B. Factoring, Erwerb von Schuldtiteln) erworben werden.

5.4.1.1 Selbst ausgereichte Forderungen

Selbst ausgereichte Forderungen

Die Zugangsbewertung selbst ausgereichter Forderungen erfolgt zu AK.
Die Folgebewertung erfolgt nach IAS 39.73 unterschiedlich:
- weiter zu AK, wenn keine feste Fälligkeit gegeben ist,
- zu amortisierten AK (mit der Effektivzinsmethode) bei festen Laufzeiten.

Kurz- oder langfristige FO werden nur unter materiality-Gesichtspunkten unterschieden. So wird bei der Ermittlung der AK und fortgeführten AK für kurzfristige FO ohne ausdrückliche Verzinsung auf eine Diskontierung verzichtet, wenn die Anwendung des impliziten kalkulatorischen Zinssatzes keine wesentliche Auswirkung hat (IAS 39.74[94]).

> **Vorgehensweise zur Ermittlung der amortisierten AK mit der Effektivzinsmethode:**
>
> *Ablauf der Effektivzinsmethode*
>
> - Interne Rendite (Effektivzins) ermitteln,
>
> - Rückzahlungsbetrag bestimmen (= AK im Zugangszeitpunkt abgezinst mit der obigen Rendite),
>
> - Periodenzinsen und Stichtagsbuchwerte festlegen (Anwendung des Effektivzinses auf den Vortragswert und den evtl. Zahlungsstrom der Periode),
>
> - hieraus ergibt sich die effektive Verzinsung der Periode, die mit Zinszahlungen und Tilgungsleistungen verglichen die Amortisation der AK widerspiegelt.

---

[94] Vgl. Kresse/Leuz (Hrsg.) (2002), S. 176 ff.

C Finanzanlagen, Forderungen und sonstige Vermögensgegenstände

Zusammenfassend kann man feststellen, dass die Bewertung der FO nach IAS im Wesentlichen den Ansätzen des HGB entspricht![95]

Bewertung von FO in IAS und HGB weitestgehend ähnlich

5.4.1.2 Gekaufte Forderungen

Gekaufte Forderungen entsprechen Finanzinvestitionen und werden dementsprechend wie ein Finanzinstrument behandelt.[96] In der Regel werden sie mit dem fair value angesetzt. Nur wenn eine feste Endfälligkeit gegeben ist und die feste Absicht besteht, die Investition bis zu dieser Fälligkeit nicht zu verkaufen (auch nicht bei veränderter Marktlage oder Liquiditätsbedarf), kann ausnahmsweise zu amortisierten AK bewertet werden.

Gekaufte Forderungen

5.4.1.3 Fremdwährungsforderungen

Die Behandlung von Fremdwährungsforderungen stellt den wesentlichen Unterschied bei der Regelung der Forderungen zum HGB dar, da im IAS das strenge Niederstwertprinzip durchbrochen werden kann.[97]

Bewertung von Fremdwährungsforderungen

Fremdwährungsforderungen werden nach IAS 39.78 in Verbindung mit IAS 21.11 und 15 zum Stichtagskurs bewertet. IAS bewertet demnach ggf. oberhalb der AK.

Steigt also der Währungskurs einer eingebuchten Fremdwährungsforderung zum Stichtag, sind nicht realisierte Gewinne zu verzeichnen, die nach IAS , im Gegensatz zum HGB, erfolgswirksam gebucht werden müssen. Analog werden nicht realisierte Verluste zum Stichtag berücksichtigt, dieser Sachverhalt wird im HGB allerdings ebenfalls über Drohverlustrückstellungen abgebildet. Einzige Ausnahme: die Forderung wurde abgesichert und fällt unter die besonderen Regelungen des Hedge Accounting nach IAS 39.121 – 165 (s. auch 5.4.4.2 dieses Kapitels).

---

[95] Vgl. Bruns, C. (Hrsg.) (2001), S. 48 ff.
[96] Vgl. Scharpf, P. (2001), S. 34 ff.
[97] Vgl. Bruns, C. (Hrsg.) (2001), S. 51 ff.

Beispiel:

H. Mustang verkauft und liefert an die Firma Speed-Car am 01.06.02 eine Million Stück Plastikfenster für die Herstellung rasanter roter Spielzeugautos für einen Preis von 1 Mio. $. Zu diesem Zeitpunkt steht der Kurs bei 1,10 €/$. Das Kursverhältnis am Bilanzstichtag, dem 31.12.2002, liegt bei 1,20 €/$. Bei dem Verkauf am 01.06.02 vereinbaren Mustang und Speed-Car ein Zahlungsziel von acht Monaten, sodass Mustang am Bilanzstichtag über eine Fremdwährungsforderung verfügt. Die Forderung von Mustang wurde mit 1,1 Mio. € zum Zeitpunkt des Verkaufes bewertet und gebucht. Am Bilanzstichtag ist sie mit 1,2 Mio. € zu bewerten. Die unrealisierten Gewinne von 100.000€ müssen nach IAS als Aufwand erfolgswirksam bilanziert werden.

5.4.1.4 Wertberichtigungen

Einzel- und Pauschalwertberichtigungen

Nach IAS 39.109 – 119 sind Einzelwertberichtigungen bei Forderungen geboten, Pauschalwertberichtigungen im engeren Sinne sind nicht gestattet, lediglich pauschalierte Einzelwertberichtigungen auf Basis von Erfahrungswerten aus der Vergangenheit sind erlaubt.[98]

IAS 39.109 fordert an jedem Bilanzstichtag eine Einschätzung, ob „objektive substanzielle Hinweise" vorliegen, die auf eine Wertminderung eines finanziellen Vermögenswertes oder einer Gruppe von Vermögenswerten schließen lassen. Liegen solche Hinweise vor, muss das UN einen Wertminderungsaufwand erfassen. Je nach Bewertung wird zwischen der Berichtigung der amortisierten AK (IAS 39.111) und dem fair value (IAS 39.117) unterschieden.[99]

Objektive Hinweise für Wertminderungen

Objektive substanzielle Hinweise sind z. B. (IAS 39.110):
- erhebliche finanzielle Schwierigkeiten des Emittenten,
- Ausfall oder Verzug von Zins- oder Tilgungszahlungen,
- Zugeständnisse seitens des Kreditgebers, die ohne finanzielle Nöte des Kreditnehmers nicht gegeben würden (Stundung der Zinsen, Verlängerung der Laufzeit),
- historische Erfahrungen mit dem Forderungseinzug eines Forderungsportfolios, die den gesamten Nennwert des Portfolios gefährdet sehen.

---

[98] Vgl. Coenenberg, A. (2001), S. 239 f.
[99] Vgl. Lüdenbach, N. (2001), S. 108.

Das Verschwinden eines aktiven Marktes (z. B. Wertpapierhandel eines UN wird eingestellt) oder das Herabsetzen eines Kreditratings sind nur in Verbindung mit anderen verfügbaren Informationen, nicht aber als einziges Kriterium, ein objektiver Hinweis für eine erforderliche Wertminderung (IAS 39.110).

Die Wertberichtigung wird in Höhe der Differenz zwischen Buchwert (amortisierte AK) und erzielbarem Betrag vorgenommen. Erzielbarer Betrag ist dabei der erwartete künftige Cashflow, abgezinst mit dem ursprünglichen Effektivzinssatz (IAS 39.111). Bei kurzfristigen FO kann auf eine Abzinsung verzichtet werden (IAS 39.111).
Die Wertberichtigung kann entweder direkt oder über einen Wertberichtigungsposten erfolgen. Sie muss erfolgswirksam erfasst werden.
Ist ein Vermögenswert abgesichert und die Zwangsvollstreckung naheliegend, dann erfolgt die Bewertung nach dem fair value der Sicherheit (IAS 39.113).

Höhe der Wertberichtigung

5.4.2 Wertpapiere und verwandte Finanzinstrumente

IAS 39 umfasst die Regelung aller Finanzinstrumente, folglich auch die von Wertpapieren und ähnlichen Finanzinvestitionen.

Zunächst sind die Wertpapiere und Finanzinvestitionen nach ihrem Verwendungszweck, gefragt ist hier nach der Absicht des Bilanzierenden, zu klassifizieren. Dabei gilt der Grundsatz: „Erst klassifizieren, dann bewerten"[100].

Gliederung von Wertpapieren und Finanzinvestitionen nach Verwendungszweck

In Abhängigkeit von der Restlaufzeit und der genannten Absicht des Bilanzierenden wird nach IAS 39.68 in drei Klassen eingeteilt:[101]

- Held-to-maturity-investments
- Trading Investments
- Available-for-sale-investments

Die Zugangsbewertung erfolgt bei allen Investitionen zu den AK. Die Folgebewertung wird, je nach Einteilung, entweder mit den amortisierten AK oder dem fair value durchgeführt.

Zugangs- und Folgebewertung

---

[100] Vgl. Prangenberg, A. (2000), S. 161.

[101] Vgl. Grünberger, D.; Grünberger, H. (2002), S. 37 ff. und Lüdenbach, N. (2001), S. 110 ff.

Bilanzierung

Beim fair-value-Ansatz ist ggf. festzulegen, ob Wertänderungen erfolgswirksam über die GuV oder erfolgsneutral direkt über das EK zu erfassen sind[102].

5.4.2.1 Held-to-maturity-investments

Held-to-maturity-investments

Diese so genannten Fälligkeitspapiere sind Investitionen, die bis zur Endfälligkeit zu halten sind.

Sie stellen Fremdkapital dar und können sowohl im AV als auch im UV ausgewiesen werden. Sie werden mit den amortisierten AK bewertet. Nach IAS 39.80 sind sie i. d. R. auf Gläubigerpapiere bezogen.

IAS 39.84 regelt die Voraussetzung für diese Klassifizierung, die eher die Ausnahme darstellen, da die Halteabsicht häufig nicht erfüllt ist. Unter Halteabsicht ist die positive Absicht und vor allem Fähigkeit des Unternehmens zu verstehen, die Papiere bis zur Endfälligkeit zu halten. Dieser Sachverhalt wird nach IAS 39.83 unter anderem an dem Verhalten im laufenden und während der zurückliegenden zwei Jahre gemessen, bezogen auf den Verkauf von wesentlichem Umfang von held-to-maturity-investments vor Fälligkeit. Wurden wesentliche Beträge verkauft ist die Halteabsicht nicht gewährleistet und eine Einordnung nach held-to-maturity für keines der Wertpapiere des Unternehmens mehr möglich.

5.4.2.2 Trading Investments

Trading investments

Dies sind Investitionen, die zu Handels- und Spekulationszwecken gehalten werden.

Sie können dem Fremdkapital oder dem Eigenkapital zugeordnet werden. Der Ausweis erfolgt i. d. R. im UV. Sie werden nach dem fair value bewertet. Per Definition nach IAS 39.10 sind Vermögenswerte, die zu Handelszwecken gehalten werden, Papiere, deren Erwerb die Absicht hat aus kurzfristigen Schwankungen von Preisen, Kursen oder Handelsmargen Gewinne zu erzielen.

---

[102] Vgl. Dangel, P.; Hofstetter, U.; Otto, P. (2001), S. 55 ff.

5.4.3 Available-for-sale-investments

In diese Klasse fallen Investitionen, die zur Veräußerung verfügbar sind und nicht zu Klasse 1 oder 2 gehören.
Sie können wie trading investments dem Fremdkapital oder dem Eigenkapital zugeordnet werden. Der Ausweis kann im AV oder UV erfolgen. Bewertet werden diese investments mit dem fair value.
Es besteht nach IAS 39.103 ein Wahlrecht zur Buchung der Wertänderungen des fair value gegen die Position kumuliertes sonstiges Gesamteinkommen (other comprehensive income). Auf diese Weise wird die Wertänderung erfolgsneutral im EK erfasst. In der GuV wird die Wertänderung dann erst zum Veräußerungszeitpunkt erfolgswirksam verbucht. Das Wahlrecht muss einheitlich für alle veräußerbaren investments angewandt werden.
Available-for-sale-investments sind quasi eine Auffangklasse, wenn keine eindeutige Handelsabsicht vorliegt und die Voraussetzungen zur Klassifizierung als held-to-maturity nicht gegeben sind.
Der Großteil der Wertpapiere wird dieser Klasse zugeordnet.

5.4.3.1 Umklassifizierung und Wertberichtigung
IAS 39.90 regelt die Umklassifizierung von Wertpapieren. Wenn ein investment von held-to-maturity zu trading umklassifiziert werden soll, ist der Bewertungserfolg zum Umklassifizierungszeitpunkt so zu erfassen, als ob von Anfang an nach der neuen Klassifizierung vorgegangen worden wäre[103].
Auch für diese Finanzinstrumente gelten die Regelungen des IAS 39.109 ff. bezüglich Wertminderungen. Grundsätzlich kann man sagen, dass bei allen Wertpapieren eine dauerhafte Wertminderung zu einer außerplanmäßigen Abschreibung führt, die erfolgswirksam verbucht wird.

---

[103] Vgl. Scharpf, P. (2001), S. 37 ff.

5.4.4 Finanzderivate und Sicherungsgeschäfte

5.4.4.1 Finanzderivate

Bilanzierung von Derivaten nach HGB uneinheitlich

Die Bilanzierung von Finanzderivaten ist nach HGB uneinheitlich und einseitig. So sind zwar Rückstellungen z. B. aus drohenden Verlusten von Währungstermingeschäften geboten und der Höhe nach unstrittig, drohende Gewinne finden jedoch gemäß dem Vorsichtsprinzip keine Beachtung. Auch die Höhe der Bilanzierung ist bei den unterschiedlichen Instrumenten nicht eindeutig geregelt.[104] Anders in den IAS, die eine deutlich stringentere Regelung dieser Instrumente aufweisen.

Spezifische Regelungen für Derivate nach IAS

IAS 39.10 definiert derivative Finanzinstrumente wie folgt:
- Finanzinstrument, dessen Wert sich aufgrund der Änderung eines (Referenz-) Zinssatzes, Wertpapierkurses, Rohstoffpreises, Wechselkurses, Indexes oder einer ähnlichen Variablen ändert,
- wobei im Vergleich zu sonstigen Verträgen, die ähnlich auf Änderungen des Marktes reagieren, keine oder nur eine geringe anfängliche Investition erforderlich ist,
- und der Ausgleich zu einem späteren Zeitpunkt erfolgt.[105]

Die bekanntesten, gängigsten und wesentlichen Finanzderivate sind[106]:

Typische Finanzderivate
- Termingeschäfte,
- alle Arten von Optionen,
- Zinssatz-Swaps.

Die Schwierigkeit bei der Erfassung von Finanzderivaten liegt in dieser weiten Definition, die es erforderlich macht, zu überprüfen, ob weitere Finanzderivate eingesetzt wurden, die nicht sofort augenscheinlich sind. Z. B. Verträge mit Optionsrechten verschiedener Art (auf Kündigung, auf Wandelung) können nach IAS 39.10 den Finanzderivaten angehören. Insbesondere speziell auf spezifische Anforderungen hin konstruierte Finanzinstrumente müssen einer Prüfung unterzogen werden.

---

[104] Vgl. Fröschle, G.; Holland, B.; Kroner,M. (2001), S. 229.
[105] Vgl. Grünberger, D.; Grünberger, H. (2002), S. 93 ff.
[106] Vgl. Scharpf, P. (2001), S. 57 ff.

Finanzanlagen, Forderungen und sonstige Vermögensgegenstände

In diesem Zusammenhang sind auch die eingebetteten Derivate zu erwähnen, die Bestandteil der hybriden Derivate sind, z. B. Wandelschuldverschreibungen. Hier wird das Recht zur Umwandlung einer Schuldverschreibung in eine Aktie verbrieft. Nach IAS 39.22 ff. sind solche eingebetteten Derivate getrennt vom Basisvertrag zu erfassen und zu bewerten, d. h. Derivate können grundsätzlich nach ihren Einzelbestandteilen erfasst und bewertet werden. Dabei ist zu beachten, dass die wirtschaftliche Aufteilung eines einheitlichen Vertrages in ein Basisinstrument und ein Derivat auch umgekehrt werden kann und die wirtschaftliche Zusammenfassung getrennter Verträge ein synthetisches Instrument zum Ergebnis hätte.[107]

Eingebettete Derivate

Weitere Details regelt IAS 39.103 ff. der besagt, dass

- Derivate grundsätzlich zum fair value zu erfassen sind und Wertänderungen sowohl für drohende Verluste als auch drohende Gewinne zu berücksichtigen sind,
- Derivate als trading investments eingestuft werden, und alle Wertänderungen erfolgswirksam über die GuV gebucht werden müssen[108].
- Nur wenn eine direkte Sicherungsbeziehung zwischen einem Grundgeschäft und einem Sicherungsgeschäft nach IAS 39.121 ff. nachgewiesen werden kann, gelten die besonderen Regelungen für Hedge Accounting nach IAS 39.153 – 165.

Grundsätzliche Bewertung zum fair value

5.4.4.2 Sicherungsgeschäfte – Hedge Accounting

Ist eine direkte Sicherungsbeziehung eines Derivates zu einem Grundgeschäft vorhanden, d. h. wird das Derivat zu Sicherungszwecken (hedge-accounting) gehalten, wird wie folgt differenziert:[109]

Besonderheiten des Hedge Accounting

- Fair value hedge[110]:
  Absicherung ergebniswirksamer Zeitwertrisiken vorhandener Vermögenswerte (Sicherung des Bestandes). In diesem Fall wird sowohl die Wertänderung des Vermögenswertes als auch die Wertänderung des Derivates erfolgswirksam über die GuV ge-

---

[107] Vgl. Scharpf, P. (2001), S. 59 ff.
[108] Vgl. Dangel, P.; Hofstetter, U.; Otto, P. (2001), S. 124 ff.
[109] Vgl. Grünberger, D.; Grünberger, H. (2002), S. 94 ff.
[110] Vgl. Scharpf, P. (2001), S. 223 ff.

bucht, aufgrund der gegenläufigen Wertänderungen der beiden Sachverhalte werden Abweichungen und Ausschläge in der GuV neutralisiert.

- Cashflow Hedge[111]:
Absicherung künftiger Cashflows (Sicherung erwarteter künftiger Zahlungsströme). Beim Cashflow Hedge wird die Wertänderung des Derivates zunächst erfolgsneutral gegen eine zu diesem Zweck eingerichtete Position des EK (other comprehensive income) gebucht. Erst mit Realisierung und der erfolgswirksamen Buchung des Grundgeschäftes wird auch die Wertänderung des Derivates in der GuV erfolgswirksam erfasst.

Foreign currency Hedge

- Foreign currency Hedge[112]:
Des Weiteren gibt es Sonderregeln für bestimmte Währungssicherungen, die sich jedoch auf die Sicherung von Investments in ausländischen Niederlassungen, Werken etc. beschränken. Die Sicherung laufender Geschäfte in Fremdwährung ist davon unberührt.

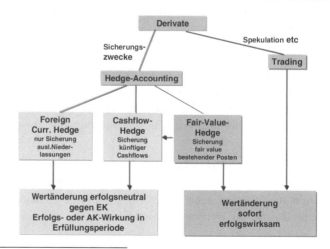

Funktionale Abgrenzung derivativer Finanzinstrumente[113]

---

[111] Vgl. Scharpf, P. (2001), S. 233 ff.
[112] Vgl. Scharpf, P. (2001), S. 247 ff.
[113] Vgl. Coenenberg, A. (2001), S. 262 f.

Finanzanlagen, Forderungen und sonstige Vermögensgegenstände

Um das Hedge Accounting jedoch zur Anwendung bringen zu können, müssen bestimmte objektive Voraussetzungen kumulativ erfüllt sein, die nicht im Ermessensspielraum des Bilanzierenden liegen[114].

IAS 39.142 beschreibt diese Anforderungen:

- Grund- und Sicherungsgeschäft müssen genau identifizierbar und dokumentiert sein,
- der Sicherungszweck muss unmittelbar aus dem Vertrag selbst ersichtlich sein,
- der Sicherungszusammenhang und die Risikoziele und -strategien des Unternehmens müssen zu Beginn des Sicherungsgeschäftes formal dokumentiert werden,
- die Effizienz der Absicherung muss einen hohen Grad erreichen (zw. 80 und 125 %) und verlässlich messbar sein, d. h. auch das abgesicherte Risiko muss identifizierbar sein (kritische Betrachtung z. B. bei der Absicherung von Währungsgeschäften durch eine „verbundene" Währung),
- bei Cashflow Hedges müssen die vorhergesagten künftigen Transaktionen mit hoher Wahrscheinlichkeit eintreffen.

Kumulative Bedingungen zur Anwendung des Hedge Accounting

Nach HGB ist die Absicherung künftiger Zahlungsströme nicht zulässig. Die IAS kennen keine derartige Beschränkungen. Hier sind nicht nur drohende Verluste aus Sicherungsgeschäften passivisch zu bilanzieren, sondern auch die erwarteten Gewinne entsprechend aktivisch. Der Zusammenhang mit dem jetzigen oder künftigen Grundgeschäft findet sich nur in der sofortigen oder späteren GuV wieder, jedoch nicht im Bilanzausweis.

Beispiel:[115]

Die nach IAS bilanzierende Frogg GmbH will im nächsten Jahr eine Produktionsanlage für 10 Mio. US-$ kaufen. Zur Absicherung gegen Wechselkursschwankungen werden gleichzeitig 10 Mio. US-$ zum Terminkurs von 1,0 € zu US-$ per Lieferzeitpunkt 01.03.02 gekauft. Der Kassakurs am 31.12.01 beträgt 1,1 € zum US-$. Am 01.03.02 wird die Produktionsanlage geliefert.

---

[114] Vgl. Scharpf, P. (2001), S. 207 ff.

[115] Vgl. Bruns, C. (Hrsg.) (2001), S. 45 ff.

C Bilanzierung

Devisentermingeschäft als Cashflow Hedge

a)
Es wird unterstellt, dass die Sicherungsbedingungen von IAS 39.142 erfüllt sind.

Damit werden hier künftige Zahlungsströme abgesichert, es handelt sich um ein Cashflow Hedge:

Die Wertänderungen des Währungsderivats sind am 31.12.01 gegen das Eigenkapital zu buchen:

Buchungssatz:

Terminkontrakt	1,0	an	Eigenkapital	1,0

Am 01.03.02 wird die Produktionsanlage geliefert. Nach IAS 39.160 sind nun bei der Zugangsbewertung der Produktionsanlage bei den Anschaffungskosten die im EK „geparkten" Gewinne (bzw. Verluste) aus dem korrespondierenden Sicherungsgeschäft zu berücksichtigen.

Buchungssätze:

Sachanlage	11,0	an	Kasse	11,0
Eigenkapital	1,0	an	Sachanlage	1,0
Kasse	1,0	an	Terminkontrakt	1,0

Die Produktionsanlage wird mit einem Wert von 10,0 Mio. € aufgrund des Sicherungsgeschäftes in das Anlagevermögen aufgenommen. Die vorher im EK „geparkte" Wertänderung des Finanzderivates wird über den Abschreibungszeitraum der Produktionsanlage erfolgswirksam berücksichtigt.

Devisentermingeschäft ohne Cashflow Hedge

b)
Es wird unterstellt, dass die **Sicherungsbedingungen von IAS 39.142 nicht erfüllt** sind.

In diesem Fall wird das Währungsderivat als allein stehendes Handelsgeschäft kategorisiert, mit dem fair value bewertet und die Wertänderung muss **sofort erfolgswirksam** erfasst werden:

Buchungssatz zum 31.12.01

Terminkontrakt	1,0	an	Ertrag	1,0

Buchungssätze zum 01.03.02

Sachanlage	11,0	an	Kasse	11,0
Kasse	1,0	an	Terminkontrakt	1,0

Finanzanlagen, Forderungen und sonstige Vermögensgegenstände C

5.5 Notes im Finanzvermögen

Die Angaben zum Finanzvermögen in den Notes (Anhang) sind bei IAS umfangreicher als nach HGB, es gilt jedoch auch hier der Grundsatz der materiality, was Spielräume offen lässt. Ein Mittelweg ist gefordert, wonach die Notes sich auf die Ausführungen beschränken sollen, die einen wesentlichen Informationsgehalt beinhalten. Das Zusammenziehen der Daten darf jedoch nur so weit gehen, wie wesentliche Sachverhalte noch verständlich und klar nachzuvollziehen sind (IAS 32.45). Art und Form der Darstellung (Text od. Tabelle) ist weit gehend dem Bilanzierenden überlassen. Die einzelnen Vorschriften sind in den jeweiligen IAS aufgeführt und enthalten für den entsprechenden Sachverhalt spezifische Anforderungen:

Umfangreiche Notes zum Finanzvermögen

- IAS 22.86 ff. für Tochter-UN
- IAS 28.27 f. für assoziierte UN
- IAS 31 für Gemeinschafts-UN
- IAS 24 für Beziehungen zu nahe stehenden UN (Beteiligungen)
- IAS 39.166 ff. und IAS 32 für das sonstigen Finanzvermögen

Spezifische Regelungen für die Notes

Gefordert ist die Aufstellung des Anteilsbesitzes, jedoch nur die Nennung des Unternehmens und die Höhe des Anteils an ihm. Eigenkapital und Ergebnis sind nach IAS nicht gesondert auszuweisen, ergeben sich aber indirekt, wenn die Equity-Methode angewandt wird.

Aufstellung des Anteilsbesitzes

Die gewählte Bilanzierungsmethode (ob Equity, AK oder Zeitwert) ist anzugeben. Bei Equity müssen alle betroffenen Investments in der Bilanz und GuV vom sonst. Finanzvermögen getrennt als eigene Posten ausgewiesen werden (IAS 28.28, 1.66). Bei Beteiligungen sind nach IAS 24 zudem Transaktionen zu nahe stehenden Unternehmen und Personen offenzulegen (Hinweis auf Gewinnverschiebungen), insbesondere deren potenzielle Einflussnahme sollte erkennbar sein.

Darlegung der Bilanzierungsmethode

Rechtsformunabhängig (im Gegensatz dazu z. B. der Abhängigkeitsbericht einer abhängigen AG) verlangt das IAS weitere Angaben:
- related party: Nennung nahe stehender Unternehmen und nahe stehender natürlicher Personen, die einen signifikanten Einfluss auf das Unternehmen haben,

Detaillierte Angaben unabhängig von der Rechtsform

C Bilanzierung

- ein signifikanter Einfluss ist ausreichend für die Berichtspflicht, Abhängigkeit ist nicht erforderlich,
- die Berichtspflicht betrifft sowohl das abhängige, aber auch das übergeordnete Unternehmen,
- nur die Transaktionen zwischen den nahe stehenden Parteien sind berichtspflichtig, unterlassene Maßnahmen, die aus der Verbundenheit der Unternehmen resultieren, nicht,
- Preispolitik (pricing policy-IAS 24.23) fordert die Angaben von Volumen und Preisgestaltung der Transaktionen. Auf Fremdvergleichspreise (d. h. fremdübliche Konditionen) muss hingewiesen werden,
- alle IAS- Anforderungen zu den related parties beziehen sich auf den Einzelabschluss.

Auch das sonstige Finanzvermögen muss nach IAS in den Notes stärker spezifiziert werden als im HGB. Auch hier finden sich die einzelnen Vorschriften in den einschlägigen Standards:

Spezifische Forderungen zum sonst. Finanzvermögen

- IAS 32.52: Grundsätzlich ist die Bewertungsmethode (fair value oder AK-Ansatz) anzugeben (es gibt bereits Bestrebungen eine einheitliche Bewertung zu fair value umzusetzen).
- IAS 32.167: Das Erfassen des Vermögenswertes nach fair value erfordert Angaben über die Grundlagen der fair value-Ermittlung und darüber, ob Änderungen des Wertes erfolgswirksam über die GuV oder erfolgsneutral gegen EK erfasst wurden.
- IAS 32.77: Wird der Vermögenswert nicht als fair value klassifiziert (z. B. held-to-maturity-FO), sind entsprechende Erläuterungen anzugeben.
- IAS 32.43 ff.: Die Risikostrategie des Unternehmens bezüglich Preis- und/oder Kreditrisiken ist zu beschreiben (Währung, Zins, Kurs).
- IAS 32.47 ff.: Wesentliche Konditionen von Finanzinstrumenten sind ebenfalls aufzuzeigen (Laufzeiten, Zinssätze).
- IAS 39.169 ff.: Die Sicherungszwecken dienenden Hedging-Instrumente und die Art der gesicherten Risiken sind zu erläutern. Bei der Sicherung künftig erwarteter Cashflows müssen auch Angaben zu den prognostizierten Zahlungsströmen gemacht werden.

Eigenkapital C

Die detaillierten Ausführungen zum Finanzvermögen in den Notes sind aufwändig und sollten nicht unterschätzt werden. Wie bei den übrigen Notes ist auch hier das Ziel, dem Bilanzleser mehr Klarheit über das Unternehmen, dessen aktuelle und potenzielle Transaktionen und Strategien und die damit verbundenen Erfolgspotenziale zu verschaffen.

6 Eigenkapital

6.1 Definition

Das Eigenkapital (Equity) wird nach IAS definiert, als Residualwert, der nach Verrechnung von assets und liabilities verbleibt. Es umfasst sämtliches zur Verfügung stehende Kapital plus Gewinn und andere Rücklagen.

Equity als Residualwert

6.2 Mindestgliederung des EK

Der Ausweis ist in IAS nicht so stringent geregelt wie im HGB. IAS 1.66 und der entsprechende Anhang sieht lediglich eine Mindestuntergliederung vor:[116]
- Gezeichnetes Kapital (share capital; capital stock)
- Kapitalrücklagen (capital reserves)
- Akkumulierte Ergebnisse (Gewinnrücklagen – retained earnings, Ergebnisvortrag, Jahresüberschuss/-fehlbetrag)

Mindestgliederung des EK

Gewinn-/Verlustvortrag und das Jahresergebnis werden in IAS nicht, wie im HGB, gesondert ausgewiesen, sondern in den Gewinnrücklagen erfasst.

Eine weitere Untergliederung wird nicht verlangt, ist jedoch grundsätzlich möglich. In der deutschen IAS-Praxis wird die HGB-Gliederung weitestgehend beibehalten.

---

[116] Vgl. Kremin-Buch, B. (2000), S. 148 ff.

Bilanzierung

Darstellung des Eigenkapitals nach HGB, IAS und US-GAAP		
HGB §266 (3)	IAS-Mindestpositionen IAS 1.66	US-GAAP-Mindestpositionen
Gezeichnetes Kapital	Gezeichnetes Kapital	Gewinnrücklagen mit OCI, Gewinn-/Verlustvortrag, Jahresüberschuss/-fehlbetrag
Kapitalrücklagen	Kapitalrücklagen	Kapitalrücklagen
Gewinnrücklagen	Gewinnrücklagen mit OCI, Gewinn-/Verlustvortrag, Jahresüberschuss/-fehlbetrag	Gezeichnetes Kapital
Gewinn-/Verlustvortrag		
Jahresüberschuss/-fehlbetrag		

6.3 Akkumuliertes übriges Einkommen

Other comprehensive income (OCI), der wesentliche Unterschied zum HGB

Die akkumulierten Ergebnisse (accumulated other comprehensive income) enthalten das so genannte other comprehensive income (OCI) – ein Bestandteil der Gewinnrücklagen. Dies ist eine Position, die im HGB keine Entsprechung findet, da hier Werte, spezifische Sonderrücklagen, erfasst werden, die das HGB in der Form nicht kennt.[117]

Zu diesen Sonderrücklagen nach IAS gehören:
- Währungsdifferenzen (im Konzern),
- Neubewertungen (z. B. aus dem Anlagevermögen), solche Neubewertungsrücklagen sind im HGB unzulässig,
- andere nicht erfolgswirksame Einkommensteile (z. B. aus der höheren Stichtagsbewertung von Wertpapieren).

Diese Position kann, muss aber nicht in der Bilanz selbst ausgewiesen werden, sie muss aber in der Eigenkapitalveränderungsrechnung[118] detailliert ausgewiesen und in den Notes erläutert werden.

---

[117] Vgl. Grünberger, D.; Grünberger, H. (2002), S. 76.
[118] Vgl. Kapitel F „Berichtswesen", Punkt „Eigenkapitalveränderungsrechnung".

Eigenkapital   C

Sie stellt den wesentlichen Unterschied in der Darstellung des EK zwischen HGB und IAS dar.

Neben der Besonderheit des OCI ist noch eine weitere zwingende Abweichung zu berücksichtigen: der Ausweis der „eigenen Anteile".

6.4 Eigene Anteile

Eigene Anteile (treasury shares) werden nach HGB und IAS unterschiedlich behandelt.

Eigene Anteile im HGB:

Bewertung der eigenen Anteile

- Nach HGB § 272 Abs. 4 und § 266 (2) sind eigene Anteile handelsrechtlich im Umlaufvermögen zu aktivieren.
- Dieser Aktivposten wird durch einen Passivposten, die Rücklage für eigene Anteile, neutralisiert.

Eigene Anteile in den IAS:
- IAS 32.16 sieht demgegenüber einen saldierten Ausweis der eigenen Anteile vor.
- SIC 16.10 lässt drei Arten der Saldierung zu :
  1) Berücksichtigung der gesamten Anschaffungskosten der eigenen Anteile als einziger Abzugsposten im Eigenkapital (Kürzung des EK in einem Gesamtbetrag).
  2) Abzug des Nominalbetrages der eigenen Anteile vom gezeichneten Kapital und der überschießenden AK von den Kapitalrücklagen.
  3) Verteilung der AK auf jede Kategorie des EK, also gez. Kapital, Kapitalrücklagen und Gewinnrücklagen[119].

> **Hinweis:**
>
> Unabhängig von der Art der Saldierung ist zu beachten, dass sowohl das EK wie auch die Bilanzsumme nach IAS immer um die Höhe der eigenen Anteile geringer sein wird als nach HGB.

EK in IAS immer um die eigenen Anteile kleiner als nach HGB

---

[119] Vgl. Grünberger, D.; Grünberger, H. (2002), S. 79 ff.

C Bilanzierung

6.5 Abgrenzung zum Fremdkapital

Obwohl im Prinzip sowohl die HGB-Bilanzierung als auch die IAS-Bilanzierung einer wirtschaftlichen Betrachtungsweise folgt und daher in weiten Teilen übereinstimmende Lösungen vorliegen, kann es auch, wie bei der Abgrenzung des EK vom FK, zu konträren Interpretationen kommen[120].

Haftungsqualität wesentlich nach HGB

- So folgt das HGB bei der handelsrechtlichen Abgrenzung des EK vom FK dem Prinzip der Haftungsqualität des überlassenen Kapitals.

Rückzahlungsverpflichtung relevant nach IAS

- Nach IAS (IAS 32.18 ff.) dagegen entscheidet die vertragliche oder faktische Rückzahlungsverpflichtung über die Qualifizierung des überlassenen Kapitals.

Bei zusammengesetzten Finanzinstrumenten, z. B. Wandelanleihen (Umtauschrecht in Aktien), stellt sich dann das Problem der entsprechenden Aufteilung und Zuordnung, denn der Zufluss aus der Begebung solcher Instrumente muss zwischen EK und FK aufgeteilt werden.

Beispiel:

Eine Anleihe der Global Trading AG wird bei einem Marktzins von 6 % nominal ebenfalls mit 6 % verzinst. Die Zeichner der Anleihe haben ein Agio von 12 % zu zahlen. Damit liegt die Effektivverzinsung deutlich unter dem Marktzins. Der Emissionserlös ist von der AG aufzuteilen. Zum einen in den Ausgabebetrag für die begebenen Anleiherechte. Zum anderen in den Betrag für die Wandlungsrechte (Agio 12 %). Dieser ist sowohl nach HGB § 272 Abs.2 als auch nach IAS 32.28 in die Kapitalrücklage einzustellen.

6.6 Stock Options (Mitarbeiteroptionen)

Mitarbeiteroptionen und aktienorientierte Vergütungsformen sind ein wichtiger Bestandteil der Mitarbeiterentlohnung, obwohl deren

---

[120] Vgl. Scharpf, P. (2001), S. 44 ff.

Eigenkapital

steuerliche und bilanzielle Behandlung in Deutschland kontrovers diskutiert wird.[121]

- Steuerlich ist strittig, ob der geldwerte Vorteil aus den Optionen nach den Wertverhältnissen des Zusagezeitpunktes oder des Ausübungszeitpunktes bemessen werden soll. Die letzte Variante führt bei steigenden Kursen zu einer höheren Lohnsteuerlast.

Kontroverse Diskussion über Bilanzierung von Mitarbeiteroptionen

- Handelsrechtlich ist strittig, ob die gesellschaftsrechtliche Gewährung von Mitarbeiteroptionen weiterhin erfolgsneutral oder ergebniswirksam über eine Buchung „Personalaufwand an Kapitalrücklage" (in Anlehnung an US-GAAP) behandelt werden soll.

Auch in den IAS fehlt eine eindeutige Regelung. Auch hier sind beide Bilanzierungsweisen zulässig. IAS 19 sieht nur Angaben in den Notes vor und erklärt ausdrücklich den Regelungsverzicht von Bilanzierung und Erfolgsbehandlung. Die Anlehnung an US-GAAP ist in diesem Fall zulässig, aber nicht geboten.

IAS ebenso keine eindeutige Regelung

Um mehr Klarheit zu erzielen hat das IASB ein Positionspapier „Accounting for share-based payment" verabschiedet, das folgende Vorschläge enthält:

Mehr Klarheit durch „Accounting for share-based payment"

- Berücksichtigung des Wertes von Mitarbeiteroptionen als Personalaufwand,
- Bemessung der gesamten Aufwandshöhe weder nach den Verhältnissen des Zusagedatums noch nach denen des Ausübungsdatums, sondern des Datums, an dem z. B. durch Ablauf von Wartefristen das Optionsrecht unwiderruflich wird (sog. „vesting date"),
- Verteilung des Gesamtaufwandes auf die sog. service-period, d. h. den Zeitraum zwischen Optionszusage und vesting date.

Damit soll ein zusätzlicher Informationsgehalt geschaffen werden, da die wertmäßige Erfassung der geldwerten Vorteile in der GuV (erfolgswirksame Abbildung der Mitarbeiteroptionen) einen deutlich besseren Überblick gibt, als die rein verbalen Ausführungen zu Optionsplänen im Anhang.

---

[121] Vgl. Grünberger, D.; Grünberger, H. (2002), S. 81 ff.

6.7 Notes zum Eigenkapital

Die Notes-Angaben zum EK sind geregelt:

Notes allgemein

1. In IAS 1.74 allgemein:

Danach sind folgende Angaben zu machen:
- Anteile: Für jede Klasse von Anteilen (z. B. Stammaktien, Vorzugsaktien) deren Rechte und Beschränkungen (Anteilsart), deren Nennwert und die Anzahl der genehmigten, ausgegebenen und voll eingezahlten und ausgegebenen und nicht voll eingezahlten Anteile.
- Rücklagen: Art und Zweck jeder Rücklage im EK
- Dividende: der Dividendenvorschlag.

Außerdem besagt IAS 1.74, dass die Anhangsangaben unabhängig von der Gesellschaftsform sinngemäß zu erfüllen sind und neben den Notes eine gesonderte Eigenkapitalveränderungsrechnung erstellt werden muss.

2. In IAS 19.146 ff. bezüglich Mitarbeiteroptionen und ähnlichen Kapitalbeteiligungsleistungen:

Notes zu Stock Options

Danach sind folgende Angaben zu machen:
- Für Stock Options sind Plan- und Ist-Angaben gefordert.
Im PLAN sind Angaben über Anzahl und Bedingungen (Wartezeiten, Ausübungszeitpunkt, Bezugskurs) der Optionen aufzuzeigen.
Im IST sind Anzahl, Ausübungszeitpunkt und Ausübungskurs der in der Periode ausgeübten Bezugsrechte anzugeben.

3. Um IAS 24 „Nahe stehende Parteien" gerecht zu werden, sind Vorstandsoptionen getrennt von allgemeinen Mitarbeiteroptionen anzugeben.

7 Fremdkapital und Rückstellungen (liabilities)

Nach IAS werden Rückstellungen und Verbindlichkeiten zusammenfassend als Schulden („liabilities") bezeichnet.

7.1 Verbindlichkeiten

Liabilities: Verbindlichkeiten und Rückstellungen

7.1.1 Definition

Verbindlichkeiten (Teil der liabilities) werden nach IAS als wirtschaftliche Verpflichtungen gegenüber Dritten, die zu einem Ressourcenabfluss führen, definiert. Sie sind dann zu passivieren, wenn angenommen werden kann („probable"), dass eine wirtschaftliche Verpflichtung vorliegt und die Verpflichtung zuverlässig quantifizierbar ist.[122]

Die Verbindlichkeit nach IAS

Eventualverbindlichkeiten dürfen nach dieser Definition nicht bilanziert werden.

7.1.2 Gliederung und Ausweis des Fremdkapitals

Wie beim EK sieht IAS 1.66 auch beim Fremdkapital nur eine Mindestgliederung vor, die folgende Positionen vorsieht:

Gliederung und Ausweis des FK

- Verbindlichkeiten aus Lieferungen u. Leistungen,
- sonst. Verbindlichkeiten,
- Ertragssteuerschulden, latente Steuern,
- langfristig verzinsliche Schulden.

Zusätzlich werden die liabilities aber noch nach ihrer Laufzeit in kurz- und langfristig untergliedert und zwar sowohl die Verbindlichkeiten als auch die Rückstellungen. Der getrennte Ausweis in der Bilanz nach kurz- und langfristig wird im IAS empfohlen, ist aber nicht vorgeschrieben, im US-GAAP hingegen besteht kein Wahlrecht, hier ist der dezidierte Ausweis zwingend.[123]

Einteilung nach kurz- und langfristig

Zusätzliche Posten sind nur dann auszuweisen, wenn sie notwendig sind, um die Vermögensverhältnisse des Unternehmens den tat-

---

[122] Vgl. Scharpf, P. (2001), S. 43 ff.
[123] Vgl. Grünberger, D.; Grünberger, H. (2002), S. 55 ff.

C Bilanzierung

sächlichen Verhältnissen entsprechend darzustellen (IAS 1.67), dies eröffnet in der Praxis viele Spielräume. So gibt es z. B. Bilanzen, die nur Verbindlichkeiten und latente Steuern ausweisen und alle weiteren Angaben erst in den Notes erläutern (RWE). Andere (Bayer) sind deutlich ausführlicher und weisen langfristiges und kurzfristiges FK aus, wobei das langfristige FK Rückstellungen, langfristige Finanzschulden und übrige langfristige VB beinhaltet und im kurzfristigen FK kurzfristige Rückstellungen, kurzfristige Finanzschulden, Verbindlichkeiten aus Lieferungen und Leistungen und übrige kurzfristige VB zusammengefasst werden. Zusätzlich werden latente Steuern als eigene Posten außerhalb des FK ausgewiesen.

Beide Wege sind möglich, es liegt im Ermessen des Bilanzierenden über die Mindestanforderung hinaus ins Detail zu gehen[124].

Detaillierter Ausweis entweder in der Bilanz oder in den Notes

Tipp:
Da in den Notes ohnehin eine Untergliederung nach den Fristigkeiten gefordert ist, reduziert der komprimierte Ausweis in der Bilanz nicht wirklich den Aufstellungsaufwand. Er hat jedoch den Vorteil bereits hier eine angemessene Transparenz zu bieten.

7.1.3 Bewertung von Verbindlichkeiten

Laut Definition der VB nach IAS dürfen Eventual-VB nicht angesetzt werden, dies ist in IAS 37.19 explizit festgehalten.[125]

7.1.3.1 Zugangsbewertung

Zugangsbewertung zu AK

- Bei erstmaliger Erfassung einer finanziellen Verbindlichkeit ist diese gemäß IAS 39.66 mit den Anschaffungskosten (beizulegender Zeitwert der erhaltenen Gegenleistungen) anzusetzen.
- Transaktionskosten sind einzubeziehen. Folglich ist z. B. bei Vereinbarung eines Disagios eine Darlehensverbindlichkeit zum Nettobetrag anzusetzen. Die Verbindlichkeit wird im Gegensatz zum HGB sofort um das Disagio gekürzt.

---

[124] Vgl. Kresse/Leuz (Hrsg.) (2002), S. 183 f.
[125] Vgl. Prangenberg, A. (2000), S. 161 ff.

Fremdkapital und Rückstellungen (liabilities) C

Beispiel:
Ein Darlehen von 500.000 € mit einem vereinbarten Disagio von 8 % wird nach IAS mit dem vereinnahmten Betrag von 460.000 € angesetzt: Anschaffungskosten unter sofortiger Verrechnung des Disagios.

7.1.3.2 Folgebewertung

Kurzfristige Verbindlichkeiten werden in IAS mit dem Rückzahlungsbetrag angesetzt. Kurzfristig bedeutet auf Abruf oder Fälligkeit innerhalb eines Jahres.

Folgebewertung zum Rückzahlungsbetrag oder Barwert

Langfristige finanzielle Verbindlichkeiten werden zu den Folgestichtagen gemäß IAS 39.93 i. d. R. mit den amortisierten AK bewertet. Diese werden bei verzinslichen Schulden unter Anwendung der Effektivzinsmethode ermittelt.[126] Ausnahme: Verbindlichkeiten, die der Kategorie „zu Handelszwecken gehalten" zugeordnet werden, sowie die derivativen Finanzinstrumente sind jeweils mit ihrem Zeitwert (fair value) zu erfassen. Analog zu den Forderungen gelten auch hier die Bestimmungen von IAS 39.121 ff., d. h. sind Verbindlichkeiten oder Finanzderivate in einem Sicherungszusammenhang gebunden, gelten die besonderen Vorschriften für die Bilanzierung des Hedge Accounting mit den drei Varianten fair value-, Cashflow- und foreign currency hedge. Auch hier müssen jedoch die kumulativen Bedingungen von IAS 39.142 erfüllt werden.

7.1.3.3 Bewertung von Fremdwährungsverbindlichkeiten

Fremdwährungsverbindlichkeiten werden ebenfalls analog zu den Fremdwährungsforderungen nach IAS 21.11 a bei der Folgebewertung zum Stichtagskurs angesetzt. Das Höchstwertprinzip des HGB wird damit in den IAS durchbrochen.

Fremdwährungsbewertung zum Stichtagskurs

Nach IAS 21.15 werden die Umrechnungsdifferenzen grundsätzlich erfolgswirksam sofort in den Aufwand oder Ertrag gebucht. Auch unrealisierte Gewinne und Verluste.

---

[126] Vgl. Kremin-Buch, B. (2000), S. 185 f.

C Bilanzierung

Hedge Account nur bei Erfüllung der Bedingungen des IAS 39.142

Ausnahme: Die Verbindlichkeit steht in einem Sicherungszusammenhang nach IAS 39.121 ff. und das Hedge Accounting kann angewendet werden (IAS 39.142).

Beispiel:

Die Wohlfahrt AG nimmt am 01.01.02 ein Darlehen von 10 Mio. US-Dollar auf. Der Wechselkurs entwickelt sich wie folgt:
- Wechselkurs zum 01.01.02: 1,00 €
- Wechselkurs zum 31.12.02: 1,50 €
- Wechselkurs zum 31.12.03: 0,95 €

Zugangsbewertung:
Nach IAS und HGB wird das Darlehen mit dem Kurs der Erstvalutierung, d. h. mit 10 Mio. € eingebucht.

Folgebewertung:

HGB: Handelsrechtlich ist das Höchstwertprinzip zu beachten. Am 31.12.02 sind demnach 15 Mio. € anzusetzen. Per 31.12.03 hingegen nicht 9,5 Mio. €, sondern die höheren AK von 10 Mio. €.

IAS: Hier ist der Stichtagskurs auch dann anzusetzen, wenn er zu einem niedrigeren Wert führt. In 02 sind demzufolge 15 Mio. € (Aufwand 5 Mio. €) und in 03 9,5 Mio. € (Ertrag 5,5 Mio. €) anzusetzen.

7.1.4 Notes zu den Verbindlichkeiten

Detailgliederung der VB, spätestens in den Notes

Soweit nicht bereits auf Bilanzebene eine tiefere Untergliederung der Verbindlichkeiten vorgenommen wird, hat dies im Anhang zu geschehen. Ein festes Untergliederungsschema existiert in IAS nicht. Die Übernahme der handelsrechtlichen Untergliederung (§ 266 HGB) ist zulässig.

IAS 32 regelt die wesentlichen Anhangvorschriften für Verbindlichkeiten:

Allgemeine Angaben zu den VB

- Allgemeine Angaben sind gefordert zu:
  - Sicherungszusammenhängen,
  - Bilanzierungs- u. Bewertungsmethoden.

- Speziellere Angaben verlangt:

Fremdkapital und Rückstellungen (liabilities)

- IAS 32.47: für jede Klasse von finanziellen Verbindlichkeiten, und zwar Informationen über Umfang und Art, einschließlich wesentlicher vertraglicher Vereinbarungen über Laufzeiten und sonstige Konditionen, *(Spezielle Angaben zu den VB)*
- IAS 32.56 ff.: zu Zinsänderungsrisiken, Fälligkeitsterminen und Zinsanpassungsterminen,
- IAS 32.77: zum beizulegenden Zeitwert der Verbindlichkeiten,
- IAS 32.49 (g): zu geleisteten Sicherheiten für die Verbindlichkeiten.

Die Informationen zum Zinsänderungsrisiko können in verbaler oder tabellarischer Form gegeben werden.

IAS 32.64 (a) empfiehlt die tabellarische Darstellung in folgender Aufteilung:

- Restlaufzeiten bis zu 1 Jahr,
- Restlaufzeiten zwischen 1 und 5 Jahren,
- Restlaufzeiten von 5 Jahren und länger.

> **Tipp:**
> Es empfiehlt sich die Angaben zu den Verbindlichkeiten und ihren Laufzeiten in einem Verbindlichkeitenspiegel darzustellen.

(Verbindlichkeitenspiegel als Hilfsinstrument)

Die Angabe von Zeitwerten dient der mittelbaren Abschätzung des Zinsänderungsrisikos, da bei langfristigen Verbindlichkeiten wie Darlehen oder Anleihen der Buchwert erheblich vom Marktwert abweichen kann.

In der Praxis sind die Angaben unterschiedlich. Zum Teil sind die langfristigen Restlaufzeiten angegeben, aber keine Marktwerte, in anderen Fällen sind Marktwerte genannt, aber keine langfristigen Restlaufzeiten. Da nur bestimmte Angaben (Restlaufzeit bis zu 1 Jahr) gefordert, aber andere (Restlaufzeit 5 Jahre und mehr) nur empfohlen werden, liegt es in diesem Bereich im Ermessen des Bilanzierenden, wie detailliert er die Verbindlichkeiten ausweisen will.

(Unterschiedliche Handhabung in der Praxis)

7.2 Pensionsrückstellungen und andere langfristige Leistungen

7.2.1 Definition

IAS 19 regelt die Bilanzierung und Bewertung sowie die Angabepflichten zu Leistungen an Arbeitnehmer. IAS 19.7 differenziert dabei folgende Kategorien von Leistungen an Arbeitnehmer:
- kurzfristig fällige Leistungen an Arbeitnehmer (innerhalb von 12 Monaten nach Ende der Berichtsperiode)
- Leistungen nach Beendigung des Arbeitsverhältnisses (Pensionen – Erfassung zum Barwert)
- Andere langfristige fällige Leistungen für Arbeitnehmer (z. B. Jubiläumszuwendungen – Erfassung zum Barwert)
- Leistungen aus Anlass der Beendigung des Arbeitsverhältnisses (z. B. Abfindungen)
- Pläne für Kapitalbeteiligungsleistungen (stock options)

Unterschiede bei Leistungen nach Beendigung des Arbeitsverhältnisses

Lediglich für die Leistungen nach Beendigung des Arbeitsverhältnisses und die anderen langfristig fälligen Leistungen bestehen Unterschiede zum HGB. Bei den anderen 3 Kategorien ergeben sich (bis auf die Aufnahme einer möglichen Abzinsung) keine nennenswerten Abweichungen zwischen IAS und HGB.[127]

Beitrags- oder Leistungsorientiert

Für die Bilanzierung wesentlich ist dabei die Unterscheidung zwischen beitragsorientierten Plänen (defined contribution plans) und leistungsorientierten Plänen (defined benefit plans). IAS 19 unterscheidet im Vergleich zu den handelsrechtlichen Bestimmungen nicht zwischen unmittelbaren und mittelbaren Pensionsverpflichtungen.

Beitragsorientierte Pläne (IAS 19.7) sind Pläne für Leistungen nach Beendigung des Arbeitsverhältnisses, bei denen ein Unternehmen festgelegte Beiträge an eine eigenständige Einheit (z. B. Fonds) entrichtet und weder rechtlich noch faktisch zur Zahlung darüber hinaus gehender Beiträge verpflichtet ist. Somit hat der Arbeitnehmer gegenüber dem Arbeitgeber keinen festen Leistungsanspruch.

---

[127] Vgl. Lüdenbach, N. (2001), S. 172.

Fremdkapital und Rückstellungen (liabilities) C

Bei beitragsorientierten Plänen (Pensionskassen, Direktversicherungen) sind die laufenden Beträge als Aufwand zu erfassen (IAS 19.43 f.). Rückstellungen werden demnach nicht zwingend gebildet. Zur Bewertung sind keine versicherungsmathematischen Annahmen erforderlich.

Bei **leistungsorientierten Plänen** ist das Unternehmen verpflichtet, den Mitarbeitern zugesagte Leistungen zu gewähren.

Die nachfolgende Übersicht verdeutlicht die unterschiedlichen Ausprägungen (hinsichtlich der Ansammlung des Fondsvermögens) bei leistungsorientierten Plänen:

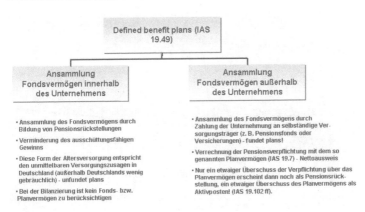

Für leistungsorientierte Pläne, die über einen externen Pensionsfonds abgewickelt werden, sind nicht die Zahlungen an den Fonds selbst als Aufwand zu betrachten, sondern der Barwert der von den Arbeitnehmern erdienten Pensionsansprüche (Versorgungsaufwand).[128]

7.2.2 Bewertung

Die aufgrund von leistungsorientierten Versorgungsplänen entstandenen Rentenverpflichtungen sind nach dem Ansammlungsverfah- — Ansammlungsverfahren

---

[128] Vgl. Prangenberg, A. (2001), S. 167.

ren der projected unit credit method (Anwartschaftsbarwertverfahren – IAS 19.64 ff.) zu berechnen. Basis für den mit Hilfe des Anwartschaftsbarwertverfahrens zu ermittelnden Betrag ist gemäß IAS 19.54 der Barwert der leistungsorientierten Verpflichtung zum Bilanzstichtag. Mit der projected unit credit Methode wird zum einen die Gesamtverpflichtung am Bilanzstichtag (defined benefit obligation) sowie der Gesamtaufwand der Periode (current service cost = Barwert des in der Periode hinzuverdienten Anspruchs) ermittelt. Der jährlich in der GuV zu erfassende Aufwand setzt sich (IAS 19.61) insgesamt aus folgenden Komponenten zusammen:

Zusammensetzung Aufwand für Pensionsverpflichtungen

Dienstzeitaufwand der Periode (19.63 - 91)

+ Zinsaufwand (19.82)

- Ertrag aus Planvermögen (19.105 - 107)

+/- Versicherungsmathemat. Gewinne/Verluste (19.92-93)

+ Nachzuverrechnender Dienstzeitaufwand (19.96)*

+/- Auswirkungen etwaiger Plankürzungen (19.109-110)

+/- Differenzbetrag bei erstmaliger Anwendung (19.155)

Bei der weiteren Bewertung der leistungsorientierten Verpflichtung nach IAS ergeben sich im Vergleich zu den HGB-Vorschriften (geprägt durch § 6 a EStG) im Wesentlichen folgende Unterschiede:
Ist die Höhe der zugesagten Pensionen an die Höhe des Gehalts gekoppelt (gehaltsabhängige Pensionszusagen), so sind im Gegensatz zum HGB in die Berechnung der Leistungen zukünftige Gehalts- und Karrieretrends einzubeziehen (IAS 19.84).
- Während nach § 6 a EStG ein Abzinsungssatz von 6 % vorgeschrieben ist, muss nach IAS 19.78 der Zinssatz erstrangiger, festverzinslicher Industrieanleihen am Markt herangezogen werden.

Fremdkapital und Rückstellungen (liabilities) C

- Das in Deutschland übliche steuerliche Teilwertverfahren (Gleichverteilungsverfahren) ist für IAS-Bewertungsgrundsätze nicht zulässig.

Grundsätzlich bleibt festzuhalten, dass aus den genannten Unterschieden die in der IAS-Bilanz angesetzten Pensionsrückstellungen i. d. R. höher sind als nach HGB.

IAS-Werte i. d. R. höher als HGB-Werte

Die anderen langfristigen Leistungen (z. B. Jubiläumsgelder) werden gemäß IAS 19.127 genauso behandelt wie die Leistungen nach Beendigung des Arbeitsverhältnisses.

7.2.3 Angabepflichten

Die IAS-Regelungen zur Erläuterung der leistungsorientierten Pläne in den Notes finden sich in IAS 19.120 ff. wieder. An dieser Stelle sei auf die Beschreibungen zu den Angabepflichten im Kapitel „Sachanlagen" verwiesen (Stichwort: Arbeiten mit Arbeitsbilanzen).

Für die Position der leistungsorientierten Verpflichtungen sollte folgende Arbeits-Tabelle (für das betreffende Geschäftsjahr) bearbeitet und später in die Notes eingebunden werden:

Anhangangaben für Pensionsrückstellungen

Versicherungsmathematische Annahmen

	in % 2001
Zinssatz	6,00
Gehaltssteigerungstrend	3,00
Rentensteigerungsstrend	3,00

Fortschreibung Bilanzansatz (Bilanzielle Entwicklung)

	2001
Bilanzwert zum 1.1.2001 (bzw. 31.12.2000)	21.643.630,00 €
+ Pensionsaufwand (IAS 19.61)	2.890.976,00 €
- Geleistete Rentenzahlungen bzw. Fondsdotierungen	365.000,00 €
Bilanzwert 31.12.2001	24.169.606,00 €

Bilanzierung

Pensionsaufwand (IAS 19.61)

	2001
Aufwand für im Berichtsjahr erdiente Pensionsansprüche	1.603.308,00 €
+ Zinsaufwand (IAS 19.82)	1.287.668,00 €
- Ertrag aus Planvermögen	- €
+/- versicherungstechnische Gewinne / Verluste (IAS 19.92 - 93)	- €
+/- nachzuverrechnender Dienstzeitaufwand (IAS 19.96)	- €
+ / - Auswirkungen von Planknürzungen (IAS 19.109 - 110)	- €
Gesamtaufwand	**2.890.976,00 €**

Bilanzansatz (IAS 19.54)

	2001
Barwert der rückstellungsfinanzierten Versorgungsansprüche	24.169.606,00 €
Anpassungebetrag auf Grund versicherungsmathematischer Gewinne (+) u. Verluste (-)	- €
Ertrag (+) bzw. Aufwand (-) aus der Anpassung des nachzuverrechnenden Dienstzeitaufwandes	- €
Fondsvermögen zu Marktwerten	- €
Bilanzwert zum 31.12.2001	**24.169.606,00 €**

7.2.4 Maßnahmen zur Überleitung eines handelsrechtlichen Abschlusses auf einen IAS-Abschluss

Für die praktische Umstellungsarbeit vom HGB- zum IAS-Abschluss sind u. a. folgende Punkte für die Pensionsrückstellungen zu beachten:

- Da nach IAS die steuerliche Teilwertmethode nicht erlaubt ist, muss u. U. (falls dieses Verfahren in der Handelsbilanz angewendet wird) ein neues Pensionsgutachten für die bilanzielle IAS-

Bewertung gemäß dem Anwartschaftsbarwertverfahren erstellt werden.

Weitere Erläuterungen zu den Angabepflichten sind im Kapitel „Sachanlagen" beschrieben.

7.3 Steuerrückstellungen

7.3.1 Definition

IAS 12 regelt die Bilanzierung von tatsächlichen und latenten Steuerschulden. Latente Steuern werden im Kapitel 8 beschrieben.

Tatsächliche Ertragssteuern

Die tatsächlichen Ertragsteuern für laufende und frühere Perioden sind in dem Umfang, in dem sie noch nicht bezahlt sind, als **Schuld** anzusetzen. Falls der bereits bezahlte Betrag den geschuldeten Betrag übersteigt, so ist der Unterschiedsbetrag als Vermögenswert anzusetzen (IAS 12.12).

Wenn ein steuerlicher Verlust zur Erstattung tatsächlicher Ertragsteuern einer früheren Periode genutzt wird, so bilanziert ein Unternehmen den Erstattungsanspruch als einen Vermögenswert in derjenigen Periode, in der der steuerliche Verlust entsteht.

7.3.2 Bewertung

Gemäß IAS 12.46 sind tatsächliche Ertragsteuerschulden bzw. -ansprüche für die laufende und für frühere Perioden mit dem Betrag zu bemessen, in dessen Höhe eine Zahlung an die Steuerbehörden (bzw. eine Erstattung von den Behörden) erwartet wird. Es müssen die Steuersätze und Vorschriften herangezogen werden, die zum Bilanzstichtag gültig oder angekündigt sind (IAS 12.46).

Tatsächliche Steuern sind als Ertrag oder Aufwand zu erfassen und in das Periodenergebnis einzubeziehen (IAS 12.58). Der der gewöhnlichen Tätigkeit zuzurechnende Steueraufwand (Steuerertrag) ist in der GuV getrennt darzustellen (IAS 12.77).

Erfassung als Ertrag oder Aufwand

Steueransprüche und Steuerschulden sind getrennt von anderen Vermögenswerten und Schulden in der Bilanz darzustellen (IAS 12.69). Hierbei hat ein Unternehmen tatsächliche Steuerschulden und Steuererstattungsansprüche nur dann zu saldieren, wenn das

C Bilanzierung

Unternehmen ein einklagbares Recht hat, die bilanzierten Beträge gegeneinander aufzurechnen **und** beabsichtigt, entweder den Ausgleich auf Nettobasis herbeizuführen oder gleichzeitig mit der Realisierung des betreffenden Vermögenswertes die dazugehörige Schuld abzulösen (IAS 12.71).

Keine wesentlichen Abweichungen zu HGB

Für die bilanzielle Behandlung der tatsächlichen Steueransprüche und Steuerschulden ergeben sich somit **keine** wesentlichen Abweichungen zu den HGB-Grundsätzen.

7.3.3 Angabepflichten

Die IAS-Regelungen zur Erläuterung der tatsächlichen Steueransprüche und Steuerschulden in den Notes finden sich in IAS 79 ff. wieder. Gemäß IAS 12.79 sind die Hauptbestandteile des Steueraufwandes bzw. Steuerertrages getrennt anzugeben, wobei die einzelnen Bestandteile des Steueraufwandes bzw. Steuerertrages in IAS 12.80 aufgelistet sind.

7.4 Sonstige Rückstellungen, Eventualverbindlichkeiten und Eventualforderungen

7.4.1 Definition

IAS 37 regelt die Bilanzierung der sonstigen Rückstellungen sowie die Behandlung der nicht in den Notes anzusetzenden Eventualschulden und Eventualforderungen. Gemäß IAS 37.10 ist eine Rückstellung (provision) eine Schuld, die bezüglich ihrer Fälligkeit oder ihrer Höhe ungewiss ist. Dabei ist eine Rückstellung dann anzusetzen, wenn:

- ein Unternehmen aus einem Ereignis der Vergangenheit eine gegenwärtige (**rechtliche oder faktische**) **Verpflichtung** hat

Gegenwärtige Verpflichtung

Eine gegenwärtige Verpflichtung besagt, dass das Unternehmen keine Möglichkeit hat, sich der (rechtlichen oder faktischen) Verpflichtung zu entziehen. Während rechtliche Verpflichtungen sich aus Verträgen oder Gesetzen ableiten, ist eine faktische Verpflichtung eine aus den Aktivitäten eines Unternehmens entstehende Verpflichtung, wenn das Unternehmen durch sein bisher übliches

Fremdkapital und Rückstellungen (liabilities) C

Geschäftsgebaren oder durch öffentlich angekündigte Maßnahmen anderen Parteien gegenüber die Übernahme gewisser Verpflichtungen angedeutet hat und dadurch bei den anderen Parteien eine gerechtfertigte Erwartung geweckt hat, dass es diesen Verpflichtungen nachkommt (IAS 37.10).

Allerdings betrifft eine Verpflichtung immer eine andere Partei – entweder gegenüber einem einzelnen oder gegenüber der Öffentlichkeit in ihrer Gesamtheit (IAS 37.20). Auf Basis dieses so genannten **Außenverpflichtungsprinzips** sind damit die nach deutschen HGB-Recht zu bilanzierenden Rückstellungen für Innenverpflichtungen (§ 249 HGB) ausgeschlossen.

Außenverpflichtungsprinzip

Ist die Existenz einer gegenwärtigen Verpflichtung (IAS 37.23) nicht wahrscheinlich, so gibt das Unternehmen eine **Eventualschuld** an, sofern der Ressourcenabfluss nicht unwahrscheinlich ist (IAS 37.86). Dies entspricht im Wesentlichen der in Deutschland vertretenen Auffassung. Weiterhin ist eine Rückstellung anzusetzen, wenn

Eventualschuld

- der **Abfluss von Ressourcen** zur Erfüllung dieser Verpflichtung **wahrscheinlich** ist und
  Ein Abfluss von Ressourcen wird als wahrscheinlich angesehen, wenn mehr dafür als dagegen spricht, d. h. die Wahrscheinlichkeit, dass das Ereignis eintritt, größer ist als die Wahrscheinlichkeit, dass es nicht eintritt (> 50 %).

Begriff der Wahrscheinlichkeit

- eine **zuverlässige Schätzung** der Höhe der Verpflichtung möglich ist.
  Die Verwendung von Schätzungen ist ein wesentlicher Bestandteil bei der Aufstellung von Abschlüssen. Dies gilt insbesondere für Rückstellungen, die naturgemäß in höherem Maße unsicher sind, als die meisten anderen Bilanzposten (IAS 37.25). Dabei geht IAS 37.25 weiter davon aus, dass von **äußerst seltenen Fällen abgesehen**, ein Unternehmen in der Lage sein dürfte, ein Spektrum möglicher Ergebnisse zu bestimmen und daher auch eine Schätzung der Verpflichtungen vornehmen zu können, die für den Ansatz einer Rückstellung ausreichend zuverlässig ist. Somit ist nur in äußerst seltenen Fällen (auch wenn ein Ressourcenabfluss wahrscheinlich ist) eine Rückstellung nicht anzuset-

Schätzung der Höhe der Verpflichtung i. d. R. gegeben

179

zen, und zwar dann, wenn keine zuverlässige Schätzung möglich ist. In diesem Fall ist die betreffende Schuld im Anhang (IAS 37.26) als Eventualschuld anzugeben.

Der nachfolgende Entscheidungsbaum verdeutlicht die beschriebenen Zusammenhänge hinsichtlich der Ansatzkriterien von Rückstellungen:[129]

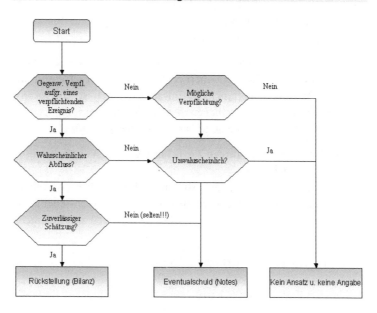

Im Zusammenhang mit künftigen betrieblichen Verlusten (IAS 37.36) sind keine Rückstellungen anzusetzen, vielmehr ist hier eine Prüfung der betreffenden Vermögenswerte auf Wertminderungen nach IAS 36 vorzunehmen.

Drohverlustrückstellungen Drohverlustrückstellungen sind gemäß IAS 37.66 für so genannte belastende Verträge (Verträge, bei denen die unvermeidbaren Kosten zur Erfüllung der vertraglichen Verpflichtungen höher als der wirtschaftliche Nutzen sind – IAS 37.68) zu bilden.

---

[129] Vgl. IASB (2001), IAS 37, S. 868.

Fremdkapital und Rückstellungen (liabilities) C

Rückstellungen für Restrukturierungsmaßnahmen (z. B. Verkauf oder Beendigung eines Geschäftszweiges, Stilllegung von Standorten, Auflösung einer Managementebene – IAS 37.70) dürfen gemäß IAS nur dann angesetzt werden, wenn zunächst die allgemeinen Ansatzkriterien (IAS 37.14) erfüllt sind. Darüber hinaus entsteht jedoch eine faktische Verpflichtung zur Bildung von Rückstellungen für Restrukturierungsmaßnahmen nur dann, wenn ein Unternehmen

Rückstellungen für Restrukturierungen

- einen detaillierten, formalen Restrukturierungsplan hat (beinhaltet u. a. die betroffenen Geschäftsbereiche, Standorte, entstehenden Ausgaben) und
- die Umsetzung der Restrukturierungsmaßnahmen entweder begonnen hat oder die Umsetzung des Plans den Betroffenen gegenüber angekündigt wurde (IAS 37.72).

Eine Restrukturierungsrückstellung enthält keine Aufwendungen für die Umschulung oder Versetzung weiterbeschäftigter Mitarbeiter, für Marketing oder Investitionen in neue Systeme oder Vertriebsnetze (IAS 37.81).

7.4.2 Bewertung

Gemäß IAS 37.36 stellt der als Rückstellung angesetzte Betrag die **bestmögliche Schätzung** (best estimate) der Ausgabe dar, die zur Erfüllung der gegenwärtigen Verpflichtung zum Bilanzstichtag erforderlich ist. Dabei hängen die Schätzungen von der Bewertung des Managements, zusammen mit Erfahrungswerten aus ähnlichen Transaktionen und gelegentlich, unabhängigen Sachverständigengutachten ab. (IAS 37.38). Bei einer **Bandbreite** möglicher Ereignisse, innerhalb derer die Wahrscheinlichkeit der einzelnen Punkte gleich groß ist, wird nach IAS 37.39 der Mittelwert der Bandbreite verwendet (nach HGB ist der höchste Wert anzusetzen). Folgendes Beispiel verdeutlicht diesen Bewertungsgrundsatz:[130]

Bewertung nach bestmöglicher Schätzung

---

[130] Vgl. Lüdenbach, N. (2001), S. 169.

C Bilanzierung

Beispiel:

Die Erben des bei einem Betriebsunfall verunglückten ehemaligen Mitarbeiters der X GmbH, Hans Meier, beanspruchen 5 Mio. € von der X GmbH. Zum nächsten Bilanzstichtag gibt es ein neues Gutachten, das für die Wahrscheinlichkeit einer Verurteilung der X GmbH spricht. Für den Fall der Verurteilung werden Beträge von 0,5 Mio. €, 1 Mio. € und 1,5 Mio. € als gleich wahrscheinlich angesehen.

Rückstellungshöhe IAS: 1 Mio. €

Rückstellungshöhe HGB: 1,5 Mio. €.

Wird jedoch eine einzelne Verpflichtung bewertet, dürfte das jeweils wahrscheinlichste Ergebnis die bestmögliche Schätzung der Schuld darstellen (IAS 37.40). Ausgehend vom o. g. Beispiel könnten auch nach IAS die 1,5 Mio. € als Rückstellungsbetrag angesetzt werden, soweit seitens des Managements Argumente dafür gefunden werden, dass dieser Betrag das wahrscheinlichste Ergebnis darstellt. Insofern bestehen im Zusammenhang mit der bestmöglichen Schätzung nur theoretische Unterschiede hinsichtlich der Bewertung nach HGB.

Abzinsung von langfristigen Rückstellungen

Bei einer wesentlichen Wirkung des Zinseffektes ist die (langfristige) Rückstellung in Höhe des Barwertes der erwarteten Ausgaben anzusetzen. Der Abzinsungssatz hat sich nach IAS 37.47 an Marktzinssätzen zu orientieren. § 253 Abs. 1 S. 2 HGB lässt eine Abzinsung von Rückstellungen nur dann zu, „soweit die ihnen zu Grunde liegenden Verbindlichkeiten einen Zinsanteil enthalten". Demgegenüber sieht das deutsche Steuerrecht ein grundsätzliches Abzinsungsgebot für unverzinsliche Rückstellungen mit einer Laufzeit von mindestens 12 Monaten vor.

Nachfolgendes Beispiel zeigt die Technik zur Abzinsung langfristiger Rückstellungen nach IAS[131]:

---

[131] Vgl. Bruns, C. (Hrsg.) (2001), S. 118.

Fremdkapital und Rückstellungen (liabilities)

Beispiel:

Zum 31.12.2001 muss eine Gewährleistungsverpflichtung als langfristige Rückstellung auf Basis folgender Daten bilanziert werden:

Rückstellung wird voraussichtlich im Jahr 06 in Anspruch genommen

Aufwendungen, die bis zur Inanspruchnahme der Rückstellung entstehen, erhöhen sich jährlich um 3 % (Kostensteigerungsrate)

Abzinsungssatz (IAS 37.47) 5 %

Die Verpflichtung ist am 31.12.01 mit 100 € zu bewerten.

Aufgaben:

a.) Was versteht man unter einem Erfüllungsbetrag der Rückstellung und wie hoch ist dieser?

b.) In welcher Höhe ist die Rückstellung am 31. Dezember 2003 nach IAS 37 zu bewerten?

c.) Welche Buchungen sind in den Jahren 01 bis 06 erforderlich?

Lösungen

Zu a):

Der Erfüllungsbetrag ist der Betrag, der in der Zukunft zur Begleichung der Verpflichtung voraussichtlich gezahlt wird. Sofern bei den Kostensteigerungen eine konstante Kostensteigerungsrate verwendet wird, ist der Erfüllungsbetrag über folgende Formel ermittelbar:

$$\text{Erfüllungsbetrag} = 100 \cdot (1 + 0{,}03)^5 = 115{,}92 \text{ €}$$

Zu b):

Langfristige Rückstellungen werden nach IAS 37 mit ihrem Barwert erfasst. Zur Ermittlung des Barwerts wird der Erfüllungsbetrag der Rückstellung mit dem Abzinsungssatz (Marktzinssatz IAS 37.47) auf den Bilanzstichtag diskontiert.

Bilanzierung

Bei der Abzinsung ist folgende Formel zu verwenden:

$$\text{Barwert} = \frac{\text{Erfüllungsbetrag}}{(1 + \text{Abzinsungssatz})^{\text{Jahre bis Inanspruchnahme}}}$$

Im vorliegenden Sachverhalt ist der Erfüllungsbetrag von 115,92 € über 5 Jahre mit 5 % zu diskontieren. Der als Rückstellung zu bilanzierende Barwert zum 31. Dezember 2003 beträgt 90,83 €.

Zu c):

Buchung zum 31.12.2003: Erfassung der Rückstellung:

Sonstiger betrieblicher Aufwand an Rückstellung   90,83 €

Buchung zum 31.12.2004:
Zinsanteil an der Rückstellungszuführung (Zinsanteile sind erst ab dem Folgejahr (31.12.2002) zu buchen):

Zinsanteile = Rückstellung zu Beginn des GJ • Abzinsungsfaktor

Zinsaufwand an Rückstellung   4,54 €

Buchungen zum 31.12.2008:
Zinsaufwand an Rückstellung   4,54 €
Rückstellung an Bank   115,92 €

Nachfolgende Übersicht verdeutlicht die Entwicklung der Rückstellung:

Jahr	Stand zu Beginn des GJ	Zuführung des Barwerts	Zinsanteil	Verbrauch	Stand am Ende des GF
1,00 €	- €	90,83 €			90,83 €
2,00 €	90,83 €		4,54 €		95,37 €
3,00 €	95,37 €		4,77 €		100,14 €
4,00 €	100,14 €		5,00 €		105,14 €
5,00 €	105,14 €		5,26 €		110,40 €
6,00 €	110,40 €		5,52 €	115,92 €	- €

Eine Rückstellung ist nur für Ausgaben zu verbrauchen, für die sie ursprünglich gebildet wurde.

7.4.3 Ausweis

Rückstellungen (provisions) sind in der Bilanz gesondert von anderen Schulden (z. B. Verbindlichkeiten) auszuweisen (IAS 1.66). In der Bilanz oder im Anhang ist eine Untergliederung der Rückstellung vorzunehmen (mind. Leistungen an Arbeitnehmer und andere Rückstellungen → IAS 1.73).

Rückstellungen können dadurch von sonstigen Schulden (z. B. Verbindlichkeiten aus Lieferungen und Leistungen) unterschieden werden, dass bei ihnen **Unsicherheiten** hinsichtlich des Zeitpunktes oder der Höhe der künftig erforderlichen Ausgaben bestehen. Dabei unterscheidet IAS 37.11 zwischen:

- Verbindlichkeiten aus Lieferungen und Leistungen
- Abgegrenzten Schulden (Accruals), bei denen die Unsicherheit hinsichtlich Höhe oder Zeitpunkt der Ausgaben im Allgemeinen deutlich geringer ist als bei Rückstellungen

Abgegrenzte Schulden werden häufig als Teil der Verbindlichkeiten aus Lieferungen und Leistungen und sonstigen Verbindlichkeiten ausgewiesen, wohingegen der Ausweis von Rückstellungen separat erfolgt.

In der Praxis bedeutet dies, dass für den IAS-Abschluss häufig eine **Umgliederung** von Teilen der bisher als **Rückstellung** ausgewiesenen Posten in die Verbindlichkeiten (z. B. Urlaubsrückstellungen, Berufsgenossenschaft) erfolgt. Somit werden in der IAS-Bilanz als Rückstellung nur wirklich unsichere Rückstellungen, Steuerrückstellungen und Rückstellungen für Leistungen an Arbeitnehmer ausgewiesen.

Umgliederung von Rückstellungen in die Verbindlichkeiten

7.4.4 Angabepflichten

Die IAS-Regelungen zur Erläuterung sonstiger Rückstellungen in den Notes finden sich in IAS 37.84 f. wieder. An dieser Stelle sei auf die Beschreibungen zu den Angabepflichten im Kapitel „Sachanlagen" verwiesen (Stichwort: Arbeiten mit Arbeitsbilanzen).

Für die Position der sonstigen Rückstellungen sollten z. B. folgende Arbeits-Tabellen (für das betreffende Geschäftsjahr) bearbeitet und später in die Notes eingebunden werden:

Arbeitsbilanz Passiva

PASSIVA	IAS 01.01.-31.12.2001	HGB 01.01.-31.12.2001	Veränderung
Steuerrückstellungen	3.299.310,89 €	3.299.310,89 €	- €
Sonstige Rückstellungen	5.901.061,60 €	17.254.296,67 €	- 11.353.235,07 €
Rückstellungen für Pensionen	11.066.212,30 €	10.462.118,00 €	604.094,30 €
Rückstellungen	**20.266.584,79 €**	**31.015.725,56 €**	**- 10.749.140,77 €**

Neben einer solchen Darstellung der Passivseite der Bilanz (in welcher für dieses Kapitel nur die Position der Rückstellungen berücksichtigt werden soll), ist es ratsam, den Rückstellungsspiegel in die Notes einzubinden:

Rückstellungsspiegel

Rückstellungsspiegel nach HGB							
Art der Rückstellung	BW 1.1.2001 HGB	Zuführung	Zinseffekt*	Inanspruchnahme	Auflösung	Auflösung / Zuführung	BW IAS 31.12.2001
Steuerrückstellungen	10.790.197,18 €		- €	7.490.886,29 €	- €		3.299.310,89 €
sonstige Rückstellungen	19.744.487,73 €	6.691.292,51 €	- €	4.668.500,77 €	4.512.982,80 €		17.254.296,67 €
- Auflösung Aufwandsrück. INSTANDHALTUNG	- €	- €	- €	- €	- €	880.364,63 €	880.364,63 €
- Umgliederung Rückstellungen -> Vblk.	9.755.480,80 €	- €	9.755.480,80 €	- €	4.512.982,80 €	10.472.870,44 €	10.472.870,44 €
	- €	- €	- €	- €	- €		5.901.061,60 €
	- €	- €	- €	- €	- €		- €
	9.755.480,80 €	- €	9.755.480,80 €	- €	9.755.480,80 €		- €
Rückstellungen für Pensionen	9.380.788,21 €	1.081.329,79 €	- €	- €	- €	604.094,30 €	11.066.212,30 €
	- €	- €	- €	- €	- €		- €
	- €	- €	- €	- €	- €		- €
	- €	- €	- €	- €	- €		- €
Summe	39.915.473,12 €	7.772.622,30 €	19.510.961,60 €	12.159.387,06 €	18.781.446,40 €	11.957.329,37 €	20.266.584,79 €

7.4.5 Maßnahmen zur Überleitung eines handelsrechtlichen Abschlusses auf einen IAS-Abschluss

Für die praktische Umstellungsarbeit vom HGB- zum IAS-Abschluss sind u. a. folgende Punkte für die Rückstellungsposition zu beachten:

- Es ist zu prüfen, ob in der HGB-Bilanz (mindestens zur ersten Vorjahresbilanz) Aufwandsrückstellungen gemäß § 249 HGB bilanziert wurden. Ist dies der Fall, so müssen diese für die IAS-Bilanz eliminiert werden, da Rückstellungen für Innenverpflichtungen nach IAS (IAS 37.14) nicht passiviert werden dürfen.

- Sind in der HGB-Bilanz Rückstellungen für Restrukturierungen gebildet worden, so muss geprüft werden, ob diese gemäß IAS 37.72 f. angesetzt werden dürfen (Vorliegen eines detaillierten Restrukturierungsplanes, Umsetzung oder Ankündigung des Planes).
- Nach HGB bilanzierte Rückstellungen sind für die IAS-Bilanz u. U. in die Verbindlichkeiten umzugliedern, da gemäß IAS 37.11 Rückstellungen (provisions) getrennt von abgegrenzten Schulden (accruals) auszuweisen sind. Mit anderen Worten: nur solche Rückstellungen, bei denen eine große Unsicherheit hinsichtlich des Zeitpunktes oder der Höhe der künftig erforderlichen Ausgaben bestehen (i. d. R. Pensionsrückstellungen, Steuerrückstellungen und sonstige Rückstellungen), sind auch als solche anzusetzen.
- Es ist zu prüfen, ob im Gegensatz zum HGB-Ansatz (§ 253 HGB Abs. 1: Abzinsung nur beim Zinsanteil bei den Rückstellungen) bei bestimmten langfristigen IAS-Rückstellungen (IAS 37.45: Abzinsung bei Wesentlichkeit) Abzinsungen vorzunehmen sind.

Weitere Erläuterungen zu den Angabepflichten sind im Kapitel „Sachanlagen" beschrieben.

8 Latente Steuern

Latente Steuern ergeben sich aus der Differenz zwischen der fiktiven Steuerbelastung aus der handelsrechtlichen GuV und dem tatsächlichen Steueraufwand aus der steuerlichen Gewinnermittlung. *Definition*

Die Bilanzierung von latenten Steuerschulden und latenten Steueransprüchen ist in IAS 12 geregelt. Während nach HGB-Grundsätzen die latenten Steuern durch Ergebnisdifferenzen ermittelt werden (so genannte „deferred-Methode") beruht IAS 12 auf dem bilanzorientierten „Temporary-Konzept" in Verbindung mit der „Liability-Methode". *Regelung in IAS 12*

Somit fundiert die Ermittlung der latenten Steuern aus HGB-Sicht auf einer Betrachtung der GuV, während sich nach IAS die latenten Steuern durch Gegenüberstellung der Bilanzpositionen ermitteln.

C Bilanzierung

Latente Steuern definieren sich nach IAS als Differenz zwischen einer Steuerbelastung aus der Handelsbilanz und dem tatsächlichen Steueraufwand, der sich aus dem unterschiedlichen Ansatz von assets und liabililties in der Handelsbilanz einerseits und in der Steuerbilanz andererseits ergibt.[132]

Latente Steuern IAS

Gemäß IAS 12.5 sind latente Steuerschulden die Ertragsteuerbeträge, die in zukünftigen Perioden resultierend aus zu versteuernden temporären Differenzen zahlbar sind, während latente Steueransprüche die Beträge an Ertragsteuern sind, die in zukünftigen Perioden erstattungsfähig sind und aus

- abzugsfähigen temporären Differenzen,
- dem Vortrag noch nicht genutzter steuerlicher Verluste und
- dem Vortrag noch nicht genutzter steuerlicher Gewinne

resultieren.

Bilanzorientiertes „Temporary Konzept"

Das nach IAS für die Ermittlung der latenten Steuern anzuwendende bilanzorientierte „Temporary Konzept" basiert auf temporären Differenzen. Hierbei sind (IAS 12.5) temporäre Differenzen definiert als Unterschiedsbeträge zwischen dem Buchwert eines Vermögenswertes oder einer Schuld in der Bilanz und seinem Steuerwert (tax base). Wichtig hierbei ist, dass sich die Differenzen zwischen dem handels- und dem steuerrechtlichen Ergebnis in Zukunft wieder ausgleichen. In die Ermittlung der latenten Steuern werden nicht nur die zeitlich begrenzten Differenzen sondern auch so genannte quasi-permanente Differenzen (das sind solche Differenzen, die sich im Zeitablauf nicht automatisch ausgleichen, sondern erst durch Veräußerung des betreffenden Vermögensgegenstandes) herangezogen.

Keine latenten Steuern bei permanenten Differenzen

Für permanente Differenzen (bestimmte in der GuV enthaltene Aufwendungen sind nicht als steuerliche Betriebsausgabe anerkannt[133]) dürfen hingegen keine latenten Steuern gebildet werden.
Die nachfolgende Abbildung zeigt exemplarisch die Möglichkeiten der Bildung von aktiven bzw. passiven latenten Steuern:

---

[132] Vgl. Prangenberg, A. (2000), S. 171.

[133] z. B. Strafgelder des Bundeskartellamtes.

Latente Steuern

Latente Steuern nach der „Liability Methode"[134]		
Vermögenswerte	IAS Aktiva < StBil. Aktiva	aktive latente Steuern
	IAS Aktiva > StBil. Aktiva	passive latente Steuern
Verbindlichkeiten	IAS Vblk.. > StBil. Vblk.	aktive latente Steuern
	IAS Vblk.. < StBil. Vblk.	passive latente Steuern

So kann z. B. in der Steuerbilanz ein Vermögensgegenstand degressiv abgeschrieben werden, während in der IAS-Bilanz gemäß internationalen Bewertungsgrundsätzen die lineare Abschreibungsmethode angewandt wird. Somit liegt der Buchwert in der IAS-Bilanz über dem Ansatz in der Steuerbilanz, da angenommen werden soll, dass die IAS-Abschreibung für das aktuelle Jahr geringer ist als die steuerliche Abschreibung. Um eine richtige Steuerperiodisierung zu gewährleisten (richtiger Ausweis zukünftiger Steuerlasten) muss in diesem Fall ein Posten für passive latente Steuern gebildet werden (Buchungssatz: Per Steueraufwand an passive latente Steuern).[135]

Während das Handelsrecht lediglich für passive latente Steuern eine Bilanzierung vorsieht und im Aktivfall ein Bilanzierungswahlrecht einräumt, erfordert IAS 12.24 grundsätzlich auch die Bildung von aktiven latenten Steuern für alle abzugsfähigen temporären Differenzen, soweit es wahrscheinlich ist, dass ein zu versteuerndes Ergebnis vorliegen wird, gegen das die temporäre Differenz gebucht werden kann.

Aktive latente Steuern

Ausgenommen sind latente Steueransprüche (IAS 12.24) aufgrund eines verbleibenden negativen Unterschiedsbetrages aus der Kapitalkonsolidierung gemäß IAS 22 sowie aufgrund von beim erstmaligen Ansatz eines Vermögenswertes oder einer Schuld erfolgsneutral entstandenen Unterschieden, wenn der erstmalige Ansatz nicht im Zusammenhang mit einem Unternehmenserwerb entstanden ist.

Gemäß IAS 12.34 ist ein latenter Steueranspruch für den Vortrag noch nicht genutzter steuerlicher Verluste in dem Umfang zu bilanzieren, in dem es wahrscheinlich ist, dass zukünftig ein zu versteu-

---

[134] Vgl. Grünberger, D.; Grünberger, H. (2002), S. 87.
[135] Vgl. Lüdenbach, N. (2001), S. 191.

erndes Ergebnis zur Verfügung stehen wird, gegen das die Verlustvorträge verwendet werden können.

Bilanzausweis — Für die bilanzielle Darstellung sieht IAS 12.69 vor, latente Steueransprüche und latente Steuerschulden getrennt von anderen Vermögenswerten und Schulden darzustellen. Außerdem sind latente Steueransprüche und latente Steuerschulden von tatsächlichen Steueransprüchen und Schulden zu unterscheiden. Darüber hinaus dürfen gemäß IAS 12.70 latente Steueransprüche (bzw. Steuerschulden) nicht als kurzfristige Vermögenswerte (Schulden) ausgewiesen werden – i. d. R. erfolgt ein Ausweis als gesonderter Posten nach den langfristigen und kurzfristigen Werten.

Saldierung von latenten Steueransprüchen und -schulden — Ein Unternehmen hat latente Steueransprüche und latente Steuerschulden dann zu saldieren, wenn

- das Unternehmen ein einklagbares Recht zur Aufrechnung tatsächlicher Steuererstattungsansprüche gegen tatsächliche Steuerschulden hat **und**
- die latenten Steueransprüche und die latenten Steuerschulden sich auf Ertragsteuern beziehen, die von der gleichen Steuerbehörde erhoben werden.

Eine Saldierung zwischen tatsächlichen und latenten Steuern ist hingegen nicht zulässig.

GuV Ausweis — In der Gewinn- und Verlustrechnung sind latente Steuern erfolgswirksam zu erfassen, sofern sie nicht auf einem erfolgsneutral im Eigenkapital verrechneten Geschäftsvorfall oder einem Unternehmenserwerb beruhen (IAS 12.58).

Die Unterschiede zwischen der latenten Steuerabgrenzung nach HGB und nach IAS sind in nachfolgender Tabelle nochmals zusammengefasst:

C Latente Steuern

Latente Steuern nach HGB und IAS[136]

Differenz zw. Handelsbilanz und Steuerbilanz	Latente Steuern nach HGB	Latente Steuer nach IAS	Beispiele
Zeitlich begrenzte Differenz	ja	ja	Unterschiedliche Abschreibungen abnutzbarer Anlagen in Handels- und Steuerbilanz
Quasi zeitlich unbegrenzte Differenz		ja	Abschreibung nicht abnutzbarer Anlagen nur in Handelsbilanz
Zeitlich unbegrenzte Differenz als Folge erfolgsneutraler Vermögensdifferenzen	nein	ja	Neubewertung von Vermögensgegenständen nur in der Handelsbilanz
Zeitlich unbegrenzte Differenz infolge außerbilanzieller steuerlicher Berücksichtigung		nein	steuerlich nicht abzugsfähiger Teil der Aufsichtsratsvergütung
Verlustvorträge	nein	ja	steuerlich vortragsfähiger Verlust, aber voraussichtlich künftige steuerliche Gewinne

Grundsätzlich berechnen sich latente Steuern aus der Multiplikation der Bewertungsunterschiede (IAS- versus Steuerbilanz) mit dem Steuersatz. Latente Steueransprüche und latente Steuerschulden sind dabei anhand der Steuersätze zu bemessen, deren Gültigkeit für die Periode, in der ein Vermögenswert realisiert wird oder eine Schuld erfüllt wird, erwartet wird. Es werden die Steuersätze (und Steuervorschriften) verwendet, die zum Bilanzstichtag aktuell gültig bzw. angekündigt sind (IAS 12.47). Latente Steueransprüche und latente Steuerschulden – auch wenn diese langfristiger Natur sind – dürfen gemäß IAS 12.53 nicht abgezinst werden. Zur Herleitung und Be-

Bewertung

---

[136] Vgl. Coenenberg, A. (2001), S. 411.

C Bilanzierung

rechnung der Bewertungsunterschiede sei auf die nachfolgenden Notes-Angaben verwiesen.

Angabepflichten Die IAS-Regelungen zur Erläuterung der Steuerlatenzen in den Notes finden sich in IAS 12.79 ff. wieder. An dieser Stelle sei auf die Beschreibungen zu den Angabepflichten im Kapitel „Sachanlagen" verwiesen (Stichwort: Arbeiten mit Arbeitsbilanzen).

Für die Position der Steuerlatenzen sollten die folgenden Tabellen (für das betreffende Geschäftsjahr) bearbeitet und später in die Notes eingebunden werden. Die nachfolgende Tabelle dient zunächst als Grundlage zur Berechnung und Herleitung der Bewertungsunterschiede (und braucht nicht in den Notes ausgewiesen zu werden):

Herleitung der Steuerlatenzen (Arbeitstabelle)

Latente Steuern	IAS 2001	Steuerbilanz 2001	temporäre Differenzen	Latente Steuern = Passive / = Aktive
Imm. Vermögenswerte / Entwicklungskosten	1.262.428,25 €	247.289,05 €	1.015.139,20 €	395.904,29 €
Sachanlagevermögen	21.011.790,41 €	22.488.570,18 €	1.476.779,77 €	575.944,11 €
Sonstige Finanzanlagen	127.822,97 €	127.822,97 €	- €	- €
Vorräte	25.985.633,53 €	24.517.764,29 €	1.467.869,24 €	572.469,00 €
Forderungen u. sonstige Vermögensgegenstände	46.654.666,31 €	46.654.666,31 €	- €	- €
Wertpapiere	- €	- €	- €	- €
Derivative Finanzinstrumente	- €	- €	- €	- €
Flüssige Mittel	42.018.552,64 €	42.018.552,64 €	- €	- €
Summe Vermögenswerte	**137.060.894,11 €**	**136.054.665,44 €**	**1.006.228,67 €**	
Rückstellung für Pensionen	11.066.212,30 €	10.462.118,00 €	604.094,30 €	235.596,78 €
Steuerrückstellungen	3.299.310,89 €	3.299.310,89 €	- €	- €
Sonstige Rückstellungen	5.901.061,60 €	17.254.296,67 €	11.353.235,07 €	4.427.761,68 €
Verbindlichkeiten ggü. Kreditinstituten	19.460.513,79 €	19.460.513,79 €	- €	- €
Erhaltene Anzahlungen	- €	- €	- €	- €
Verbindlichkeiten aus Lieferungen u. Leistungen	7.894.894,85 €	7.894.894,85 €	- €	- €
sonstige Verbindlichkeiten	27.153.672,18 €	16.681.241,09 €	10.472.431,09 €	4.084.248,13 €
Summe Schulden (Eingabe mit Minus)	**74.775.665,61 €**	**75.052.375,29 €**	**276.709,68 €**	
Temporäre Differenzen	62.285.228,50 €	61.002.290,15 €	1.282.938,35 €	
Steuersatz				39%
Latente Steuerschuld (Passive latente Steuern)				5.396.134,97 €
Latenter Steueranspruch (Aktive latente Steuern)				4.895.789,01 €
Latente Steuerschuld / -ertrag (netto) 31.12.				500.345,96 €
Anfangssaldo der latenten Steuerschuld 1.1.				- €
Anpassung des Anfangssaldos der latenten Steuerschuld aufgrund der Verringerung des Steuersatzes				- €
Latente Steuern, die der Neubewertungsrücklage zurechenbar sind				- €
Latenter Steueraufwand (Steuerertrag) aufgrund der Entstehung u. der Umkehrung von temporären Differenzen				500.345,96 €

Auf Basis der so berechneten Steuerlatenzen sind für die Notes folgende Angaben einzubeziehen:

Latente Steuern C

Angaben zu den Steuerlatenzen in den Notes

Hauptbestandteile des Steueraufwandes (Ertrages) nach IAS 12.79

in TEUR	2000	2001
Laufende Steuer => Körperschaftsteuer	- €	4.582.474,94 €
=> Gewerbesteuer		3.746.451,39 €
Latener Steueraufwand / ertrag aufgrund der Entstehung u. Umkehrung von temporären Unterschieden	- €	500.345,96 €
Latente Steuer (Senkung Steuersatz)	- €	- €
Steueraufwand	- €	8.829.272,29 €

Latente Steuern	Aktive latente Steuern 31.12.2001	Passive latente Steuern 31.12.2001
Entwicklungkosten	- €	395.904,29 €
Sachanlagevermögen	575.944,11 €	- €
Finanzanlagen	- €	- €
Vorräte	- €	572.469,00 €
Forderungen u. sonstige Vermögensgegenstände	- €	- €
Wertpapiere	- €	- €
Flüssige Mittel	- €	- €
Rückstellungen für Pensionen	235.596,78 €	- €
Steuerrückstellungen	- €	- €
Sonstige Rückstellungen	- €	4.427.761,68 €
Verbindlichkeiten ggü. Kreditinstituten	- €	- €
Erhaltene Anzahlungen	- €	- €
Verbindlichkeiten aus Lieferungen u. Leistungen	- €	- €
Sonstige Verbindlichkeiten	4.084.248,13 €	- €
Verlustvorträge	- €	- €
	4.895.789,01 €	5.396.134,97 €
Saldierungen IAS 12.74	- €	- €
Wertberichtigungen	- €	- €
Bilanzposten	**4.895.789,01 €**	**5.396.134,97 €**

Überleitungsrecnung (nach IAS 12.81)

in TEUR	2000	2001
Erwarteter Ertragssteueraufwand	- €	- €
Steuersatzbedingte Abweichungen	- €	- €
Steuerminderungen (-) / Steuermehrungen (+) auf Grund steuerfreier Erträge bzw. steuerlich nicht abzugsfähiger Aufwendungen	- €	- €
Steuernachzahlungen (+) / Steuererstattungen (-) für Vorjahre	- €	- €
Sonstige Abweichungen (z. B. Wertberichtigung auf aktive latente Steuern	- €	- €
Ausgewiesener Ertragssteueraufwand	- €	- €

C Bilanzierung

Maßnahmen zur Überleitung eines handelsrechtlichen Abschlusses auf einen IAS-Abschluss

Für die praktische Umstellungsarbeit vom HGB- zum IAS-Abschluss sind u. a. folgende Punkte für die Steuerlatenzen zu beachten bzw. zu klären:

- Herleitung der Steuerlatenzen auf Basis der o. a. Arbeitstabelle. Hierfür müssen für das betreffende Geschäftsjahr zunächst die je Position relevanten IAS-Werte ermittelt werden. Die Bewertungsunterschiede bzw. die temporären Differenzen zur Steuerbilanz sind mit dem aktuell gültigen Steuersatz zu bewerten und ergeben so in Summe den latenten Steueranspruch bzw. die latente Steuerschuld.

Weitere Erläuterungen zu den Angabepflichten sind im Kapitel „Sachanlagen" beschrieben.

9 IAS-Konsolidierung

9.1 Einführung

Die grundsätzlichen Regelungen zum Konzernabschluss finden sich im IAS 27 wieder. Außerdem sind in IAS 22 Einzelheiten der Anwendung der Erwerbs- und der Interessenzusammenführungsmethode (Behandlung Goodwill) geregelt. IAS 28 und IAS 31 regeln darüber hinaus die Berücksichtigung von Anteilen an assoziierten Unternehmen (signifikanter Einfluss) sowie von Anteilen an Gemeinschaftsunternehmen. Anzumerken ist, dass die IAS-Vorschriften zur Konsolidierung im Wesentlichen den Vorschriften des HGB entsprechen.

9.2 Aufstellungspflicht und Konsolidierungskreis

Gemäß IAS 27.7 i. V. m. IAS 27.6 hat jedes Mutterunternehmen (welches mindestens ein Tochterunternehmen hat) einen Konzernabschluss aufzustellen, wenn ein so genanntes Mutter-Tochter-Verhältnis vorliegt.

Control-Konzept

Das Mutter-Tochter-Verhältnis spiegelt sich im so genannten Control-Konzept wider, nach welchem das Mutterunternehmen die

IAS-Konsolidierung C

Möglichkeit haben muss, die Geschäfts- und Finanzpolitik des oder der Tochterunternehmen so zu bestimmen, dass es Vorteile aus dessen oder deren Tätigkeit ziehen kann (IAS 27.6). Dabei ist ein befreiender (Teil-)Konzernabschluss in einem mehrstufigen Konzern (entspricht den HGB-Regelungen), bei dem das Mutterunternehmen auf die Aufstellung eines eigenen Konzernabschlusses verzichtet, möglich, falls dieses Mutterunternehmen vollständig (Stimmrechte > 90 %) im Eigentum eines übergeordneten Mutterunternehmens steht (IAS 27.8 i. V. m. IAS 27.10). Nach US-GAAP ist hingegen kein befreiender Konzernabschluss vorgesehen.

Grundsätzlich gilt für den IAS-Konzernabschluss das so genannte Weltabschlussprinzip, nach dem alle Konzernunternehmen (in- und ausländische Tochterunternehmen, assoziierte Unternehmen und Gemeinschaftsunternehmen) unabhängig von deren Größe und Rechtsform in den Konzerabschluss einzubeziehen sind. Diesbezüglich unterscheiden sich die IAS-Regelungen von den HGB-Regelungen, da nach dem HGB lediglich Kapitalgesellschaften (und GmbH & CO. KG) für den Konzernabschluss (in Abhängigkeit bestimmter Größenwerte für Bilanzsumme und Arbeitnehmerzahl) zu berücksichtigen sind.[137]

Weltabschlussprinzip

Während das HGB (§ 296 I HGB) ein Einbeziehungswahlrecht bei z. B. erheblichen und dauerhaften Verfügungsrechten des Mutterunternehmens gegenüber dem Tochterunternehmen vorsieht, sind nach den Regelungen des IAS 27 grundsätzlich keine Einbeziehungswahlrechte vorgesehen. Allerdings sind nach IAS 27.13. Tochterunternehmen nicht in den Konzernabschluss mit einzubeziehen,

Einbeziehungswahlrecht versus Einbeziehungspflicht

- wenn die Beherrschung (control) des Mutterunternehmens gegenüber dem Tochterunternehmen nur vorübergehender Natur ist (z. B. bei Veräußerungsabsicht; IAS 27.13 a),
- wenn es unter erheblichen und langfristigen Beschränkungen tätig ist, die seine Fähigkeit zum Transfer von Finanzmitteln an das Mutterunternehmen wesentlich beeinträchtigen (IAS 27.13 b).

---

[137] Vgl. Lüdenbach, N. (2001), S. 226.

Tochterunternehmen, die dem Konsolidierungsverbot nach IAS 27.13 unterliegen, sind als Finanzinstrumente (IAS 39) zu behandeln.

Einbezug auch bei abweichender Geschäftstätigkeit

Gemäß IAS 27.14 sind im Gegensatz zum HGB (§ 295 HGB) auch Tochterunternehmen mit abweichender Geschäftstätigkeit in den Konzernabschluss einzubeziehen. Im Einzelfall ist jedoch zu prüfen, ob ein Tochterunternehmen auf Basis des materiality-Grundsatzes bei untergeordneter Bedeutung für die Vermögens-, Finanz- und Ertragslage des Konzerns in die Konsolidierung einbezogen wird oder nicht (F. 29 f., IAS 1.32). Außerdem kann eine Nichteinbeziehung in seltenen Ausnahmefällen begründet werden, wenn ein grobes Missverhältnis zwischen den zusätzlichen Informationen eines Konzernabschlusses und den entstehenden Kosten der Konsolidierung besteht (F.44: „balance between benefit and costs").

9.3 Erfassung, Bewertung und Erstkonsolidierungszeitpunkt im Konzernabschluss

Im Gegensatz zum HGB treffen die IAS keine Unterscheidung zwischen den Vorschriften für einen Einzel- bzw. Konzernabschluss, vielmehr gelten die IAS grundsätzlich für den Einzel- als auch für den Konzernabschluss.[138]

Einheitstheorie

Grundsätzlich sind Konzernabschlüsse unter Anwendung einheitlicher Bilanzierungs- und Bewertungsgrundsätze aufzustellen (IAS 27.21). So müssen beispielsweise Tochterunternehmen, die ihren Einzelabschluss nicht nach IAS erstellen, Anpassungen an die konzerneinheitlichen Rechnungslegungsvorschriften vornehmen. Der Konzernabschluss ist so zu bilanzieren, als ob die einbezogenen Unternehmen ein einziges Unternehmen wären. Etwaige konzerninterne Umsätze (Zwischengewinne) sind gemäß IAS 27.18 zu eliminieren.

Währungsumrechnung

Die Problematik der Währungsumrechnung (im Gegensatz zum HGB) ist in IAS 21.23 nach dem Konzept der so genannten funktionalen Währung festgelegt, wonach zwischen ausländischen Teilein-

---

[138] Vgl. Coenenberg, A. (2001), S. 532.

IAS-Konsolidierung

heiten, die integraler Bestandteil des Geschäftsbetriebs des Mutterunternehmen sind (z. B. wenn ausschließlich vom Mutterunternehmen stammende Güter verkauft und die Erlöse dorthin zurückgeleitet werden – IAS 21.24), und wirtschaftlich selbstständigen ausländischen Teileinheiten unterschieden wird.

Die Abschlüsse von wirtschaftlich integrierten Tochterunternehmen sind nach der Zeitbezugsmethode umzurechnen, d. h. alle Aktivitäten des ausländischen Tochterunternehmens sind so zu behandeln, als wären diese von Anfang an die des Mutterunternehmens gewesen. Für wirtschaftlich selbstständige ausländische Tochterunternehmen ist die so genannte Stichtagskursmethode anzuwenden, bei welcher gemäß IAS 21.30 alle Vermögenswerte und Schulden zum Stichtagskurs sowie alle Erträge und Aufwendungen mit dem Kurs am Tag des Geschäftsvorfalles umzurechnen sind. Mögliche Umrechnungsdifferenzen sind erfolgsneutral als „Währungsrücklage" im Eigenkapital zu behandeln.

Zeitbezugsmethode versus Stichtagskursmethode

Ein Wechsel des Tochterunternehmens von der Zuordnungskategorie „selbstständig" nach „integriert" (bzw. umgekehrt) bewirkt, dass ab dem Wechselzeitpunkt die geänderte Umrechnungsmethode angewandt werden muss (siehe auch IAS 21.30).

Wechsel der Kategorie

Hinsichtlich des Zeitpunktes der Erstkonsolidierung sieht das HGB (§ 299 Abs. 1 HGB) Wahlrechte vor. Das Mutterunternehmen kann sich zwischen dem Stichtag seines eigenen Einzelabschlusses und dem Stichtag der bedeutendsten zu konsolidierenden Tochterunternehmen entscheiden.

Zeitpunkt der Erstkonsolidierung

IAS 27.19 sieht hingegen kein Wahlrecht zur Bestimmung des Abschlussstichtages vor. Nach IAS ist der Konzernabschluss grundsätzlich zum Abschlussstichtag des Mutterunternehmens aufzustellen. Weichen die Abschlussstichtage der einbezogenen Unternehmen um mehr als 3 Monate vom Konzernabschlussstichtag ab, so sind für die Tochterunternehmen Zwischenabschlüsse zu erstellen. Sofern die Abweichung der Stichtage (aller einbezogenen Unternehmen) innerhalb der 3-Monatsfrist liegt, kann die Einbeziehung gemäß IAS 27.19 auch ohne die Erstellung von Zwischenabschlüssen erfolgen, wobei wesentliche Geschäftsvorfälle innerhalb der abweichenden

Bei IAS keine Wahlrechte bei der Bestimmung des Abschlussstichtages

C Bilanzierung

Stichtage in Form von Korrekturbuchungen zu berücksichtigen sind. Somit darf bzw. kann im Gegensatz zum HGB (§ 299 II HGB) nach IAS 27.19 der Bilanzstichtag des Tochterunternehmens auch nach dem Konzernabschlussstichtag liegen.

9.4 Konsolidierungsverfahren und Konsolidierungsbereiche

Kapitalkonsolidierung

Grundsätzlich lassen sich die in nachfolgender Abbildung dargestellten Methoden der Kapitalkonsolidierung (zunächst aus HGB-Sicht) unterscheiden:[139]

Methoden der Kapitalkonsolidierung nach HGB

Methoden der Kapitalkonsolidierung
- Vollkonsolidierung (Tochterunternehmen)
  - Erwerbsmethode (§ 301 HGB)
    - Buchwertmethode
    - Neubewertungsmethode
  - Interessenzusammenführungsmethode (§ 301 HGB)
- Quotenkonsolidierung (Gemeinschaftsunternehmen) § 310 HGB
- Equity-Methode (assoziierte Unternehmen) § 312 HGB
  - Buchwertmethode
  - Kapitalanteilsmethode

Erwerbsmethode versus Pooling-of-Interests-Methode

Nach IAS werden Tochterunternehmen entsprechend den HGB-Grundsätzen ebenfalls nach der Methode der Vollkonsolidierung erfasst, wobei IAS 22 zwischen der im Regelfall anzuwendenden Erwerbsmethode (purchase method, IAS 22.15 f.) und der in Ausnahmefällen anzuwendenden Interessenszusammenführungsmethode (Pooling-of-Interests-Methode, IAS 22.77 – 83) unterscheidet. Bei der Erwerbsmethode ist der Erwerber klar identifizierbar, während bei der Pooling-of-Interests-Methode (Anteilstausch) kein

---

[139] Vgl. Coenenberg, A. (2001), S. 571.

Erwerber zu identifizieren ist (Teilung von Risiken und Nutzen). Bei Vorliegen der Voraussetzungen (z. B. Marktwert der beteiligten Unternehmen ist gleich hoch) ist die Interessenszusammenführungsmethode nach IAS zwingend anzuwenden, während nach § 302 HGB ein Wahlrecht besteht.

Die Erstkonsolidierung eines Tochterunternehmens hat sich gemäß IAS 23 f. grundsätzlich auf den Tag des Unternehmenserwerbs zu beziehen. Hierbei unterscheidet IAS 22 für die Verteilung der Anschaffungskosten des Unternehmenserwerbes zwischen der Buchwert- und der alternativen Neubewertungsmethode (entsprechen weitgehend dem Vorgehen nach § 301 HGB). Unterschiede ergeben sich z. B. dahingehend, dass Stille Reserven und Lasten stets in voller Höhe aufzulösen sind (keine Beschränkung auf die Höhe des Unterschiedsbetrages zwischen Beteiligungsbuchwert und anteiligen Eigenkapital).

Erstkonsolidierung zum Erwerbsstichtag

Grundsätzlich bleibt festzuhalten, dass sich die meisten Unterschiede zwischen handelsrechtlicher und IAS-Konzernbilanz aus den allgemeinen Bilanzierungsvorschriften ergeben. Somit gelten die in den vorstehenden Kapiteln beschriebenen bilanziellen Unterschiede zwischen HGB und IAS (z. B. Aktivierung von Forschungskosten, Gewinnrealisierung bei langfristiger Fertigung) sowohl für den Einzel- wie auch für den Konzernabschluss.[140]

10 IAS-Arbeitsbilanz

Die Erstellung einer IAS-Arbeitsbilanz stellt die Basis für die spätere Ermittlung der Vortragswerte (zum jeweiligen Stichtag) dar. Wie in den einzelnen Kapiteln bereits beschrieben, ist es ratsam, die Arbeitsbilanz abschnittsweise zu erstellen bzw. zu vervollständigen. Gemäß der Annahme, dass für die einzelnen Bilanzierungsthemen (wie z. B. Anlagevermögen, Umlaufvermögen, Rückstellungen) separate Workshops abgehalten werden, sind dabei die Bilanzierungsergebnisse zu ermitteln und i. d. R. in einer Excel®-Arbeitsbi-

Basis für Vortragswerte

---

[140] Vgl. Lüdenbach, N. (2001), S. 235.

Bilanzierung

lanz niederzuschreiben. Diese könnte nach Prüfung aller Bilanzpositionen folgenden Aufbau haben:

Arbeitsbilanz–Aktiva

AKTIVA	IAS 01.01.-31.12.2001	HGB 01.01.-31.12.2001	Veränderung
Latente Steuern	4.895.789,01 €	3.571.170,00 €	1.324.619,01 €
Rechnungsabgrenzungsposten	- €	- €	- €
Flüssige Mittel	42.018.552,64 €	42.018.552,64 €	- €
Wertpapiere	- €	- €	- €
Forderungen u. sonstige Vermögensgegenstände	46.654.666,31 €	46.654.666,31 €	- €
Vorräte	25.985.633,53 €	24.517.764,29 €	1.467.869,24 €
Umlaufvermögen	**114.658.852,48 €**	**113.190.983,24 €**	**1.467.869,24 €**
Finanzanlagen	127.822,97 €	127.822,97 €	- €
Sachanlagevermögen	21.011.790,41 €	22.488.570,18 € -	1.476.779,77 €
Immaterielle Vermögenswerte	1.262.428,25 €	247.289,05 €	1.015.139,20 €
Anlagevermögen	**22.402.041,63 €**	**22.863.682,20 € -**	**461.640,57 €**
Bilanzsumme	**141.956.683,12 €**	**139.625.835,45 €**	**2.330.847,67 €**

Entsprechend der Aktiva-Seite ist auch die Passiva-Seite der Bilanz zu erstellen. Es empfiehlt sich, die IAS-Bilanzwerte in Bezug zu den HGB-Bilanzwerten darzustellen, um so einen sofortigen Überblick über die Bilanzierungsunterschiede zu erhalten. Der Wirtschaftsprüfer sollte die IAS-Arbeitsbilanz vorab testieren bzw. prüfen und abnehmen. So ist zum einen sichergestellt, dass das (neue) Vorgehen in den einzelnen Bilanzpositionen (z. B. Aktivierung von Entwicklungskosten, Thematik der langfristigen Fertigung) auch bei den zukünftigen Echtabschlüssen angewandt werden kann. Zum anderen muss gewährleistet sein, dass die IAS-Vortragswerte (die ja auf Basis der IAS-Arbeitsbilanz abgeleitet werden müssen) korrekt ermittelt wurden.

> **Tipp:**
> Die in Excel® erstellte Arbeitsbilanz wird (aufgrund der besseren optischen Gestaltungsmöglichkeiten im Vergleich zu Bilanzen im R/3®-System) i. d. R. auch in den Notes miteingebunden. Somit sind auch zukünftige Echtabschlüsse aus dem R/3®-System in diese IAS-Arbeitsbilanz (manuell oder maschinell) einzubeziehen.

11 Überleitungsrechnung nach US-GAAP

11.1 Einführung

Unternehmen, welche zusätzlich zum nationalen Abschluss nach HGB einen Abschluss nach internationalen Vorschriften entsprechend den US-GAAP erstellen müssen (z. B. für das Listing an US-Börsen), haben zum einen die Möglichkeit, zwei parallele vollständige Konzernbilanzen und Konzern-Gewinn- und Verlustrechnungen (HGB und US-GAAP) oder alternativ eine Überleitungsrechnung („Reconciliation") des Ergebnisses und des Eigenkapitals von HGB nach US-GAAP zu erstellen. Somit stellt der (nationale) HGB-Abschluss die Basis für die Überleitung nach US-GAAP dar. Die Überleitung erfolgt für diejenigen Abschlussposten, bei denen wesentliche Abweichungen zwischen der Bilanzierung nach HGB und der US-GAAP bestehen, wobei die Abweichungspositionen (unter Berücksichtigung des Vorjahres) beziffert werden müssen.[141] Somit erfolgt eine Anpassung an die US-GAAP-Vorschriften in der Weise, dass aufbauend auf dem HGB-Abschluss die angewandten Bilanzierungs- und Bewertungsgrundsätze in der Überleitungsrechnung nachträglich abgeändert werden, damit sie den US-GAAP Normen entsprechen. Liegen keine Unterschiede vor, erfolgt eine Bilanzierung auf Grundlage der handelsrechtlichen Vorschriften.

Zwei komplette Abschlüsse oder Überleitung

Allerdings nimmt die Bedeutung der Überleitungsrechnung vor dem Hintergrund des Kapitalaufnahmeerleichterungsgesetzes KapAEG (§ 292 a HGB) insofern stark ab, dass börsennotierte deutsche Muttergesellschaften ihren Konzernabschluss (bei Vorliegen der rechtlichen Bedingungen) mit befreiender Wirkung nach IAS oder US-GAAP aufstellen und offen legen können und damit von der Verpflichtung befreit werden, einen zusätzlichen Konzernabschluss nach deutschem Recht oder eine Überleitungsrechnung zu erstellen. Aber nicht nur für börsennotierte Konzernunternehmen kann ggf. eine Überleitung nach US-GAAP notwendig werden. So ist denkbar, dass ein mittelständisches Unternehmen im Rahmen einer IAS-

Abnehmende Bedeutung der Überleitungsrechnung

---

[141] Vgl. Prangenberg, A. (2000), S. 126.

C Bilanzierung

Umstellung z. B. für einen amerikanischen Investor gleichzeitig bzw. zusätzlich eine Überleitung nach US-GAAP erstellen muss.

Angleichung von IAS und US-GAAP

Hinsichtlich der Vereinbarung vom 29. Oktober 2002 zwischen dem Financial Accounting Standards Board (FASB) und dem International Accounting Standards Board (IASB), die Rechnungslegung nach US-GAAP und IAS/IFRS weltweit bis zum Jahre 2005 anzugleichen, wird auch die Bedeutung einer solchen zusätzlichen Überleitung nach US-GAAP in den Hintergrund treten[142].

Überleitung nur von HGB nach US-GAAP

Eine Überleitungsrechnung ist nur für US-GAAP vorgesehen. Wird ein Abschluss nach IAS gefordert, so ist neben dem nationalen HGB-Abschluss ein vollständiger IAS-Abschluss (einschließlich Vorjahreszahlen) zu erstellen. Im Rahmen der nach SIC 8.3 geforderten retrospektiven Anpassung muss hierbei der IAS-Abschluss so aufgestellt werden, als ob schon immer nach IAS bilanziert worden wäre.

11.2 Aktivitäten für die Erstellung einer Überleitungsrechnung

Das Vorgehen zur Erstellung einer Überleitungsrechnung nach US-GAAP entspricht in etwa dem Vorgehen zur Erstellung eines kompletten zusätzlichen Jahresabschlusses und sollte in der Projektplanung deshalb nicht unterschätzt werden.

Aufwand zur Erstellung der Überleitungsrechnung

Denn auch bei der Überleitungsrechnung müssen alle relevanten Bilanzpositionen in Bezug zu den nationalen Rechnungslegungsvorschriften auf Abweichungen untersucht und ausgewiesen werden. Lediglich bei der späteren Umsetzung kann es zu Erleichterungen kommen, da eine Überleitungsrechnung i. d. R. nicht parallel in einem bestehenden System (z. B. SAP R/3®) abgebildet wird (zum Aufwand der parallelen Abbildung siehe auch Kapitel „Realisation unter SAP R/3®"), sondern periodisch z. B. in Tabellenkalkulationsprogrammen erstellt wird. Hierbei muss jedoch die Systematik der Herleitung der jeweiligen US-GAAP-Werte aus den HGB-Werten berücksichtigt werden.

---

[142] Vgl. Kapitel A „Notwendigkeit zur Internationalen Rechnungslegung".

Tipp:

Es ist hinsichtlich des Aufwands der Einführung und der abnehmenden Bedeutung von Überleitungsrechnungen zu prüfen, ob eine Überleitungsrechnung des Jahresüberschusses und des Eigenkapitals von HGB nach US-GAAP implementiert werden soll oder ob nicht schon von vornherein ein kompletter paralleler Abschluss nach den internationalen Vorschriften erstellt und systemseitig abgebildet wird.

Zur Abbildung der Überleitungsrechnung in der Konzeptionsphase empfiehlt es sich, die jeweiligen Abweichungspositionen in einem Tabellenkalkulationsprogramm aufzunehmen bzw. darzustellen.

11.3 Beispiele für eine Überleitungsrechnung

Die nachfolgenden Abbildungen zeigen beispielhaft den Aufbau einer Überleitungsrechnung des Eigenkapitals sowie des Jahresüberschusses von HGB nach US-GAAP:

Eigenkapitalüberleitungsrechnung

EIGENKAPITALÜBERLEITUNGSRECHNUNG
in Tausend DM

	Erläuterung	30.9.1998	30.9.1997
Eigenkapital nach HGB		**510.522**	**471.550**
Sachanlagevermögen	(1)	43.780	33.162
Vorräte	(2)	2.756	3.709
Forderungen	(3)	21.225	17.539
aktive latente Steuern	(7)	31.510	41.475
Pensionsrückstellungen	(4)	(24.270)	(20.512)
sonstige Rückstellungen	(5)	6.960	11.096
sonstige Verbindlichkeiten	(6)	(4.273)	(1.803)
passive latente Steuern	(7)	(39.041)	(33.652)
Genußrechtskapital		(80.000)	(80.000)
stille Beteiligung		(24.395)	(20.666)
Summe Anpassungen		**(65.748)**	**(49.652)**
Stockholders' Equity		**444.774**	**421.898**
+ Eigenkapitalähnliche Mittel	(8)		
Genußrechtskapital		80.000	80.000
stille Beteiligung		24.395	20.666
= Eigenkapital nach US-GAAP sowie eigenkapitalähnliche Mittel		**549.169**	**522.564**

C Bilanzierung

Jede Abweichungsposition zwischen Deutschem Handelsrecht und US-GAAP ist dabei im Anhang zu erläutern. Ausgangslage ist das Eigenkapital nach HGB zum jeweiligen Bilanzstichtag (z. B. 31.12.). Aus der Summe der Abweichungspositionen ergibt sich dann das so genannte Stockholders Equity bzw. das Eigenkapital nach US-GAAP.

Ergebnisüberleitungsrechnung

ERGEBNISÜBERLEITUNGSRECHNUNG
in Tausend DM

	Erläuterung	1998	1997
Jahresüberschuß HGB		53.242	52.862
Umsatzerlöse	(2)	2.686	1.847
Herstellungskosten		5.187	(375)
- Sachanlagen	(1)	8.148	1.705
- Umlaufvermögen	(2,3)	45	(775)
- Pensionsrückstellungen	(4)	(3.006)	(1.305)
Verwaltungskosten	(4)	(376)	(164)
Vertriebskosten	(4)	(376)	(164)
sonstiger betrieblicher Aufwand		(4.136)	3.657
- sonstige Rückstellungen	(5)	(4.136)	3.657
Steuern vom Einkommen und vom Ertrag	(7)	(15.354)	5.986
Summe Anpassungen		(12.369)	10.787
Ergebnis nach US-GAAP		40.873	63.649

Ausgangsbasis für die Überleitung des Jahresüberschusses ist ebenfalls der ermittelte Jahresüberschuss aus HGB-Sicht zum jeweiligen Stichtag. Die Summe aller erfolgsrelevanten Abweichungspositionen (hier gegliedert nach betrieblichen Funktionsbereichen) ergibt den „neuen" Jahresüberschuss nach US-GAAP.

> **Tipp:**
>
> Zum Thema „Überleitungsrechnung von HGB auf IAS/US-GAAP" ist im Internet unter der Adresse http://www.iwp.uni-sb.de/veroeff/download/duerr/buw1202duerrzwirner.pdf eine ausführliche empirische Untersuchung für die Unternehmen des SMAX zu diesem Thema zu finden[143].

12 IAS-Bilanzierungsrichtlinie

Die erarbeiteten Ergebnisse im Sachgebiet Bilanzierung sind in der so genannten Bilanzierungsrichtlinie niederzulegen. Hierbei gliedert sich die Bilanzierungsrichtlinie i. d. R. nach der Reihenfolge der einzelnen Bilanzpositionen. Inhaltlich ähnelt der Aufbau der Bilanzierungsrichtlinie dem Aufbau der Notes, wobei die Richtlinie detaillierter ausgerichtet sein sollte. Für jede Bilanzposition ist dabei zu beschreiben, nach welchen IAS-Vorschriften die Bewertung erfolgt und inwieweit Abweichungen zu den bestehenden HGB-Vorschriften bestehen. Ferner sind im allgemeinen Teil der Richtlinie die bilanzpolitischen Zielsetzungen der Unternehmung zu beschreiben.

Bilanzierungsrichtlinien

> **Tipp:**
>
> In der praktischen Umstellungsarbeit empfiehlt es sich, die Bilanzierungsrichtlinie vom umstellenden Unternehmen und nicht von Beratern erarbeiten zu lassen, um so ein besseres Selbstverständnis bzw. eine bessere Akzeptanz für die neuen Bewertungsvorschriften im Unternehmen zu schaffen. Es ist zu prüfen, inwieweit die ohnehin zu erstellenden Notes in die Bilanzierungsrichtlinie miteingebunden werden können bzw. die Notes die Bilanzierungsrichtlinie ersetzen können.

Die Einbindung des Wirtschaftsprüfers in den Umstellungsprozess auf IAS ist unerlässlich. Hierbei nimmt dieser keine beratende sondern eine überprüfende Rolle bei der Ergebnisverifizierung einzelner Bilanzpositionen ein. Praktisch werden dabei zunächst in verschie-

Wirtschaftsprüfer

---

[143] Dürr, U.; Zwirner, C. (2003).

Bilanzierung

denen Workshops (ohne Beteiligung des Wirtschaftsprüfers) die Bilanzierungsunterschiede zwischen HGB- und IAS-Bewertung analysiert und aufbereitet. Für besondere Fragestellungen (z. B. Betragsgrenzen zur Aktivierung von Entwicklungsleistungen, Anwendung von bestimmten Abschreibungsmethoden, detaillierte Abwicklung der Thematik von Finanzinstrumenten gemäß IAS 39) wird der Wirtschaftsprüfer hinzugezogen. Im Abschluss prüft der Wirtschaftsprüfer die in der Bilanzierungsrichtlinie niedergeschriebenen IAS-Bewertungsgrundsätze und zeichnet diese auf Richtigkeit ab.

D Gewinn- und Verlustrechnung

Dieses Kapitel beschreibt:
- *warum in solchen Projekten nicht nur das externe, sondern auch das interne Rechnungswesen betroffen ist (Stichwort: Konvergenz des internen und externen Rechnungswesens),*
- *die unterschiedlichen Ziele der Rechnungslegung nach IAS/IFRS und HGB,*
- *die Grundlagen der Gewinn- und Verlustrechnung nach den IAS/IFRS und zeigt die Unterschiede zum HGB punktuell auf,*
- *die Vor- und Nachteile des Gesamtkostenverfahrens (GKV) zum Umsatzkostenverfahren (UKV) und geht auf die betriebswirtschaftlichen Notwendigkeiten beider Verfahren ein,*
- *die betriebswirtschaftlichen Besonderheiten des Herstellungskostenausweises, der Behandlung von Entwicklungskosten und der Abwicklung langfristiger Fertigungaufträge nach IAS/IFRS in Abgrenzung zum HGB und zeigt dabei die engen Zusammenhänge zur Kostenrechnung auf.*

D Gewinn- und Verlustrechnung

1 Konvergenz des internen und externen Rechnungswesens

Die zunehmende Internationalisierung des unternehmerischen Handelns – insbesondere die Präsenz in ausländischen Märkten (durch Gründung oder Übernahme) – verstärkt den Bedarf an international einheitlichen und dadurch zweifelsfrei verständlichen Berichtssystemen. In den Bereichen internationales Beteiligungscontrolling und Weltabschluss sind bislang aufwändige Anpassungsrechnungen vorzunehmen, um die Voraussetzung für eine sachgerechte Konsolidierung zu schaffen. In einem globalen Markt, wie ihn der internationale Kapitalmarkt darstellt, ist die Wettbewerbsfähigkeit der Marktteilnehmer entscheidend davon abhängig, dass deren Informationspolitik den internationalen Ansprüchen gerecht wird.

Ausschüttungsinteressen versus Gläubigerschutz

Für einen Großteil der deutschen Unternehmen bedeutet dies, dass deren Jahresabschlüsse international vergleichbar werden müssen. Globale Märkte sind von einer Anonymität geprägt, welche die für Deutschland typischen, persönlichen Beziehungen zu Kapitalgebern und teilweise auch zu Finanzanalysten nicht kennt. Diesen Rahmenbedingungen entsprechend müssen die deutschen Unternehmen ihre Informationspolitik umstellen: Eine internationale Finanzierungsstrategie ist eher auf die anlegerorientierte „fair presentation" Philosophie und auf kurzfristigere Ausschüttungsinteressen ausgerichtet, als auf den Vorsichtsgedanken und Gläubigerschutz des „ordentlichen Kaufmanns" deutscher bzw. kontinentaleuropäischer Prägung.

„fair presentation" Philosophie

Verschiedene empirische Studien belegen, dass die Eigenkapitalquoten von deutschen und US-amerikanischen Unternehmen ceteris paribus aufgrund der unterschiedlichen Vorschriften (z. B. bei der Behandlung eines erworbenen Goodwill) erheblich differieren können. Dabei führen die US-amerikanischen „Generally Accepted Accounting Principles (US-GAAP)" tendenziell zu einem höheren Eigenkapital als die Anwendung der Vorschriften des deutschen Handelsgesetzbuches (HGB) – so genannte institutionell bedingte Unterschiede. Aus Sicht des internationalen Kapitalmarktes erschei-

Konvergenz des internen und externen Rechnungswesens

nen insoweit US-amerikanische Unternehmen gegenüber deutschen Unternehmen als überlegene Investitionsobjekte. Die Unterschiede zwischen den nationalen Rechnungslegungsstandards führen insoweit zu einer Fehlallokation des „internationalen Geldes", als die tatsächlichen wirtschaftlichen Verhältnisse eines Unternehmens nach US-amerikanischen Regeln grundsätzlich positiver dargestellt werden können, als es nach deutschen Vorschriften und Rahmenbedingungen sinnvoll wäre. Die Folge sind unnötig höhere Kapitalkosten für deutsche Unternehmen.

Um dies künftig zu verhindern und die Vorteile eines globalen Kapitalmarktes nutzen zu können, sollten deutsche Unternehmen – aber auch solche in anderen europäischen Ländern – die Informationspolitik auf die Basis von internationalen Rechnungslegungsstandards stellen. Die international stark beachteten betriebswirtschaftlichen Kennzahlen würden sich einfacher vergleichen lassen. Zu diesem Zweck ist die Vereinheitlichung oder zumindest stärkere Angleichung der Rechnungslegungsregeln anzustreben. Die zum 1. Juli 1998 wirksam gewordene Regelung, dass börsennotierte Gesellschaften den Konzernabschluss mit befreiender Wirkung nach international anerkannten Grundsätzen aufstellen dürfen, ist als erster Schritt sehr begrüßenswert. Worauf es entscheidend ankommt, ist der Wegfall der derzeit international gegebenen erheblichen Rechnungslegungsunterschiede, so dass die Zahlen für den global agierenden Kapitalgeber zuverlässig und leicht vergleichbar sind. Für die gebotene Umstellung der deutschen Rechnungslegungsvorschriften scheint vor allem aufgrund der umgekehrten Maßgeblichkeit (d. h. der steuerrechtlichen für die handelsrechtliche Bilanzierung) einerseits eine Trennung zwischen börsennotierten und nicht börsennotierten Unternehmen und andererseits zwischen Einzel- und Konzernabschluss empfehlenswert.

Insbesondere Unternehmen mit einem großen Umsatzanteil im Auslandsgeschäft – allen voran die Großunternehmen der chemischen Industrie – haben sehr früh die Möglichkeiten des HGB genutzt, um den international „üblichen" Rechnungslegungsstandards möglichst weit gehend zu entsprechen. Im Zuge dieser Entwicklung erfolgte die Umstellung der Gewinn- und Verlustrechnung nach

Schaffung eines Ein-Kreis-Systems

D Gewinn- und Verlustrechnung

dem bisher angewandten produktionsorientierten Gesamtkostenverfahren auf das im angelsächsischen Raum dominierende marktorientierte Umsatzkostenverfahren. Durch die Umgliederung des Kostenblocks von Aufwandsarten nach Funktionsbereichen (z. B. Herstellung, Vertrieb, Verwaltung) werden weit reichende Umstellungen des internen Rechnungswesen erforderlich, um die bisherigen Informationsanforderungen erfüllen zu können. Zudem ist auch das Controlling funktionsbezogen.

Konvergenz zwischen internem und externem Berichtswesen

Zur Vermeidung von Doppelarbeiten in erheblichem Umfang aufgrund eines zweikreisig strukturierten Berichtswesens wird seit Ende der achtziger Jahre die Thematik Konvergenz von internem und externem Rechnungswesen diskutiert. Die Vorteile eines solchen Systems sind offensichtlich: Die einheitliche Datenbasis ermöglicht eine leichter verständliche Kommunikation (intern und extern) und benötigt weniger personelle Verarbeitungskapazitäten, erhöht die Prüfungssicherheit, verkürzt die Abschluss- und Analysezeiten und erweitert bzw. ergänzt die externe Berichterstattung. Der Weg dorthin führt über eine kritische Überprüfung der bisher gültigen Informationsanforderungen, um die tief greifenden Veränderungen möglichst effizient zu verarbeiten.

Eines der ersten deutschen Großunternehmen, das zu Gunsten des Umsatzkostenverfahrens auf die Fortführung der seither angewandten mehrstufigen internen Ergebnisrechnung verzichtet hat, ist die Siemens AG. Mit Ausnahme der kalkulatorischen Zinsen hat man den Übergang auf ein geschlossenes System vollzogen.[144] Hauptziel ist, dass die Annäherung beider Rechenkreise nicht zu Lasten der Aussagekraft und Wertigkeit geht.

1.1 Ziele des Rechnungswesens

IAS und GoB

---

[144] Das Rechnen mit kalkulatorischen Zinsen berücksichtigt den Anspruch, auf Eigenkapital nicht (opportunitäts-) kostenlos zurückgreifen zu können. Das Rechnen mit Wiederbeschaffungswerten wird durch den kalkulatorischen Ansatz von Marktzinssätzen ersetzt. Die Substanzerhaltung ist somit gewährleistet.

Konvergenz des internen und externen Rechnungswesens D

Die Rechnungslegung nach IAS lässt sich durch zwei wesentliche Regelungsbereiche beschreiben: durch das so genannte Rahmenkonzept für die Aufstellung und Darstellung von Abschlüssen (Framework for the Preparation and Presentation of Financial Statements, kurz Framework) und andererseits durch die einzelnen IAS.

Das im Juli 1989 verabschiedete Rahmenkonzept beinhaltet den konzeptionellen Rahmen der IAS. Es ist das theoretische Fundament der IAS-Rechnungslegung, vergleichbar der Qualität der Grundsätze ordnungsmäßiger Buchführung. Es dient als Grundlage für die Entwicklung neuer Standards und bereits bestehender IAS, zudem leistet es Hilfestellung bei der Lösung von Bilanzierungssachverhalten, wenn diese nicht explizit in einem IAS geregelt sind. Das Rahmenkonzept nimmt gegenüber den einzelnen IAS eine subsidiäre Stellung ein, d. h., soweit ein Bilanzierungssachverhalt in einem IAS geregelt ist und diese Regelung dem Rahmenkonzept widerspricht, geht der einzelne IAS vor.

Die primäre Zielsetzung der IAS-Rechnungslegung besteht in der Vermittlung entscheidungsrelevanter Informationen (Decision-usefulness-Ansatz). Die Jahresabschlussadressaten – und hier insbesondere die Investoren und nicht wie nach dem HGB die Gläubiger – sollen über die Vermögens-, Finanz- und Ertragslage sowie über die Leistungsfähigkeit des Unternehmens informiert werden, um eine Basis für ihre ökonomischen Entscheidungen zu haben. Der IAS-Jahresabschluss bildet, anders als der HGB-Abschluss, weder die Grundlage für die steuerliche Gewinnermittlung noch kommt ihm eine Zahlungsbemessungsfunktion für Ausschüttungen zu. Damit der IAS-Jahresabschluss seiner Informationsfunktion gerecht werden kann, sind im Rahmenkonzept qualitative Anforderungen an die Aufstellung der Jahresabschlüsse in Form der nachstehend einzuhaltenden Grundsätze definiert: *Informationsadressaten*

- **Verständlichkeit** (understandibility): Der Grundsatz der Verständlichkeit entspricht inhaltlich weit gehend dem in § 238 HGB enthaltenen Grundsatz, nach dem sich ein sachverständiger Dritter innerhalb angemessener Zeit einen Überblick über die Lage des Unternehmens verschaffen können muss. *IAS-Ziele*

- **Entscheidungsrelevanz** (relevance): Die Berichterstattung im Jahresabschluss soll es ermöglichen, vergangene, gegenwärtige und zukünftige Ereignisse beurteilen zu können. Dabei sind Prognoserechnungen jedoch nicht ausdrücklich erforderlich. Voraussetzung für die Entscheidungsrelevanz der Information ist neben ihrer Art auch ihre Wesentlichkeit (materiality): Der im HGB nicht ausdrücklich verankerte Grundsatz der Wesentlichkeit einer Information ist erfüllt, wenn ihre Angabe oder Nichtangabe ökonomische Entscheidungen der Adressaten beeinflussen könnte.

- **Vergleichbarkeit** (comparability): Der Grundsatz erfordert sowohl eine Vergleichbarkeit der Jahresabschlüsse im Zeitvergleich als auch die zwischenbetriebliche Vergleichbarkeit. Dazu gilt es, die angewandten Bilanzierungs- und Bewertungsmethoden (accounting policies) grundsätzlich beizubehalten (Grundsatz der Stetigkeit).

- **Zuverlässigkeit** (reliability): Die Rechnungslegung ist dann zuverlässig, wenn die vermittelten Informationen keine wesentlichen, materiellen Fehler enthalten. Dazu fordert das IAS-Rahmenkonzept die Einhaltung der Sekundärgrundsätze der glaubwürdigen Darstellung (faithful representation), der wirtschaftlichen Betrachtungsweise (substance over form), der Neutralität (neutrality), der Vollständigkeit (completeness) und der Vorsicht (prudence). Besondere Aufmerksamkeit verdient der Grundsatz der Vorsicht. Während ihm im deutschen HGB (§ 252 Abs. 1 Ziff. 4 HGB) zentrale Bedeutung zukommt, stellt er in der IAS-Rechnungslegung lediglich eine allgemeine Schätzregel zur Berücksichtigung ungewisser Erwartungen dar.

Flankierende Annahmen

Neben den aufgeführten Grundsätzen gibt das Rahmenkonzept zwei Annahmen vor, unter denen die Jahresabschlüsse nach IAS erstellt werden. Inhaltlich finden sich diese Annahmen auch im HGB. Nach dem Grundsatz der periodengerechten Aufwands- und Ertragszuordnung (accrual basis) werden die Geschäftsvorfälle der Periode zugeordnet, zu der sie wirtschaftlich gehören. Unbeachtlich ist also der Zeitpunkt der Zahlungswirksamkeit. Ferner basiert der IAS-Abschluss auf der Annahme der Unternehmensfortführung (going

Konvergenz des internen und externen Rechnungswesens D

concern), soweit die Einstellung der Unternehmenstätigkeit nicht geplant oder die Unternehmensfortführung nicht möglich ist.

Die nachfolgende Abbildung fasst die wesentlichen Rechnungslegungsgrundsätze und Annahmen der IAS-Rechnungslegung zusammen.

Ziele und Regelungsgrundsätze der IAS[145]

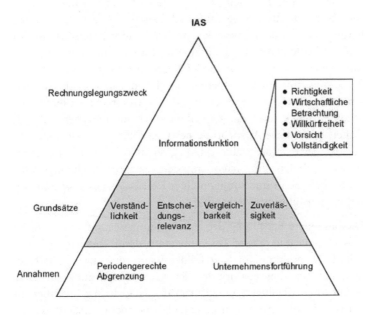

1.2 Anforderungen des Controllings und der Kostenrechnung

Anno 1511 erstellte eine international tätige Kaufmannsfamilie zum ersten Mal einen Jahresabschluss, mit dem Ziel der eigenen Information und zum Zwecke der Unternehmenssteuerung.[146] In der Zwischenzeit wurde der Jahresabschluss weltweit instrumentalisiert

Historische Ziele des Jahresabschlusses mit Blick auf Heute

---

[145] Förschle, G.; Kroner, M.; Mandler, U. (1996), S. 97.
[146] Vgl. Coenenberg, A., (1995), S. 2077 – 2983.

213

und im Rahmen des landesbezogenen Bilanzierungsrechts in Regeln gegossen. Nach dem geltenden deutschen Bilanzierungsrecht steht nicht die Selbstinformation im Vordergrund des Interese des Gesetzgebers, sondern der Gläubigerschutz. In den letzten Jahren ist jedoch – ausgehend von internationalen Entwicklungen – ein Umdenken festzustellen. Trennte man bislang das interne Rechnungswesen im Hinblick auf die Zielsetzung und deren Methoden vom externen Rechnungswesen, so ist heute eine zunehmende Konvergenz beider Rechnungswesensbereiche festzustellen[147]. Diese Annäherung hat mit dem Umdenken in der Unternehmensführung zu tun, die heute zunehmend auf eine wertorientierte Unternehmensführung im Sinne der Shareholder-Value-Maximierung ausgerichtet ist. Die wertorientierte Unternehmensführung richtet sich primär am externen Rechnungswesen aus, da die Unternehmen ihren Shareholder Value über die Kapitalmärkte kommunizieren müssen. Daher ist auch die Ausrichtung des Controlling-Instrumentariums auf den Shareholder Value geboten, sodass das interne Budgetierungs- und Reportingsystem mit dem externen Rechnungswesen zusammenwächst und somit zu einer Konsistenz des gesamten Unternehmensführungssystems führt[148].

Die besondere Bedeutung der IAS-Rechnungslegung und auch der US-GAAP liegt in diesem Zusammenhang darin, dass das HGB eine solche Orientierung am Shareholder Value nur eingeschränkt zulässt, da eine betriebswirtschaftliche Rechnungslegung mit dem dominanten Gläubigerschutzprinzip des HGB häufig nicht vereinbar ist. Die IAS entsprechen wesentlich besser dem Verständnis eines modernen Controllings, da sie eine wirtschaftliche Abbildung des Unternehmensgeschehens zwecktauglicher ermöglichen als die Rechnungslegung nach dem HGB, die häufig von steuerrechtlichen Regelungen dominiert wird. Zudem ging und geht die Entwicklung zur wertorientierten Unternehmensführung wesentlich von den USA aus. Davon sind dann auch zunehmend deutsche Unternehmen betroffen, die als Tochterunternehmen angelsächsischer Mutterunternehmen nicht nur nach internationalen Rechnungslegungs-

---

[147] Vgl. Schön, M., (1999), S. 4.
[148] Vgl. Wagenhofer, A., (1999), S. 10.

standards bilanzieren, sondern auch ihr gesamtes Planungs- und Berichtswesen auf IAS oder US-GAAP umstellen. Der Controller wird sich daher – sowohl in mittelständischen Unternehmen als auch in international tätigen Konzernen – zunehmend mit der IAS-Rechnungslegung befassen müssen.

1.3 Schaffung eines Ein-Kreis-Systems

Das Rechnungswesen fungiert als Informationssystem. Die Adressaten von externer Gewinn- und Verlustrechnung sowie von interner Betriebsergebnisrechnung bedienen sich zur Deckung ihres Informationsbedarfs des Rechnungswesens: einerseits zur Erstellung des Jahresabschlusses als Instrument der Rechenschaftslegung für unternehmensexterne Adressaten, andererseits zum Nachweis des Verzehrs von Produktionsfaktoren hinsichtlich einer mengen- und wertmäßiger Leistungserstellung zur direkten Unternehmensführung durch das Management. *Unterschiedliche Kostenbegriffe*

Während der Jahresabschluss das Ziel einer jahresgenauen Periodenabgrenzung verfolgt, bedingt die Kostenrechnung als Instrument der kurzfristigen Unternehmenssteuerung eine periodische Abgrenzung von Kosten und Erlösen. Infolgedessen hat sich im Laufe der Zeit eine eigenständige Kostenartenrechnung entwickelt, die nicht vollständig mit der Aufwandsrechnung des Jahresabschlusses in Einklang steht.

Bislang gelten die unterschiedlichen Informationsbedürfnisse als Ursache für die scheinbare Unmöglichkeit eines integrierten Informationssystems, das als Kommunikationsplattform die relevanten Erfolgsgrößen einheitlich abbildet und somit als Plattform für ein Ergebnis-Controlling und eine bilanzielle Abrechnungsaufgabe dienen könnte. Einem solchen, idealtypisch als Ein-Kreis-System ausgestaltetem neuen Rechnungswesen müsste ein einheitliches Konzept für die Begriffsabgrenzungen zu Grunde liegen. *Grundlagen eines Ein-Kreis-Systems*

Die Zerlegung des Unternehmensergebnisses in seine einzelnen Komponenten und dessen Darstellung in verschiedenen Unternehmensteilen innerhalb eines Unternehmens (sog. Profit-Center-Struktur) dient der verbesserten Planung, Überwachung und vor *Kostenrechnung ohne pagatorische Basis*

D Gewinn- und Verlustrechnung

allem Steuerung, indem die Abrechnungseinheiten gleichsam Verantwortungsbereiche darstellen. Das Instrument hierfür ist die Kostenstellenrechnung. Steht als Planungs-, Überwachungs- und Steuerungsgröße das einzelne Produkt im Vordergrund, kommt das kostenrechnerische Instrument der Kostenträgerrechnung zur Anwendung, d. h. die Transparenz bezüglich der Erfolgsquellen kann auf verschiedenen Ebenen erreicht werden[149]. Das interne Rechnungswesen hat sich in seiner konzeptionellen Ausrichtung dabei mehr und mehr vom externen Rechnungswesen gelöst. Durch den Ansatz von kalkulatorischen Anders- und Zusatzkosten zwecks Kalkulation von Angebotspreisen und Artikelergebnissen wurde das Konzept des externen Rechnungswesens mit einer pagatorischen Kostenbasis durchbrochen. Der Beziehungszusammenhang zwischen internem und externem Rechnungswesen ist unter den sich ändernden Rahmenbedingungen mit der Tendenz einer steigenden Kapitalmarktorientierung zu überdenken. Das Spannungsfeld zwischen nationalen und internationalen Rechnungslegungsstandards unter veränderten Marktbedingungen wird auch künftig als Triebfeder für die Modifikationen hinsichtlich der Unternehmenspublizität fungieren.

Zusatz- und Anderskosten

Der Ansatz von kalkulatorischen Zusatz- oder Anderskosten führt zu Abweichungen zwischen den monatlich anfallenden Aufwendungen und dem Kostenansatz der internen Betriebsergebnisrechnung entsprechend der Formel:

Überleitung	Finanzbuchhaltung (extern) + kalkulatorische Anderskosten + kalkulatorische Zusatzkosten = Kostenrechnung (intern)

Während das allgemeine Unternehmerrisiko nach herrschender Meinung[150] als Gewinnvorgabe verstanden wird, gelten kalkulatorische Unternehmerlöhne, Eigenmieten und Eigenkapitalzinsen als Opportunitätskosten und damit als Zusatzkosten. Dieses Kosten-

---

[149] Vgl. Kilger, W. (1988), S. 671 ff.
[150] Vgl. Hummel, S.; Männel, W. (1986), S. 179.

verständnis ist ursächlich für die Unterschiede zum Begriff der Aufwendungen aus der Gewinn- und Verlustrechnung, weil ihnen keine Ausgaben bzw. Auszahlungen gegenüberstehen. Begründet wird dieser Kostenansatz mit dem Argument, „unterschiedlich strukturierte Betriebe vergleichbar zu machen"[151].

Die meisten Unternehmen haben ihr Rechnungswesen als Zwei-Kreis-System aufgebaut. Die jahresbezogene externe Rechnungslegung dient dem Zweck der handels- und steuerrechtlichen Bilanzierung, also einer vergangenheitsorientierten Darstellung. Die Kalkulation erfüllt hingegen eine zukunftsorientierte Aufgabe. Das interne Rechnungswesen ist auf die ergebnisorientierte Unternehmensführung ausgerichtet. Die Aufgabe des Systems von Betriebsabrechnung und Kalkulation besteht in der sachgerechten Zurechnung der angefallenen Kosten auf die entsprechenden Kostenträger. Dabei werden die durch die Betriebsabrechnung ermittelten Kostenansätze angewendet. Darin führt die Kostenrechnung letztlich zu einer differenzierenden Betriebsergebnisrechnung. Der traditionelle Rechenzweck ist die Preispolitik und damit zentral die Preiskalkulation. Das Mindestziel stellt die Deckung der vollen Kosten dar. Daraus resultiert das Rechnen mit kalkulatorischen Anderskosten (Abschreibungen, Wagnisse) und Zusatzkosten (Unternehmerlohn, Eigenkapitalzinsen und Eigenmieten).

Zwei-Kreis-System in den meisten Unternehmen

Dieses Abweichen der kostenrechnerischen Ansätze von der bilanziellen Aufwandsrechnung führt zu einem Auseinanderklaffen von (interner) Betriebsergebnisrechnung und (externer) Gewinn- und Verlustrechnung. Für die Ergebnisüberleitung zwischen beiden Rechenwerken ist eine so genannte Abstimmbrücke erforderlich. Zudem unterliegen Kostenelemente, die nicht als Aufwand absetzbar sind, der Ertragsteuerbelastung. Auf die angesetzten kalkulatorischen Zusatzkosten (sog. Opportunitätskostendenken) – man könnte auch von kalkulierten Gewinnen sprechen – sind gedanklich Gewinnsteuern zu veranschlagen. Um die beabsichtigten Nettogewinn-Effekte zu erzielen, ist bei der Kalkulation demnach der Er-

Abstimmbrücke mit Steuerwirkung

---

[151] Vgl. Männel, W. (1999), S. 14.

Gewinn- und Verlustrechnung

tragsteueraufwand hinzuzurechnen. Ohne Berücksichtigung der Steuerwirkung wird das Rechenziel verfehlt.

Die Anforderungen an die Kalkulation haben sich auf den stark umkämpften Märkten geändert: Nicht mehr die kalkulierten Kosten bestimmen den Angebotspreis, sondern der Marktpreis bestimmt, welche Kosten ein Anbieter sich leisten kann, der nachhaltig auf dem Markt aktiv sein will (sog. target costing). Die Bedeutung feinsinniger Kostenrechnungssysteme ist tendenziell fallend. Das zukunftsbezogene Controlling stützt sich auf operative und strategische Planungssysteme und systematische Abweichungsanalysen. Der seit Beginn der achtziger Jahre einsetzende Trend zur Strukturierung von Großunternehmen in dezentrale, ergebnisverantwortliche Teileinheiten hat dabei die Bedeutung der mehrstufigen Ergebnisrechnung erhöht.

Trennung der internen und externen Ansätze im Rechnungswesen sind nicht haltbar

Ganz anders ist die Situation in den USA, da hier kein derart unmittelbarer Zusammenhang zwischen Handels- und Steuerrecht wie in Deutschland existiert und somit der Einfluss von bilanzpolitischen Maßnahmen – ausschüttungs- bzw. steuerlastorientiert – vergleichsweise gering ist. Bilanzpolitische Überlegungen und Tendenzen zur Ergebnisglättung (sog. dividend smoothing) verzerren indes den Einblick in die tatsächlich gegebenen wirtschaftlichen Verhältnisse. Während z. B. in Deutschland die Abschreibungsdauern tendenziell kurz angesetzt werden, basieren die Regeln in den USA auf den tatsächlich zu erwartenden wirtschaftlichen Nutzungsdauern. Letztere Vorgehensweise deckt sich mit dem kostenrechnerischen Kalkül. Um die Substanzerhaltung zu gewährleisten, hat die deutsche Praxis im internen Rechnungswesen zum Beispiel den Ansatz kalkulatorischer Abschreibungen gewählt. International haben sich die Grundlagen des deutschen internen Rechnungswesens (z. B. Unterscheidung zwischen Aufwand und Kosten, Aufbau der Ergebnisrechnung nach dem Gesamtkostenverfahren) jedoch nicht durchgesetzt. Die zwischen interner und externer Ergebnisrechnung auftretenden Unterschiede sind vielfältig und zum Teil oder in Summe nur schwer gegenüber den Berichtsempfängern kommunizierbar.

Konvergenz des internen und externen Rechnungswesens   D

Zielsetzung sollte es daher sein, im Berichtswesen mit einem „durchgängigen, konzeptionell geschlossenen" Controlling-System zu arbeiten, um unmittelbar ineinander überführbare Ergebnisgrößen zu erhalten oder grundsätzlich auf den separaten Rechenkreis zur Ermittlung eines internen Betriebsergebnisses zu verzichten. Basis der geschlossenen und einheitlichen bzw. durchgängigen Ergebnisrechnung kann in vielen Fällen das Datenmaterial der Finanzbuchhaltung sein. Potenzielle Verfeinerungen betreffen die monatlichen Aufwands- und Ertragsabgrenzungen zur Verbesserung der kurzfristigen Ergebnissteuerung und die weitere Untergliederung des Kontenrahmens[152]. Ein Großteil des Informationsbedarfs lässt sich durch Hinzufügung einzelner Sachkonten decken. Am Beispiel der Aufwendungen für Werbung soll dies exemplarisch angedeutet werden: Zur Analyse der Kostenposition Werbung können separate Werbekostenkonten angelegt werden, entweder je Kostenträger oder nach Medienart (z. B. TV, Print, Interviews, Mailings). Durch eine Überprüfung und entsprechende Bearbeitung des gesamten Kontenrahmens können mittels Kombination der Einzelkonten zum Beispiel Deckungsbeitragsinformationen und für die Produktkalkulation erforderliche Kenngrößen bereits aus der Finanzbuchhaltung gewonnen werden. Eine weitere einfache Möglichkeit zur Steigerung des Informationswerts ist die kostenstellen- und kostenträgerbezogene Zusatzkontierung. Diese einfachsten Grundlagen der Kostenrechnung sind neu zu überdenken, insbesondere um die Transparenz der Ergebnisinformationen zu erhöhen und um den laufenden Betreuungsaufwand – vor allem im Bereich der Strukturkostenumlagen mittels Schlüsseln – zu reduzieren. Beides wird dazu beitragen, das Verständnis, die Glaubwürdigkeit und damit die Akzeptanz sowie die Anwendung von Rechnungsweseninformationen zu verbessern. Inwieweit Ergänzungen – also Zusatzinformationen – erforderlich sind, ist im Einzelfall zu entscheiden.

Übereinstimmung von Kosten und Aufwendungen

Die Angleichung von internem und externem Rechnungswesen bedingt den Verzicht auf das Rechnen mit kalkulatorischen Zusatz- oder Anderskosten. Diese Kostenpositionen haben keine pagatorische Basis und entsprechen demzufolge nicht dem Aufwandsbegriff

Ziel muss das Ein-Kreis-System sein

---

[152] Vgl. Männel, W. (1999), S. 13 f.

D Gewinn- und Verlustrechnung

der Gewinn- und Verlustrechnung. Stattdessen könnten diese Kalkulationselemente als „Soll- oder Mindestgewinnvorgaben" interpretiert werden, die es zu decken gilt[153]. Es besteht demzufolge die Möglichkeit, künftig auf das bisher auf separaten Datenbeständen basierende Zwei-Kreis-System zu verzichten bzw. eine Kostenrechnung auf Basis der Daten aus der Finanzbuchhaltung aufzubauen. Unwirtschaftlichkeiten und Verständnis- bzw. Akzeptanzschwierigkeiten werden dadurch unter Aufrechterhaltung der Abrechnungsgenauigkeit reduziert.

Grundlagen zur Schaffung eines Ein-Kreis-Systems

Zur Einrichtung eines Ein-Kreis-Systems, müssen sich beide Systeme aufeinander zu bewegen, um mit beiderseitigen Kompromissen die Lücken zu schließen.

Zusammenfassend können folgende Grundlagen zur Schaffung eines Ein-Kreis-Systems genannt werden:

- Der Kostenbegriff muss sich weitmöglichst dem Aufwandsbegriff des externen Rechnungswesens annähern.
- Anstelle kalkulatorischer Kosten werden die pagatorischen Ansätze des externen Rechnungswesens verwendet.
- „Anderskosten" wie kalkulatorische Zinsen sollten aus dem Betriebsergebnis eliminiert und in einem eigenen Finanzergebnis ausgewiesen werden. Die Methoden des wertorientierten Managements unterstützen diese Vorgehensweise.
- Auf „Zusatzkosten" wie den klassischen Unternehmerlohn muss verzichtet werden. Sie stellen Gewinnelemente dar.
- Die Berechnung kalkulatorischer Abschreibungen entfällt, die Ansätze einer linearen – nicht degressiven! – Bilanzabschreibung ersetzen diese. Hier löst allerdings der Verzicht auf eine Abschreibung über null hinaus bei bereits abgeschriebenen, aber noch genutzten Anlagen ein erhebliches Kalkulationsproblem aus.
- Kalkulatorische Wagnisse werden gleichermaßen als Rückstellungen im externen Rechnungswesen berücksichtigt.
- Die Anforderungen des internen Rechnungswesens nach periodengenau – meist monatlich – abgegrenzten Kosten müssen auch im externen Rechnungswesen eingehalten werden.

---

[153] Vgl. Männel, W. (1999), S. 14.

- Der Begriff der steuerlich und handelsrechtlich relevanten Herstellungskosten sollte soweit wie möglich mit den Herstellkosten des internen Rechnungswesens identisch sein.

Die im internen Rechnungswesen gängige Methode der Verteilung von eigenen Entwicklungskosten auf den Lebenszyklus der betroffenen Erzeugnisse kann derzeit im externen Rechnungswesen nach deutschem Handels- und Steuerrecht nicht nachvollzogen werden. Diese können nur unter bestimmten Voraussetzungen auf Basis der internationalen Rechnungslegungsvorschriften wie IAS und US-GAAP angewendet werden.

2 Grundlagen zur Gewinn- und Verlustrechnung nach IAS/HGB

Als wesentlicher Bestandteil des Finanzberichts eines Unternehmens hält die Gewinn- und Verlustrechnung (GuV) alle Veränderungen in der wirtschaftlichen Position der Einheit innerhalb einer Abrechnungsperiode fest. Somit gehört sie auch zu den Entscheidungshilfen für (zukünftige) Investoren. Aus diesem Grund fordert IAS 8, dass Einnahmen und Ausgaben, Gewinne und Verluste aus der gewöhnlichen Geschäftstätigkeit klar getrennt von außerordentlichen Geschäftsvorfällen werden müssen.

Die Bilanz zeigt den Stand des Vermögens (einschließlich des Gesamterfolges) der Periode zu einem bestimmten Stichtag (Zeitpunktrechnung), die Gewinn- und Verlustrechnung gibt Auskunft über Art, Höhe und Quellen des Unternehmenserfolgs der Periode (Zeitraumrechnung). Als Erfolgsrechnung steht die handelsrechtliche GuV in engem Zusammenhang mit der Bilanz, da der in der GuV ermittelte Periodenerfolg stets dem Saldo des Vermögensvergleichs in der Bilanz zwischen zwei Stichtage entspricht. Anders dagegen in der Internationalen Rechnungslegung, bei der unterschiedliche Gewinngrößen in der Bilanz und GuV möglich sind. Insofern hat die Erfolgsrechnung in der internationalen Bilanzierungspraxis eine weitaus größere Bedeutung als in Deutschland, zumal die Erfolgsrechnung als Instrument zu Darstellung der Er-

Die GuV als Zeitraumrechnung

D Gewinn- und Verlustrechnung

tragslage in der internationalen Philosophie dem primären Ziel der Informationsvermittlung und vor allem der Abschätzung zukünftiger Zahlungsströme in besonderem Maße Rechnung trägt. Neben der Ermittlung des Periodenergebnisses haben Aktiengesellschaften alternativ im Anhang oder im Anschluss an die Ergebnisermittlungsrechnungen die Verwendung des Ergebnisses darzustellen (Ergebnisverwendungsrechnung). Diese Darstellung zur Ermittlung des zur Verfügung stehenden Ausschüttungspotenzials für die Anteilseigner erfolgt nach internationalen Vorschriften üblicherweise im Rahmen der Eigenkapitalveränderungsrechnung. Eine weitere Besonderheit nach IAS besteht in der verpflichtenden Angabe des Ergebnisses je Aktie im Anschluss an die GuV.

2.1 Abgrenzung der Erfolgsbegriffe

Erträge und Aufwendungen

Die GuV stellt eine Aufwands- und Ertragsrechnung und keine Ausgaben- und Einnahmenrechnung dar. Erträge stellen die gesamte Wertentstehung aus der Geschäftstätigkeit dar. Entsprechend resultieren Aufwendungen aus dem Werteverzehr durch den Verbrauch von Gütern und die Inanspruchnahme von Dienstleistungen. Erträge und Aufwendungen sind damit Mehrungen bzw. Minderungen des betrieblichen Vermögens in einer Rechnungsperiode, die nicht durch Ein- und Auszahlungen von bzw. an einen Anteilseigner bedingt sind. Die Vermögensänderungen können sich dabei sowohl auf Nominalgüter (liquide Mittel, Forderungen, Verbindlichkeiten) als auch auf reale Güter (Sachvermögen) beziehen. Sie können Einnahmen bzw. Ausgaben dergleichen Periode, aber auch einer früheren oder späteren Periode sein. Die Periodisierung der Einnahmen und Ausgaben erfolgt nach den Abgrenzungsgrundsätzen. Da sich sämtliche Vermögensänderungen der Bilanz in der GuV widerspiegeln, ist der durch Vermögensvergleich in der Bilanz ermittelte Periodenerfolg stets mit dem Periodenergebnis der GuV als Saldo der Erträge und Aufwendungen identisch.

Erträge und Aufwendungen nach IAS

Nach IAS werden Erträge (income) als Nutzenmehrungen der Periode definiert, die aus dem Zufluss oder der Wertsteigerung von Vermögenswerten (assets) oder der Abnahme von Schulden (liabil-

Grundlagen zur Gewinn- und Verlustrechnung nach IAS/HGB   D

ties) resultieren[154]. Korrespondierend zu den Erträgen werden Aufwendungen (expenses) als Minderungen des wirtschaftlichen Nutzens der Rechnungsperiode in Form einer Eigenkapitalreduzierung beschrieben, die durch direkten Abfluss, Wertminderung von assets oder Anstieg der liabilties bedingt sind[155]. Allerdings stellen die Auszahlungen an Anteilseigner keine Aufwendungen dar.

In IAS werden Erträge unterschieden, die in unmittelbarem Zusammenhang mit der Geschäftstätigkeit stehen (revenues), wie z. B. Umsatzerlöse, Gebühren, Zinsen, Dividenden, Lizenzeinnahmen und Einnahmen und Erträge der sonstigen Unternehmenstätigkeit (gains), die aus Wertsteigerungen von Vermögenswerten oder Schulden resultieren[156]. *Revenues/Gains*

Analog dazu werden Aufwendungen, die im direktem Zusammenhang mit der Geschäftstätigkeit stehen (wie beispielsweise Herstellungskosten, Gehälter und Abschreibungen) als expenses bezeichnet. Aufwendungen der sonstigen Geschäftstätigkeit (wie zum Beispiel Verluste aus dem Abgang von Vermögenswerten und außerordentlicher Aufwendungen sowie außerplanmäßige Abschreibungen auf Vermögenswerte) stellen Losses dar.[157] *Expenses/Losses*

Eine Saldierung von revenue und expenses darf nur erfolgen, wenn
- ein IAS dies verlangt oder erlaubt,
- die einzelnen Transaktionen nicht im Sinne des „materiality"-Ansatzes von Bedeutung waren und die Darstellung des Ergebnisses einer Gruppe von Ereignissen sinnvoller erscheint.

Zudem sollten die einzelnen Beträge im Anhang (Notes) aufgelistet werden.

Anders als nach dem HGB, führt der ermittelte Periodenerfolg der Gewinn- und Verlustrechnung (net income) gem. IAS nicht unbedingt zu dem in der Bilanz ausgewiesenen Gesamtperiodenerfolg (Non-Owner Movements in Equity). Grund dafür ist, dass nach IAS *Ergebnisneutrale Erfolge*

---

[154] Vgl. IASB (2001), Framework 70 (a)
[155] Vgl. IASB (2001), Framework 70 (b)
[156] Vgl. IASB (2001), Framework 74 ff.
[157] Vgl. IASB (2001), Framework 78 ff.

zwischen ergebniswirksamen Vermögensanäderungen (recognised gains and losses) und ergebnisneutralen Erfolgen (gains and losses not recognised in the income statement) unterschieden wird. So können Währungsdifferenzen, die unter Anwendung der Neubewertungsmethode bewertet werden, ergebnisneutral erfasst werden, so wie es gem. IAS für bestimmte Assets alternativ möglich ist.[158]

Die nachfolgende Darstellung zeigt eine Übersicht der unterschiedlichen Erfolgsbegriffe nach dem HGB und den IAS:

Erfolgsbegriffe nach HGB und IAS[159]

HGB	Periodenergebnis (Bilanz)	
	Periodenergebnis (GuV)	
	Erträge/Aufwendungen	

IAS	Non-Owner Movements in Equity (Bilanz)	
	Net income (GuV)	
	Revenues/Expenses	Gains/Losses

2.2 Ausweis nach dem Gesamt- oder Umsatzkostenverfahren

Die Gewinn- und Verlustrechnung kann nach den International Accounting Standards (IAS) wie auch nach dem geltenden Handelsrecht (§275 HGB) nach dem Gesamtkostenverfahren oder nach dem Umsatzkostenverfahren aufgestellt werden. Nach dem HGB muss die Darstellung in der Staffelform erfolgen.

---

[158] Vgl. Coenenberg, A. (2001), Seite 420 ff.
[159] Coenenberg, A. (2001), Seite 422.

D Grundlagen zur Gewinn- und Verlustrechnung nach IAS/HGB

Zwei entscheidende Kriterien sind für die Aufstellung der Gewinn- und Verlustrechnung nach internationalem Recht immer zu berücksichtigen:

- substance over form
  Weder IAS noch US-GAAP geben ein bestimmtes Gliederungsschema vor, jedoch verlangen beide Systeme die Aufstellung der Gewinn- und Verlustrechnung nach dem Gesichtspunkt der Wesentlichkeit (materiality). D. h. unabhängig von der Aufstellungsform (Gesamtkosten- oder Umsatzkostenverfahren) ist zu entscheiden, welche Posten ihrem Betrag und ihrem Inhalt nach darzustellen und ggf. im Anhang zu erläutern sind.
- Stetigkeit
  Analog zum HGB § 265 Abs. 1 gilt auch nach IAS und US-GAAP der Grundsatz der Stetigkeit. Das bedeutet, dass wenn sich ein Unternehmen für den Ausweis der GuV nach dem Gesamtkostenverfahren entschieden hat, dieses auch beizubehalten ist. Es sei denn, ein neuer IAS fordert eine neue Darstellungsform oder eine andere Darstellung dient der „fair presentation".

2.2.1 Gesamtkostenverfahren

Das Gesamtkostenverfahren (GKV – nature of expense method) entspricht einer aufwands- bzw. erlösartenorientierten Gliederung der Gewinn- und Verlustrechnung. Diese in der deutschen Rechnungslegungspraxis dominierende Darstellung entspricht den Regelungen des HGB § 275. Auf der Aufwandsseite werden alle Periodenaufwendungen erfasst und nach Aufwandsarten – wie Material- und Personalaufwand, Abschreibungen und sonstige betriebliche Aufwendungen – ausgewiesen. Dabei werden Mehrungen des Bestandes an unfertigen und fertigen Leistungen, sowie Eigenleistungen mit ihren Herstellungskosten der Gesamtleistung des Unternehmens hinzu gerechnet. Bestandsminderungen hingegen werden der Gesamtleistung in Abzug gebracht.

Das HGB gibt den Unternehmen zur Aufstellung der Gewinn- und Verlustrechnung einen weitaus engeren Rahmen vor als das in den internationalen Vorschriften gem. IAS oder US-GAAP der Fall ist. So ist nach HGB § 275 Abs. 1 die Aufstellung der GuV grundsätzlich

Mindestgliederung der GuV nach HGB im GKV

D Gewinn- und Verlustrechnung

in Staffelform zu erstellen. Ferner werden im HGB die Mindestgliederungsanforderungen gem. § 275 Abs. 2 ebenfalls deutlich detaillierter vorgegeben als das nach internationalem Recht der Fall ist:

Gliederung des Gesamtkostenverfahrens nach HGB
1. Umsatzerlöse
2. Erhöhung/Verminderung des Bestandes an fertigen und unfertigen Erzeugnissen
3. Andere aktivierte Eigenleistungen
■ (Gesamtleistung)*
4. sonstige betriebliche Erträge
5. Materialaufwand
6. Personalaufwand
7. Abschreibungen
8. sonstige betriebliche Aufwendungen
■ (Betriebsergebnis)*
9. Erträge aus Beteiligungen
10. Erträge aus Wertpapieren und anderen Ausleihungen ...
11. Sonstige Zinsen und ähnliche Erträge
12. Abschreibungen auf Finanzanlagen und Wertpapiere ...
13. Zinsen und ähnliche Aufwendungen
■ (Finanzergebnis)*
14. Ergebnis der gewöhnlichen Geschäftstätigkeit
15. Außerordentliche Erträge
16. Außerordentliche Aufwendungen
17. Außerordentliches Ergebnis
18. Steuern vom Einkommen und Ertrag
19. Sonstige Steuern
20. Jahresüberschuss
* Zwischenergebnisse () sind nicht Bestandteile der Gliederung nach HGB

Mindestgliederung der GuV nach IAS im GKV

Die formalen Anforderungen an die Gestaltung der Gewinn- und Verlustrechnung nach IAS sind dagegen vergleichsweise gering. IAS 1.75 fordert lediglich im Gesamtkostenverfahren entsprechende Mindestgliederungsvorgaben, die ggf. um weitere separate Angabepflichten übriger IAS bzw. zur Gewährung einer fair presentation zu erweitern sind. Die Mindestgliederung nach dem Gesamtkostenverfahren können wie folgt dargestellt werden:

GKV-Mindestgliederungsvorschrift nach IAS
■ Umsatzerlöse (Revenue)
■ Bestandsveränderungen (Changes in inventories of finished goods and work in progress)
■ Materialaufwand (Raw materials und consumables used)
■ Personalaufwand (Staff costs)
■ Abschreibungen (Depreciation amortization expense)
■ Sonstige betriebliche Aufwendungen (Other operating expenses)
■ Ergebnis aus der Aufgabe von Geschäftsbereichen (Profit or loss on sale of discontinuing operations)
■ **Betriebsergebnis (Operating Profit)**
■ Finanzergebnis ohne Equity-Gesellschaften (Finance costs)
■ Ergebnisbeiträge aus Equity-Gesellschaften (Income from associates)
■ **Ergebnis vor Steuern (Profit or less before tax)**
■ Ertragssteuern (Income tax expense)
■ **Ergebnis nach Steuern (Proft or less after tax)**
■ Anteil der Minderheitsgesellschafter am Ergebnis (Minority interest)
■ **Ergebnis der gewöhnlichen Geschäftstätigkeit (Profit or less from ordinary activates)**
■ Außerordentliches Ergebnis (Extraodinary items)
■ **Periodenergebnis (Net profit or less for the period)**
■ Ergebnis je Aktie (Earings per share)

Das Gesamtkostenverfahren erfasst also die gesamte betriebliche Leistungserstellung, bestehend aus den abgesetzten und nicht abgesetzten Leistungen (Bestandsaufbau, Eigenleistungen). Daher wird es auch als produktionsorientiertes Verfahren bezeichnet.

2.2.2 Umsatzkostenverfahren

Dagegen zeigt das Umsatzkostenverfahren (UKV – cost of sales method) von der gesamten betrieblichen Leistungserstellung nur die abgesetzten Leistungen – es ist umsatzorientiert. Lagerbestandserhöhungen bleiben unberücksichtigt, sie werden ausschließlich in der Bilanz dargestellt. Infolgedessen stellt das Umsatzkostenverfahren

D Gewinn- und Verlustrechnung

nicht alle Erträge und Aufwendungen eines Geschäftsjahres einander gegenüber, sondern nur die, die sich nicht kompensieren.

Das Umsatzkostenverfahren führt grundsätzlich zum gleichem Ergebnis, weil es für den Saldo aus Erträgen und Aufwendungen unerheblich ist, ob aufwandsgleiche Erträge und Aufwendungen einbezogen werden oder nicht.

International wird das Umsatzkostenverfahren angewendet

Während in Deutschland die Gewinn- und Verlustrechnung üblicherweise nach dem Gesamtkostenverfahren aufgestellt wird, ist international die Anwendung des Umsatzkostenverfahrens üblich.[160] Zwar lassen die IAS[161] (wie auch das HGB) die Anwendung beider Verfahren zu, für gewöhnlich erstellen Unternehmen, die ihren Konzernabschluss mit Blick auf internationale Gepflogenheiten aufstellen, ihre Gewinn- und Verlustrechnung nach dem Umsatzkostenverfahren auf.

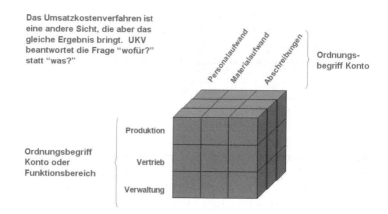

Gesamtkosten versus Umsatzkosten

Funktionsbereiche im Umsatzkostenverfahren

Einer der entscheidenden Unterschiede des Umsatzkostenverfahrens ist die Kategorisierung des darzustellenden Aufwands. Während im Gesamtkostenverfahren die Darstellung aufwandsartenorientiert erfolgt, werden im Umsatzkostenverfahren die Aufwände auf Basis

---

[160] Vgl. Prangenberg, A. (2000), S. 123.
[161] Vgl. IASB (2001), IAS 1.80 und 1.82

Grundlagen zur Gewinn- und Verlustrechnung nach IAS/HGB

so genannter Funktionsbereiche dargestellt. In der Regel werden die Aufwände in vier Funktionsbereichen abgebildet:

- Herstellungskosten (Cost of sales)
- Vertriebskosten (Distribution costs)
- Verwaltungskosten (Administration costs) und
- Forschungs- und Entwicklungskosten (Research and Development costs).

Ein Grund für die überwiegende Anwendung des Gesamtkostenverfahrens in Deutschland ist die einfache Ableitung der Gewinn- und Verlustrechnung in dieser Darstellung aus der Aggregation bestehender Konten des Finanz- und Rechnungswesens. Im Gegensatz dazu kann das Umsatzkostenverfahren nur aus der organisatorischen Herleitung des Aufwands auf Basis von Funktionen abgebildet werden. Dies setzt in der Regel den Einsatz einer Kostenrechnung voraus, die die entsprechend notwendige Abgrenzung der Aufwände zulässt. Über die Zusammenhänge der Kostenrechnung und Finanzbuchhaltung wird im weiteren Verlauf noch genauer eingegangen. Die angloamerikanische Rechnungslegungspraxis bedient sich für die Abbildung des dort vorherrschenden Umsatzkostenverfahrens einer anderen Praxis. Dort werden die Funktionsbereiche aus Konten der Finanzbuchhaltung abgeleitet. Das bedeutet, dass ein Vorgang, der mehrere Funktionsbereiche tangiert, auf mehreren Konten verbucht wird, die inhaltlich den gleichen Aufwand darstellen, doch unterschiedliche Funktionsbereiche abdecken.

Beispiel:
Ist eine Rückstellung, die mehrere Funktionsbereiche berührt, zu buchen, so wird das über verschiedene Konten in der Finanzbuchhaltung für den Ausweis in unterschiedlichen Funktionsbereichen berücksichtigt:

per Aufwand (Herstellung)	1.000 UNI
per Aufwand (Vertrieb)	1.000 UNI
per Aufwand (Verwaltung)	1.000 UNI
per Aufwand (F+E)	1.000 UNI
an Rückstellung	4.000 UNI.

D Gewinn- und Verlustrechnung

In der europäischen Rechnungslegungspraxis werden für die Differenzierung der Funktionsbereiche in der Regel Objekte der Kostenstellen verwendet, wie zum Beispiel Kostenstellen. Das setzt jedoch voraus, dass Finanzbuchhaltung und Kostenrechnung harmonisiert werden.

Mindestgliederung der GuV nach HGB im UKV

Das HGB sieht für die Abbildung des Umsatzkostenverfahrens gem. § 275 Abs. 3 folgende Gliederung vor, die hier verkürzt dargestellt wird:

Gliederung des Umsatzkostenverfahrens nach HGB
1. Umsatzerlöse
2. Herstellungskosten der zur Erzielung der Umsatzerlöse erbrachten Leistungen
3. Bruttoergebnis vom Umsatz
4. Vertriebskosten
5. Allgemeine Verwaltungskosten
6. Sonstige betriebliche Erträge
7. Sonstige betriebliche Aufwendungen
■ **(Betriebsergebnis)***
8. Erträge aus Beteiligungen
9. Erträge aus Wertpapieren und anderen Ausleihungen ...
10. Sonstige Zinsen und ähnliche Erträge
11. Abschreibungen auf Finanzanlagen und Wertpapiere ...
12. Zinsen und ähnliche Aufwendungen
■ **(Finanzergebnis)***
13. Ergebnis der gewöhnlichen Geschäftstätigkeit
14. Außerordentliche Erträge
15. Außerordentliche Aufwendungen
16. Außerordentliches Ergebnis
17. Steuern vom Einkommen und Ertrag
18. Sonstige Steuern
19. Jahresüberschuss
* Zwischenergebnisse () sind nicht Bestandteile der Gliederung nach HGB

Nach den IAS ist in der Gewinn- und Verlustrechnung mindestens folgender Inhalt nach dem Umsatzkostenverfahren darzustellen:

230

Grundlagen zur Gewinn- und Verlustrechnung nach IAS/HGB D

UKV-Mindestgliederungsvorschrift nach IAS
■ Umsatzerlöse (Revenue)
■ Herstellungskosten (cost of sales)
■ **Bruttoergebnis vom Umsatz (Gross Profit)**
■ Vertriebskosten (Distribution costs)
■ Verwaltungskosten (Administration costs)
■ Sonstige betriebliche Erträge (Other operating income)
■ Sonstige betriebliche Aufwendungen (Other operating expenses)
■ Ergebnis aus der Aufgabe von Geschäftsbereichen (Profit or loss on sale of discontinuing operations)
■ **Betriebsergebnis (Operating profit)**
■ Finanzergebnis ohne Equity-Gesellschaften (Finance costs)
■ Ergebnisbeiträge aus Equity-Gesellschaften (Income from associates)
■ **Ergebnis vor Steuern (Profit or less before tax)**
■ Ertragssteuern (Income tax expense)
■ **Ergebnis nach Steuern (Proft or less after tax)**
■ Anteil der Minderheitsgesellschafter am Ergebnis (Minority interest)

2.3 Vor- und Nachteile des Gesamtkosten- und Umsatzkostenverfahrens

Wie nach dem HGB darf nach IAS die Gewinn- und Verlustrechnung sowohl in Form des Gesamtkosten- als auch in Form des Umsatzkostenverfahrens aufgestellt werden[162]. Dagegen darf nach US-GAAP nur das Umsatzkostenverfahren angewendet werden[163]. In der deutschen Literatur gibt es keine einheitliche Auffassung darüber, ob das Gesamt- oder das Umsatzkostenverfahren informativer ist. Nachfolgend können folgende Vorteile des Gesamt- und Umsatzkostenverfahrens genannt werden, wobei die Vorteile des einen Systems die Nachteile des anderen Verfahrens sind:

IAS erlaubt sowohl Gesamt- als auch Umsatzkostenverfahren

---

[162] Vgl. Coenenberg, A. (2001), S. 432 und IASB (2001), IAS 1.77.
[163] Vgl. Born, K. (2001), S. 46.

Vorteile des Gesamtkostenverfahrens:
- Das Gesamtkostenverfahren ist rechnerisch sehr einfach und kann in das Kontensystem der Finanzbuchhaltung integriert werden.
- Die Entwicklung des Materialaufwandes, der Abschreibungen und des Personalaufwandes werden im Vergleich zur Gesamtleistung des Unternehmens sichtbar.
- Es gibt keine Zurechnungsprobleme bei der Verdichtung der Aufwendung nach Funktionsbereichen.
- Das Gesamtkostenverfahren zeigt die Gesamtleistung des Unternehmens der vergangenen Periode, d. h. es ist zum Beispiel bei langfristiger Fertigung aussagefähiger, weil nach dem Realisationsprinzip die jährliche Gesamtleistung bis zur Fertigstellung den Umsatzerlösen zugerechnet werden darf[164].

Vorteile des Umsatzkostenverfahrens:
- Das Umsatzkostenverfahren ist sowohl für die Anwendung der IAS als auch der US-GAAP kompatibel.
- Im internationalen Vergleich wird weltweit das Umsatzkostenverfahren häufiger angewandt als das Gesamtkostenverfahren und ist damit eine bessere Basis für Vergleichbarkeit.
- Es ist besser zur Kennzahlenbildung geeignet, weil es die Beziehung zwischen Verkaufsleistung und den dafür angefallenen Aufwand darstellt. Zusätzlich sind gem. HGB und IAS die Aufwendungen für Personal und Material sowie planmäßige Abschreibungen im Anhang darzustellen (§285 Abs. 3 HGB und IAS 1.83).
- Ein weiterer Vorteil des Umsatzkostenverfahrens liegt darin, dass es zu einem aussagefähigen Betriebsergebnis führt, insbesondere für die kurzfristige (monatliche) Erfolgsrechnung. So wird das Bruttoergebnis als Differenz des Umsatz und der Herstellungskosten des Umsatz gezeigt und zudem werden die übrigen Kosten der Funktionen Vertrieb, Verwaltung sowie Forschung und Entwicklung ausgewiesen. Bei entsprechender Gliederung der Produktarten kann so ohne großen rechnerischen Aufwand eine Produktergebnisrechnung dargestellt werden[165].

---

[164] Wöhe, G. (1997), S. 269.
[165] Vgl. Coenenberg, A. (2001), S. 424 ff.

Abschließend ist anzumerken, dass langfristig davon auszugehen ist, dass sich besonders die deutsche Entwicklung der Rechnungslegungspraxis am internationalen Standard des Umsatzkostenverfahrens orientieren wird, weil das Umsatzkostenverfahren weltweit betrachtet das dominierende angewandte System ist[166].

2.4 Besonderheiten des Umsatzkostenverfahrens im Rahmen einer parallelen Bewertung

Unternehmen, die sich entschieden haben, IAS im Rahmen einer parallelen Bewertungsstrategie anzuwenden, können das Umsatzkostenverfahren nur unter Einhaltung einiger Prämissen für ein Rechnungslegungsverfahren ohne größerem Aufwand anwenden. Nähere Angaben zu diesem Thema werden in dem Kapitel G „Realisation unter SAP R/3 ®" beschrieben.

3 Herstellungskosten nach IAS/HGB

Gegenüber dem HGB weist die Herstellungskostenermittlung nach IAS zahlreiche Unterschiede auf. Auffällig ist, dass sowohl IAS als auch US-GAAP weitestgehend auf die Anwendung von Wahlrechten verzichten. In dem nachfolgenden Abschnitt zum Thema Herstellungskosten wird neben der Darstellung der rechtlichen Grundlagen auch gezeigt, welche Bedeutung die „führende" Bewertung bei der Ermittlung der Herstellungskosten hat und welche Bewertungsstrategie bei verschiedenen Modellen der Unternehmenspraxis anzuwenden ist.

---

[166] Vgl. Falterman, H.; Beckmann, H. (1996), S. 238.

3.1 Rechtliche Grundlagen zur Herstellungskostenermittlung

Herstellungskosten nach Handels- und Steuerrecht

Die Herstellungskosten bilden den Wertmaßstab für alle vom Unternehmen hergestellten, am Bilanzstichtag noch nicht verkauften Gegenstände des Anlage- und Umlaufvermögens. Für das Handelsrecht werden die Herstellungskosten in § 255 Abs. 2 HGB rechtsformunabhängig definiert als die Aufwendungen, die durch den Verbrauch von Gütern und die Inanspruchnahme von Diensten zur Herstellung eines Vermögensgegenstandes, seiner Erweiterung oder für eine über seinen ursprünglichen Zustand hinausgehende wesentliche Verbesserung entstehen. Das Steuerrecht enthält unter Richtlinie 33 Abs. 1 Satz 1 EStR eine ähnlich lautende Definition.

Herstellungskosten nach IAS

Zu den Herstellungskosten nach IAS zählen Kosten des Herstellungsvorganges sowie sonstige Kosten, die dafür angefallen sind, die assets in ihren gegenwärtigen Zustand zu versetzen bzw. sie an ihren gegenwärtigen Ort zu transportieren[167].

Ableitung aus der Kostenrechnung

Während die Anschaffungskosten aufgrund vorliegender Rechnungen leicht bestimmt werden können, bestehen bei der Ermittlung der Herstellungskosten Schwierigkeiten, weil sie aus der Kostenrechnung abgeleitet werden müssen, diese aber i. d. R. andere Ziele verfolgt als die Bilanz, sodass Korrekturen an den aus der Kostenrechnung abgeleiteten Herstellkosten notwendig werden.

Beschränkung auf aufwandsgleiche Kosten

Der bilanzielle Herstellungskostenbegriff weicht in wesentlichen Punkten von der Kostenrechnung (Herstellkosten) ab, da er auf die aufwandsgleichen Kosten beschränkt ist. Kalkulatorische Kosten dürfen – soweit ihnen keine entsprechenden Aufwendungen gegenüberstehen – weder handels- noch steuerrechtlich in die Herstellungskosten eingehen. Die Abschreibungen dürfen zum Beispiel nicht von den Wiederbeschaffungskosten ausgehen, sondern sind auf der Grundlage der Anschaffungskosten zu berechnen. Ebenso ist der Materialverbrauch zu historischen Einstandspreisen, nicht etwa zu Wiederbeschaffungspreisen anzusetzen.

---

[167] Vgl. IASB (2001), IAS 2.7 und IAS 16.16.

Herstellungskosten nach IAS/HGB

Der Umfang der Herstellungskosten ergibt sich in erster Linie aus dem Grundsatz der sachlichen Abgrenzung, nach dem alle in der Periode hergestellten, aber noch nicht verkauften Gegenstände mit den ihnen zuzurechnenden Aufwendungen angesetzt werden müssen. Da jedoch über die Zurechenbarkeit bestimmter Aufwendungen unterschiedliche Auffassungen bestehen können, bedarf der Grundsatz der sachlichen Abgrenzung in diesem Zusammenhang der gesetzlichen Konkretisierungen. Für das Handelsrecht enthält § 255 Abs. 2 HGB eine abschließende Aufzählung der einbeziehungspflichtigen (Pflicht-) und einbeziehungsfähigen (Wahl-)Herstellungskostenbestandteile. Der davon abweichende Umfang der steuerrechtlichen Herstellungskosten ergibt sich dagegen aus den Richtlinien der Finanzverwaltung (Richtlinie 33 EStR), die nach herrschender Meinung zur Ermittlung der zu aktivierenden Herstellungskosten in der Steuerbilanz bindende Wirkung besitzen.

Umfang der Herstellungskosten

Die in die Herstellungskosten nach IAS einzubeziehenden Kostenbestandteile ergeben sich nach IAS 2.10 ff.

Die folgende Abbildung zeigt – nach Kostenarten gegliedert – die Pflicht- und die Wahlbestandteile der Herstellungskosten nach Handels- und Steuerrecht sowie nach IAS und US-GAAP.

Pflicht- und Wahlbestandteile der Herstellungskosten				
	HGB	EStR	IAS	US-GAAP
Materialeinzelkosten	Pflicht	Pflicht	Pflicht	Pflicht
Fertigungseinzelkosten	Pflicht	Pflicht	Pflicht	Pflicht
Sondereinzelkosten der Fertigung	Pflicht	Pflicht	Pflicht	Pflicht
Variable Material- und Fertigungsgemeinkosten	Wahlrecht	Pflicht	Pflicht	Pflicht
Fixe Material- und Fertigungsgemeinkosten	Wahlrecht	Pflicht	Pflicht	Pflicht
Allgemeine Verwaltungskosten (herstellungsbezogen)	Wahlrecht	Wahlrecht	Pflicht	Pflicht
Allgemeine Verwaltungskosten (nicht herstellungsbezogen)	Wahlrecht	Wahlrecht	Verbot	Verbot
Sondereinzelkosten des Vertriebs	Verbot	Verbot	Verbot	Verbot
Vertriebskosten	Verbot	Verbot	Verbot	Verbot

D Gewinn- und Verlustrechnung

In der Literatur wird häufig die Auffassung vertreten, dass aufgrund einer fehlenden Definition der Herstellungskosten im Einkommensteuergesetz der mögliche steuerliche Bemessungsspielraum bei den Herstellungskosten jenem des § 255 Abs. 2 HGB entsprechen würde, da das Maßgeblichkeitsprinzip der Handelsbilanz für die Steuerbilanz Vorrang vor der bloßen, aus traditioneller Finanzrechtsprechung abgeleiteten Verwaltungsanweisung des R 33 EStR besitze[168]. In einem Urteil des BFH ist diese Streitfrage zumindest hinsichtlich der Material- und Fertigungsgemeinkosten eindeutig entschieden worden[169]. Demnach fordert § 6 Abs. 1 Nr. Satz 1 und Nr. 2 Satz 1 EStG den Ansatz der dort bezeichneten Wirtschaftgüter mit den Herstellungskosten, was bedeutet, dass die Wirtschaftgüter grundsätzlich mit allen Aufwendungen anzusetzen sind, die ihrer Art nach Herstellungskosten sind. Gemäß der auch für das Steuerrecht geltenden Begriffbestimmung des § 255 Abs. 2 HGB sind Material- und Fertigungsgemeinkosten ihrer Art nach Herstellungskosten und somit steuerrechtlich einbeziehungspflichtig. Unabhängig von diesem Urteil würde eine Definition der Herstellungskosten und die Aufnahme ihrer Pflicht und Wahlbestandteile in das EStG durch den Gesetzgeber Klarheit bringen.

Sondereinzelkosten der Fertigung und des Vertriebs nach HGB und EStR

Bei Unternehmen mit langfristiger Auftragsfertigung fallen üblicherweise noch vor Beginn des eigentlichen Herstellungsprozesses Kosten für Vorleistungen in teilweise erheblichem Umfang an (z. B. Kosten für Modelle, Spezialwerkzeuge, Lizenzgebühren). Soweit diese Kosten einem (bereits erhaltenen) Auftrag als Einzelkosten direkt zurechenbar sind, können sie als Sondereinzelkosten der Fertigung aktiviert werden. Ist eine direkte Zurechnung nicht möglich, so ist ihre Aktivierung unter den Fertigungsgemeinkosten zulässig. Die bilanzielle Behandlung der Sondereinzelkosten des Vertriebs ist dagegen nicht unumstritten. Trotz des generellen Aktivierungsverbots für Vertriebskosten (§ 255 Abs. 2. Satz 6 HGB) wird eine Aktivierung von Aufwendungen für bereits verkaufte, aber noch nicht abgesetzte Waren (z. B. Provisionen) insbesondere im

---

[168] Vgl. Küting, K.; Haeger, B. (1988), S. 159 ff.
[169] Vgl. BFH-Urteil (1993), S. 176.

Fall langfristiger Fertigungsaufträge teilweise für zulässig erachtet[170]. Darüber hinaus stellt sich die Frage, inwieweit bestimmte Aufwendungen, wie z. B. Aufwendungen der Auftragserlangung und -vorbereitung bei Auftragsfertigung, im Einzelfall nicht als Sonderkosten des Vertriebs, sonders als aktivierungspflichtige Fertigungseinzelkosten zu qualifizieren sind.

Da gemäß IAS 2.10 sämtliche Kosten, die sich den einzelnen Produkteinheiten direkt zurechnen lassen sowie alle fixen und variablen Gemeinkosten (production overhead), die im Zusammenhang mit der Herstellung anfallen, anzusetzen sind, besteht die Aktivierungspflicht für Sondereinzelkosten der Fertigung, falls diese direkt zurechenbar sind[171]. Sondereinzelkosten des Vertriebs sind dagegen von der Aktivierung ausgeschlossen (IAS 2.14 d). Sondereinzelkosten der Fertigung und des Vertriebs nach IAS

Verwaltungskosten, die im Material- oder Fertigungsbereich anfallen, gehören entsprechend zu den Material- oder Fertigungsgemeinkosten. Für Kosten der allgemeinen Verwaltung besteht gemäß § 255 Abs. 2 Satz 4 HGB ein Ansatzwahlrecht. Diese Abgrenzung zwischen Verwaltungskosten im Material- und Fertigungsbereich und allgemeinen Verwaltungskosten hat lediglich steuerlich eine Bedeutung, da für letztere keine Ansatzpflicht besteht (R 33 Abs. 1 Satz 3 EStR). Als allgemeine Verwaltungskosten sind beispielsweise Löhne und Gehälter des Verwaltungsbereichs und die entsprechenden Abschreibungen ansatzfähig. Allgemeine Verwaltungskosten nach HGB und EStR

Nach IAS muss für Verwaltungskosten ermittelt werden, welche betrieblichen Funktionen im Einzelnen den Herstellungskosten zuzurechnen sind. Der Teil, der auf den Produktionsbereich entfällt, ist aktivierungspflichtig. Da auch bezüglich der allgemeinen Verwaltung eine Zurechnung nach betrieblichen Funktionen vorzunehmen ist, bezieht sich das Ansatzverbot für allgemeine Verwaltungskosten nur auf den Teil dieser Kosten, der nicht der Produktion zugerechnet wird. Beispielsweise wird aus dem Kostenstellenbe- Allgemeine Verwaltungskosten nach IAS

---

[170] Vgl. Herrmann, C.; Heuer, G.; Raupach, A. (2001), § 6 Anm. 1000 Vertriebskosten.

[171] Vgl. Baetge, J.; Dörner, D.; Kleekämper, H.; Wollmert, P.; Kirsch, H. J. (2002), IAS 2 – Vorräte, S. 167 ff.

D Gewinn- und Verlustrechnung

reich „Buchhaltung, Jahresabschlusserstellung und Finanzplanung" ein Teil der Kosten dem Funktionsbereich Produktion zuzurechnen sein (z. B. Lohn- und Gehaltsabrechnungen des Produktionsbereichs), der dann aktivierungspflichtig ist[172].

Fremdkapitalzinsen nach HGB und EStR

Als Ausnahmen vom generellen Aktivierungsverbot für Geldbeschaffungskosten gewährt § 255 Abs. 3 Satz 2 HGB die Möglichkeit, Zinsen für Fremdkapital, das zur Finanzierung der Herstellung eines Vermögensgegenstandes verwendet wird, in die Herstellungskosten mit einzubeziehen, soweit diese auf den Zeitraum der Herstellung entfallen. Das Steuerrecht setzt für die Aktivierung von Fremdkapitalzinsen zusätzlich voraus, dass sich die Herstellung des Wirtschaftsgutes über einen Zeitraum von mehr als einem Jahr erstreckt (R 33 Abs. 7 EStR).

Fremdkapitalzinsen nach IAS

Ebenso wie im Fall von Anschaffungskosten ist auch bei Herstellungskosten eine Aktivierung von Aufwendungen für die Beschaffung von Fremdkapital nach der Benchmark-Methode[173] nicht zugelassen (IAS 23.7). Als alternative Methode[174] ist jedoch eine Aktivierung bei Vorliegen eines qualifying assets[175] unter bestimmten Voraussetzungen zulässig (IAS 23.11).

Wertuntergrenze nach HGB und EStR, unechte Gemeinkosten

Das HGB stellt bei der Bestimmung der Wertuntergrenze (Summe der Pflichtbestandteile) allein darauf ab, welche Kosten den Produkten direkt als Einzelkosten zugerechnet werden können und verzichtet auf eine Unterscheidung in fixe und variable Kosten. Dies ergibt sich indirekt aus § 255 Abs. 2 Satz 3 HGB, der für die Material- und Fertigungsgemeinkosten lediglich ein Einziehungswahlrecht vorsieht. In der Praxis ist es sehr oft üblich, aus Gründen der Wirtschaftlichkeit der Rechnungslegung bestimmte Einzelkosten (z. B. Verbrauch von Wasser, Strom, Kleinmaterial etc.) als (unechte)

---

[172] Vgl. Baetge, J.; Dörner D.; Kleekämper, H.; Wollmert, P.; Kirsch, H. J. (2002), IAS 2 – Vorräte, Tz. 28 und 35.
[173] Vgl. IASB (2001), IAS 23.7-9.
[174] Vgl. IASB (2001), IAS 23.10-29.
[175] Qualifying assets werden definiert als assets, deren Vorbereitung für die geplante Nutzung im Unternehmen oder für den Verkauf zwingend eine erhebliche Zeitdauer in Anspruch nimmt (vgl. IAS 23.4).

Herstellungskosten nach IAS/HGB

Gemeinkosten zu erfassen[176]. Da diese Kosten den Erzeugnissen prinzipiell direkt zurechenbar sind, zählen sie – innerhalb der Grenzen des Grundsatzes der Wesentlichkeit – zu den Pflichtbestandteilen der handelsrechtlichen Herstellungskosten. Anderenfalls wäre die Wertuntergrenze von der Organisation der Kostenrechnung abhängig. Das Steuerrecht zieht die Wertuntergrenze weiter und bestimmt für alle (variablen und fixen) Kosten des Material- und Fertigungsbereiches eine Aktivierungspflicht.

Auch das IASB stellt bei der Bestimmung der Wertuntergrenzen auf die direkte Zurechenbarkeit der entstandenen Aufwendungen auf die produzierten Einheiten ab (IAS 2.10). Im Gegensatz zum HGB ist hierbei jedoch die Unterscheidung in Einzel- und Gemeinkosten unerheblich. Herstellungskosten nach IAS umfassen alle Kosten des Material- und Fertigungsbereichs als Pflichtbestandteile und entsprechen damit dem steuerlichen Mindestumfang, sieht man von den herstellungsbezogenen allgemeinen Verwaltungskosten einmal ab.

Wertuntergrenze nach IAS

Hinsichtlich der Wertobergrenze (Summe aller Pflicht- und Wahlbestandteile) bestehen zwischen Handels- und Steuerbilanz keine Unterschiede. Aufgrund der Wirkung des Maßgeblichkeitsprinzips bzw. der umgekehrten Maßgeblichkeit besteht für die Ermittlung der Herstellungskosten in der Steuerbilanz folgender Grundsatz: Befindet sich der handelsbilanzielle Wertansatz im steuerlich zulässigen Wahlrechtsbereich, so ist der handelsbilanzielle Wertansatz auch für die Steuerbilanz maßgeblich. Liegt der handelsbilanziell gewählte Wertansatz unter der steuerrechtlich zulässigen Wertuntergrenze, so ist in der Steuerbilanz die steuerliche Wertuntergrenze anzusetzen[177].

Wertobergrenze nach HGB und EStR

Abgesehen von der Möglichkeit der Aktivierung von Fremdkapitalzinsen nach IAS existieren für die Herstellungskosten nach IAS keine Wahlrechte. Deshalb ist die Wertuntergrenze auch gleich der Wertobergrenze der Herstellungskosten. Sie liegt unterhalb der Werto-

Wertobergrenze nach IAS

---

[176] Vgl. Riebel, P. (1994), S. 14 f.
[177] Vgl. Wöhe, G. (1997), S. 168 f.

D Gewinn- und Verlustrechnung

bergrenze der Herstellungskosten gemäß deutschem Handels- und Steuerrecht.

Stetigkeitsgebot

Das HGB gewährt dem Bilanzierenden bei der Herstellungskostenermittlung einen erheblichen bilanzpolitischen Spielraum, da grundsätzlich jeder Bilanzansatz zwischen Wertunter- und Wertobergrenze gewählt werden kann und diese Entscheidung den Vermögens- und Erfolgsausweis unmittelbar beeinflusst. Dieser bilanzpolitische Spielraum erfährt jedoch Einschränkungen durch das Stetigkeitsgebot (§ 252 Abs. 1 Nr. 6 HGB), das ein Abweichen von den angewandten Bewertungsmethoden nur in Ausnahmefällen zulässt[178]. Die im Zeitablauf unterschiedliche Ausnutzung von Aktivierungswahlrechten bei der Bestimmung der Herstellungskosten ist somit nur in sachlich begründeten Ausnahmefällen möglich.

Grundsatz der Angemessenheit

Aus der im HGB sowie im Steuerrecht verbindlichen Forderung nach Angemessenheit der einbezogenen Material- und Fertigungsgemeinkosten sowie – explizit erwähnt – der Abschreibungen (§ 255 Abs. 2 Satz 3 HGB) folgt, dass Aufwendungen, die das normale Maß wesentlich übersteigen, nicht in die Herstellungskosten einzubeziehen sind. Der Grundsatz der Angemessenheit findet sich auch in den Vorschriften der IAS wieder, die explizit ein Ansatzverbot für Ausschuss-, Lohn- und andere Produktionskosten vorsehen, sofern diese das üblich Maß überschreiten (IAS 2.14).

Voll- und Teilkostenbewertung

Bei der Ermittlung der Herstellungskosten besteht handelsrechtlich die Wahl zwischen den Verfahren der Voll- und Teilkostenbewertung. In der Steuerbilanz ist aufgrund der weiter gezogenen Wertuntergrenze dagegen ausschließlich die Vollkostenbewertung möglich, ebenso für Bilanzen nach IAS. In allen Fällen sind jedoch Korrekturen an Kostenrechnungswerten erforderlich.

Beschäftigungsschwankungen

Werden Fixkosten, die definitionsgemäß unabhängig von der tatsächlichen Kapazitätsauslastung anfallen, im Rahmen der Vollkostenbewertung einzelnen Produkten zugerechnet, so ergeben sich, je nach Beschäftigungslage, unterschiedliche Gemeinkostenzuschläge. Ein bei Unterbeschäftigung erstellter Vermögensgegenstand würde

---

[178] Vgl. Wöhe, G. (1997), S. 211.

Herstellungskosten nach IAS/HGB

dann mit einem höheren Wert angesetzt als ein gleichartiger bei Vollbeschäftigung. Aus dem Grundsatz der Angemessenheit folgt in diesem Zusammenhang, dass nur ein Teil der Fixkosten, der der tatsächlich genutzten Kapazität zuzurechnen ist (Nutzkosten), in die Herstellungskosten einbezogen werden darf.

Für den auf die nicht genutzte Kapazität entfallenden Teil der Fixkosten (Leerkosten) gilt dagegen ein Einbeziehungsverbot gemäß Handels- und Steuerrecht[179]. Die Aufteilung der fixen Kosten in Nutz- und Leerkosten setzt die Festlegung des Niveaus der Vollbeschäftigung voraus. IAS geht in der Verrechnung der Material- und Fertigungsgemeinkosten von eine Normalbeschäftigung aus. Die Normalbeschäftigung wird definiert als das erwartete Ausmaß der Produktion, welches im Durchschnitt über mehrere Perioden (Saisons) unter normalen Bedingungen erreicht wird[180].

Nutz- und Leerkosten

Gemäß § 255 Abs. 2 Satz 1 HGB zählen zu den aktivierungspflichtigen Herstellungskosten auch die Aufwendungen für die Erweiterung oder für die über den ursprünglichen Zustand hinausgehende wesentliche Verbesserung eines Vermögensgegenstandes.

Nachträgliche Herstellungskosten

Vergleicht man zusammenfassend den Umfang der Herstellungskosten nach Handels- und Steuerrecht mit den Regelungen der IAS, so ist festzuhalten, dass der Ansatz der Herstellungskosten nach IAS relativ strikt auf dem Vollkostenprinzip beruht. Ausgehend von der Grundannahme der periodengerechten Erfolgsermittlung verlangt er den Ansatz aller Kosten, die dem Produktionsprozess zugerechnet werden können. Dementsprechend sehen die IAS ein Aktivierungsverbot für nicht herstellungsbezogene allgemeine Verwaltungskosten vor. Ein für bilanzpolitische Maßnahmen einsetzbares Aktivierungswahlrecht besteht lediglich bei den Fremdkapitalzinsen nach IAS.

Umfang der Herstellungskosten nach HGB, EStR und IAS

---

[179] Vgl. Wöhe, G. (1997), S. 392.
[180] Baetge, J.; Dörner D.; Kleekämper, H.; Wollmert, P.; Kirsch, H. J. (2002), IAS 2 – Vorräte, Tz. 37.

D Gewinn- und Verlustrechnung

3.2 Begriff der führenden Bewertung

Der Ansatz der führenden Bewertung IAS besagt, dass sowohl im externen wie auch im internen Rechnungswesen IAS Bewertungsansätze geführt werden. Für das interne Rechnungswesen bedeutet dieses u. a., dass die Standardpreise (wichtig für die Ermittlung der Herstellungskosten des Umsatzes) sowie die Standardkosten auf Basis von IAS Grundsätzen geplant werden müssen. Außerdem verlieren in diesem Zusammenhang die kalkulatorischen Bewertungsansätze stark an Bedeutung.

Notwendigkeit der führenden Bewertung bei paralleler Rechnungslegung

Die Bedeutung der führenden Bewertung bei Ansatz einer parallelen Rechnungslegung nach den Richtlinien des Handels- und Steuerrechtes und kostenrechnungspolitischen Ausprägungen einerseits und gemäß den Richtlinien der IAS andererseits, machen die Notwendigkeit der Definition einer führenden Bewertung einsichtig. In einem Unternehmen bestehen in der Regel unterschiedliche Bewertungsansätze parallel. Die externe Rechnungslegung orientiert sich an den durch den Gesetzgeber veranlassten Bewertungsmaßstäben im Handels- und Steuerrecht. Die interne Rechnungslegung orientiert sich hingegen an wirtschaftlich notwendigen und unternehmerisch gewollten Bewertungsstrategien[181]. Für die interne und externe Berichterstattung innerhalb eines Unternehmens bzw. einer Unternehmensgruppe ist es jedoch unumgänglich, eine gemeinsam gültige Bewertungsrichtlinie zu definieren.

4 Ableitung der Funktionsbereiche

Herleitung der Funktionsbereiche

Das Umsatzkostenverfahren ist charakterisiert durch den Ausweis der Funktionsbereiche. Die Funktionsbereiche (z. B. Herstellung, Vertrieb, Verwaltung und wahlweise Forschung und Entwicklung) leiten sich aus den Funktionen des Unternehmens ab. Die Herleitung erfolgt nach europäischer Praxis für die Klassifikation der Ob-

---

[181] Vgl. Kapitel D „Gewinn- und Verlustrechnung", Punkt „Konvergenz des internen und externen Rechnungswesens" und den Punkt „Rechtliche Grundlagen zur Herstellungskostenermittlung".

Ableitung der Funktionsbereiche

jekte in der Kostenrechnung, wie zum Beispiel den Kostenstellen, Aufträgen, Projekten etc., die derart klassifiziert werden[182]. Aufwandsgleiche Kosten, die auf solche Objekte gebucht werden, leiten automatisch den entsprechenden Funktionsbereich des Aufwandes ab. Auf diese Art werden sogar so genannte sekundäre Kosten der Kostenrechnung, die primär auf Vor- oder Hilfskostenstellen gebucht wurden und anschließend über die Kostenrechnung im BAB (Betriebsabrechnungsbogen) auf andere End- bzw. Hauptkostenstellen verteilt oder umgelegt werden, für die Finanzbuchhaltung in den entsprechenden Funktionsbereichen dargestellt[183].

Ableitung von Funktionsbereichen

Gewinn & Verlustrechnung Gesamtkostenverfahren		Funktionsbereiche				
		Herstellung	Vertrieb	Verwaltung	F & E	Sonstige
Umsatzerlöse	72.035 €					
+/- Bestandsveränderungen der fertigen und unfertigen Erzeugnisse	-1.183 €	-1.183 €				
+ andere aktivierte Eigenleistungen	58 €			58 €		
+ sonst. betriebliche Erträge	3.335 €	403 €		45 €		2.887 €
- Materialaufwand	23.252 €	22.733 €	161 €	358 €		
- Personalaufwand	21.656 €	20.025 €	584 €	1.047 €		
- Abschreibungen	1.836 €	1.250 €	154 €	432 €		
- sonst. betriebliche Aufwendungen	18.022 €	3.132 €	141 €	198 €		14.551 €
= Betriebsergebnis	9.479 €	47.920 €	1.040 €	1.932 €	0 €	11.664 €

Gewinn & Verlustrechnung Umsatzkostenverfahren	
Umsatzerlöse	72.035 €
- Herstellungskosten der zur Erzielung der Umsatzerlöse erbrachten Leistungen	47.920 €
= Bruttoergebnis vom Umsatz	24.115 €
- Vertriebskosten	1.040 €
- allgemeine Verwaltungskosten	1.932 €
- Forschung & Entwicklung	0 €
+/- sonst. betr. Erträge / Aufwand	11.664 €
= Betriebsergebnis	9.479 €

Das heißt auch, dass Umbuchungen auf einer Kostenstelle im Ausweis der Gewinn- und Verlustrechnung grundsätzlich zu einem Funktionsbereichswechsel führen können.

---

[182] Vgl. Wöhe, G. (1997), S. 269.
[183] Vgl. Kapitel G „Realisation unter SAP R/3®".

Gewinn- und Verlustrechnung

Beispiel:

Ein Unternehmen hat eine Finanzbuchhaltung und eine Kostenstellenrechnung im Einsatz und weist die Gewinn- und Verlustrechnung nach dem Umsatzkostenverfahren aus.

In dem Unternehmen sind insgesamt nur fünf Kostenstellen eingerichtet. Eine Hilfskostenstelle, eine Herstellungskostenstelle und jeweils eine Vertriebs-, Verwaltungs- und Forschungs- und Entwicklungskostenstelle. Die Finanzbuchhaltung bucht 4.000 UNI Stromkosten auf die Hilfskostenstelle. Die GuV weist nach dieser Buchung folgendes Ergebnis aus:

Umsatz	0 UNI
Herstellungskosten	0 UNI
Vertriebskosten	0 UNI
Verwaltungskosten	0 UNI
F+E-Kosten	0 UNI
Sonst. betriebl. Aufwand	4.000 UNI

Die aufwandsgleichen Kosten der Hilfskostenstelle für Strom werden unter sonstigem betrieblichen Aufwand dargestellt, weil die Kostenstelle dem Funktionsbereich zugeordnet ist. Nach der primären Buchung der Finanzbuchhaltung erfolgt in der Kostenrechnung eine Umlage der Hilfskostenstelle auf die übrigen Hauptkostenstellen auf Basis eines Schlüssels, der in diesem Beispiel für alle Kostenstellen 25 % beträgt. Ferner wird in dem Beispiel davon ausgegangen, dass die Herstellungsleistung in der betrachteten Periode 1.000 UNI beträgt und die Leistung mit 2.000 UNI verkauft wurde. Unter diesen Prämissen ergibt sich demnach folgende Erfolgsrechnung:

Umsatz	2.000 UNI
Herstellungskosten	1.000 UNI
Vertriebskosten	1.000 UNI
Verwaltungskosten	1.000 UNI
F+E-Kosten	1.000 UNI
Sonst. betriebl. Aufwand	0 UNI

Umbuchungen zwischen Kostenstellen haben grundsätzlich die gleichen Auswirkungen auf die Funktionsbereiche wie die dargestellten Umlagen.

D Ableitung der Funktionsbereiche

Wie das Bespiel gezeigt hat, wird die Gewinn- und Verlustrechnung nach dem Umsatzkostenverfahren in einem erheblich stärkeren Maße aus der Kostenrechnung beeinflusst, als das bei dem Gesamtkostenverfahren der Fall ist, weil die Ableitung der Funktionsbereiche, anders als in angloamerikanischen Rechnungswesensystemen, nicht auf Basis von Konten erfolgt, sondern aus den Objekten der Kostenrechnung. Genau darin liegt auch die Problematik im Ausweis des Umsatzkostenverfahrens im Rahmen der parallelen Bewertung. Durch den Ansatz der parallelen Bewertung nach HGB und IAS, werden manche Aufwendungen mit unterschiedlichen Wertansätzen gebucht. Das gilt insbesondere für Abschreibungen, Rückstellungen, Zinsen und Ähnliches. Diese Aufwendungen sind, je nach anzuwendender Rechnungslegung (Landesrecht oder IAS), auch in den Funktionsbereichen unterschiedlich auszuweisen. In diesem Buch wird für die Differenzierung unterschiedlicher Wertansätze aufgrund unterschiedlicher Bewertungsvorschriften der Rechnungslegung die Einrichtung mehrerer Konten bzw. Kostenarten empfohlen. Diese Methode wird unter dem Namen „Mickey-Mouse-Methode" beschrieben[184]. D. h. in der Finanzbuchhaltung existiert zum Beispiel ein Konto für Abschreibungen nach HGB und ein Konto für Abschreibungen nach IAS. Durch die Festlegung der „führenden" Bewertung[185] und damit das Führen aufwandsgleicher Kosten in der Kostenrechnung, kann nur **ein** Wertansatz in der Kostenrechnung übernommen und damit die gleichzeitige Ableitung der Funktionsbereiche für nur **einem** Wertansatz erfolgen. Hieraus ist abzuleiten, dass nur ein Wertansatz in die Kostenrechnung übernommen werden kann, der andere Wertansatz wird ausschließlich in der Finanzbuchhaltung berücksichtigt. D. h. in der Finanzbuchhaltung können unterschiedliche Wertansätze berücksichtigt werden, die Ableitung der Funktionsbereiche über die Objekte der Kostenrechnung ist jedoch nur für einen Wertansatz möglich.

---

[184] Vgl. Kapitel E „Kontenplan".
[185] Vgl. Kapitel D „Gewinn- und Verlustrechnung", Punkt „Begriff der führenden Bewertung".

D Gewinn- und Verlustrechnung

> **Prämissen für das Umsatzverfahren:**
>
> Für die Einrichtung unterschiedlicher Wertansätze (IAS, HGB) sollten nach Empfehlung des Buches auf Basis der Mickey-Mouse-Methode unterschiedliche Konten in der Finanzbuchhaltung eingerichtet werden.
>
> Eine Entscheidung über die Ausgestaltung der führenden Bewertung ist erforderlich, weil nur ein Wertansatz in die Kostenrechnung übernommen werden kann.

Wird der Empfehlung des Buches gefolgt, die Funktionsbereiche aus den Objekten der Kostenrechnung abzuleiten, kann nur für eine Art der Rechnungslegung ein Umsatzkostenverfahren realisiert werden, entweder für das bisherige Landesrecht oder für IAS.

5 Werteflüsse in der Kostenrechnung

Notwendigkeit Wie bereits in diesem Kapitel angesprochen, werden ein Großteil der notwendigen Informationen zur Aufstellung einer Gewinn- und Verlustrechnung nach IAS aus dem internen Rechnungswesen, also der Kostenrechnung und den darin verwendeten Objekten, wie Kostenarten-, Kostenstellen- und der Kostenträgerrechnung, abgeleitet.

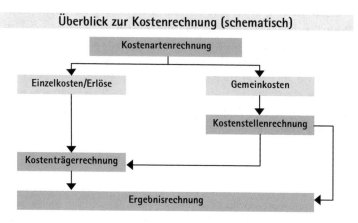

Überblick zur Kostenrechnung (schematisch)

D Werteflüsse in der Kostenrechnung

In diesem Abschnitt soll nun auf einige Punkte aufmerksam gemacht werden, die die Werteflüsse innerhalb der Kostenrechnung betreffen, die entweder für Bewertungsfragen oder für die Aufstellung der Funktionsbereiche nach dem Umsatzkostenverfahren berücksichtigt werden müssen.

5.1 Kostenartenrechnung

Die Kostenartenrechnung stellt im Rahmen der Umstellung der Rechnungslegung von HGB nach IAS eine zentrale Rolle dar. Sie ist die Schnittstelle vom externen zum internen Rechnungswesen im Unternehmen. Die Kostenartenrechnungen gibt Aufschluss darüber, **welche Kosten** im Unternehmen entstanden sind. Zu diesem Zweck lassen sich verschiedene Gliederungskriterien zur Einteilung der Kostenarten einrichten, die nachfolgend beispielhaft erläutert werden sollen.

Kostenartenrechnung als Schnittstelle zw. externem und internem Rechnungswesen

1. Einteilung nach Art der verbrauchten Produktionsfaktoren, z. B.:
   - Personalkosten,
   - Werkstoffkosten,
   - Kapitalkosten,
   - Betriebsmittelkosten.

2. Einteilung nach **betrieblichen Funktionen**, z. B.:
   - Beschaffungskosten,
   - Fertigungskosten,
   - Vertriebskosten,
   - Verwaltungskosten.

3. Einteilung nach der **Art der Verrechnung**:
   - Einzelkosten und
   - Gemeinkosten.

4. Einteilung nach dem Verhalten der Kosten gegenüber Beschäftigungsschwankungen:
   - fixe Kosten und
   - variable Kosten.

D Gewinn- und Verlustrechnung

5. Einteilung nach der Art der Kostenerfassung:
   - aufwandsgleiche Kosten und
   - kalkulatorische Kosten.

6. Einteilung nach der Herkunft der Kostengüter:
   - primäre Kosten und
   - sekundäre Kosten.

Art der verbrauchten Produktionsfaktoren

Bei Einteilung der Kosten nach der Art der verbrauchten Produktionsfaktoren spricht man von so genannten Kostengruppierungen oder auch Kostenkomplexen, die jedes Unternehmen sich ihren Bedarfen nach entsprechend einrichtet. So setzen sich zum Beispiel die Personalkosten aus allen Kostenarten zusammen, die die Personalkosten im Unternehmen repräsentieren sollen (Löhne, Gehälter, freiwillige soziale Leistungen u. v. a.). Die Wichtigkeit der „richtigen" Gruppierung von Kostenarten im Rahmen der Umstellung der Rechnungslegung wird bei der Darstellung eines anderen Kostenkomplexes deutlich. Betrachtet man die Betriebsmittelkosten in der Kostenrechnung, stellt sich hier die Frage, welche Kostenarten in dieser Kostenartengruppe enthalten sind und welche Konsequenzen das auf bereits dargestellte Bewertungsfragen hat. Betriebsmittel sind langfristig nutzbare Produktionsfaktoren, deren Wertverzehr aus der Verringerung ihres Leistungsvermögens resultiert. Die Wertminderung der Betriebsmittel in einer Periode vollzieht sich über die Abnahme der Totalkapazität (Gesamtnutzungspotenzial) durch die Abgabe der Periodenkapazität. Das heißt im Klartext, die eingesetzten Maschinen und anderen Fertigungsmittel verlieren über die Nutzung im Zeitablauf an Wert. Diese Wertminderung wird in Form von Abschreibungen erfasst.

Art der Kostenerfassung

An dieser Stelle stellt sicht die Frage nach der Art der Kostenerfassung im Rahmen der Kostenrechnung im Unternehmen, die wiederum eine zentrale Bedeutung für die eingangs in diesem Kapitel angesprochene **Konvergenz des externen und internen Rechnungswesens** hat und damit für die Umstellung der Rechnungslegung relevant ist. Die Abschreibungen in der Kostenrechnung sollen i. d. R. ein möglichst genaues Bild über den Wertverzehr der Produktionsfaktoren geben. Aus diesem Grund ist es in der Praxis üblich, Abschreibungen unter Berücksichtigung so genannter Wiederbeschaffungskosten kalkulatorisch anzusetzen. Die kalkulatorischen Ansätze dürfen jedoch nicht in der Bewertung z. B. der Herstellungskosten nach IAS aber auch nicht nach HGB berücksichtigt werden. Aus diesem Grund gibt es in der Kostenrechnung oft einen anderen Sprachgebrauch. So spricht man im externen Rechnungswesen von **Herstellungskosten** und in der Kostenrechnung von **Herstellkosten**. Die Herstellkosten sollen die „wahren" Kosten der Herstellung repräsentieren, ohne dem verpflichtenden Rahmen gesetzlicher Vorschriften Rechnung tragen zu müssen. Doch genau diesen unterschiedlichen Betrachtungsweisen kann und soll unter Verwendung der International Accounting Standards entgegengewirkt werden[186]. Das Gleiche gilt für die Struktur der Kapitalkosten in der Kostenrechnung, welche als Anderskosten ermittelt werden. Demnach sollte bei der Art der Kostenerfassung grundsätzlich auf kalkulatorische Anders- und Zusatzkosten verzichtet werden, wenn die Angleichung der externen und internen Darstellung der Ergebnisse nach IAS ein Ziel der Umstellung sein sollte.

Die Kosteneinteilung nach betrieblichen Funktionen muss im Rahmen der Prüfung der Kostenartenrechnung ebenfalls überprüft werden. Eigentlich ist es Aufgabe der Kostenstellenrechnung, Kosten nach betrieblichen Funktionen (Fertigungs-, Vertriebs- oder Verwaltungskosten) zu unterteilen – mitunter kann das auch über die Kostenartenrechnung erfolgen. Wird im Unternehmen jedoch eine solche Unterteilung vorgenommen, muss die Kostenklassifizierung für die Anwendung des Umsatzkostenverfahrens, in dem die Aufwendungen nach Funktionen dargestellt werden sollen, überprüft werden[187]. Bei diesen Kostengruppierungen geht es nicht um den Kostenansatz, sondern um die Kostenzurechnung für den Ausweis der Kosten nach Unternehmensfunktionen in der Gewinn- und

Kosteneinteilung nach betrieblichen Funktionen

---

[186] Vgl. Kapitel D „Gewinn- und Verlustrechnung", Punkt „Konvergenz des internen und externen Rechnungswesens" und „Herstellungskosten nach IAS/HGB".

[187] Vgl. Kapitel D „Gewinn- und Verlustrechnung", Punkt „Ausweis nach dem Gesamt- oder Umsatzkostenverfahren".

D   Gewinn- und Verlustrechnung

Verlustrechnung. Sollen bestimmte Kosten, unabhängig von ihrer Weiterverrechnung, immer einem Funktionsbereich zugeordnet werden und werden diese Kosten innerhalb der Kostenrechnung unterschiedlichen Objekten zugeordnet, dann müssen zunächst solche Kostenarten identifiziert und separat einem Funktionsbereich im Sinne des Umsatzkostenverfahrens zugeordnet werden. In der Praxis ist das selten der Fall, weil z. B. Verwaltungskosten keinen bestimmten Kostenarten zugerechnet werden können. Jedoch besteht die Möglichkeit, dass bestimmte Vertriebskostenarten, wie Provisionen, immer der Funktion Vertrieb zugerechnet werden sollen.

> **Tipp:**
>
> In der Praxis hat sich die direkte Zuordnung von Kostenarten als unpraktisch und fehleranfällig erwiesen, weil die direkte Zuordnung zu Funktionsbereichen i. S. d. UKV die gewöhnlichen Ableitungskriterien (Art der Kostenstelle, Art des Kostenträgers) durchbricht. Dies gilt allerdings nur für Kostenarten, die gleichzeitig Sachkosten in der Finanzbuchhaltung darstellen. Bei Erfolgskonten, für die keine Kostenarten bestehen (sog. neutrale Erfolgskonten), müssen die Funktionsbereiche je nach Charakter des Kontos direkt zugeordnet werden.

Art der Verrechnung

Die Kostenrechnung unterscheidet grundsätzlich zwischen zwei Arten der Verrechnung: einmal in die Einzelkosten, die direkt den erstellten betrieblichen Leistungen (Kostenträgern) zugerechnet werden können und zum anderen in die Gemeinkosten, die, abhängig vom gewählten Kostenrechnungssystem im Unternehmen, entweder über die Kostenstellenrechnung über Zuschläge, Äquivalenzziffern und andere Methoden auf Kostenträger weiterverrechnet werden oder zum Teil auf Kostenstellen verbleiben.

Einzelkosten (Material-, Fertigungseinzelkosten) sind in der Regel direkte Komponenten der Herstellungskosten und damit im Umsatzkostenverfahren zum Zeitpunkt des Verkaufs und der Auslieferung immer als Kosten des Umsatzes im Umsatzkostenverfahren zu berücksichtigen.

Gemeinkosten werden auf Kostenstellen erfasst und erst später einem entsprechenden Funktionsbereich zugeordnet.

Dabei müssen die Gemeinkosten grundsätzlich in zwei Kategorien betrachtet werden, den primären Kosten, also solchen Kosten, die direkt auf einem Kostenobjekt (Kostenstellen) erfasst werden und den sekundären Kosten, die nach der Erfassung der primären Kosten über Leistungsverrechnungen und Umlagen auf andere Kostenobjekte verrechnet werden. Auf den ersten Blich ist hierbei kein direkter Zusammenhang zur Rechnungslegung nach IAS erkennbar, doch die Verrechnung der sekundären Kosten auf andere Kostenobjekte der Kostenrechnung hat auch einen Einfluss auf die mögliche Bewertung der Gemeinkostenanteile im Herstellungskostenblock. So ist bei der Umstellung zu berücksichtigen, welche Umlagen (z. B. der allgemeinen Verwaltung in Kostenstellen des Fertigungsbereichs) erfolgen und für die Ermittlung der Fertigungsgemeinkosten herangezogen werden, weil nach IAS 2 nur herstellungsbezogene Verwaltungskosten in den Fertigungsgemeinkosten berücksichtigt werden dürfen[188]. Unter diesen Bewertungsgesichtspunkten müssen alle im Unternehmen definierte Umlagen und Leistungsverrechnungen geprüft werden.

Herkunft der Kostengüter

5.2 Kostenstellenrechnung

Nachdem die Kosten erfasst und nach Kostenarten gegliedert vorliegen, werden sie auf Betriebsbereiche verteilt, in denen sie anfallen. Kostenstellen sind nach bestimmten Kriterien voneinander abgegrenzte Teilbereiche eines Unternehmens, für die die von ihnen jeweils verursachten Kosten erfasst und ausgewiesen werden. Der Kostenstellenrechnung fallen folgende Aufgaben zu:

Aufgaben der Kostenstellenrechnung

1. Kostenstellenbezogene Kontrolle der Wirtschaftlichkeit,
2. Ermittlung der für die Kalkulation benötigten Zuschlags- und/oder Verrechnungssätze (Vorbereitung der Kostenträgerrechnung),
3. Überwachung der Einhaltung von Kostenbudgets durch die einzelnen Kostenstellen und Abstimmung mit den kostenstellenbezogenen Kostenplänen.

---

[188] Vgl. Kapitel D „Gewinn- und Verlustrechnung", Punkt „Rechtliche Grundlagen zur Herstellungskostenermittlung".

D — Gewinn- und Verlustrechnung

Gesichtspunkte der Kostenstellenbildung

Als mögliche Kriterien zur Kostenstellenbildung kommen infrage:
1. Kostenträgergesichtspunkte (Beanspruchung der Kostenstellen durch die Kostenträger),
2. Funktionale Gliederung des Betriebes (z. B. Vertriebs-, Fertigungskostenstellen),
3. Räumliche Gesichtspunkte (z. B. abgeschlossene Werkstatt als Kostenstelle),
4. Organisatorische Kriterien (selbstständige Verantwortungsbereiche) oder auch
5. Rechnungstechnische Gesichtspunkte (z. B. Abbildung der Funktionen für die Anwendung des Umsatzkostenverfahrens).

Klassische Arten von Kostenstellen

Die Gliederungskriterien führen zu verschiedenen Arten von Kostenstellen. Nach produktionstechnischen (funktionalen) Gesichtspunkten unterscheidet man:
1. Hauptkostenstellen
   Diese Kostenstellen fertigen (Haupt-)Produkte, die zum Produktions- und Absatzprogramm des Unternehmens gehören. Die Kosten der Kostenstellen werden direkt auf Kostenträger verrechnet.
2. Nebenkostenstellen
   Hier werden so genannte Nebenprodukte bearbeitet, die nicht zum eigentlichen, geplanten Produktionsprogramm gehören (z. B. Kuppelprodukte).
3. Hilfskostenstellen
   Diese tragen nur mittelbar zur Gütererstellung bei (z. B. Heizung). Zu ihnen zählen auch die allgemeinen Kostenstellen, die für das Gesamtunternehmen tätig sind (z. B. Verwaltung).

Die Kosten der Neben- und Hilfskostenstellen werden nicht direkt auf die Kostenträger verteilt, sondern im Rahmen von Umlagen und innerbetrieblichen Leistungsverrechnungen zunächst auf die Hauptkostenstellen verrechnet.

Nun wurde bereits eingangs gesagt, dass der Kostenrechnung im Rahmen der Umstellung nach IAS eine zentrale Rolle zukommt. Diese spiegelt sich auch in Aufbau und Klassifikation der Kostenstellen wider.

Für die Abbildung der Funktionsbereiche, die für die Einrichtung des Umsatzkostenverfahrens notwendig sind, ist eine zusätzliche Klassifikation der Kostenstellen erforderlich. Demnach müssen Kostenstellen zusätzlich (mindestens) folgenden Funktionsbereichen zuordenbar sein:

Zusätzliche Klassifikation von Kostenstellen

1. **Herstellungsbereich**
   Diesem Bereich werden alle Hauptkostenstellen des Herstellungsbereichs im Unternehmen zugeordnet. Für das Umsatzkostenverfahren leiten sich hierzu später die Periodenkosten der Fertigung ab.

2. **Vertriebsbereich**
   Diesem Bereich werden alle Kostenstellen zugeordnet, die inhaltlich die Vertriebsbereiche des Unternehmens darstellen. Alle (aufwandsgleichen) Kosten dieses Bereiches werden im Umsatzkostenverfahren in der GuV im Funktionsbereich Vertriebskosten ausgewiesen.

3. **Allgemeiner Verwaltungsbereich**
   Hier werden alle Kostenstellen des Unternehmens zusammengefasst, die dem allgemeinen Verwaltungsbereich zuzurechnen sind, als solche werden diese auch im UKV ausgewiesen. Hier sind auch Kosten zu berücksichtigen, die normalerweise den Hilfskostenstellen zuzurechnen wären, weil die Kosten der allgemeinen Verwaltung separat in der GuV ausgewiesen werden sollen.

4. **Forschungs- und Entwicklungsbereich**
   Sofern sich ein Unternehmen dafür entschieden hat, die F+E-Bereiche separat in der GuV im Umsatzsatzkostenverfahren auszuweisen, werden dem Bereich alle Kostenstellen zugerechnet, die sich mit Forschungs- und Entwicklungsleistungen befassen. Jedoch ist zu bedenken, dass die hier zugeordneten Bereiche sich ausschließlich mit F+E-Themen (Labore etc.) befassen müssen, ansonsten würden unter dieser Kategorie inhaltlich falsche Kosten ausgewiesen werden. Fallweise eingesetzte Forschungsprojekte müssen über andere Kostenobjekte berücksichtigt werden.

5. Hilfs- und Nebenkostenstellen
Diese Art von Kostenstellen werden auf die Kostenstellen der Hauptbereiche umgelegt, wobei hier zu berücksichtigen ist, dass zum Beispiel nur die herstellungsbezogenen allgemeinen Verwaltungskosten (z. B. anteilige Kosten der Personalbeschaffung in der Produktion) in den Hilfskostenstellen eingerechnet werden dürfen.

Damit ist die Grundlage für eine IAS-konforme Ermittlung der Gemeinkostenzuschläge für Material- und Fertigungskosten gewährleistet und die Basis zur Ableitung der Funktionsbereiche zur Aufstellung der Gewinn- und Verlustrechnung in Form des Umsatzkostenverfahrens geschaffen.

5.3 Kostenträgerobjekte der Kostenrechnung

Die wohl bekannteste Form von Kostenträgerobjekten sind die Fertigungsaufträge, auf denen im Rahmen der Produktion alle relevanten Herstellungskosten gesammelt werden. Das ist jedoch für die Umstellung der Rechnungslegung nach IAS nicht weiter relevant. Wichtiger ist die Frage: Welchem Funktionsbereich können diese Objekte der Kostenrechnung zugerechnet werden?

Fertigungsaufträge

Fertigungsaufträge, die im Rahmen der Produktion verwendet werden, sind immer dem Funktionsbereich Periodenkosten der Fertigung zuzurechnen.

Innenaufträge der Kostenrechnung

Anders ist das bei der Verwendung von so genannten Innenaufträgen, die in der Regel zur Sammlung bestimmter Kosten (Durchführung einer Werbemaßnahme, Durchführung von Projekten in der Verwaltung etc.) in der Kostenrechnung eingerichtet werden. Sinn und Zweck solcher Aufträge ist es, Kosten aus unterschiedlichen Bereichen des Unternehmen unter einer „Überschrift" zusammenzuführen und danach ggf. auf eine bestimmte Kostenstelle abzurechnen. Der Kostenzufluss kann aus unterschiedlichen Quellen resultieren. Zum einen können Einzelkosten (Fremdleistungen, Materialien u. v. m.) direkt auf solchen Aufträgen erfasst werden. Zum anderen können Kosten über innerbetriebliche Leistungsverrechnungen (Anteilig bewertete Stunden der Produktion) den Aufträgen zugerechnet werden. Dabei gehen die Funktionsbereichsinformationen der verrechneten Kosten aus Kostenstellen verloren. Aus diesem Grund müssen die eingesetzten Aufträge über eigene Funktionsbereichsklassifikationen im Sinne der Funktionsbereichsmerkmale im Umsatzkostenverfahren verfügen. In der Praxis werden, um dieser Art der Funktionsklassifikation Rechnung zu tragen, unterschiedliche Auftragsarten eingerichtet, die dem Zweck des Auftrags entsprechen. So würde ein Vertriebsauftrag eingerichtet werden, wenn die Kosten zur Durchführung einer Werbemaßnahme auf einen Auftrag zusammengeführt werden sollen. Aufträge mit einer solchen Klassifikation können anschließend direkt an das Ergebnis abgerechnet werden, und würden trotzdem in der GuV im zuvor bestimmten Funktionsbereichs des Auftrags gezeigt werden. Anders ist das bei Aufträgen, die zwar mit einem Funktionsbereich klassifiziert sind, anschließend jedoch an eine andere Kostenstelle abgerechnet werden. In einem solchen Fall werden die Kosten des Auftrags nach Abrechnung an die Kostenstelle dem Funktionsbereich der Kostenstelle zugeordnet.

Projekte lassen sich inhaltlich mit den beschriebenen Aufträgen vergleichen, wobei Projekte in der Regel durch eine ausgeprägte Projektstruktur (Projektphasen, Meilensteine etc.) gekennzeichnet sind. Aufträge sind hingegen ohne Struktur einstufige Kostensammelobjekte. Auch Projekte müssen aus den gleichen Gründen wie Aufträge mit einem oder mehreren Funktionsbereichen (Aufteilung der Funktionsbereiche nach Projektphasen, Projektarten oder anderen Kriterien) klassifiziert werden. Bei projektbetriebenen Dienstleistungsunternehmen (Beratungsgesellschaften) können Projekte auch die Funktion der Fertigungsaufträge von Produktionsunternehmen übernehmen.

Projekte

6 F+E-Ausweis nach IAS

Forschungs- und Entwicklungskosten können aufgrund des allgemeinen Ansatzverbots für selbsterstellte immaterielle Vermögensgegenstände des Anlagevermögens nach dem deutschen Handelsrecht

Aktivierung von F+E-Kosten gem. HGB

nicht aktiviert werden (§ 248 Abs. 2 HGB). IAS lässt unter bestimmten Voraussetzungen eine Aktivierung solcher Kosten zu.

6.1 Rechtliche Grundlagen zur Aktivierung von Entwicklungskosten

Unterscheidung zwischen Forschung und Entwicklung

Selbsterstellte immaterielle Vermögenswerte sind entsprechend ihres Herstellungsfortschritts bzw. ihrer Bestimmung gem. IAS 38.40 ff. entweder einer so genannten Forschungsphase (z. B. Suche nach neuen Prozessen, Produkten oder Materialien oder die vorbereitenden Handlungen eines Softwareprojekts) oder einer so genannten Entwicklungsphase (z. B. Entwurf, Konstruktion und Test neuer Prozesse, Produkte oder Materialien oder die Anwendungsentwicklung eines Softwareprojekts) zuzuordnen.

F+E Aufwendungen nicht aktivierbar

Immaterielle Vermögenswerte, die der Forschungsphase zuzuordnen sind, dürfen nicht aktiviert werden. Die hiermit verbundenen Aufwendungen sind als Aufwand zu erfassen.

Ansatzkriterien für die Aktivierung von Entwicklungsaufwendungen

Bezüglich immaterieller Vermögenswerte, die der Entwicklungsphase zuzuordnen sind, gelten folgende acht zu erfüllende Ansatzkriterien:

1. Es ist wahrscheinlich, dass der mit dem immateriellen Vermögenswert verbundene zukünftige wirtschaftliche Nutzen, dem Unternehmen zufließen wird.
2. Die Anschaffungs- bzw. Herstellungskosten des immateriellen Vermögenswertes können zuverlässig bemessen werden.
3. Es besteht ein Nachweis der technischen Durchführbarkeit der Fertigstellung für den geplanten bestimmungsgemäßen Gebrauch bzw. Verkauf.
4. Es besteht die Absicht der Fertigstellung sowie der zukünftigen Nutzung bzw. des Verkaufs.
5. Es besteht die Möglichkeit der künftigen Nutzung bzw. des künftigen Verkaufs.
6. Es kann ein Nachweis erbracht werden, wie der immaterielle Vermögenswert den Nettozufluss an zukünftigem wirtschaftlichen Nutzen des Unternehmens erhöht wird.

7. Die Verfügbarkeit adäquater Ressourcen, um die Entwicklung zu vollenden und den immateriellen Vermögenswert nutzen oder verkaufen zu können, besteht.
8. Es besteht die Fähigkeit, die während der Entwicklung anfallenden, dem immateriellen Vermögenswert zurechenbaren Kosten, zuverlässig zu messen.

Aufgrund der teilweisen Unsicherheit der Einteilung der Herstellung von immateriellen Vermögenswerten in eine Forschungs- und Entwicklungsphase sind angefallene Aufwendungen im Zweifel der Forschungsphase zuzuordnen, d. h. direkt als Aufwand zu erfassen. Explizit als nicht aktivierungsfähig werden genannt: Schulungskosten, Ingangsetzungsaufwendungen, Aufwendungen der Verkaufsförderung und Werbung sowie Reorganisationsaufwendungen, aber auch selbsterstellte Markenzeichen, Titelleisten, Verlagsrechte, Kundenlisten und ähnliche Posten sowie ein selbst geschaffener Goodwill. Nicht aktivierungsfähig

> **Tipp:**
>
> In der Unternehmenspraxis ist es üblich, dass Entwicklungskosten auf Basis des Wesentlichkeitsgrundsatzes gem. IAS 1.29 erst ab einer bestimmten Größenordnung aktiviert werden. Diese Größenordnung wird mit der jeweiligen Wirtschaftprüfungsgesellschaft zusammen definiert. Die darunter liegenden Entwicklungskosten werden, unabhängig von dem Zutreffen der acht Ansatzkriterien zur Aktivierung von Entwicklungskosten, direkt als Aufwand erfasst.

6.2 Anpassung der organisatorischen Abläufe

Grundsätzlich müssen Aufwendungen im Bereich Forschung und Entwicklung, die im Rahmen des Umsatzkostenverfahrens im Funktionsbereich ausgewiesen werden sollen, anders als klassische Gemeinkosten, die fast ausschließlich auf Kostenstellen erfasst und gesammelt werden, auf separaten Kostensammlerobjekten erfasst werden. Es besteht zwar grundsätzlich die Möglichkeit, aufwandsgleiche Kosten für Bereiche der Forschung und Entwicklung auch auf Kostenstellen zu verbuchen, das ist allerdings meistens nur in *Kostenstellen vs. anderen Kostensammlerobjekten*

Gewinn- und Verlustrechnung

Unternehmen sinnvoll, die über entsprechende Forschungs- und Entwicklungsbereiche organisatorisch verfügen. Diese Kostenstellen werden fest dem Funktionsbereich Forschung und Entwicklung zugeordnet, sodass alle Kosten des Bereichs in der GuV unter diesem Funktionsbereich ausgewiesen werden können. Hierbei ist jedoch auch zu berücksichtigen, dass Kosten andere Fachbereiche (z. B. Teile der Produktionsbereiche), die in die Aktivitäten der Forschungs- und Entwicklungsbereiche einbezogen werden, den F+E-Bereichen bzw. Kostenstellen zuzurechnen sind (vgl. hierzu nachfolgende Abbildung).

Ableitung des F+E-Aufwands aus Kostenstellen

Kostenartenrechnung		Kostenstellenrechnung		Ergebnisrechnung	
				Umsatzkostenverfahren	
				Posten	
Umsatz				0 €	Umsatzerlöse
				0 €	- Herstellungskosten der zur Erzielung der Umsatzerlöse erbrachten Leistungen
				0 €	= **Bruttoergebnis vom Umsatz**
Wareneinsatz				0 €	- Vertriebskosten
Reisekosten				0 €	- allgemeine Verwaltungskosten
Deckungsbeitrag I				117.570 €	- Forschungs- & Entwicklungskosten
				0 €	+ sonst. betriebliche Erträge
Herstellkosten				0 €	- sonst. betriebliche Aufwendungen
Deckungsbeitrag II				-117.570 €	= **Betriebsergebnis**
				0 €	+ Finanzergebnis
		Produktion 2	F&E-Kst.	-117.570 €	= **Ergebnis der gew. Geschäftstätigkeit**
				0 €	/ - ausserordentliches Ergebnis
Löhne / Gehälter		100.000 €	50.000 €	0 €	- Steuern
Tantiemen		5.000 €		-117.570 €	= **Jahresüberschuss / -fehlbetrag**
Nebenkosten		20.000 €	11.000 €		
Personalkosten		120.000 €	66.000 €		
Abschreibungen		800 €	1.200 €		
Büromaterial		300 €	260 €		
Gebühren /Beiträge		230 €	110 €		
Sachkosten		1.330 €	1.570 €		
Primäre Kosten		121.330 €	67.570 €		
ILV-Herstellkosten		-50.000 €			
Entlastung		-50.000 €	0 €		
Uml. Vertriebskosten					
Uml. Mgt.-Kosten					
Uml. an die Erg.-Rechnung					
ILV-Projektarbeit			50.000 €		
Belastung		0 €	50.000 €		
+/- KST-Deckung		71.330 €	117.570 €		

Gesamtkosten F&E-Bereich inkl. Produktionsunterstützung (50.000 €)

Aus der Abbildung wird ersichtlich, dass bei der Verbuchung der F+E-Aufwendungen keinerlei Differenzierung zu einzelnen F+E-Projekten vorgenommen werden kann. Zudem sind etwaige Einzelkosten wie Fremdleistungen (z. B. bestimmte Materialien, die für die Durchführung der Forschungen bzw. Entwicklungen notwendig sind) ebenfalls auf den eingerichteten F+E-Kostenstellen zu erfassen, wenn sie dem Funktionsbereich Forschung und Entwicklung in der Gewinn- und Verlustrechnung zugerechnet werden sollen.

Aus diesem Grund werden in der Praxis andere Kostensammler zur Ableitung der Kosten verwandt. Typischerweise sind das in der Regel Objekte der Kostenrechnung. Unter SAP® werden hierfür entweder Projekte oder Innenaufträge zur Kostenerfassung angelegt, die mit dem Funktionsbereich Forschung und Entwicklung vorbelegt sind[189].

Diese Art der Kostenerfassung hat mehrere Vorteile für den Ausweis der Forschungs- und Entwicklungsaktivitäten:

- Jedes Projekt kann einzeln benannt, klassifiziert, geplant und budgetiert werden.
- Einzelkosten, die zu dem jeweiligen Projekt erforderlich sind, können direkt dem jeweiligen Projekt/Auftrag zugeordnet und erfasst und damit nachgewiesen werden.
- Leistungsverrechnungen in Form von Unterstützung aus anderen Unternehmensbereichen können dem jeweiligen Projekt genau zugerechnet werden.
- Anders als bei dem Modell der reinen Kostenstellenverbuchung kann je Projekt eine Klassifikation dahingehend erfolgen, ob die erfassten Entwicklungskosten den Anforderungen der Aktivierungsfähigkeit gem. IAS 38.45 erfüllen. Sollte das der Fall sein, können die Kosten des Projektes aktiviert werden.

Der zuletzt genannte Punkt ist das maßgebliche Kriterium, warum gesonderte Kostensammlerobjekte bei der Erfassung des Aufwands aus dem Bereich F+E verwendet werden sollten. Eine der Voraussetzungen für die Aktivierung von anfallenden Entwicklungskosten gem. IAS 38.45 ist die Fähigkeit, die während der Entwicklung anfallenden – dem immateriellen Vermögenswert zurechenbaren – Kosten zuverlässig messen zu können.

D. h. mit der Verwendung solcher Kostensammlerobjekte kann zuverlässig gesteuert werden, welche Aufwendungen aus dem Bereich Forschung und Entwicklung als Aufwand direkt dem Funktionsbereich Forschung und Entwicklung in der GuV zugerechnet

---

[189] Vgl. Kapitel G „Realisation unter SAP R/3®".

Gewinn- und Verlustrechnung

werden sollen und welche Entwicklungskosten nach Prüfung der Aktivierungsvoraussetzungen gem. IAS 38.45 im Anlagevermögen als Aktivposten ausgewiesen werden können bzw. müssen.
Die nachfolgenden Abbildungen zeigen beide Modelle in einem Werteflussdiagramm.

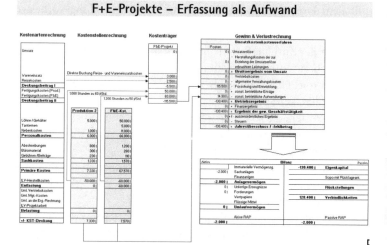

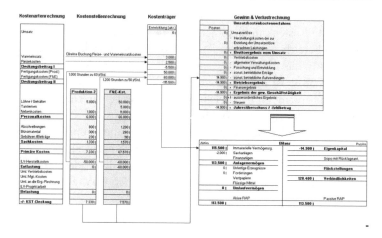

Langfristige Fertigung   D

Zwischen diesen beiden Varianten, der vollständigen Erfassung der Forschungs- und Entwicklungsaktivitäten als Aufwand in der GuV und der vollständigen Aktivierung gem. IAS 38.45, existieren auch Mischformen in der Art, dass bei den Entwicklungsaufwendungen noch unterschieden werden kann bzw. muss, welche der Aufwendungen aktivierungsfähig sind und welche als Aufwand berücksichtigt werden müssen. Diese Abgrenzung erfolgt in der Regel mit pauschalierten Ansätzen, indem ein prozentualer Anteil des gesamten Entwicklungsprojektes als Aufwand in die Gewinn- und Verlustrechnung verrechnet und der verbleibende Teil aktiviert wird.

6.3 Ausweis der Entwicklungskosten bei paralleler Bewertung

Im Rahmen der parallelen Bewertung nach HGB und IAS müssen zwei Wertansätze zu dem gleichen Vorgang berücksichtigt werden. Gem. HGB dürfen grundsätzlich keine Entwicklungsaufwendungen in der Bilanz aktiviert werden, IAS lässt hingegen unter bestimmten Voraussetzung eine solche Aktivierung zu. Diesen gesetzlichen Vorschriften ist bei der Konzeption des betriebswirtschaftlichen Modells zur Umstellung auf die IAS-Rechnungslegung Rechnung zu tragen (die technische Vorgehensweise ist im Kapitel G „Realisation unter SAP R/3 ®" beschrieben).

Abbildung unterschiedlicher Wertansätze für Entwicklungskosten für HGB und IAS

7 Langfristige Fertigung

In der Regel werden Fertigerzeugnisse und Waren zum Zeitpunkt des Verkaufs (Realisationszeitpunkt) mit ihren Herstellungskosten aus dem Vorratsvermögen gebucht. Dabei werden in der Gewinn- und Verlustrechnung Umsatzerlöse in Höhe der Nettoerlöse sowie Umsatzaufwendungen bzw. Bestandsminderungen bewertet zu Herstellungskosten erfasst. Die Differenz zwischen den Nettoerlösen und den Herstellungskosten aus dem Einzelgeschäft geht als Gewinn oder Verlust in das Periodenergebnis ein.

Umsatz- und Ergebnisrealisation

D Gewinn- und Verlustrechnung

Langfristige Fertigung

Liegt der Verkaufsakt Wochen oder gar Monate vor dem Beginn der Herstellung eines Gutes und umfasst die Herstellung selbst mehr als ein Geschäftsjahr, spricht man in diesem Zusammenhang von langfristiger Auftragsfertigung. Würde bei diesem Vorgehen das eingangs erläuterte Abwicklungsmodell eines üblichen Verkaufsvorgangs gewählt werden, würde es zu Informationsverzerrungen führen. Aus diesem Grund werden zur Bilanzierung solcher Vorgänge auf Seiten des Auftragnehmers im Folgenden zwei Bewertungsalternativen diskutiert.

7.1 Modelle zur Bewertung langfristiger Auftragsfertigung

7.1.1 Completed-Contract-Methode

Die Completed-Contract-Methode setzt auf dem Realisationszeitpunkt eines Gutes auf, der dann erreicht ist, wenn die Übergabe des Gesamtwerkes an den Auftraggeber, der die Funktionsfähigkeit durch eine Abnahme anerkennt (verbunden mit einer Endabrechnung), erfolgt ist.

Kostenverlauf mit Endabrechnung

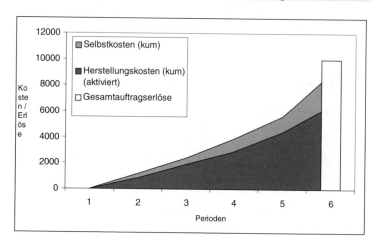

Nach dieser Methode dürfen Umsätze mit einer entsprechenden Ergebnisrealisation erst zum Zeitpunkt der Fertigstellung, Abnahme und Übergabe des Gutes erfolgen. Diese strenge Anwendung des Realisationsprinzips bei langfristiger Auftragsfertigung ist umstritten, da der unfertige Auftrag während der Leistungserstellung, die mehrere Jahre umfassen kann, zu handels- bzw. steuerrechtlichen Herstellungskosten zu aktivieren ist. Unter Umständen kann dies dazu führen, dass Selbstkostenbestandteile, die aktiviert wurden bzw. nicht aktivierungsfähig sind, wie zum Beispiel Vertriebs- oder anteilige Verwaltungskosten, zu so genannten „Auftrags-Zwischenverlusten" führen, die das Ergebnis in den Perioden der Leistungserstellung belasten, obwohl aus dem Gesamtauftrag Gewinne zu erwarten sind.

In der Literatur und Praxis wird dieses Verfahren insbesondere deshalb kritisiert, weil in dem Jahr der Fertigstellung und Endabrechnung Gewinne ausgewiesen werden müssen, die nicht nur den eigentlichen Auftragsgewinn als Differenz zwischen Selbstkosten und Nettoerlösen umfassen, sondern auch noch die in den Vorjahren als Aufwand gebuchten Selbstkostenanteile zu diesem Auftrag. Kritisiert wird weiter, dass die tatsächliche Ertragslage der Unternehmen in den einzelnen Perioden bei langfristiger Auftragsfertigung nur unzureichend dargestellt wird und eine Vergleichbarkeit erschwert.

7.1.2 Percentage-of-Completion-Methode

Die Percentage-of-Completion-Methode hingegen berücksichtigt bei der Bewertung von langfristigen Aufträgen den Leistungsfortschritt und lässt damit eine anteilige Gewinnrealisierung zu. Bei dieser Bewertungsmethode werden die vereinbarten Gesamterlöse des Auftrages entsprechend dem Fertigstellungsgrad in jeder Periode der Auftragsabwicklung erfolgswirksam vereinnahmt. Der Gewinnanteil in den einzelnen Perioden der Auftragsfertigung lässt sich wie folgt ermitteln:

> Period. Gewinnanteil = Leistungsfortschritt d. Periode • erwarteter Auftragsgesamterfolg

Aus der Summe der bisher angefallenen und aktivierten Herstellungskosten zzgl. Gewinnanteilen und den Herstellungskosten plus Gewinnanteilen der betrachteten Periode ergibt sich der Bilanzwert des unfertigen Auftrags in jeder Periode.

Zum Zeitpunkt der Fertigstellung und Schlussabrechnung wird dann die Höhe des tatsächlichen Verkaufserlöses als Forderungen aus Lieferungen und Leistungen sowie eine Bestandsminderung in Höhe der aktivierten Herstellungskosten inkl. Gewinnanteile verbucht.

Der in der Abschlussperiode ausgewiesene Erfolg ermittelt sich damit nach folgender Formel:

```
  tatsächlicher Verkaufserlös
- bisher aktivierte Herstellungskosten und Gewinnanteile
- als Aufwand der Periode verbuchte Auftragsrestkosten
= Auftragserfolg in der Abrechnungsperiode
```

Bei Anwendung dieser Methode werden damit die Gewinne über den Zeitablauf der Auftragsfertigung in den einzelnen Perioden berücksichtigt, während bei Anwendung der Completed-Contract-Methode die kumulierten Gewinne erst zum Zeitpunkt der Realisation ausgewiesen werden können. Die Art der Gewinnrealisierung entspricht somit einer Glättung des Erfolgsausweises über die Dauer der Auftragsfertigung. Hierbei ist zu berücksichtigen, dass eine eventuelle Ausschüttung der noch nicht tatsächlichen Gewinne einem Entzug der Haftungssubstanz entsprechen und es somit zu einer Verletzung der Gläubigerschutzinteressen kommen könnte. Aus diesem Grund verstößt diese Methode gegen das im HGB fixierte Anschaffungswertprinzip und gegen das Realisationsprinzip.

7.1.3 Meilenstein-Methode

Eine in der Praxis häufig angewandte Methode ist die Meilenstein-Abrechnung von langfristigen Aufträgen. Hier werden innerhalb des Gesamtauftrages Teilleistungen (Meilensteine) definiert, die separat von Auftraggeber zu bestimmten Zeitpunkten abzunehmen sind und zu den jeweiligen Zeitpunkten vom Auftragnehmer abgerechnet werden können. Bei Abnahme der Teilleistungen kommt es zu einer „echten" Teilgewinnrealisierung, die in der Periode der Abnahme und Abrechnung ausgewiesen werden kann.

Selbstkostenverlauf bei Teilabrechnungen

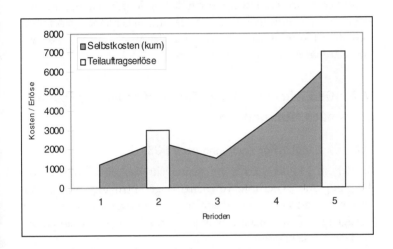

Eine solche Teilabrechnung ist jedoch nur bei technisch in sich geschlossenen und auch wirtschaftlich abgrenzbaren Teilen des Gesamtauftrages möglich; ein Gesamtrisiko darf also nicht vereinbart sein. Eine weitere Voraussetzung für die Anerkennung dieser Methode ist, dass diese Teilabnahmen bzw. Meilensteine zuvor vertraglich vereinbart worden sind. Im Gegensatz zur anteiligen Gewinnrealisierung werden mit der Teilabrechnung die entsprechenden Teilerlöse auch als Umsatz bzw. Forderungen verbucht und der Bilanzansatz des unfertigen Auftrags um die zugehörigen Herstellungskosten reduziert. Die Differenz entspricht dann dem ausgewiesenen Teilgewinn der Periode.

7.1.4 Selbstkosten-Methode

Eine andere Möglichkeit ist die Selbstkosten-Methode zur neutralen Behandlung der langfristigen Aufträge. Hierbei werden über die handels- und steuerrechtlichen Wertobergrenzen der Herstellungskosten hinaus auch aufwandsgleiche Selbstkostenanteile aktiviert. Man spricht in diesem Zusammenhang von einer Selbstkostenaktivierung. Neben diesem Ansatz kann auch die Methode des Percentage-of-Completion-Ansatzes in Verbindung mit einer so genannten „zero-profit-marge" gewählt werden, also ein Gewinnaufschlag wird nicht berücksichtigt. Dabei werden den in der Abrechnungsperiode entstandenen Aufwendungen Erträge in gleicher Höhe gegenübergestellt. Es kommt dann bereits, im Gegensatz zur Selbstkosten-Aktivierung, zu einem Umsatzausweis.

7.2 Gesetzlicher Rahmen für langfristige Fertigung nach HGB und IAS

7.2.1 Langfristige Fertigung nach HGB

Weder im Handels- noch im Steuerrecht lässt sich eine explizite Regelung zur Bewertung von langfristiger Fertigung finden. Aus diesem Grund stützen sich die folgenden Aussagen zur langfristigen Fertigung auf die allgemeingültigen Grundsätze des Realisations- und des Vorsichtsprinzips.

Completed-Contract als zulässige Methode

Da die strenge Form des Realisationsprinzips im HGB einen Umsatzausweis mit entsprechender Ergebnisrealisation erst zum Zeitpunkt der Fertigstellung und Abrechnung des Gesamtwerks erlaubt, gilt die Completed-Contract-Methode als handels- und steuerrechtlich zulässige und anerkannte Methode zur Bewertung langfristiger Fertigungsaufträge.

Percentage-of-Completion (POC) nur in Ausnahmefällen anwendbar

Die Percentage-of-Completion-Methode (POC) ist steuerrechtlich im Rahmen der Bilanzierung grundsätzlich nicht möglich. Handelsrechtlich ist es jedoch eine Auslegungsfrage, ob nicht unter bestimmten Voraussetzungen diese Methode angewendet werden kann. Die handelsrechtliche Grundlage für die Begründung eines solchen Ausnahmefalles liefert § 252 Abs. 2 HGB. Solche Ausnahmefälle liegen immer dann vor, wenn das Ziel des Jahresabschlusses, ein den tatsächlichen Verhältnissen entsprechendes Bild der Vermögens-, Finanz- und Ertragslage darzustellen, beeinträchtigt ist. In diesem Zusammenhang wird heute in neuer Literatur zu diesem

Thema diskutiert, ob nicht eine Teilgewinnrealisierung unter einer Reihe von Restriktionen zulässig ist. Einigkeit besteht darüber, dass die Methode unter Berücksichtigung einer Teilgewinnrealisierung nur für Unternehmen gelten darf, deren Tätigkeit im Wesentlichen von langfristigen Aufträgen bestimmt wird und die Anwendung der Completed-Contract-Methode zu einer Beeinträchtigung des Einblicks in die Vermögens-, Finanz- und Ertragslage des Unternehmens führt[190].

Ebenfalls steuerrechtlich nicht zulässig, aber unter bestimmten Voraussetzungen nach dem Handelsrecht vertretbar, ist die Selbstkosten-Methode. So kann eine Erhöhung der Herstellungskosten auf Selbstkostenniveau vorgenommen werden, wenn sichergestellt werden kann, dass zum Bilanzstichtag keine Verluste aus dem Auftrag entstehen und sich dieser nicht über mehr als zwei Geschäftsjahre erstreckt[191]. *Selbstkosten-Methode nur nach dem HGB zulässig*

Die Meilenstein-Methode, in der zu bestimmten Zeitpunkten vertraglich vereinbarte Abnahmen durch den Auftraggeber erfolgen, ist handels- und steuerrechtlich zulässig. Hierbei handelt es sich nicht um eine Durchbrechung, sondern nur um eine Erweiterung des Realisationsprinzips durch Teilabrechnungen, die in den Perioden zu echten Teilgewinnrealisierungen führen. Das Anschaffungswertprinzip ist ebenfalls weiterhin gültig, da der Bilanzansatz auf Basis des unfertigen Restauftrages erstellt wird. *Meilenstein-Methode zulässig*

Für die Anwendung aller Verfahren gilt: Sobald die Gesamterlöse die Gesamtkosten des Auftrages unterschreiten, muss eine so genannte Verlustantizipation in Form einer Drohverlustrückstellung vorgenommen werden. *Bildung von Drohverlustrückstellungen*

7.2.2 Langfristige Fertigungsaufträge nach IAS

In IAS 11 (construction contracts)[192] wird die Bewertung langfristiger Fertigungsaufträge geregelt. Im Gegensatz zum deutschen Bi- *Periodengerechte Erfolgsermittlung*

---

[190] Vgl. ADS: Adler, H.; Düring, W.; Schmaltz, K. (1995 ff.), § 252 Tz. 88.
[191] Beck'scher Bilanzkommentar (1999):, § 252 Tz. 459.
[192] Vgl. IASB (2001), IAS 18 zur Abwicklung von Dienstleistungsaufträgen.

D Gewinn- und Verlustrechnung

lanzrecht, in dem das strenge Realisationsprinzip im Vordergrund steht, steht bei Anwendung der IAS die periodengerechte Erfolgsermittlung (accrual basis) als Bewertungsgrundsatz im Vordergrund der Bewertung. Ziel ist die Bereitstellung entscheidungsrelevanter Informationen über Umfang und Stand der Aktivitäten im Bereich der Auftragsfertigung (IAS 11.25).

Abgrenzung des Bewertungsobjektes

Grundsätzlich erfolgt die Bewertung für jeden einzelnen Fertigungsauftrag getrennt (IAS 11.7). Doch um den tatsächlichen wirtschaftlichen Verhältnissen gerecht zu werden, kann es unter bestimmten Voraussetzungen nötig sein, Fertigungsaufträge für mehrere Assets weiter aufzutrennen bzw. einzelne zusammengehörige Fertigungsaufträge zu einem zusammenzufassen. Die Kriterien für eine einzelne oder zusammenfassende Bewertung gem. IAS-Richtlinien werden in den nachfolgenden drei Punkten dargestellt:

1. Umfasst ein Vertrag mehrere Einzelleistungen, so ist jede Leistung als eigener Fertigungsauftrag zu behandeln, wenn:
   - getrennte Angebote für jede Einzelleistung unterbreitet wurden,
   - über jede Einzelleistung separat verhandelt wurde und der Auftragnehmer sowie der Kunde die Vertragsbestandteile, die jede einzelne Leistung betreffen, separat akzeptieren oder ablehnen konnten und
   - Kosten und Erlöse jeder einzelnen vertraglichen Leistung getrennt ermittelt werden können (IAS 11.8).

2. Eine Gruppe von Verträgen mit einem einzelnen oder mehreren Kunden ist als ein einziger Fertigungsauftrag zu behandeln, wenn:
   - die Gruppe von Verträgen als ein einziges Paket verhandelt wird,
   - die Verträge so eng miteinander verbunden sind, dass sie im Grunde Teil eines einzelnen Projektes mit einer Gesamtgewinnspanne sind, und
   - die Verträge gleichzeitig oder unmittelbar aufeinander folgend abgearbeitet werden (IAS 11.9).

Langfristige Fertigung D

3. Ein Vertrag kann einen Folgeauftrag auf Wunsch des Kunden zum Gegenstand haben oder kann um einen Folgeauftrag ergänzt werden. Der Folgeauftrag ist als separater Vertrag zu behandeln, wenn:
   - er sich hinsichtlich Design, Technologie oder Funktion wesentlich von dem ursprünglichen Vertrag unterscheidet oder
   - die Preisverhandlungen für den Vertrag losgelöst von den ursprünglichen Verhandlungen geführt werden (IAS 11.10).

Der Zuverlässigkeitsgrad mit dem das Ergebnis (outcome) von langfristigen Fertigungsaufträgen geschätzt werden kann, ist für die bilanzielle Behandlung entscheidend. Kann das Ergebnis des Fertigungsauftrages zuverlässig geschätzt werden, so sind die mit dem Fertigungsauftrag verbundenen Aufwendungen und Erträge zwingend nach der Percentage-of-Completion-Methode zu ermitteln (IAS 11.22).

Anteilige Gewinnrealisierung

Die Erlöse bei langfristigen Fertigungsaufträgen setzen sich nach IAS 11.11 ff. aus folgenden Positionen zusammen:

Gesamterlöse aus langfristigen Fertigungsaufträgen

Ermittlung der Gesamterlöse

	Ursprünglich im Vertrag vereinbarter Kaufpreis
+	Erhöhung des Kaufpreises aufgrund von Änderungswünschen des Auftraggebers (variations), z. B. zusätzliche Designanforderungen.
+	Erhöhungen des Kaufpreises aufgrund von Mehrkosten, die der Auftraggeber zu vertreten hat, z. B. durch Zusatzaufwendungen (falsche Spezifikationen).
+	Prämien (incentive payments), z. B. für die Einhaltung von Leistungsvorgaben oder die Unterschreitung von Zeitvorgaben.
=	Gesamterlös aus langfristigem Fertigungsauftrag

Die Gesamtkosten gemäß IAS 11.16 ff. für langfristige Fertigungsaufträge setzen sich aus folgenden Komponenten zusammen:

Gesamtkosten aus langfristigen Fertigungsaufträgen

> Direkte Kosten aus der Herstellung des Fertigungsauftrages, wie z. B. Material-, Lohnkosten, Sondereinzelkosten der Fertigung, Abschreibung der eingesetzten Maschinen usw.
>
> + Allgemeine Kosten der Auftragsfertigung, die dem einzelnen Fertigungsauftrag zurechenbar sind, wie z. B. Versicherungen, auftragsunabhängige Kosten für Entwürfe und technische Unterstützungen sowie Fertigungs- und Materialgemeinkosten.
>
> + Sonstige Kosten, die im Rahmen der vertraglichen Vereinbarung dem Auftraggeber in Rechnung gestellt werden können.
>
> = Gesamtkosten aus langfristigem Fertigungsauftrag

Kosten, die nicht direkt mit den langfristigen Fertigungsaufträgen in Verbindung stehen und diesen auch nicht zugerechnet werden können, sind den Fertigungskosten des Auftrages nicht zuzurechnen (IAS 11.20).

Gewinnneutrale Umsatzrealisation — Oftmals kann gerade in den frühen Phasen eines Auftrages das Ergebnis noch nicht sicher geschätzt werden. Geht das Unternehmen dennoch davon aus, dass die Auftragskosten gedeckt werden können, werden die Auftragserlöse nur insoweit ergebniswirksam, als sie die Auftragskosten decken. Ein Gewinn wird hierbei nicht erfasst. Die Auftragskosten werden direkt im Aufwand zugewiesen (IAS 11.33). Grundsätzlich gilt: Kann das Ergebnis eines Fertigungsauftrages nicht verlässlich geschätzt werden,
- ist der Erlös nur in Höhe der angefallenen Auftragskosten zu erfassen, die wahrscheinlich einbringbar sind und
- die Auftragskosten sind in der Periode, in der sie anfallen, als Aufwand zu erfassen.

Ein erwarteter Verlust durch den Fertigungsauftrag ist gemäß IAS 11.36 sofort als Aufwand zu erfassen (IAS 11.32).
Sofern in späteren Perioden der Auftragsfertigung die Unsicherheiten entfallen und damit das Ergebnis zuverlässig bestimmt werden

kann, ist eine anteilige Gewinnrealisation entsprechend dem Grad der Fertigstellung nach IAS 11.22 vorzunehmen (IAS 11.35).

Grundsätzlich kann bei langfristigen Fertigungsaufträgen zwischen zwei Vertragstypen unterschieden werden, die jeweils unterschiedlich zu behandeln sind (IAS 11.3):

Unterschiedliche Vertragstypen bei langfristiger Auftragsfertigung

1. **Festpreisverträgen (fixed price contract)**
   In so genannten Festpreisverträgen wird für den Auftragnehmer ein fester Preis bzw. ein fester Preis je Ausbringungsmenge vereinbart; zusätzlich können diese jedoch an eine Preisgleitklausel gekoppelt sein.

2. **Kostenzuschlagsverträge (cost plus contract)**
   Hierbei werden dem Auftragnehmer abrechenbare oder anderweitig festgelegte Kosten entweder zuzüglich eines vereinbarten Prozentsatzes dieser Kosten oder mit einem festen Entgelt vergütet.

Zur verlässlichen Schätzung des Ergebnisses eines Fertigungsauftrages mit Festpreisvereinbarung gemäß IAS 11.23 müssen folgende Vorraussetzungen gleichzeitig erfüllt sein:

Festpreisverträge (fixed price contract)

- Die gesamten Auftragserlöse können verlässlich ermittelt werden,
- es ist wahrscheinlich, dass der wirtschaftliche Nutzen aus dem Vertrag dem Unternehmen zufließt,
- sowohl die bis zur Fertigstellung des Auftrages noch anfallenden Kosten als auch der Grad der erreichten Fertigstellung können am Bilanzstichtag verlässlich ermittelt werden, und
- die dem Vertrag zurechenbaren Kosten können eindeutig bestimmt und verlässlich ermittelt werden, sodass die bislang entstandenen Kosten mit früheren Schätzungen verglichen werden können.

Die Voraussetzungen für verlässliche Schätzungen des Ergebnisses bei Kostenzuschlagsverträgen sind im Vergleich zu Festpreisverträgen weniger streng formuliert. So müssen bei solchen Verträgen folgende Kriterien nach IAS 11.24 gleichzeitig erfüllt sein:

Kostenzuschlagsverträge (cost plus contract)

- Es ist wahrscheinlich, dass der wirtschaftliche Nutzen aus dem Vertrag dem Unternehmen zufließt, und

D Gewinn- und Verlustrechnung

- die dem Vertrag zurechenbaren Auftragskosten können eindeutig bestimmt und verlässlich ermittelt werden, unabhängig davon, ob sie gesondert abrechenbar sind.

Mischung aus Festpreis- und Kostenzuschlagsverträgen

In der Praxis ist häufig eine Mischung aus beiden Vertragstypen anzutreffen, zum Beispiel bei einem Kostenzuschlagvertrag mit einem vereinbarten Höchstpreis. In solchen Fällen sind beide Voraussetzungen der Vertragstypen – Festpreisverträge nach IAS 11.23 und Kostenzuschlagsverträge nach IAS 11.24 – für die Schätzung des Ergebnisses zu prüfen. Als Konsequenz greifen jedoch letztlich die strengen Voraussetzungen der Festpreisverträge für langfristige Fertigungsaufträge.

Ermittlung des Fertigstellungsgrads

Gemäß IAS 11.30 kann der Fertigstellungsgrad eines Auftrages durch verschiedene Verfahren bestimmt werden. Das Unternehmen sollte hierbei die Methode auswählen, mit der die erbrachte Leistung verlässlich ermittelt werden kann. Die in der Praxis angewendeten Verfahren können grundsätzlich in

- **inputorientierte Methoden** (Cost-to-Cost- und Effort-Expended-Methode) und
- **outputorientierte Methoden** (Units-of-Delivery-Methode)

unterteilt werden.

Inputorientierte Methoden

Inputorientierte Methoden stellen auf interne Messungen der Leistungserbringung ab. Grundsätzlich können hierzu zwei in der Praxis angewendete Verfahren genannt werden:

- Die Cost-to-Cost-Methode stellt auf das Verhältnis der bis zum Stichtag angefallenen Kosten zu den am Stichtag geschätzten Gesamtkosten ab[193]. Betragen etwa die geschätzten Gesamtkosten 400 und sind bislang Kosten in Höhe von 100 angefallen, so beträgt der Grad der Fertigstellung 25 %.
- Die Effort-Expended-Methode ermittelt den Fertigstellungsgrad durch einen Vergleich des bis zum Stichtag erbrachten Inputs mit

---

[193] Hierbei sind nur solche Kosten zu berücksichtigen, die die erbrachte Leistung widerspiegeln. Kosten für zukünftige Tätigkeiten, z. B. für Materialien die zwar bereits geliefert sind, aber noch nicht verwendet wurden oder Vorauszahlungen an Subunternehmer, deren Leistung jedoch noch nicht erbracht wurde, sind gem. IAS 11.31 explizit nicht mit einzubeziehen

Langfristige Fertigung

dem geschätzten Gesamtinput. Dabei kann der Input zum Beispiel in Arbeitsstunden gemessen werden. Ist etwa für die Erstellung einer Rotationsmaschine für ein Druckhaus ein Arbeitseinsatz von 10.000 Stunden einkalkuliert und sind bisher 4.000 Stunden aufgewendet worden, so sind 40 % fertig gestellt.

Outputorientierte Methoden stellen auf den Anteil der erreichten Leistung an der geschuldeten Gesamtleistung ab. Bei Verträgen, in denen mehrere separate Teile produziert werden, kann der Fertigstellungsgrad auf Basis der fertig gestellten oder gelieferten Teile ermittelt werden (Units-of-Delivery-Methode). In anderen Fällen wird auf die Vollendung eines physischen Teils des Gesamtwerks, auf den Wertzuwachs (value added), d. h. auf den Wert der bis dato erbrachten Leistung, oder auf erreichte Meilensteine (milestones) abgestellt.[194]

Outputorientierte Methoden

Unabhängig von der Art der Fertigungsaufträge, des gegenwärtigen Fertigstellungsgrads und der zur Anwendung kommenden Bilanzierungsmethode sind erwartete Gesamtverluste aus Fertigungsaufträgen sofort als Aufwand zu verbuchen und nicht erst bei ihrer Realisation[195].

Verlustantizipation

Langfristige Dienstleistungsverträge, z. B. der Vertrag zur Erstellung oder Einstellung einer Software, werden im Grundsatz analog den Bestimmungen des IAS 11 für langfristige Fertigungsaufträge behandelt (IAS 18.20 ff.). Für die anteilige Gewinnvereinnahmung nach der POC-Methode sind ähnliche Voraussetzungen zu erfüllen wie für Festpreisverträge.

Langfristige Dienstleistungsverträge

---

[194] Vgl. Baetge, J.; Dörner D.; Kleekämper, H.; Wollmert, P.; Kirsch, H. J. (2002), IAS 11 – Fertigungsaufträge, Tz. 37-38.
[195] Vgl. IASB (2001), IAS 11.22 bzw. IAS 11.32 in Verbindung mit IAS 11.36.

7.3 Beispiel zu langfristigen Fertigungsaufträgen

In der Praxis wird meistens die Cost-to-Cost-Methode angewendet.

Beispiel:[196]

Um die Höhe der jeweiligen Auftragserlöse zu ermitteln, muss vorher der Fertigstellungsgrad bekannt sein. Der Fertigstellungsgrad soll im Rahmen der Cost-to-Cost-Methode bestimmt werden. Es ergibt sich folgende Ausgangslage:

Jahr	01	02	03
Kosten bis zum Bilanzstichtag (kumuliert)	640	2.210	3.400
Voraussichtlich noch anfallende Kosten bis zur Fertigstellung des Auftrages	2.560	1.190	0
(Kalkulierte) Gesamtkosten Jahr: 01-03	3.200	3.400	3.400
Fertigstellungsgrad	20 %	65 %	100 %

Im Jahr 01 enthalten die voraussichtlich noch anfallenden Kosten bis zur Fertigstellung des Auftrages noch die Auszahlungen für Material (500 GE), das erst im Jahr 02 verarbeitet und damit aufwandswirksam wird.

Als Auftragserlös wurde ein Festpreis von 3.500 GE vereinbart.

Jahr	01	02	03
Vereinbarte Auftragserlöse	3.500	3.500	3.500
Geschätztes Auftragsergebnis (= vereinbarte Auftragserlöse ./. voraussichtliche Gesamtkosten)	300	100	100

---

[196] Vgl. Bruns, C. (Hrsg.) (2001), S. 79 f.

Langfristige Fertigung D

Die Ermittlung der Gewinnrealisierung gemäß dem Leistungsfortschritt ergibt sich wie folgt:

Jahr	01	02	03	Summe
Umsatz	700	1.575	1.225	3.500
Auftragskosten	-640	-1.570	-1.190	-3.400
Auftragsergebnis des Geschäftsjahres	60	5	35	100

Buchungssätze im Jahr 01:
Es sind nur diejenigen Auftragskosten zu berücksichtigen, die die erbrachte Leistung widerspiegeln. Kosten für zukünftige Tätigkeiten (Erwerb der Materialien in Höhe von 500 GE für die Periode 02) sind gemäß IAS 11.31a nicht zu berücksichtigen.

Materialaufwand	640
+ Vorräte	500
an Bank	1.140

Erhaltene Anzahlungen müssen im Unterschied zum HGB brutto ausgewiesen werden:

Bank	1.000
an Erhaltene Anzahlungen aus POC	1.000

Die Erfassung der (Teil-)Umsatzerlöse erfolgt gewöhnlich auf ein separates Konto „Forderungen aus POC":

Forderungen aus POC	700
an Umsatzerlöse	700

Über die folgenden Zahlenangaben hinaus sind laut IAS 11.39 die Methoden zur Ermittlung der Auftragserlöse und zur Ermittlung des Fertigstellungsauftrages laufender Projekte anzugeben:

Notes-Angaben zur langfristigen Fertigung

Umsatzerlöse aus POC	700
Gesamt angefallene Kosten zzgl. realisierte Gewinne bzw. Verluste (IAS 11.40a)	700
Betrag erhaltener Anzahlungen (IAS 11.40 b)	1.000
Fertigungsaufträge mit aktivischem Saldo (IAS 11.42a) i. V. m. 11.43)	700

Buchungssätze im Jahr 02:

Erfassung der Auftragskosten

Materialaufwand	1.570
an Vorräte	1.070
an Bank	500

Erfassung der erhaltenen Anzahlungen

Bank	1.500
an Erhaltene Anzahlungen aus POC	1.500

Erfassung der Umsatzerlöse:

Forderungen aus POC	1.575
an Umsatzerlöse	1.575

Langfristige Fertigung   D

Notes-Angaben zur langfristigen Fertigung (2)

Umsatzerlöse aus POC	1.575
Gesamt angefallene Kosten zzgl. realisierte Gewinne bzw. Verluste (IAS 11.40a)	2.225
Betrag erhaltener Anzahlungen (IAS 11.40 b)	1.500
Fertigungsaufträge mit aktivischem Saldo (IAS 11.42a) i. V. m. 11.43)	2.275

Buchungssätze im Jahr 03:
Erfassung der Auftragskosten

Materialaufwand	1.190
an Bank	1.190

Erfassung der Umsatzerlöse:

Forderungen aus POC	1.225
an Umsatzerlöse	1.225

Bei Gesamtabrechnung des Auftrages erfolgt die Umgliederung des Postens „Forderungen aus POC" in den Posten „Forderungen aus Lieferungen und Leistungen".

Forderungen aus LuL	3.500
an Forderungen aus POC	3.500

Über die folgenden Zahlenangaben hinaus sind laut IAS 11.39 die Methoden zur Ermittlung der Auftragserlöse und zur Ermittlung des Fertigstellungsauftrages laufender Projekte anzugeben:

D Gewinn- und Verlustrechnung

Notes-Angaben zur langfristigen Fertigung (3)

Umsatzerlöse aus POC	1.225
Gesamt angefallene Kosten zzgl. realisierte Gewinne bzw. Verluste (IAS 11.40a)	2.225

Zusammenfassend stellen sich Bilanz und GuV wie folgt dar[197]:

Bilanz	01	02	03
Aktiva			
Bank	0	290	0
Forderungen aus POC	700	2.275	0
Forderungen aus LuL	0	0	3.500
Vorräte	500	0	0
Summe	1.200	2.565	3.500
Passiva			
Eigenkapital	60	65	100
Erhaltene Anzahlungen	1.000	2.500	2.500
Verbindlichkeiten	140	0	900
Summe	1.200	2.565	3.500

GuV	01	02	03
Umsatzerlöse	700	1.575	1.225
Auftragskosten	-640	-1.570	-1.190
Ergebnis	60	5	35

---

[197] Zusammenfassende Buchungsbeispiele (inkl. Bilanzausweis und Anhangangaben) finden sich auch wieder in: Schaeffer – Poeschel, IAS 11, S. 23 ff.

7.3.1 Maßnahmen zur Überleitung eines handelsrechtlichen Abschlusses auf einen IAS-Abschluss[198]

Für die praktische Umstellungsarbeit vom HGB- zum IAS-Abschluss sind u. a. folgende Punkte für langfristige Fertigungsaufträge zu beachten bzw. zu klären:

Die deutschen GoB erlauben bei Auftragsfertigung eine Gewinnrealisierung erst, wenn das Werk fertig gestellt ist und die Preisgefahr auf den Käufer übergegangen ist. Dementsprechend ist die Percentage-of-Completion-Methode handelsrechtlich unzulässig. Es muss demnach – bei Vorliegen der Kriterien gemäß IAS 11.22 – auf die POC-Methode übergegangen werden (inhaltliche und technische Umsetzung notwendig).

8 Konsequenzen für die GuV-Konzeption

Die im Rahmen von Workshops erarbeiteten Themen und Festlegungen im Bereich der Gewinn- und Verlustrechnung müssen in einem Fachkonzept festgehalten werden. Ausdrücklich sei noch einmal darauf hingewiesen, dass die Entscheidung über eine Konvergenz des internen und des externen Rechnungswesens zu Beginn getroffen werden sollte, weil sich hieraus erhebliche Konsequenzen für die Ausgestaltungsanforderungen an die Kostenrechnung im Unternehmen ergeben. Ebenfalls ist zu Beginn der Konzeption der Gewinn- und Verlustrechnung eine Endscheidung darüber zu treffen, in welcher Form die GuV in der externen Rechnungslegung erstellt werden soll: nach dem Gesamtkosten- oder nach dem Umsatzkostenverfahren. Auch hieraus ergeben sich erheblich Konsequenzen für das interne und externe Rechnungswesen.

Fachkonzepterstellung

Die Einbindung des Wirtschaftsprüfers in den Umstellungsprozess auf IAS ist unerlässlich. Hierbei nimmt dieser keine beratende sondern eine überprüfende Rolle bei der Ergebnisverifizierung einzelner Bereiche der Gewinn- und Verlustrechnung ein. Praktisch werden dabei zunächst in verschiedenen Workshops (ohne Beteiligung des

Rolle der Wirtschaftsprüfer

---

[198] Vgl. Baetge, J.; Dörner D.; Kleekämper, H.; Wollmert, P.; Kirsch, H. J. (2002), IAS 11 – Fertigungsaufträge, S. 18 f.

Gewinn- und Verlustrechnung

Wirtschaftsprüfers) die Bilanzierungsunterschiede zwischen HGB- und IAS-Bewertung analysiert und aufbereitet. Für besondere Fragestellungen (z. B. Betragsgrenzen zur Aktivierung von Entwicklungsleistungen, Anwendung von bestimmten Abschreibungsmethoden, Festlegung der Herstellungskosten nach IAS) wird der Wirtschaftsprüfer hinzugezogen.

E Kontenplan

Dieses Kapitel beschreibt die wesentlichen Inhalte bei Einführung der internationalen Rechnungslegung bei Anwendung der Kontenplanlösung. Das Kapitel dokumentiert hierbei nicht die technische Umsetzung der Kontenplanlösung im R/3 ®-System (näheres dazu siehe im Kapitel ‚G Realisation unter SAP R/3 ®'), sondern die theoretischen, konzeptionellen Aspekte (als Grundlage für das spätere Customizing) wie z. B.

Konzeptionelle Inhalte der Kontenplanlösung

- *Erläuterung der Funktionsweise und Zusammenhänge der Kontenplanlösung,*
- *Prüfung der zu berücksichtigenden Kontenpläne (z. B. Landes- und Konzernkontenpläne),*
- *Festlegungen zur Nomenklatur der Konten,*

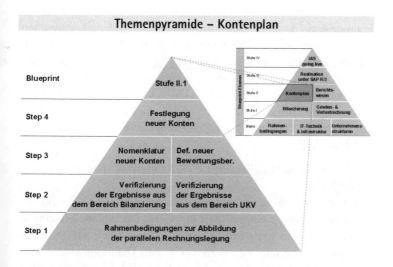

1 Einführung

Das Sachgebiet „Kontenplan" ist im Zuge der Einführung der internationalen Rechnungslegung ein Teilbereich bzw. ein Baustein in-

E Kontenplan

nerhalb des gesamten Projektaufbaus. Das Vorgehen des Projektteams im Sachgebiet Kontenplan orientiert sich dabei an der Themenpyramide – Kontenplan (siehe Abbildung).

Die nachfolgenden Kapitel beschreiben die in der Abbildung aufgeführten Bausteine der Pyramide inhaltlich.

2 Rahmenbedingungen zur Abbildung der parallelen Rechnungslegung

Immer mehr Unternehmen entschließen sich, insbesondere vor dem Hintergrund der rechtlichen Rahmenbedingungen[199], nach den Grundlagen der Internationalen Rechnungslegung (IAS oder US-GAAP) zu bilanzieren.

Problemstellung: Parallele Abbildung unterschiedlicher Rechnungslegungsvorschriften

Dabei ergibt sich i. d. R. die Problemstellung, dass unterschiedliche Rechnungslegungssysteme (z. B. HGB und IAS) parallel im operativem System (z. B. SAP R/3®) abgebildet werden müssen. Neben der Fragestellung, welcher Bewertungsansatz als führend angesehen wird, muss deshalb als Rahmenbedingung eine Strategie entwickelt werden, wie die parallelen Rechnungslegungsansätze systemseitig umgesetzt werden. Dabei ist zu berücksichtigen, dass das R/3®-System standardmäßig nicht auf die Abbildung einer parallelen Bilanzierung ausgelegt ist. Allerdings bietet das R/3®-System grundsätzlich verschiedene Lösungsmöglichkeiten der parallelen Abbildung an:

- Parallele Ledger (ab Release 4.7 - R/3-Enterprise: Ledger-Methode)
  Für die Abbildung der parallelen Rechnungslegung wird ein zusätzliches Ledger eingerichtet, in welchem sämtliche Buchungen zusätzlich zum weiterhin bestehenden Hauptbuch auf Einzelpostenebene übernommen werden. Über die Definition einer so genannten Rechnungslegungsvorschrift (RLV) im Customizing der Finanzbuchhaltung werden die unterschiedlichen Bewertungsmethoden (z. B. Bewertungsbereiche, Buchungsregeln) dieser

---

[199] Vgl. hierzu Kapitel A „Notwendigkeit zur Internationalen Rechnungslegung".

Rahmenbedingungen zur Abbildung der parallelen Rechnungslegung E

RLV zugeordnet. Dabei ist zu berücksichtigen, dass aus diesem zusätzlichen Ledger keine Daten in das Modul CO bzw. in die Profit Center Rechnung übernommen werden. Allerdings werden bei Buchungen die CO-Informationen abgeleitet. Controlling-Funktionen wie z. B. Umlagen oder Verteilungen können für dieses Ledger im speziellen Ledger (FI-SL) nachgezogen werden. Im Modul CO kann dabei nur der Wertansatz des Hauptbuches geführt werden.

Bei dieser Lösung ist zu prüfen, welcher Wertansatz in dem definierten zusätzlichen Ledger geführt werden soll (HGB oder IAS); dabei sollte angestrebt werden, die Wertansätze für das interne und externe Rechnungswesen auf IAS-Basis anzugleichen und somit den HGB-Ansatz im zusätzlichen Ledger zu führen.

Welcher Wertansatz soll im zusätzlichen Ledger geführt werden?

Die Vorteile dieser Lösung liegen darin, dass für beide Rechnungslegungen ein vollständiges Ledger vorhanden ist und (wie im Fall der Abbildung über parallele Konten) keine zusätzlichen Konten (Aufblähung der Kontenplanstruktur) implementiert werden müssen. Außerdem ist im R/3®-System bereits ein Standard-Reporting für die Bilanz und die Gewinn- und Verlustrechnung vorhanden. Nachteilig ist der relativ hohe Aufwand der Implementierung des zusätzlichen Ledgers in der Komponente FI-SL sowie die Abstimmung des parallelen Ledgers mit dem Hauptbuch.

Vor- und Nachteile

- Parallele Buchungskreise – Buchungskreismethode
Eine weitere (theoretische) Möglichkeit, die verschiedenen Rechnungslegungen systemseitig abzubilden, liegt in der Definition von separaten Buchungskreisen. Zu berücksichtigen ist, dass im zusätzlichem Buchungskreis die Anlagenbuchhaltung nicht aktiv ist (ab Release 4.7 können die Werte eines Bewertungsbereiches in einen zusätzlichen Buchungskreis fortgeschrieben werden) und dass dieser Buchungskreis nicht mit dem Modul CO verbunden. Wenn es nur Bewertungsdifferenzen aus der Anlagen- und Finanzbuchhaltung gibt und wenn eine größere Anzahl von Buchungskreisen für das relevante Unternehmen unkritisch sind, wäre eine Abbildung über verschiedene Buchungskreise denkbar. Allerdings ist zu berücksichtigen, dass eine solche Lösung nicht

E Kontenplan

von allen Modulen (im Standard) unterstützt wird und dass eine zukünftige Entwicklung von SAP® nicht gewährleistet wird.

- Parallele Konten – Kontenplanmethode
Bei der Kontenplanmethode werden die Bewertungsunterschiede auf unterschiedlichen Konten abgebildet.
Die nachfolgende Übersicht zeigt zunächst die Zusammenhänge:

Bewertungsunterschiede auf unterschiedliche Konten

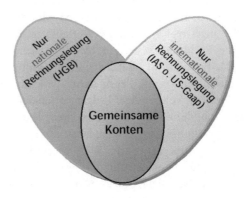

Mickey-Mouse-Konzeption

Gemeinsame Konten, HGB- und IAS-Konten

Im Kontenplan werden zunächst gemeinsame Konten für alle Buchungen definiert, für die keine Bewertungsunterschiede bestehen (z. B. Bank- oder Verbindlichkeitskonten). Diese Konten stellen i. d. R. die größte Anzahl der Konten dar und werden aus den bisher bestehenden Konten übernommen.

Mickey-Mouse-Lösung

Der Bereich der gemeinsamen Konten repräsentiert im Zusammenhang mit der so genannten Mickey-Mouse-Lösung den Kopfbereich. Für jede abzubildende Rechnungslegung (z. B. HGB und IAS) werden (neue) zusätzliche Konten angelegt, auf welchen die bewertungsspezifischen Buchungen des jeweiligen Bereiches erfolgen. Diese neuen (reinen) IAS- bzw. HGB-Konten stellen die Ohren im Rahmen der Mickey-Mouse-Konzeption dar. Die nachfolgende Abbildung zeigt die erläuterte Buchungssystematik am Beispiel einer Rückstellungsbuchung:[200]

---

[200] In Anlehnung an die SAP R/3®-Kurs-Unterlagen: Kurs „WDEIAS" (2002).

Rahmenbedingungen zur Abbildung der parallelen Rechnungslegung E

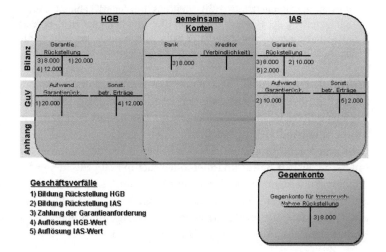

Die Bildung der Rückstellung erfolgt durch (manuelle) Buchung auf eigene Konten jeweils im IAS und zusätzlich im HGB-Bereich. Da die Zahlung und damit der Verbrauch der Rückstellung aus HGB-Sicht über das gemeinsame Bankkonto erfolgt, muss die Zahlung aus IAS-Sicht auf ein spezielles Gegen- bzw. Verrechnungskonto, welches keinem der beiden Bereiche zugeordnet wird, erfolgen. Wichtig bei der Bilanzerstellung: der HGB- und der gemeinsame Bereich sowie der IAS- und der gemeinsame Bereich müssen immer den Saldo Null ergeben. Auch jeder Bereich für sich gesehen (in Verbindung mit dem Gegenkonto) muss einen Null-Saldo ergeben.

> **Achtung:**
> Für jeden Bereich (IAS-, HGB- und gemeinsamer Bereich) sind separate Saldovortragskonten anzulegen und den Erfolgskonten zuzuordnen[201]. Soll eine GuV nach dem Umsatzkostenverfahren (UKV) nur für IAS erstellt werden, sollte das HGB-Aufwandskonto für die Zuführung

---

[201] Vgl. hierzu Kapitel G „Realisation unter SAP R/3®", Punkt „Finanzbuchhaltung".

E Kontenplan

der HGB-Rückstellung auf einen separaten HGB-Funktionsbereich verweisen, da ansonsten der entsprechende Funktionsbereich (z. B. Verwaltung) doppelt (aus HGB- und aus IAS-Sicht) gebucht würde. Bei Erstellung der IAS-GuV nach dem UKV wird dann der HGB-Bereich nicht mit ausgewiesen. Alternativ kann jedoch auch das HGB-Konto bei Ausführung der GuV nach dem UKV ausselektiert werden[202].

Aufgrund der Tatsache, dass einige Bewertungsunterschiede nur manuell im System gebucht werden können – und die Salden der jeweiligen Bereiche immer Null ergeben müssen –, ist es ratsam, ein Kontierungshandbuch zu erstellen.

Vor- und Nachteile Kontenlösung

Die Kontenplanlösung empfiehlt sich insbesondere deshalb, weil alle unterschiedlichen Bewertungsmethoden hierüber abgedeckt werden können. Außerdem ist die Implementierung im Vergleich zur Ledger-Lösung verhältnismäßig einfach zu realisieren. Nachteilig ist zu erwähnen, dass bei umfangreichen Bewertungsunterschieden die Kontenplanstruktur stark aufgebläht werden kann.

> **Tipp:**
> Insbesondere für kleinere Unternehmen ohne Konzernstrukturen ist die Kontenplanlösung der zu empfehlende Weg zur systemseitigen Abbildung der parallelen Rechnungslegung. Vor diesem Hintergrund befasst sich dieses Kapitel mit der beschriebenen Kontenplanlösung.

Nachdem in den Rahmenbedingungen die Kontenplanlösung als Strategie zur Einführung der parallelen Bilanzierung gewählt wurde, sind darüber hinaus bei einer IAS-Einführung u. U. noch weitere Aspekte im Zusammenhang mit den Kontenstrukturen zu berücksichtigen.

Kontenpläne in Konzernstrukturen

So kann es bei Konzernstrukturen notwendig sein, einen Konzern- bzw. einen Landeskontenrahmen zusätzlich zum operativen Kontenplan zu definieren bzw. anzupassen. Unter SAP R/3® besteht dabei grundsätzlich die Möglichkeit, in einem Konzernverbund mit drei verschiedenen Kontenrahmen zu arbeiten:

---

[202] Vgl. hierzu Kapitel G „Realisation unter SAP R/3®", Punkt „Umsatzkostenverfahren".

Rahmenbedingungen zur Abbildung der parallelen Rechnungslegung E

1. **Operativer Kontenrahmen**
   Der operative Kontenrahmen ist der originäre Kontenrahmen der jeweiligen Landesgesellschaften im Konzernverbund. Der operative Kontenplan wird immer gemeinsam vom Finanzwesen und von der Kostenrechnung genutzt. Bei einer buchungskreisübergreifenden Kostenrechnung ist dabei zu beachten, dass alle dem Kostenrechnungskreis zugeordnete Buchungskreise den gleichen operativen Kontenplan verwenden müssen.

2. **Landeskontenrahmen**
   Der zum Teil erforderliche landesspezifische Kontenrahmen (z. B. für Frankreich) kann zusätzlich zum operativen Kontenrahmen als Alternativkontenrahmen geführt werden. Dieser ist dann sinnvoll, wenn z. B. im Rahmen einer buchungsübergreifenden Kostenrechnung ein einheitlicher Kontenplan für das interne Berichtswesen definiert wird, welcher nicht den landesspezifischen Anforderungen entspricht.

3. **Konzernkontenrahmen**
   Der Konzernkontenrahmen stellt im System die oberste Hierarchie der Kontenrahmen dar und wird jedem Konto (des operativen Kontenplanes) der Landesgesellschaften zugeordnet. Somit weist der Konzernkontenplan die für die Konsolidierung erforderliche Gliederung auf. Ein Konzernkontenplan ist dann sinnvoll, wenn mehrere Buchungskreise bzw. Konzerntöchter mit unterschiedlichen Kontenplänen arbeiten.

E Kontenplan

Beispiel:

In einem beliebigen Konzern seien folgende Organisationsstrukturen (abgebildet im R/3®-System) vorhanden:

Beispielstrukturen im Konzern

	Kontenplan:	Kostenrechnungskreis INT Einheitliches internes Rechnungswesen	
	Buchungskreis A	Buchungskreis B	Buchungskreis C
Konzernkontenplan		IKR	
Konto:		620000: Löhne	
Operativer Kontenplan	INT	INT	INT
Konto:	420000: Löhne	420000: Löhne	420000: Löhne
Landeskontenplan	CAFR		
Konto:	421000: Person.		

Der Konzern besteht aus 3 Gesellschaften, nämlich den Buchungskreisen A, B und C. Es ist eine so genannte buchungskreisübergreifende Kostenrechnung (d. h. eine Kostenrechnung für alle 3 Gesellschaften) vorgesehen. Vor dem Hintergrund dieser Zuordnung (allen Buchungskreisen ist ein Kostenrechnungskreis zugeordnet) müssen alle Buchungskreise den Kontenrahmen (hier: INT) des Kostenrechnungskreises führen, da die Konten im internen und externen Rechnungswesen in einem Ein-Kreis-System geführt werden. Für die Gesellschaft A in Frankreich müssen spezielle landesspezifische Anforderungen an das externe Rechnungswesen erfüllt werden.

Landeskontenplan Deswegen wird diesem Buchungskreis ein vom operativen Kontenplan abweichender Landeskontenplan (hier der Kontenplan: CAFR) zugeordnet. Rein technisch gesehen wird der Landeskontenplan (neben dem operativen Kontenplan) dem Buchungskreis zugeordnet.

Alternative Kontennummer Im Sachkonto (in diesem Beispiel im Konto 420000: Löhne) des originären Buchungskreises bzw. Kontenplanes wird nun die so genannte alternative Kontonummer hinterlegt. Somit stellt die alternative Kontennummer das Bindeglied vom operativen zum landesspezifischen Kontenplan dar.

E Verifizierung der Ergebnisse aus dem Bereich Bilanzierung

Bei Buchungen im Buchungskreis A auf dem Konto 420000 Löhne kann nun bei (landesspezifischen) Auswertungen im Hauptbuch (z. B. Bilanz- und GuV-Struktur) anstatt des Kontos 420000 die alternative Kontennummer 421000 ausgegeben werden.

Auswertungen über alternative Kontonummer

Ebenfalls denkbar wäre, dass in diesem Beispiel die Gesellschaften unterschiedliche operative Kontenpläne verwenden, konzernweit jedoch ein einheitlicher Kontenplan vorgesehen ist. In diesem Fall wird dem jeweiligen originären Kontenplan der einheitliche Konzernkontenplan zugewiesen, wobei dem Sachkonto des originären Kontenplanes die entsprechende Konzernkontonummer zugewiesen wird. Hierbei erhalten alle diejenigen Konten eine Konzern-Kontonummer, die für gleichbedeutende Konten in unterschiedlichen Kontenplänen einheitlich ist. Die Auswertung der Bilanz und GuV aus Konzernsicht kann damit auf Basis der Konzern-Kontonummern erfolgen und muss nicht pro Land separat erfolgen.

Konzernkontenplan

Bei der Definition der unterschiedlichen Kontenpläne müssen die in der Kontenplanlösung beschriebenen Konten (HGB-, IAS- und gemeinsame Konten) berücksichtigt werden.

Da eine mögliche manuelle Umstellung aller Kontenpläne der Einzelgesellschaften in einem oder mehreren Systemen eines Konzerns einen sehr hohen Aufwand darstellen kann, bietet SAP® einen so genannten „Conversion Service" für solche Umstellungsarbeiten an. Mit dieser Unterstützung können solche Umstellungen innerhalb weniger Tage vorgenommen werden.

Conversion Service der SAP®

3 Verifizierung der Ergebnisse aus dem Bereich Bilanzierung

Nach Festlegung der Rahmenbedingungen zur Abbildung der parallelen Rechnungslegung (z. B. die Kontenplanlösung unter Berücksichtigung von Konzernstrukturen in Verbindung mit Landeskontenplänen) müssen in einem zweiten Schritt die Ergebnisse aus dem Arbeitsbereich Bilanzierung eingearbeitet werden.

E Kontenplan

Kontenplanlösung zur Abbildung der Parallelbilanzierung

Gemäß der Annahme, dass die Kontenplanlösung zur Abbildung der parallelen Bilanzierung eingesetzt wird, müssen sämtliche Bewertungsunterschiede, welche im Bereich Bilanzierung ermittelt wurden, berücksichtigt werden. Für alle Bewertungsunterschiede (Bestands- und Erfolgskonten) sind i. d. R. entsprechende HGB- und IAS-Konten zu definieren. Für die praktische Umsetzungsarbeit empfiehlt es sich dabei, den Kontenplan in eine Datei eines Tabellenkalkulationsprogramms wie in der nachfolgenden Abbildung dargestellt aufzulisten:

Kontenplan und Bewertungsunterschiede

Bilanzposition	HGB	Gemeinsame Konten	Konten IAS	Funktionsbereich (für neutrale Bereiche)
AKTIVA				
A. Anlagevermögen				
I. Immaterielle Vermögensgegenstände:				
1. Konzessionen, gewerbliche Schutzrechte und ähnliche Rechte und Werte sowie Lizenzen an solchen Rechten und Werten:	34000 35000 37000		i034000 i035000 i037000	
2. geleistete Anzahlungen:	h039000 h039010		i039000 i039010	
II. Sachanlagen:				
1. Grundstücke, grundstücksgleiche Rechte und Bauten auf fremden Grundstücken:	1000 2000 3000 25000		i001000 i002000 i003000 i025000	

Prüfen der Bewertungsunterschiede

In Zusammenarbeit mit den Mitarbeitern der Bilanzbuchhaltung ist für jedes Konto und den damit in Verbindung stehenden zu buchenden Geschäftsvorfall der Bilanz und der GuV zu prüfen, ob Bewertungsunterschiede zwischen HGB und IAS bestehen.

Beispiel:

Es können Bewertungsunterschiede für Bestandskonten der immaterielle Vermögensgegenstände bestehen (Buchungssatz: AfA an Bestandskonto), da unterschiedliche Abschreibungsmethoden oder Nutzungsdauern nach HGB- oder IAS-Grundsätzen ange-

Verifizierung der Ergebnisse aus dem Bereich GuV

wendet werden. Gleichzeitig sind in diesem Zusammenhang auch die entsprechenden AfA-Erfolgskonten zu berücksichtigen. Somit entstehen aus einem vormals gemeinsamen Bestandskonto im Bereich der immateriellen Vermögensgegenstände zwei neue Konten (IAS- und HGB-Konto).

Die neu definierten Konten werden in die o. g. Datei gemäß der vorher festgelegten Nomenklatur (siehe Kapitel 5 „Nomenklatur neuer Konten") eingefügt. Die Datei fungiert dabei als Dokumentation für das spätere Customizing (z. B. Kontenfindung der Anlagenbuchhaltung, Fremdwährungsbewertung, Definition der Bilanz- und GuV-Strukturen) sowie als Grundlage für ein späteres Kontierungshandbuch.

4 Verifizierung der Ergebnisse aus dem Bereich GuV

Im Sachgebiet „Gewinn- und Verlustrechnung" werden folgende Themeninhalte erarbeitet:

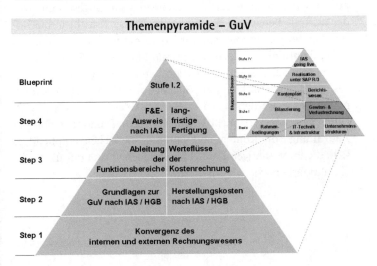

E Kontenplan

Für die Arbeiten im Sachgebiet Kontenplan sind hierbei folgende Themengebiete von Bedeutung:

Prämissen zur Ableitung der Funktionsbereiche

- Ableitung der Funktionsbereiche
  Hier werden die grundlegenden Prämissen zur Ableitung der Funktionsbereiche festgelegt. Es wird u. a. definiert, aus welchen Objekten welche Funktionsbereiche inhaltlich abzuleiten sind. Es ist in diesem Zusammenhang zu prüfen, ob Funktionsbereiche zur Darstellung der GuV nach dem UKV bestimmten IAS- bzw. gemeinsamen Erfolgskonten zuzuordnen sind, denn dann müssen diese Konten im Kontenplankonzept berücksichtigt werden. Dabei ist davon auszugehen, dass eine Abbildung des UKV nur für die IAS-Bewertung vorgenommen wird, da eine parallele Abbildung des UKV für HGB und IAS in bestimmten Bereichen (z. B. F+E-Abwicklung) problematisch erscheint.

Ableitung der Funktionsbereiche aus Konten

Eine Ableitung der Funktionsbereiche sollte zwar i. d. R. primär aus den Merkmalen der entsprechenden Kontierungsobjekte (z. B. Kostenstellenart, Auftragstyp oder -art, Projektart) erfolgen, in bestimmten Fällen ist es jedoch geboten, eine Ableitung aus Konten vorzunehmen. In vielen Fällen sind nämlich internes und externes Rechnungswesen dahingehend nicht abgestimmt, weil der neutrale Bereich (z. B. Konten der Klasse 2) nicht in die Kostenrechnung übernommen wird – es existiert somit zwar ein Erfolgskonto nicht jedoch eine primäre Kostenart. Somit müssen in einem solchen Fall die Funktionsbereiche im Bereich „Sonstiges" (z. B. Steuern, Finanzen, Sonstige Aufwände) über Konten hergeleitet werden, da eine Ableitung aus CO-Kontierungsobjekten nicht gegeben ist. Zur Dokumentation der Zuordnung von Konten und Funktionsbereichen empfiehlt es sich, die im vorherigen Kapitel beschriebene Datei um die Spalte „Funktionsbereiche" zu erweitern:

Kontenplan und Funktionsbereichszuordnung

Bilanzposition	HGB	Gemeinsame Konten	Konten IAS	Funktionsbereich (für neutrale Bereiche
		203003		Sonstiges
		238000		Steuern
		238001		Periodenkosten d. Fertigung
		238002		Periodenkosten d. Fertigung
		238005		Periodenkosten d. Fertigung
	h238006		i238006	Sonstiges
		290005		Periodenkosten d. Fertigung
9. Erträge aus anderen Wertpapieren und Ausleihungen des Finanzanlage-Vermögens				
aus nicht verbundenen Unternehmen				
	h272100		i272100	Finanzen
			i272101	Finanzen
			i272102	Finanzen
10. Sonstige Zinsen und ähnliche Erträge			i273050	Finanzen
		273100		Finanzen
		273101		Finanzen
		273200		Finanzen
11. Abschreibungen auf Finanzanlagen und auf				

Auch hier ist in Zusammenarbeit mit den Bilanzbuchhaltern und ggf. mit den Wirtschaftsprüfern je relevantem (neutralem) Erfolgskonto die sachliche Zuordnung der Funktionsbereiche zu prüfen und zu hinterlegen. Die Umsetzung der systemtechnischen Ableitung und der Beispiele für die Ausprägung der Funktionsbereiche im sonstigen Bereich sind ausführlich im Kapitel „Realisation unter SAP R/3®" beschrieben.

- F+E-Ausweis nach IAS
Im Sachgebiet GuV wird im Teilbereich „F+E-Ausweis nach IAS" erarbeitet, ob und unter welchen organisatorischen Voraussetzungen F+E-Kosten nach IAS im Unternehmen aktiviert werden können. Neben dem organisatorischen Ablauf wird hier u. a. auch festgelegt, welche Objekte (z. B. Projekte) in welcher Form für die Ableitung der Funktionsbereiche (z. B. Funktionsbereich „Forschung und Entwicklung") bei F+E-Aktivitäten infrage kommen. Im F+E-Konzept sind für die Darstellung der parallelen Rechnungslegung über die beschriebene Kontenplanlösung auch HGB- und IAS-Konten zur Aufnahme der Aktivierungsdifferenzen je Bewertungsbereich zu identifizieren und im Kontenplan

Konzeptionierung der F+E-Abläufe im Sachgebiet GuV

E Kontenplan

hinsichtlich der Zuordnung von Funktionsbereichen zu berücksichtigen.

5 Nomenklatur neuer Konten

Um die Rechnungslegungen nach IAS und HGB parallel über die beschriebene Kontenplanlösung abzubilden, sind für die Bewertungsunterschiede neue Konten zu definieren. Hierbei ist grundsätzlich zu klären, welche Nomenklatur die neuen IAS- und HGB-Konten haben sollen. Bei der Festlegung der Nomenklatur ist die spätere systemtechnische Einrichtung bzw. Umsetzung der Konten in SAP® (z. B. Kontenlänge, Sortierreihenfolge) zu berücksichtigen. Es werden i. d. R. folgende Ausprägungen der Nomenklaturen in der Praxis angewandt:

- Voraus- bzw. nachgestellter Buchstabe
  Bei dieser Form der Ausprägung wird den HGB- bzw. landesspezifischen Konten sowie den IAS-Konten ein Buchstabe vor- bzw. nachgestellt. Beispielsweise lassen sich HGB-Konten durch ein „H" (z. B. H232500 bzw. 232500H) sowie IAS-Konten durch ein „I" (z. B. I232500 bzw. 232500I) identifizieren.

- Nachgestellte Nummer
  Bei dieser Form der Ausprägung wird den HGB- bzw. landesspezifischen Konten sowie den IAS-Konten eine Nummer nachgestellt. Beispielsweise lassen sich HGB-Konten durch eine „1" (z. B. 232501) sowie IAS-Konten durch eine „2" (z. B. 232502) identifizieren. Bei einer solchen Vorgehensweise muss allerdings geprüft werden, inwieweit sich die neuen Nomenklaturen in die bestehenden Kontenintervalle eingliedern lassen. Diese Art der Nomenklatur kann i. d. R. nur dann angewandt werden, wenn die Finanzbuchhaltung noch nicht unter SAP implementiert wurde.

Bilanz- und GuV-Strukturen

Bei der Wahl der Kontennomenklatur sollte ebenfalls berücksichtigt werden, dass für HGB- bzw. IAS-Zwecke jeweils eine neue Bilanz- und GuV-Struktur im R/3®-System zu erstellen ist und wie eine

Einbindung der neuen Konten in die neuen Strukturen (z. B. über Intervalle oder einzeln) auf Basis des bestehenden Kontenplanes am effizientesten möglich ist.

6 Definition neuer Bewertungsbereiche

Für die spätere Einrichtung der parallelen Rechnungslegung im SAP R/3®-System müssen für bestimmte Bereiche bzw. Geschäftsvorfälle so genannte Bewertungsbereiche (näheres hierzu siehe auch im Kapitel „Realisation unter SAP R/3®") definiert werden.

Die Verbindung zum Sachgebiet Kontenplan ergibt sich daraus, dass für jeden definierten Bewertungsbereich eine eigene IAS- bzw. HGB-spezifische Kontenfindung (mit neu zu definierenden Konten) zu hinterlegen ist. Die Bewertungsbereiche bestimmen somit einen Großteil der im Kontenplan neu anzulegenden HGB- und IAS-Konten. In der Phase „Kontenplan" sind somit zunächst die für die Umsetzung zu pflegenden Bewertungsbereiche zu identifizieren.

Kontenfindung je Bewertungsbereich

> **Achtung:**
> Bei der Definition der Bewertungsbereiche und der späteren Zuweisung der Konten ist eine enge Zusammenarbeit mit dem SAP®-Team erforderlich, um die Customizing-Anforderungen mit den Anforderungen aus der Kontenplanlösung abzugleichen.

Für die folgenden Bewertungsbereiche bzw. Sachverhalte im R/3®-System sind dabei Konten jeweils aus IAS- und HGB-Sicht im Kontenplan neu zu berücksichtigen:

- Anlagenbuchhaltung
  Zur parallelen Darstellung der unterschiedlichen Wertansätze zwischen HGB und IAS (z. B. unterschiedliche Abschreibungsmethoden oder Nutzungsdauern) in der Anlagenbuchhaltung, werden im R/3®-System zwei getrennte Bewertungsbereiche eingerichtet.
  Die nachfolgende Abbildung zeigt die für die Bewertungsbereiche in der Anlagenbuchhaltung neu zu definierenden Zu- und Abgangskonten:

  Zu- und Abgangskonten

E Kontenplan

Bewertungsbereich Anlagenbuchhaltung (Zugang)

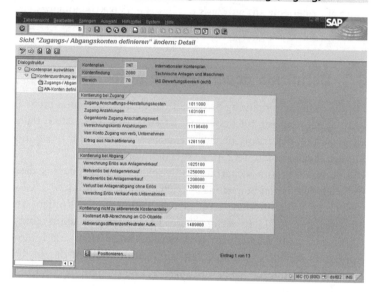

Für jeden Bewertungsbereich (IAS und HGB) und für jede Anlagenklasse bzw. Kontenfindung sind für die relevanten Vorgänge neue Zu- und Abgangskonten (gemäß der gewählten Nomenklatur) im Kontenplan zu hinterlegen.

Achtung:

Es ist im Kontenplankonzept zu berücksichtigen, dass für den HGB-Bereich bereits gebuchte Zugangskonten nachträglich nicht mehr aus dem HGB-Bewertungsbereich entfernt werden können – hier müssen anstatt neuer HGB-Konten weiterhin die bereits genutzten Konten eingesetzt werden.

Eigenes IAS-Zugangskonto

Das Konto „Gegenkonto Zugang Anschaffungswert" ist dabei für den IAS-Bereich separat als Hilfs-Gegenkonto zu definieren, weil systemtechnisch Zugänge nur einmal online (gegen Kreditor) für einen Bewertungsbereich (i. d. R. HGB) gebucht werden können.

F+E-Abwicklung

Für die unterschiedliche Abwicklung der F+E-Bewertung (Aktivierung nach IAS, Aufwand nach HGB) sind für den IAS- und

Definition neuer Bewertungsbereiche

HGB-Bereich separate Konten zur Aufnahme der Aktivierungsdifferenzen je Bewertungsbereich zu hinterlegen bzw. zu definieren. Für den IAS-Bereich fungiert das Konto dabei lediglich als Hilfs- bzw. Gegenkonto für die Zugangsbuchung (Report „RAPERB00") der IAS-Anlage im Bau.

Neben den Bestandskonten sind je Bewertungsbereich die relevanten AfA-Konten im Rahmen der Kontenplanlösung einzufügen:

AfA-Konten

Bewertungsbereich Anlagenbuchhaltung – AfA

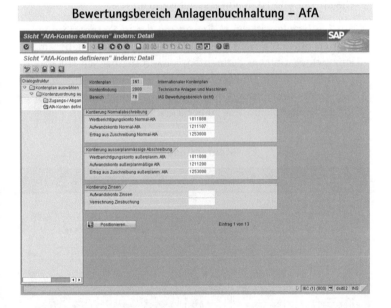

Die AfA-Konten beinhalten die Kontierungen für Normal- und außerplanmäßigen Abschreibungen.

Achtung:

Aus den AfA-Konten werden entsprechend der hinterlegten Kontierung die relevanten Funktionsbereiche abgeleitet – und zwar jeweils für die HGB- und für die IAS-Aufwandsbuchung. Deshalb sollten – bei Abbildung der GuV nach dem UKV nur in IAS – die HGB-AfA-Konten

Kontenplan

bei Ausführung des entsprechenden UKV-Berichts ausselektiert werden. Es ist sicherzustellen, dass in der Feldstatusvariante des AfA-Kontos bzw. in der Feldstatusvariante des Buchungsschlüssels (z. B. 40 oder 50) der Funktionsbereich als Kann-Eingabe eingabebereit ist.

- Fremdwährungsbewertung
  Um die unterschiedlichen Anforderungen im Rahmen der Fremdwährungsbewertung an die HGB- und IAS-Rechnungslegung (z. B. Niederstwertprinzip versus Bewertung zum Stichtagskurs) systemseitig abzubilden, müssen zwei Bewertungsbereiche für IAS und HGB eingerichtet werden.

Bilanzkorrekturkonten

Für die (erfolgswirksame) Bewertung der in Fremdwährung geführten offenen Posten und Bestände zum Stichtagskurs am Bilanzstichtag sind, je definiertem Bewertungsbereich, Bilanzkorrekturkonten für Forderungen und Verbindlichkeiten sowie Aufwands- und Ertragskonten gemäß nachfolgender Abbildung für die Kontenplanlösung zu berücksichtigen:

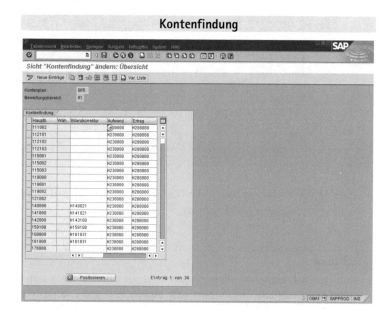

Festlegung neuer Konten

Die HGB- und IAS-Bilanzkorrekturkonten sind mit dem gemeinsamen Forderungs- bzw. Verbindlichkeitsabstimmkonto in der Bilanz- und GuV-Struktur auszuweisen. Aufwendungen und Erträge aus der Stichtagsbewertung von Fremdwährungsbeständen werden hingegen direkt gegen das Bestandskonto gebucht.

Gemeinsamer Ausweis: Korrekturkonto und Abstimmkonto

Achtung:

Die neuen HGB- und IAS-Konten, die sich aus den zu definierenden Bewertungsbereichen ergeben, repräsentieren nur den Teilbereich der Konten, die im Rahmen von automatischen Buchungen im R/3®-System herangezogen werden.

Es ist zu beachten, dass weitere HGB- und IAS-Konten für manuelle Buchungen (z. B. Bewertungsunterschiede bei Pensionsrückstellungen oder latente Steuern) im Zusammenhang mit der Kontenplanlösung angelegt werden müssen.

Zusätzliche HGB- und IAS-Konten bei manuellen Buchungen

---

7 Festlegung neuer Konten

Die Phase Kontenplan endet mit der endgültigen Festlegung aller für die Umsetzung der Kontenplanlösung zu berücksichtigenden Konten. Zusammenfassend lassen sich folgende zu definierende Konten identifizieren:

- Gemeinsame Konten
  Die gemeinsamen Konten sind alle die Konten, für welche sich keine Bewertungsunterschiede zwischen HGB (also Landesrecht) und IAS (bzw. US-GAAP) feststellen lassen. Hierzu gehören z. B. Forderungs- und Verbindlichkeitskonten oder Bankkonten.

- Reine HGB- und IAS- Konten
  Für alle Bewertungsunterschiede zwischen HGB und IAS (bzw. US-GAAP) sind aus den (alten) bestehenden Konten neue Konten (mit entsprechender Nomenklatur) zu definieren. Beispiele für solche Konten sind z. B. Bestands- und Erfolgskonten im Anlagenbereich oder das Konto Pensionsrückstellung. Außerdem sind für die Fremdwährungsbewertung Bilanzkorrekturkonten

E Kontenplan

und entsprechende Aufwands- und Ertragskonten zu berücksichtigen.

- Verrechnungskonten
  Für bestimmte Geschäftsvorfälle sind für die Abbildung der parallelen Rechnungslegung mit der Kontenplanlösung so genannte Verrechnungskonten zu definieren. Diese Verrechnungskonten haben den Charakter von Hilfskonten. So kann z. B. eine Anlage nur einmal für einen Bereich (i. d. R. für den HGB-Bereich) gegen einen Kreditor (gemeinsames Konto) als Zugang gebucht werden. Für den anderen Bewertungsbereich (i. d. R. für den IAS-Bereich) wird der Zugang im SAP R/3®-System periodisch über den Anlagenreport „RAPERB00" mit dem Buchungssatz „per Anlage an Verrechnungskonto" gebucht. Auch für die Zugangsbuchung einer Anlage im Bau im Zuge der F+E-Abwicklung ist für die IAS-Gegenbuchung über den SAP-Report „RAPERB00" ein solches Verrechnungskonto notwendig.

> **Achtung:**
> Die Verrechnungskonten, die über den SAP-Report „RAPERB00" im Rahmen einer Batch-Input-Verarbeitung angesprochen werden, müssen rein technisch im Stammsatz das Kennzeichen „Buchen ohne Steuer erlaubt" tragen. Außerdem darf die im Stammsatz enthaltene Feldstatusgruppe nicht auf Mussfelder verweisen[203].

Während die Verrechnungskonten über den Report „RAPERB00" im R/3®-System über das entsprechende Customizing automatisch gezogen werden, muss z. B. bei der Auflösung von Rückstellungen eine manuelle Gegenbuchung auf ein solches Verrechnungskonto (i. d. R. für die IAS-Abwicklung) eingerichtet werden. Die nachfolgende Abbildung verdeutlicht diesen Vorfall:

---

[203] Vgl. hierzu Kapitel G „Realisation unter SAP R/3®", Punkt „Anlagenbuchhaltung".

Festlegung neuer Konten E

Verrechnungskonto im Rückstellungsszenario

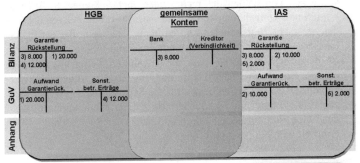

Geschäftsvorfälle
1) Bildung Rückstellung HGB
2) Bildung Rückstellung IAS
3) Zahlung der Garantieanforderung
4) Auflösung HGB-Wert
5) Auflösung IAS-Wert

In der Praxis sind somit i. d. R. für folgende Bereiche bzw. Vorfälle Verrechnungskonten zu definieren:
- Gegenkonto für Anlagenzugänge als Bestandskonto,
- Gegenkonto für Zugangsbuchungen von Anlagen im Bau im Rahmen von F+E-Aktivitäten als Erfolgskonto (das Erfolgskonto muss einem gesonderten Ergebnisvortragskonto zugeordnet werden und darf nicht als Kostenart angelegt sein!) bzw. als Bestandskonto,
- Gegenkonto im Zusammenhang mit Rückstellungsverrechnungen als Bestandskonto.

Achtung:

Die Mickey-Mouse-Konzeption im Rahmen der Kontenplanlösung beruht auf der Tatsache, dass der IAS- und gemeinsame Bereich bzw. der HGB- und der gemeinsame Bereich immer den Saldo Null ergeben müssen (siehe hierzu auch die obige Abbildung „Rückstellungsszenario").

Im R/3®-System wird die Bilanz- und GuV über den Report „RFBILA00" erstellt. Dieser Report ermittelt den so genannten Bilanzgewinn

E Kontenplan

– je nach gewählter Bilanz- und GuV-Struktur – aus der Differenz zwischen Aktiva und Passiva (von gemeinsamen und z. B. IAS-Konten) sowie aus den Salden der nicht zugeordneten Konten (z. B. HGB-Konten und Verrechnungskonten). Aus diesem Grund müssen die Salden der nicht zugeordneten Konten immer Null sein. Bei der Erstellung der Bilanz- und GuV-Strukturen (HGB und IAS) im R/3®-System ist dabei sicherzustellen, dass die erwähnten Verrechnungskonten niemals einer Position der Bilanz- und GuV-Struktur zugeordnet werden dürfen, da ansonsten bei Aufruf des Reports „RFBILA00" der nicht zugeordnete Bereich (z. B. IAS-Bereich und Verrechnungskonto) nicht den Saldo Null aufweisen würde und damit der Bilanzgewinn falsch ermittelt würde.

- Ergebnisvortragskonten
  Für HGB-, IAS- und gemeinsame Erfolgskonten sind drei Ergebnisvortragskonten zu definieren und über separate Erfolgskontentypen zuzuordnen. Zusätzlich ist für mögliche Verrechnungskonten (s. o.), welche als Erfolgskonten definiert wurden, ein eigenes Ergebnisvortragskonto zu definieren.

- Konten für Abstimmbuchungen
  Für die Abstimmung zwischen internem und externem Rechnungswesen bei funktionsübergreifenden Buchungen innerhalb des Controllings ist ein Funktionsbereichsverrechnungskonto (als Bestandskonto) sowie ein bzw. mehrere Ausgleichskonten (als Erfolgskonto) zu definieren[204] (näheres hierzu siehe im Kapitel „Realisation unter SAP R/3®").

- Übernahmekonten
  Zur Übernahme der Vortragswerte für die neuen IAS- und HGB-Bilanz-/GuV-Strukturen sind entsprechende Übernahmekonten im Kontenplan zu berücksichtigen. Näheres zur Logik der Übernahme der Vortragswerte ist im Kapitel „IAS going live – Produktivstart" beschrieben!

---

[204] Vgl. hierzu Kapitel G „Realisation unter SAP R/3®", Punkt „Controlling".

F Berichtswesen

Dieses Kapitel beschreibt:
- die grundsätzlichen Anforderungen an das interne und externe Berichtswesen im Rahmen eine Umstellung der Rechnungslegung von HGB nach IAS/IFRS,
- die Inhalte und den Aufbau der Bilanz und Gewinn- und Verlustrechnung nach dem UKV im Sinne der IAS/IFRS,
- zudem die weiteren notwendigen Berichtskomponenten eines internationalen Abschlusses, wie die Kapitalflussrechnung, die Segmentsberichterstattung, die Grundlagen der Anhangsangaben und den Aufbau des Anlagenspiegels.

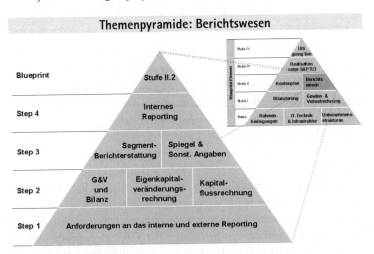

1 Einführung

Das Sachgebiet „Berichtswesen" ist im Zuge der Einführung der internationalen Rechnungslegung ein Teilbereich bzw. ein Baustein innerhalb des gesamten Projektaufbaus. Das Vorgehen des Projektteams im Sachgebiet Berichtswesen orientiert sich dabei an der oben gezeigten Themenpyramide.

F Berichtswesen

2 Anforderungen an das interne und externe Berichtswesen

2.1 Anforderungen an das interne Berichtswesen

In der Regel müssen im Rahmen der Umstellung nach IAS für das interne Rechnungswesen zwei Anforderungen diskutiert werden:
1. Aufbau und Inhalte der kurzfristigen Erfolgsrechnung (Ergebnisrechnung)[205] und die
2. Abbildung der Anforderungen der Segmentberichterstattung mit Objekten des internen Rechnungswesens.

Beide Punkte stehen im engen Zusammenhang mit dem Aufbau eines Berichtswesens nach Segmenten, wie es für bestimmte Unternehmen[206], die nach IAS bilanzieren, verlangt wird. Grundlage der Diskussion zur Abbildung der Anforderungen ist jedoch, dass das interne Rechnungswesen IAS als führende Bewertung aufweist[207].

Aufbau und Inhalte der internen Ergebnisrechnung

Die interne Ergebnisrechnung im Unternehmen ist ein Instrument zur Beurteilung der Deckungsbeiträge im Grenzplankostenrechnungssystem bzw. von Ergebnisbeiträgen bei Vollkostenrechnungsansätzen von Produkten, Produktgruppen und Unternehmensbereichen. Im Zuge der Rechnungslegungsumstellung und den damit verbundenen anderen Bewertungsansätzen (z. B. der Herstellkosten, die nach dem Ansatz der führenden Bewertung den Herstellungskosten entsprechen) besteht ein Bedarf, die Strukturen und die Inhalte dieser Ergebnisrechnung zu überarbeiten, um diese den Strukturen der externen Rechnungslegung anzupassen.

So soll erreicht werden, dass sich die in der externen Rechnungslegung auf Gesamtunternehmensebene dargestellten Ergebnisse (z. B. Bruttoergebnis des Umsatzes) in der internen Ergebnisrechnung

---

[205] Unter SAP R/3® in der Regel im Modul Markt- und Segmentrechnung (CO-PA) realisiert.
[206] Die Bestimmung der Unternehmen, die einer Segmentberichterstattung gem. IAS 14 unterliegen wird unter dem Punkt „Segmentberichterstattung" dieses Kapitels dargestellt.
[207] Vgl. Kapitel D „Gewinn- und Verlustrechnung", Punkt „Konvergenz des internen und externen Rechnungswesens".

Anforderungen an das interne und externe Berichtswesen   **F**

detailliert auf die Ebene der Produkte, Produktgruppen und Unternehmensbereiche konsistent heruntergebrochen darstellen lassen.

Interne Ergebnisrechnung nach dem UKV in Ableitung des externen Rechnungswesens auf Basis der IAS-Bewertungen

Externes Rechnungswesen				Internes Rechnungswesen				
Gewinn- und Verlustrechn. (ext.)		IST-Jahr		Ergebnisrechnung (int.)	P.-Gr. I	P.-Gr. II	P.-Gr. III	IST-Jahr
Umsatzerlöse		1.900 €	→	Umsatzerlöse	900 €	450 €	550 €	1.900 €
Kosten des Umsatzes		850 €	→	Herstellkosten	300 €	250 €	300 €	850 €
Periodenkosten der Fertigung		- €	→	Periodenkosten der Fertigung				- €
Bruttoergebnis vom Umsatz		**1.050 €**	=	**DB I**	**600 €**	**200 €**	**250 €**	**1.050 €**
Vertriebskosten		350 €	→	Vertriebskosten				350 €
Verwaltungskosten		110 €	→	Verwaltungskosten				110 €
Forschung und Entwicklungskosten		90 €	→	Forschung und Entwicklungskosten				90 €
Sonst. betriebl. Aufw. und Erträge		150 €	→	Sonst. betriebl. Aufw. und Erträge				150 €
Ergebnis vor Finanzergebnis		**350 €**	=	**Betriebsergebnis**				**350 €**
Finanzergebnis		30 €						
Ergebnis der gew. Geschäftst.		**380 €**						
Außerordentliches Ergebnis		20 €						
Steuern		25 €						
Jahresüberschuss		**375 €**						

Der Aufbau der Strukturen für die Segmentberichterstattung ist von mehreren Kriterien abhängig. Grundsätzlich lassen sich zunächst zwei entscheidende Merkmale für die Segmentberichterstattung unterscheiden:

Abbildung der Anforderungen der Segmentberichterstattung

- geschäftsfeldspezifische Kriterien und
- geographische Kriterien.

Entscheidend für die Definition der Anforderungen an das interne Rechnungswesen ist, welche Art der Abbildung der Segmente im Unternehmen gewählt wurde. Grundsätzlich lassen sich zwei Methoden zur Abbildung der notwendigen Segmente aus dem internen Rechnungswesen realisieren (näheres hierzu siehe auch im Kapitel G „Realisation unter SAP R/3 ®":
- Ergebnisrechnung
  Hierzu werden in der Ergebnisrechnung unter SAP R/3® Ergebnisobjekte im CO-PA eingerichtet, welche die Abbildung der geografischen und Geschäftsfeld-Segmente ermöglichen.
- Profit-Center-Rechnung
  Eine weitere Möglichkeit zur Einrichtung einer Segmentberichterstattung besteht über die Anlage von Profit Centern, die

die Segmente im Unternehmen darstellen. I. d. R. muss hierbei eine parallele Struktur zu bereits bestehenden Profit Centern eingerichtet werden bzw. eine Verdichtung von Profit Centern erfolgen, um die geographischen Segmente abbilden zu können.

2.2 Anforderungen an das externe Berichtswesen

Die Ausführungen basieren auf den einschlägigen IAS-Vorschriften des International Accounting Standards Board (IASB). Besondere Beachtung fanden hierbei:

Relevante IAS-Vorschriften an das Berichtswesen

IAS-VORSCHRIFT	KURZBESCHREIBUNG
IAS 1	Darstellung des Abschlusses
IAS 1.7	Bestandteile des Abschlusses
IAS 1.66 ff.	Gliederung der Bilanz
IAS 1.75 ff.	Gliederung der Gewinn- und Verlustrechnung
IAS 1.86 ff.	Veränderungen des Eigenkapitals
IAS 1.90	Kapitalflussrechnung
IAS 1.91 ff.	Inhalt und Ziele der Notes
IAS 16	Sachanlagen (Zugangs- und Folgebewertung)
IAS 16.60	Anlagespiegel

3 Gewinn- und Verlustrechnung und Bilanz

3.1 Bilanz

Keine Gliederungsvorschrift für die Bilanz

Nach IAS gibt es keine feste Gliederungsvorschrift für die Erstellung der Bilanz. IAS 1.66 fordert lediglich einige Mindestpositionen. Grundsätzlich könnte der Aufbau der HGB-Bilanz übernommen werden.

Neue Position: Finanzderivate

Es wird jedoch sowohl auf der Aktiv wie auch auf der Passivseite eine neue Position für Finanzderivate eingeführt. Diese Position wird aufgrund der Forderung (IAS 39) nach dem verbindlichen Ausweis aller Finanzderivate notwendig. In Anlehnung an IAS 39

Gewinn- und Verlustrechnung und Bilanz

Kommentar E. Tz. 191 wird diese Position auf der Aktivseite zwischen den Wertpapieren des Umlaufvermögens und den Kassenbeständen und auf der Passivseite über den kurzfristigen Verbindlichkeiten ausgewiesen.

In der Praxis haben sich manche Unternehmen für die Gliederung der Bilanz nach dem Vorbild der US-GAAP entschieden, um eine eventuell notwendige Überleitungsrechnung nach US-GAAP zu erleichtern. Das bedeutet, dass die Bilanz, entgegen dem HGB, nach abnehmender Liquidität gegliedert ist, folglich Kasse und liquide Mittel über den langfristigen Vermögenswerten stehen und kurzfristige Schulden über den langfristigen Schulden.

Anlehnung an US-GAAP möglich

Bilanzbeispiel mit abnehmender Liquidität

Aktiva	Passiva
Latente Steuern	Latente Steuern
Umlaufvermögen	**Schulden (Fremdkapital)**
Kasse, Schecks, liquide Mittel	Derivative Finanzinstrumente
Derivative Finanzinstrumente	Verbindlichkeiten
Wertpapiere des UV	*sonstige Verbindlichkeiten*
FO aus L/L und sonst. Vermögensgegenstände	*Verbindlichkeiten aus Lieferungen und Leistungen*
Vorräte	*Erhaltene Anzahlungen*
	Verbindlichkeiten ggü. Kreditinstituten
	Rückstellungen
	Steuerrückstellungen
	Sonstige Rückstellungen
	Rückstellungen für Pensionen
Anlagevermögen	**Eigenkapital**
Finanzanlagen	Gewinnrücklagen inkl. other compr. income
Sachanlagen	Kapitalrücklagen
Immaterielle Vermögensgegenstände	Gezeichnetes Kapital

> **Hinweis:**
> Auch für eine US-GAAP-Bilanz gibt es keine feste Gliederungsvorschrift. Sie kann in Konto- oder Staffelform dargestellt werden. Unabhängig davon werden die Positionen mit nach unten abnehmender Liquidität und zudem nach Lang- und Kurzfristigkeit gegliedert. Die SEC schreibt des Weiteren in ihrer Regel „Reg. S-X Rule 5-02" für alle börsennotierten Unternehmen verpflichtend eine Mindestgliederung vor, die immer noch diverse Wahlrechte enthält. Dieser Gliederung schließen sich in der Praxis die meisten Unternehmen freiwillig an.

F Berichtswesen

3.2 Gewinn- und Verlustrechnung

Aufbau und Darstellung der GuV

Bei Erstellung der Gewinn- und Verlustrechnung (GuV) in IAS bestehen erhebliche Wahlrechte. Als Minimum muss die GuV im operativen Bereich nur Umsatzerlöse und das Betriebsergebnis ausweisen (IAS 1.75). Eine Aufgliederung der operativen Aufwendungen kann entweder in der Art des Umsatzkostenverfahrens (UKV)[208] oder analog dazu nach dem Gesamtkostenverfahren (GKV, IAS 1.75) erfolgen.

Die beiden GuV-Darstellungsalternativen weisen insgesamt eine große Ähnlichkeit zum Gesamtkostenverfahren nach § 275 Abs. 2 HGB einerseits und zum Umsatzkostenverfahren gem. § 275 Abs. 3 HGB andererseits auf. Wie im HGB erfolgt eine Aufteilung in den betrieblichen Bereich, den Finanzbereich, den außerordentlichen Bereich und den Ertragsteuerbereich. Hierbei stimmt die Definition der außerordentlichen Posten im Wesentlichen mit § 277 Abs. 4 HGB überein. Außerordentlich sind nur solche Erträge oder Aufwendungen, die außerhalb der gewöhnlichen Aktivitäten der Gesellschaft anfallen und von denen nicht zu erwarten ist, dass sie sich regelmäßig wiederholen (IAS 8.6). Nicht außerordentlich sind deshalb auch nach IAS z. B. Abschreibungen auf Umlaufvermögen, Auflösungen von Rückstellungen oder Gewinne und Verluste aus der Veräußerung von Anlagevermögen (IAS 8.18).

Für den Aufbau der GuV nach dem GKV werden HGB-Konten, IAS-Konten und gemeinsame Konten unterschieden

Der Aufbau der GuV nach dem GKV für die IAS-Belange entspricht dem Aufbau der derzeitigen GuV nach HGB-Gesichtspunkten. Lediglich die im Kapitel C „Bilanzierung" und E „Kontenplan" angesprochene „Mickey-Mouse-Lösung" muss hier insofern berücksichtigt werden, als über eine eigene Bilanz- und GuV-Struktur den entsprechenden GuV-Positionen neue Konten (ausschließlich IAS-Konten) zugeordnet werden. Der Aufbau der GuV nach dem GKV für HGB beinhaltet somit gemeinsame Konten und reine HGB-Konten, während die eigens zu erstellende GuV nach dem GKV für IAS gemeinsame Konten und reine IAS-Konten beinhaltet[209]. Da bei der GuV nach dem GKV insofern zwischen dem HGB und IAS keine

---

[208] Vgl. Kapitel D „Gewinn- und Verlustrechnung" und IAS 1.82.
[209] Vgl. Kapitel E „Kontenplan".

Gewinn- und Verlustrechnung und Bilanz   F

grundlegenden Abweichungen bestehen, soll an dieser Stelle auf die Beschreibung des Aufbaus der GuV nach dem GKV im HGB verwiesen werden.

Erfolgte die Abbildung der Gewinn- und Verlustrechnung bislang in der Darstellung des Gesamtkostenverfahrens, muss für IAS eine neue Struktur nach dem Umsatzkostenverfahren abgebildet werden, die sich an dem in IAS 1.82 aufgeführten Beispiel orientiert. Die GuV nach dem UKV leitet sich nicht aus Konten sondern aus den für das Unternehmen definierten Funktionsbereichen[210] ab. Funktionsbereiche gliedern die betrieblichen Aufwendungen nach Funktionen, wie z. B.:

Für den Aufbau der GuV nach dem UKV werden Funktionsbereiche benötigt

- Herstellung,
- Vertrieb,
- Verwaltung,
- Forschung und Entwicklung.

Technisch gesehen stellt ein Funktionsbereich ein Kontierungsmerkmal im SAP R/3® System dar, welches i. d. R. jedoch nicht direkt kontiert, sondern aus Stammdatenobjekten wie z. B. Kostenstelle oder Kostenart abgeleitet wird. Über die Funktionsbereiche wird die Struktur der GuV nach dem Umsatzkostenverfahren gegliedert. Hierbei empfiehlt es sich, allen GuV relevanten Buchungen bzw. Stammdatenobjekten einen Funktionsbereich zuzuordnen[211]. So ließen sich zum Beispiel folgende Funktionsbereiche definieren:

Ableitung der Funktionsbereiche

- 050   Umsatzerlöse
- 100   Periodenkosten der Fertigung
- 150   Herstellkosten des Umsatzes (Standardkosten)
- 200   Vertriebskosten
- 300   Allgemeine Verwaltungskosten
- 400   Forschungs- und Entwicklungskosten
- 500   Sonstige betriebliche Aufwendungen und Erträge
- 600   Finanzergebnis
- 700   Außerordentliches Ergebnis
- 800   Steuern

---

[210] Vgl. hierzu Kapitel D „Gewinn- und Verlustrechnung".
[211] Vgl. hierzu Kapitel G „Realisation unter SAP R/3®".

F Berichtswesen

> **Tipp:**
> In der Praxis empfiehlt es sich bei der Anlage der Funktionsbereiche auch einen „Fehler-Funktionsbereich" anzulegen, der nicht korrekt abgeleitete Aufwendungen der GuV im Umsatzkostenverfahren darstellen soll. Dieser Bereich wird gefüllt, wenn z. B. Buchungen ohne Angabe oder Ableitung eines Funktionsbereichs durchgeführt wurden. Nur so ist sichergestellt, dass alle relevanten Buchungen der GuV im Umsatzkostenverfahren berücksichtigt werden und das im UKV dargestellte Ergebnis dem des Gesamtkostenverfahrens entspricht.

Auf Grundlage der o. g. Funktionsbereiche leitet sich die zukünftige GuV nach dem Umsatzkostenverfahren für IAS wie folgt ab:

Abbildung der GuV nach dem Umsatzkostenverfahren

Fkt.	GuV-Strukturbeispiel nach IAS	Anhang	Vorjahr	IST-Jahr
50	Umsatzerlöse	[9]	1.750 €	1.900 €
100	Kosten des Umsatzes	-	650 €	850 €
150	Periodenkosten der Fertigung	-	- €	- €
	Bruttoergebnis vom Umsatz		**1.100 €**	**1.050 €**
200	Vertriebskosten	[10]	200 €	350 €
300	Verwaltungskosten	[11]	80 €	110 €
400	Forschung und Entwicklungskosten	[12]	50 €	90 €
500	Sonst. Betriebl. Aufwendungen und Erträge	[13]	200 €	150 €
	Ergebnis vor Finanzergebnis		**570 €**	**350 €**
600	Finanzergebnis		50 €	30 €
	Ergebnis der gew. Geschäftstätigkeit		**620 €**	**380 €**
700	Außerordentliches Ergebnis	[14]	40 €	20 €
800	Steuern	[15]	30 €	25 €
	Jahresüberschuss		**630 €**	**375 €**
990	Fehler-Funktionsbereich		- €	- €

Gemäß IAS 1.38 sind für die GuV Vergleichsinformationen hinsichtlich der vorangegangenen Periode anzugeben.

F Eigenkapitalveränderungsrechnung

> **Tipp:**
>
> Im Rahmen der Aufstellung einer Bilanz lassen sich zum Zeitpunkt der IAS-Einführung die Vorjahreszahlen, die zur Aufstellung einer IAS-Bilanz erforderlich sind, aus den handelsrechtlichen Bilanzwerten des Vorjahreszeitraumes ableiten, sofern diese nicht originär vorliegen. In einer Stromgrößenrechnung, wie der Gewinn- und Verlustrechnung nach dem Umsatzkostenverfahren, lassen sich solche Vorjahreswerte nicht auf diese Weise herleiten, sie müssen durch die direkte Ableitung der Funktionsbereiche aus den originären Buchungen hergeleitet werden. D. h., liegen zum Zeitpunkt der Umstellung nach IAS keine Vorjahreswerte der GuV nach dem Umsatzkostenverfahren vor, können keine Vorjahreswerte für die GuV nach dem UKV angegeben werden.

4 Eigenkapitalveränderungsrechnung

Die Eigenkapitalveränderungsrechnung (Statement of changes in equity) ist in IAS (im Gegensatz zum HGB) ein eigener Bestandteil des Jahresabschlusses. Die Entwicklung des gesamten Eigenkapitals (EK) muss in einem gesonderten Rechenwerk neu dargestellt und aufgebaut werden. In SAP R/3® ist im Standard bislang kein Ausweis einer Eigenkapitalveränderungsrechnung vorgesehen.

IAS-EK-Veränderungsrechnung ist Bestandteil des Jahresabschlusses

IAS 1.7 in Verbindung mit IAS 1.86-89 verlangt im Jahresabschluss eine gesonderte Aufstellung über Höhe, Zusammensetzung und Veränderungen des Eigenkapitals. Auf eine unterjährige Darstellung wird nicht eingegangen.

Danach müssen in der Eigenkapitalveränderungsrechnung mindestens folgende Positionen ausgewiesen werden:

- das Periodenergebnis,
- alle direkt, ohne Berührung der GuV, im EK erfassten Erträge und Aufwände, Gewinne oder Verluste, z. B. aus Neubewertung, sowohl einzeln als auch in Summe (sonstiges Gesamteinkommen = other comprehensive income),
- die Gesamtauswirkung der Änderungen von Bilanzierungs- und Bewertungsmethoden sowie die Berichtigung grundlegender Fehler, die als Benchmark-Methode in IAS 8.31 ff. (Korrektur der Gewinnrücklage, i. d. R. der Vorperiode) behandelt wird.

Außerdem sind entweder in der gleichen Aufstellung oder im Anhang auszuweisen:
- Kapitaltransaktionen mit Anteilseignern (Einlagen) und
- Ausschüttungen an Anteilseigner (Dividenden),
- Entwicklung der Gewinnrücklagen vom Beginn bis zum Ende der Periode und die Bewegungen während der Periode (Jahresergebnis und Ausschüttung),
- die Überleitung der Buchwerte der Eröffnungsbilanz zur Endbilanz,
- für das gezeichnete Kapital Agios sowie Kapitalrücklagen und alle anderen Rücklagen.

Ziel der Eigenkapitalveränderungsrechnung ist es, über die Darstellung der in der GuV gezeigten ergebniswirksamen Erfolgsbestandteile hinaus, den gesamten Periodenerfolg aufzuzeigen. Denn in einem internationalen Abschluss setzt sich der Gesamterfolg einer Periode aus dem Ergebnis der Erfolgsrechnung (net income) und aus den übrigen, direkt mit dem EK verrechneten Geschäftsvorfällen (other comprehensive income) zusammen.

Die bei internen Abschlüssen mögliche ergebnisneutrale Verrechnung mit dem Eigenkapital wird im Gegensatz zum HGB auf diese Weise wieder aufgeschlüsselt und macht die Ertragskraft eines Unternehmens transparenter.

Die Darstellung in Tabellenform ist möglich, sodass die Veränderungen des EK in Bezug auf die einzelnen EK-Kategorien übersichtlich gezeigt werden können.

> **Tipp:**
> In der Praxis wird die Eigenkapitalveränderungsrechnung jährlich zum Jahresabschluss in den meisten Fällen in Tabellenkalkulationen (z. B. Microsoft Excel®) erstellt und alle oben genannten Positionen werden in einer Aufstellung ausgewiesen. Wird somit die erste Darstellungsalternative (IAS 1.89) gewählt, kann auf weitere Angaben im Anhang verzichtet werden.

Kapitalflussrechnung F

Beispielaufbau einer EK-Veränderungsrechnung gem. IAS[212]

	Stamm-aktien	Vorzugs-aktien	Kapital-rücklage	Gewinn-rücklagen	Bilanz-gewinn	Rücklage IAS 39	Währungsum-rechnungen	Gesamt
Stand 1.1.2000	222	152	652	2.028	131	–	–237	2.948
Ergebnis nach Anteilen Fremder	–	–	–	–	468	–	–	468
Einstellung in Rücklagen	–	–	–	311	–311	–	–	–
Ausschüttungen	–	–	–	–	–131	–	–	–131
Rückkauf von eigenen Aktien	–	–	–	–63	–	–	–	–63
Sonstige erfolgsneutrale Veränderungen	–	–	–	–44	–	–	–	–44
Währungskurs-veränderungen	–	–	–	–	–	–	45	45
Stand 31.12.2000 / 1.1.2001	222	152	652	2.232	157	–	–192	3.223
Ergebnis nach Anteilen Fremder	–	–	–	–	502	–	–	502
Einstellung in Rücklagen	–	–	–	346	–346	–	–	–
Ausschüttungen	–	–	–	–	–157	–	–	–157
Rückkauf von eigenen Aktien	–	–	–	–57	–	–	–	–57
Sonstige erfolgsneutrale Veränderungen	–	–	–	–72	–	13	–	–59
Währungskurs-veränderungen	–	–	–	–	–	–	66	66
Stand 31.12.2001	222	152	652	2.449	156	13	–126	3.518

5 Kapitalflussrechnung

IAS 1.7 i. V. m. IAS 1.90 verlangt von allen Unternehmen die Aufstellung einer Kapitalflussrechnung (Cashflow statement) – sowohl für den Konzern- als auch für den Einzelabschluss, im Gegensatz zu § 297(1), S. 2 HGB, der diese Aufstellung nur für börsennotierte Konzerne verlangt.

Pflichtbestandteil gem. IAS

Die Kapitalflussrechnung weist die Zahlungsströme eines Unternehmens im Zeitablauf aus und stellt den Finanzmittelbestand zum Ende der Periode dar. Sie ist ein Instrument, mit dessen Hilfe der Bilanzadressat die Fähigkeit des Unternehmens beurteilen können

Darstellung der Zahlungsströme

---

[212] Eigenkapitalspiegel aus dem Jahresabschluss der Henkel KGaA 2001.

F Berichtswesen

soll, Zahlungsmittel und Zahlungsmitteläquivalente zu erwirtschaften. Sie gibt Aufschluss darüber, wie diese verwendet werden, z. B. ob Zahlungsverpflichtungen erfüllt und Dividenden ausgeschüttet werden können und wie sich Investitions- und Finanzierungsvorgänge auf die finanzielle Lage des Unternehmens auswirken. Im Ergebnis sollen der Liquiditätsbedarf des Unternehmens einschätzbar und Investitionsentscheidungen, insbesondere im Hinblick auf künftige Zahlungsüberschüsse, unterstützt werden.

Direkte und indirekte Ableitung

Der Aufbau der Kapitalflussrechnung ist in IAS 7 erläutert. Es besteht eine weit gehende Übereinstimmung sowohl zu den deutschen Empfehlungen (Mindestgliederung für direkte und indirekte Kapitalflussrechnung nach IdW und DRS 2) als auch zu US-GAAP (FAS 95). Das liegt daran, dass IAS 7 sich sehr stark an FAS 95 orientiert und die neuen Standards des DSR wiederum stark an IAS 7. Grundsätzlich sind drei Bereiche zu untergliedern (IAS 7.10):

- Cashflow aus laufender Geschäftstätigkeit
- Cashflow aus Investitionstätigkeit
  (Anschaffung und Veräußerung von AV)
- Cashflow aus Finanzierungstätigkeit
  (Darlehensaufnahmen und -tilgungen, Kapitaleinlagen und Dividenden)

Aus der Summe dieser drei Bereiche ergibt sich der Netto-Cashflow, d. h. die Veränderung des Bestandes an Zahlungsmitteln.

Anwendung der indirekten Methode

Nach IAS 7.18 kann der Cashflow aus laufender Geschäftstätigkeit nach der direkten oder indirekten Methode ermittelt werden. Obwohl IAS und US-GAAP die direkte Methode empfehlen, wird in der Praxis überwiegend die indirekte Methode genutzt, da in diesem Fall das Rechnungswesen die relevanten Werte liefert. Hierbei werden der Jahresüberschuss um die nicht zahlungswirksamen Aufwendungen und Erträge korrigiert.

Das klassische Schema einer IAS-Kapitalflussrechnung nach der indirekten Methode sieht wie folgt aus:

Segmentberichterstattung F

Beispiel eines Cashflow statements nach IAS (indirekt)

Cash flow statement nach IAS 7 - indirekte Methode	
	Jahresüberschuß/-fehlbetrag
+/-	Abschreibungen/Zuschreibungen auf Gegenstände des Anlagevermögens
+/-	Zunahme/Abnahme der Rückstellungen
+/-	sonst. zahlungsunwirksame Aufwendungen/Erträge
-/+	Gewinn/Verlust aus dem Abgang von Gegenständen des Anlagevermögens
-/+	Zunahme/Abnahme der Vorräte; FO aus L/L; andere Aktiva, die nicht Investitions- oder Finanzierungstätigkeit darstellen
+/-	Zunahme/Abnahme der VB aus L/L; andere Passiva, die nicht Investitions- oder Finanzierungstätigkeit darstellen
-	gezahlte Zinsen
-	gezahlte Ertragsteuern
=	**Cash flow I** (laufende Geschäftstätigkeit)
	Einzahlungen aus Abgängen von Gegenständen des Sachanlagevermögens
-	Auszahlungen für Investitionen in das Sachanlagevermögen
+	Einzahlungen aus Abgängen von Gegenständen des Finanzanlagevermögens
+	Einzahlungen aufgrund von Finanzmittelanlagen im Rahmen der kurzfristigen Finanzdisposition
-	Auszahlungen aufgrund von Finanzmittelanlagen im Rahmen der kurzfristigen Finanzdisposition
=	**Cash flow II** (Investitionstätigkeit)
	Einzahlungen aus Eigenkapitalzuführungen
-	Auszahlungen an Unternehmenseigner und Minderheitsgesellschafter
+	Einzahlungen aus der Begebung von Anleihen und der Aufnahme von Finanzschulden
-	Auszahlungen aus der Tilgung von Anleihen und Finanzschulden
=	**Cash flow III (Finanzierungstätigkeit)**
	Zahlungswirksame Veränderungen des Finanzmittelfonds
+/-	wechselkursbedingte und sonst. Wertänderungen des Finanzmittelbestandes
+	Finanzmittelfonds am Anfang der Periode
=	**Finanzmittelfonds am Ende der Periode**

Tipp:
Diese Darstellung findet sich auch in dem Formular „OSAPRATIO-01 Cons. Statem. Cash Fl." in SAP R/3® wieder. Nutzt man dieses Formular, sind die Anforderungen von IAS an die Kapitalflussrechnung erfüllt.[213]

6 Segmentberichterstattung

Vor dem Hintergrund eines Globalisierungs- und Diversifikationsstrebens der am Markt agierenden Unternehmen und den zunehmenden Informationsdefiziten und -verzerrungen bei den Abschlussadressaten durch die Aggregation der Informationen im

Gründe für die Schaffung von Segmentberichten

---

[213] Vgl. hierzu Kapitel G „Realisation unter SAP R/3®".

F Berichtswesen

Jahres- bzw. Konzernabschluss, wurde die Segmentberichterstattung eingeführt.
Durch die Verdichtung von Daten in Jahres- bzw. Konzernabschlüssen werden die spezifischen Chancen und Risiken einzelner Unternehmensbereiche bzw. -aktivitäten und somit die verschiedenen Einflüsse auf das Erfolgspotenzial und damit auch auf die Zukunftsaussichten des Gesamtunternehmens nivelliert. Das zeigt auch, dass die traditionellen Rechnungslegungsinstrumente die Bereitstellung verlässlicher und entscheidungsrelevanter Informationen nicht befriedigend erfüllen. Aus diesen Gründen ist die Darstellung des Unternehmensgeschehens in disaggregierter Form durch Segmente erforderlich.

6.1 Aufstellungspflicht nach HGB und IAS

Aufstellungspflicht nach HGB

Seit dem Inkrafttreten des Bilanzrichtliniengesetzes und der Übernahme der 4. und 7. EG-Richtlinie in das deutsche Handelsrecht besteht für große Kapitalgesellschaften (I. S. d. § 267 Abs. 3 HGB) die Verpflichtung zur Aufstellung eines Segmentberichts im Anhang. Die gesetzlichen Anforderungen an die Segmentberichterstattung gemäß § 285 Nr. 4 bzw. § 314 Abs. 1 Nr. 3 HGB beschränkten sich jedoch ausschließlich auf eine Aufsplittung der Umsatzerlöse[214] nach Geschäftsfeldbereichen und geographischen Kriterien. Verglichen mit den internationalen Anforderungen an die Segmentberichterstattung mit dem handelsrechtlichen Niveau waren diese äußerst gering. Erst mit der Einführung des KonTraG[215] hat der Gesetzgeber darauf reagiert und börsennotierte Mutterunternehmen gemäß § 297 Abs. 1 Satz 2 HGB dazu verpflichtet, einen nicht näher konkretisierten Segmentbericht in den Konzernanhang aufzunehmen. Zu diesem Zeitpunkt wurde erstmals der Begriff „Segmentberichterstattung" im HGB aufgenommen. Durch die Verabschiedung (20.12.1999) der durch das DRSC[216] entwickelten Anforderungen zur

---

[214] Umsatzerlöse bereinigt um Binnenumsatzerlöse.
[215] Gesetz zur Kontrolle und Transparenz von Unternehmen, gültig in Deutschland seit 1999.
[216] Deutsches Rechnungslegungs Standards Committee e. V.

Segmentberichterstattung F

Segmentberichterstattung, die sich an den angloamerikanischen Vorbildern IAS 14 und FAS 131 orientierten, wurde für börsennotierte Mutterunternehmen eine Verpflichtung in Kraft gesetzt, die weit über die Anforderungen der Vorschrift des § 314 Abs. 1 Nr. 3 hinausgingen. Für nicht börsennotierte Unternehmen bliebt die ursprüngliche Regelung zu Segmentberichterstattung bestehen.

Unternehmen, die von der im Rahmen der Einführung des KapAEG[217] geschaffenen Möglichkeit Gebrauch machen, gemäß § 292 a HGB einen befreienden Konzernabschluss nach den International Accounting Standards aufzustellen, sind auch zur Erstellung eines Segmentberichts nach IAS verpflichtet. Mit der Einführung des KapCoRiLiG[218] wurde der Anwendungsbereich des § 292 a HGB erweitert auf alle Mutterunternehmen, die selbst oder über ein Tochterunternehmen an einem organisierten Markt i. S. d. § 2 Abs. 5 WpHG teilnehmen oder die Zulassung zu einem solchen beantragt haben.

Weitergehende Verpflichtungen für Unternehmen mit befreiendem Konzernabschluss

Die Verpflichtung zur Aufstellung eines Segmentberichts nach IAS beschränkt sich auf börsennotierte Unternehmen. Hiermit sind alle Unternehmen gemeint, deren Wertpapiere öffentlich gehandelt werden oder solche, die in Kürze emittiert werden (IAS 14.3). Mutterunternehmen eines Konzerns brauchen die Segmentberichterstattung lediglich auf konsolidierter Basis zu veröffentlichen (IAS 14.6). Konsolidierte Tochterunternehmen, assoziierte Unternehmen, die nach der Equity-Methode in den Konzernabschluss einbezogen werden und Joint Ventures werden grundsätzlich von der Aufstellungspflicht befreit. Handelt es sich hierbei allerdings um börsennotierte Unternehmen, sind die entsprechenden Segmentinformationen in dem separat zu veröffentlichenden Abschluss zu präsentieren (IAS 14.7).

Aufstellungspflicht nach IAS

---

[217] Kapitalaufnahmeerleichterungsgesetz
[218] Kapitalgesellschaften & Co.-Richtlinien-Gesetz

Berichtswesen

Entscheidungsbaum für die Segmentdefinition

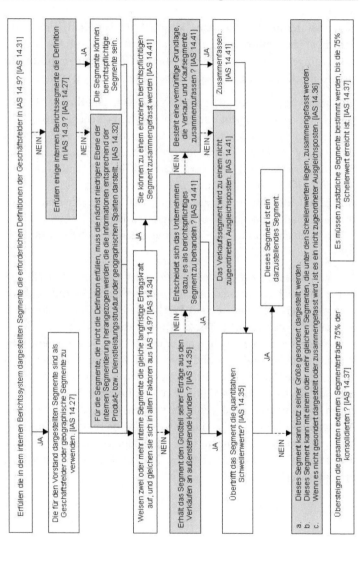

Segmentberichterstattung   **F**

6.2 Definition der Segmente nach IAS

IAS 14 unterscheidet zwei Arten von berichtspflichtigen Segmenten:
1. Geschäftssegment (*business segments*) und
2. geographisches Segment (*geographical segments*).

Ein **Geschäftssegment** ist eine unterscheidbare Teilaktivität eines Unternehmens, welche ein individuelles Produkt oder eine Dienstleistung oder eine Gruppe ähnlicher Produkte oder Dienstleistungen erstellt oder erbringt und die Risiken und Erträgen ausgesetzt ist, die sich von denen anderer Geschäftssegmente unterscheidet. Faktoren, die bei der Bestimmung zu berücksichtigen sind, beinhalten: *Definition eines Geschäftssegments nach IAS*
- die Art der Produkte und Dienstleistungen,
- die Art der Produktionsprozesse,
- die Art oder Gruppe der Kunden für die Produkte und Dienstleistungen,
- die angewandten Methoden des Vertriebs oder der Bereitstellung von Produkten oder Dienstleistungen und,
- falls anwendbar, die Art des gewöhnlichen Umfeldes, beispielsweise Bankwesen, Versicherungswesen oder öffentliche Versorgungsbetriebe (IAS 14.9).

In der Praxis entsprechen die Geschäftssegmente den Produktsparten eines Unternehmens, so wie z. B. Motoren, Rüstungstechnik, Mobilfunk.

Beispiel für Geschäftssegmente

Muster AG
- Motoren
- Rüstungstechnik
- Mobilfunk
- Sonstiges

F Berichtswesen

Definition des geographischen Segments nach IAS

Ein **geographisches Segment** ist eine unterscheidbare Teilaktivität eines Unternehmens, die Produkte oder Dienstleistungen innerhalb eines spezifischen, wirtschaftlichen Umfeldes anbietet oder erbringt, und die Risiken und Erträgen ausgesetzt ist, die sich von Teilaktivitäten anderer wirtschaftlicher Umfelder unterscheidet. Faktoren die bei der Bestimmung von geographischen Segmenten zu beachten sind:
- Gleichartigkeit der wirtschaftlichen und politischen Rahmenbedingungen,
- Beziehungen zwischen Tätigkeiten in unterschiedlichen geographischen Regionen,
- Nähe der Tätigkeiten,
- spezielle Risiken, die mit den Tätigkeiten in einem bestimmten Gebiet einhergehen,
- Devisenbestimmungen und
- das zu Grunde liegende Kursänderungsrisiko (IAS 14.9).

International agierende Unternehmen stellen ihre geographischen Segmente in Klassen dar, die den o. g. Kriterien Rechnung tragen. So sind z. B. für ein deutsches, international agierendes Unternehmen ein Segment „Deutschland" und darüber hinaus Segmente nach Ländergruppen wie Europa (ohne Deutschland), Afrika, Nahost und weitere Gruppen, die die IAS-Kriterien erfüllen, denkbar.

Beispiel für geographische Segmente

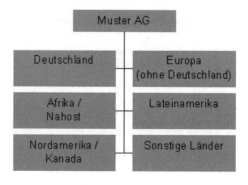

Segmentberichterstattung

Der **risk and reward approach** steht bei der Abgrenzung der Segmente nach IAS 14 im Vordergrund. Hierdurch soll den Berichtsadressaten primär ein Einblick in die Chancen- und Risikostruktur hinsichtlich der erwirtschafteten Erträge im Rahmen der unterschiedlichen Unternehmensaktivitäten gewährt werden. Aus diesem Grund wurden in den IAS grundsätzlich zwei Arten von Segmenten eingerichtet: die Geschäftsbereiche und die geographischen Regionen, die jeweils homogene Chancen und Risiken aufweisen sollen.

Segmentabgrenzung nach IAS

Für die Aufstellung der Segmente ist eine weitere Klassifikation zu berücksichtigen, welche die Segmente in primäre und sekundäre Segmente unterteilt. Ob diese nun die Geschäftsbereiche oder die geographischen Regionen darstellen, ergibt sich aus der Risikoeinschätzung des Unternehmen für die zukünftige Ertragsentwicklung. Dabei unterliegt die primäre Segmentebene (primäres Berichtsformat) einer höheren Offenlegungspflicht als die sekundäre Segmentebene (sekundäres Berichtsformat; IAS 14.26 – 14.30).

Primäre und sekundäre Segmente

6.3 Segmentinformationen nach IAS

Der Umfang der auszuweisenden Informationen ist, anders als nach den deutschen Rechnungslegungsstandards, abhängig von der Segmentierungsebene. Danach sind die Offenlegungspflichten für die primären Segmente umfangreicher als für die sekundären Segmente. Allerdings werden die Unternehmen gem. IAS 14.49 dazu angehalten, die Angaben für die primäre Segmentierungsebene auch für die sekundäre Berichtsebene zu verwenden.

F Berichtswesen

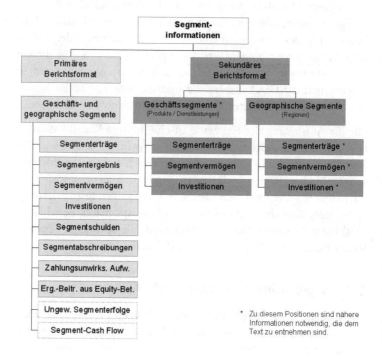

6.3.1 Informationspflichten für primäre Segmente

Primäre Segmentdaten

Folgende Informationen sind für den Ausweis der primären Segmentebene anzugeben (unabhängig davon, ob es sich hierbei um einen Geschäftsbereich oder um eine geographische Region handelt; IAS 14.50):

- Segmenterträge (segment revenues)
- Segmentergebnis (segment result)
- Segmentvermögen (segment assets)
- Investitionen in das langfristige Segmentvermögen (cost incurred to acquire segment assets)
- Segmentschulden (segment liabilities)
- Segmentabschreibungen (depreciation and amortisation of segment assets)

F Segmentberichterstattung

- Zahlungswirksame Aufwendungen (non-cash expenses)
- Ergebnisbeiträge aus Equity-Beteiligungen (share of net profit or loss of investments accounted for under the equity method)

Darüber hinaus wird gemäß IAS 14.59 und 14.63 empfohlen, folgende Segmentdaten zumindest für die primären Segmente anzugeben:

- Ungewöhnliche Segmenterfolge (unusual segment revenue and expenses)
- Segment-Cashflow (segment cash flow)

6.3.2 Informationspflichten für sekundäre Segmente

Anders als die Informationspflichten der primären Segmente, richtet sich die Offenlegungspflicht der sekundären Segmente nach der Art der dargestellten Segmente, also danach, ob es sich um Geschäftssegmente oder geographische Segmente handelt (IAS 14.68 ff.).

Sekundäre Segmentdaten

Wurde im primären Berichtsformat über geographische Segmente berichtet, so sind die Informationen für die Geschäftssegmente (Produkt- bzw. Dienstleistungsbereiche) im Unternehmen in folgender Form darzustellen, wenn die Segmenterträge mit externen Kunden oder das Segmentvermögen mindestens 10 % der entsprechenden aggregierten Werte des Gesamtunternehmens (bzw. -konzerns) ausmachen:

Offenlegungspflichten für Geschäftssegmente im sekundären Berichtsformat

- Segmenterträge mit fremden Dritten (segment revenue from external customers)
- Segmentvermögen (segment assets)
- Investitionen in das langfristige Segmentvermögen (cost incurred to segment assets).

Soll im sekundären Berichtsformat über die geographischen Segmente des Unternehmens informiert werden (sofern im primären Berichtsformat über die Geschäftssegmente berichtet worden ist), so sind hier folgende Informationen darzustellen:

Offenlegungspflichten für geographische Segmente im sekundären Berichtsformat

- Segmenterträge mit externen Kunden auf Basis der Absatzmärkte, sofern der Segmentertrag mit externen Kunden mindestens 10 % der aggregierten Erträge mit fremden Dritten ausmacht.

- Segmentvermögen basierend auf dem Standort der Vermögenswerte, sofern das Segmentvermögen mindestens 10 % des Gesamtvermögens des Unternehmens (bzw. -konzerns) entspricht.
- Investitionen in das langfristige Segmentvermögen, basierend auf dem Standort der Vermögenswerte, sofern das Segmentvermögen mindestens 10 % des Gesamtvermögens des Unternehmens (bzw. -konzerns) ausmacht.

Für alle dargestellten Segmentinformationen gilt, dass diese sich zuverlässig und eindeutig auf die jeweiligen Segmente zuordnen lassen müssen.

Zusatzinformationen zu den Segmenten

Neben den dargestellten Informationen im primären und sekundären Berichtsformat, müssen weitere Angaben und Erläuterungen zu folgenden Sachverhalten gemacht werden (IAS 14.74 ff.):
- Darstellung der Zusammensetzung der berichtspflichtigen Segmente für Geschäftssegmente nach Produkten bzw. Dienstleistungen und für geographische Segmente nach Regionen.
- Auswirkungen aufgrund von Änderungen der Bilanzierungs- und Bewertungsmethoden.
- Darstellung der Verrechnungspreise zwischen Segmenten.
- Die Erträge mit externen Kunden und intersegmentäre Erträge sind gesondert auszuweisen, wenn der Anteil der Segmenterträge bzw. -umsatzerlöse mit fremden Dritten eines Teilsegments, das aufgrund überwiegender intersegmentärer Erträge nicht als gesondert anzugebendes Segment qualifiziert wurde, mehr als 10 % der gesamten Erträge des Unternehmens (Konzerns) ausmacht.

Überleitungsrechnung

Durch eine darzustellende Überleitungsrechnung muss gewährleistet sein, dass sich die einzelnen Segmentergebnisse bzw. -erträge unter Berücksichtigung eines Korrekturbetrags zu den jeweiligen Angaben der Bilanz bzw. Gewinn- und Verlustrechnung des Unternehmens (Konzerns) aufsummieren lassen (14.67).

6.4 Herleitung und Abbildung der Segmentinformationen unter SAP R/3®

Insgesamt existieren vier Abbildungsmöglichkeiten zur Segmentberichterstattung unter SAP R/3®[219]:
- über Konten in der Finanzbuchhaltung
- durch die Einrichtung von Geschäftsbereichen in der Finanzbuchhaltung,
- durch Ergebnisobjekte in der Markt- und Segmentrechnung (CO-PA) und
- durch die Einrichtung entsprechender Profit Center im Modul EC-PCA.

6.4.1 Variante 1: Konten in der Finanzbuchhaltung

Bei dieser Variante werden zusätzliche Erlöskonten nach Geschäftsfeldern und Regionen eingerichtet, über die versucht wird die Segmenterlöse getrennt darzustellen. Eine Trennung der Aufwendungen und Bilanzpositionen ist mit diesem Verfahren nicht realisierbar.

Konten in der Finanzbuchhaltung

Diese Methode schafft zunächst einen erheblichen Einrichtungsaufwand für neue, zusätzliche Konten, die die Segmente des Unternehmens repräsentieren. In der Praxis findet diese Methode kaum Anwendung, weil der resultierende Buchungsaufwand im Verhältnis zu dem gewonnenen Mehrwert zu groß ist, da nur wenige notwendige Teilinformationen mit diesem Verfahren abgebildet werden können.

Fazit: Konten im FI

6.4.2 Variante 2: Geschäftsbereiche in der Finanzbuchhaltung

Die Einrichtung von Geschäftsbereichen in der Finanzbuchhaltung zur Abbildung der Unternehmenssegmente ist sehr weit reichend. Diese Methode schafft eine Fülle an Informationen, die für die Seg-

Geschäftsbereiche in der Finanzbuchhaltung

---

[219] Vgl. hierzu Kursunterlage der SAP AG &Co. KG, Kurs: „Parallele Rechnungslegung in SAP R/3: Landesrecht (HGB) und IAS/US-GAAP" – Workshop „WDEIAS", Stand 05/2002.

F

Berichtswesen

mentberichterstattung erforderlich sind, allerdings entwickelt die SAP AG diese Funktion der Geschäftsbereiche nicht weiter[220].

Die Geschäftsbereiche sind ein Instrument innerhalb der Finanzbuchhaltung, mit dem die Möglichkeit besteht, Daten der Finanzbuchhaltung unternehmensspezifisch zu unterteilen.

Folgende Funktionen werden zur Verfügung gestellt:

- Geschäftsbereiche können unabhängig von Buchungskreisen (entspricht einer Gesellschaft) im Mandant (entspricht dem System der Gesellschaftsgruppe) festgelegt werden.
- Die Geschäftsbereiche stehen im Finanzbuchhaltungsbeleg zur Verfügung und können beim Buchungsvorgang direkt angesprochen werden.
- Die Werte in den Geschäftsbereichen entsprechen der Bewertung in der Finanzbuchhaltung.
- In der Finanzbuchhaltung werden Geschäftsbereichswechsel über ein Abstimmledger durchgeführt, wenn diese durch interne Kostenrechnungsbuchungen hervorgerufen werden (zum Beispiel Umbuchungen zwischen Kostenstellen).
- Die Bildung von Geschäftsbereichen (GB) nach produkt- bzw. dienstleistungsorientierten Segmenten und weitere Aufteilungen nach Regionen sind durch Ausmultiplizieren möglich.
- Geschäftsbereiche erlauben allerdings nur einstufige Auswertungen ohne Binnenumsatzeliminierung.
- Der Aufbau interner Gewinn- und Verlustrechnungen nach GB zur Aufteilung von Skonto und Kursdifferenzen ist möglich.
- Der Aufbau interner GB-Bilanzen über Nachbelasten der Bilanz zur periodischen Aufteilung von Forderungen, Verbindlichkeiten, Steuern und Zuordnungen von Beständen, Ware in Arbeit (WIP) und Anlagen ist möglich.
- Durch manuelle Zuordnungsbuchungen können sonstige GuV- oder Bilanzpositionen GB zugeordnet werden.
- Verrechnungen zwischen GB sind nur über Buchungen in der Finanzbuchhaltung, nicht der Kostenrechnung, möglich.
- GB-Stammdaten sind nach dem Bebuchen nicht mehr änderbar.

---

[220] Beachte hierzu OSS-Hinweis der SAP AG: 321190.

Segmentberichterstattung   F

Die Geschäftsbereiche erfüllen sehr viele der notwendigen Segmentberichtforderungen gem. IAS 14. Kritisch ist allerdings, dass diese Funktion innerhalb der SAP R/3®-Umgebung nicht weiterentwickelt werden soll.

Fazit: Geschäftsbereiche im FI

6.4.3 Variante 3: Ergebnisobjekte in der Markt- und Segmentrechnung (CO-PA)

Nachdem in der SAP-Markt- und Segmentrechnung (CO-PA) entsprechende Merkmale für eine separate Darstellung der Geschäfts- und geographischen Segmente eingerichtet wurden, ist der Ausweis von Umsatzerlösen und Umsatzselbstkosten nach Kunden und Artikeln sowie von daraus abgeleiteten Größen möglich.

Ergebnisobjekte in der Markt- und Segmentrechnung

Eine Trennung der sonstigen Aufwendungen und ein Ausweis von Bilanzpositionen ist allerdings nicht möglich.

Die Markt- und Segmentrechnung innerhalb SAP R/3® ist ein umfangreiches Analyseinstrument, doch für die Abbildung der Erfordernisse der Segmentberichte ist sie nicht geeignet, weil die meisten erforderlichen Informationen aus anderen Quellen herangezogen werden müssen.

Fazit: Ergebnisobjekte in der Markt- und Segmentrechnung

6.4.4 Variante 4: Profit-Center-Rechnung

Die Profit-Center-Rechnung ist ein Instrument des internen Rechnungswesen innerhalb von SAP R/3®. Mit Hilfe dieses Moduls können Unternehmensbereiche mit Ergebnisverantwortung, so genannte Profit Center, im System abgebildet und integriert werden. Die nachfolgend dargestellte Form zur Nutzung der Profit-Center-Rechnung für die Abbildung der Unternehmenssegmente setzt jedoch voraus, dass IAS als führende Bewertung innerhalb der Kostenrechnung geführt wird.

Profit-Center-Rechnung

Nachfolgend werden die wichtigsten Abbildungsmöglichkeiten der Segmentberichterstattung mit Hilfe der Profit-Center-Rechnung genannt.

- Profit Center (PC) werden innerhalb eines Kostenrechnungskreises der Unternehmensgruppe definiert.
- PC-Daten werden auf Basis von Kostenrechnungsbelegen in ein eigenes Nebenbuch (PCA-Ledger) geschrieben. PC können nicht direkt über Buchungen der Finanzbuchhaltung bedient werden.

F Berichtswesen

- PC zeigen die Werte auf Basis der Bewertung in der Kostenrechnung an. Aus diesem Grund muss die Bewertung der Kostenrechnung mit der der Finanzbuchhaltung übereinstimmen, da ansonsten manuelle Umwertungen erforderlich werden.
- Die Bildung von Profit Centern nach Geschäftssegmenten und eine zusätzliche (parallele) Aufteilung nach geographischen Merkmalen ist möglich.
- PC sind über Standardhierarchien und alternative Hierarchien ggf. mit Binnenumsatzeliminierung beliebig mit Report-Painter oder Recherche-Berichten[221] nach dem GKV und UKV auswertbar.
- Das Erzeugen einer internen Gewinn- und Verlustrechnung (GuV) über Nachbelasten der GuV zur Aufteilung von Skonto und Kursdifferenzen ist möglich.
- Ebenfalls kann eine interne Bilanz nach Profit Centern über Nachbelasten der Bilanz zur periodischen Aufteilung von Forderungen, Verbindlichkeiten, Steuern und Zuordnungen von Beständen und Ware in Arbeit (WIP) erfolgen.
- Es ist die Übernahme beliebiger GuV- oder Bilanzpositionen durch die Definition bestimmter Regeln in die PC-Rechnung möglich.
- Verrechnungen zwischen Profit Centern über Umlagen/Verteilungen erfolgen wie in der Kostenrechnung.
- PC-Stammdaten sind nach dem bebuchen änderbar, es ist hier allerdings die Datenkonsistenz zu beachten.

Fazit: Profit-Center-Rechnung

Die Profit-Center-Rechnung ist innerhalb der SAP R/3®-Anwendung das umfangreichste Werkzeug zur Abbildung der Unternehmenssegmente. Mit der Profit-Center-Rechnung können rund 90 % der Pflichtanforderungen zu den Segmentberichten abgedeckt werden. Allerdings werden die ursprünglich zur internen Berichterstattung gedachten PC nun für ganz andere externe Berichtsstrukturen verwendet. Das kann zu einer Aufhebung bisher

---

[221] Report-Painter und Recherche-Berichte sind innerhalb des SAP R/3® Werkzeuge zur Erstellung von individuellen Berichten. Vgl. hierzu auch das Kapitel G „Realisation unter SAP R/3 ®".

Segmentberichterstattung

verwendeter Profit-Center-Strukturen zur Steuerung der unternehmensinternen Ergebnisse führen.

Beispiel für Geschäftssegmentdarstellung nach IAS[222]

Unternehmensbereiche	Wasch-/ Reinigungsmittel	Kosmetik/ Körperpflege	Klebstoffe	Henkel Technologies	Corporate	Fortgeführte Geschäfte	Veräußerte Geschäfte (Cognis)[5]	Veräußerte Geschäfte (Henkel-Ecolab)	Konzern[1]
Umsatz 2001	3.082	2.085	1.275	2.828	140	9.410	2.679	971	13.060
Veränderung gegenüber Vorjahr	8,7 %	2,8 %	-1,1 %	5,6 %	-1,4 %	4,9 %	-6,5 %	3,8 %	2,2 %
Anteil am Konzernumsatz	23 %	16 %	10 %	22 %	1 %	72 %	21 %	7 %	100 %
Umsatz 2000	2.835	2.029	1.290	2.679	142	8.975	2.869	935	12.779
Betriebliches Ergebnis vor Abschreibungen (EBITDA) 2001	367	256	176	331	621	1.751	315	135	2.201
Betriebliches Ergebnis vor Abschreibungen (EBITDA) 2000	353	247	224	374	-71	1.127	352	144	1.623
Veränderung gegenüber Vorjahr[4]	4,0 %	3,6 %	-21,4 %	-11,5 %	–	55,4 %	-10,5 %	-6,3 %	35,6 %
Umsatzrendite (EBITDA) 2001	11,9 %	12,3 %	13,8 %	11,7 %	–	18,4 %	12,2 %	14,1 %	16,8 %
Umsatzrendite (EBITDA) 2000	12,5 %	12,2 %	17,4 %	14,0 %	–	12,6 %	12,3 %	15,4 %	12,7 %
Betriebliches Ergebnis vor Geschäftswertabschreibungen (EBITA) 2001	254	210	135	230	521	1.350	200	93	1.643
Betriebliches Ergebnis vor Geschäftswertabschreibungen (EBITA) 2000	236	193	183	277	-86	803	227	103	1.133
Veränderung gegenüber Vorjahr[4]	7,7 %	8,7 %	-26,3 %	-16,7 %	–	68,0 %	-11,7 %	-10,2 %	44,9 %
Umsatzrendite (EBITA) 2001	8,2 %	10,1 %	10,6 %	8,2 %	–	14,3 %	7,5 %	9,6 %	12,6 %
Umsatzrendite (EBITA) 2000	8,3 %	9,5 %	14,2 %	10,3 %	–	8,9 %	7,9 %	11,0 %	8,9 %
Betriebliches Ergebnis (EBIT) 2001	243	165	110	136	270[e]	927	194	89	1.210
Betriebliches Ergebnis (EBIT) 2000	215	146	159	193	-85	630	220	100	950
Veränderung gegenüber Vorjahr[4]	12,9 %	12,0 %	-30,6 %	-28,5 %	–	47,1 %	-11,7 %	-10,9 %	27,4 %
Umsatzrendite (EBIT) 2001	7,9 %	8,0 %	8,6 %	4,9 %	–	9,9 %	7,2 %	9,2 %	9,3 %
Umsatzrendite (EBIT) 2000	7,6 %	7,3 %	12,3 %	7,2 %	–	7,0 %	7,7 %	10,7 %	7,4 %
Rendite auf eingesetztes Kapital (ROCE) 2001[5]	24,5 %	17,4 %	15,7 %	6,1 %	–	21,7 %	12,6 %	26,0 %	20,1 %
Rendite auf eingesetztes Kapital (ROCE) 2000[5]	26,5 %	16,1 %	21,7 %	11,2 %	–	14,2 %	13,4 %	30,8 %	14,8 %
Eingesetztes Kapital 2001	1.037	1.204	860	2.859	264	6.234	1.592	356	8.164
Eingesetztes Kapital 2000	828	1.201	844	2.457	321	5.651	1.691	338	7.680
Veränderung gegenüber Vorjahr	25,3 %	0,3 %	1,9 %	16,3 %	-17,8 %	10,1 %	-5,3 %	5,8 %	6,5 %
Investitionen (ohne Finanzanlagen) 2001	165	57	91	153	15	481	165	47	693
Investitionen (ohne Finanzanlagen) 2000	337	124	47	510	13	1.131	137	47	1.315
Operatives Bruttovermögen 2001	1.688	1.484	999	3.112	345	7.628	2.023	590	10.241
Operative Verbindlichkeiten 2001	696	497	256	627	81	2.157	459	249	2.865
Operatives Vermögen 2001	992	987	743	2.485	264	5.471	1.564	341	7.376
Operatives Bruttovermögen 2000	1.475	1.501	1.023	2.755	475	7.229	2.178	541	9.948
Operative Verbindlichkeiten 2000	670	488	261	581	154	2.154	521	215	2.890
Operatives Vermögen 2000	805	1.013	762	2.174	321	5.075	1.657	326	7.058
Forschungs- und Entwicklungskosten (FuE) 2001	61	31	15	115	33	255	68	20	343
FuE in Prozent vom Umsatz 2001	2,0 %	1,5 %	1,1 %	4,1 %	–	2,7 %	2,5 %	2,0 %	2,6 %
Forschungs- und Entwicklungskosten (FuE) 2000	61	31	14	98	29	233	68	19	320
FuE in Prozent vom Umsatz 2000	2,2 %	1,5 %	1,1 %	3,7 %	–	2,6 %	2,4 %	2,0 %	2,5 %

---

[222] Segmentberichterstattung aus dem Jahresabschluss der Henkel KGaA 2001.

F Berichtswesen

Beispiel für die Darstellung geografischer Segmente nach IAS[223]

Regionen	Deutsch-land	Europa (ohne D)/ Afrika/ Nahost	Nord-amerika (USA, Kanada)	Latein-amerika	Asien/ Pazifik	Fortge-führte Geschäfte	Veräußerte Ge-schäfte	Konzern
Umsatz – Sitz der Gesellschaften 2001	2.145	4.836	1.388	487	754	9.410	3.650	13.060
Veränderung gegenüber Vorjahr	0 %	5,7 %	7,2 %	22,8 %	0,5 %	4,9 %	–4,1 %	2,2 %
Anteil am Konzernumsatz	23 %	49 %	15 %	5 %	8 %	72 %	28 %	100 %
Umsatz – Sitz der Gesellschaften 2000	2.145	4.357	1.295	398	750	8.975	3.804	12.779
Umsatz – Sitz der Abnehmer 2001	1.922	4.613	1.354	512	1.009	9.410	3.650	13.060
Veränderung gegenüber Vorjahr	–0,3 %	5,4 %	4,6 %	25,2 %	4,5 %	4,9 %	–4,1 %	2,2 %
Anteil am Konzernumsatz	21 %	49 %	14 %	5 %	11 %	72 %	28 %	100 %
Umsatz – Sitz der Abnehmer 2000	1.927	4.378	1.295	409	966	8.975	3.804	12.779
Betriebliches Ergebnis vor Abschreibungen (EBITDA) 2001	1.307	379	91	18	–44	1.751	450	2.201
Betriebliches Ergebnis vor Abschreibungen (EBITDA) 2000	377	552	123	40	35	1.127	496	1.623
Veränderung gegenüber Vorjahr	–	–31,3 %	–26,0 %	–55,0 %	–	55,4 %	–9,3 %	35,6 %
Umsatzrendite (EBITDA) 2001	60,9 %	8,2 %	6,6 %	3,7 %	–	18,4 %	12,3 %	16,8 %
Umsatzrendite (EBITDA) 2000	17,6 %	12,6 %	9,5 %	10,1 %	4,7 %	12,6 %	13,0 %	12,7 %
Betriebliches Ergebnis vor Geschäfts-wertabschreibungen (EBITA) 2001	1.160	254	18	–1	–81	1.350	293	1.643
Betriebliches Ergebnis vor Geschäfts-wertabschreibungen (EBITA) 2000	239	442	86	26	10	803	330	1.133
Veränderung gegenüber Vorjahr	–	–42,6 %	–79,4 %	–	–	68,0 %	–11,2 %	44,9 %
Umsatzrendite (EBITA) 2001	54,1 %	5,5 %	1,3 %	–	–	14,3 %	8,0 %	12,6 %
Umsatzrendite (EBITA) 2000	11,2 %	10,1 %	6,7 %	6,6 %	1,3 %	8,9 %	8,7 %	8,9 %
Betriebliches Ergebnis (EBIT) 2001	1.121	125	–113	–36	–170	927	283	1.210
Betriebliches Ergebnis (EBIT) 2000	207	388	31	16	–12	630	320	950
Veränderung gegenüber Vorjahr	–	–65,1 %	–	–	–	47,1 %	–11,5 %	27,4 %
Umsatzrendite (EBIT) 2001	52,3 %	2,7 %	–	–	–	9,8 %	7,8 %	9,3 %
Umsatzrendite (EBIT) 2000	9,6 %	8,8 %	2,4 %	4,1 %	–	7,0 %	8,4 %	7,4 %
Rendite auf eingesetztes Kapital (ROCE) 2001	82,7 %	11,5 %	1,1 %	–	–	21,6 %	15,0 %	20,1 %
Rendite auf eingesetztes Kapital (ROCE) 2000	17,5 %	21,5 %	6,6 %	7,4 %	1,7 %	14,2 %	16,3 %	14,8 %
Eingesetztes Kapital 2001	1.404	2.200	1.613	466	531	6.234	1.950	8.184
Eingesetztes Kapital 2000	1.365	2.051	1.311	357	577	5.661	2.019	7.680
Veränderung gegenüber Vorjahr	2,8 %	7,2 %	23,0 %	35,4 %	–8,0 %	10,1 %	–3,4 %	6,6 %
Investitionen (ohne Finanzanlagen) 2001	150	191	56	44	40	481	212	693
Investitionen (ohne Finanzanlagen) 2000	130	261	439	152	150	1.131	184	1.315
Operatives Bruttovermögen 2001	1.690	3.048	1.656	534	700	7.628	2.613	10.241
Operative Verbindlichkeiten 2001	450	1.141	256	93	217	2.157	708	2.865
Operatives Vermögen 2001	1.240	1.907	1.400	441	483	5.471	1.905	7.376
Operatives Bruttovermögen 2000	1.688	3.016	1.385	411	728	7.229	2.719	9.948
Operative Verbindlichkeiten 2000	456	1.196	228	81	193	2.154	736	2.890
Operatives Vermögen 2000	1.232	1.820	1.158	330	535	5.075	1.983	7.058

---

[223] Segmentberichterstattung aus dem Jahresabschluss der Henkel KGaA 2001.

7 Notes und Anlagenspiegel

7.1 Notes

Die Notes nach IAS sind sehr viel umfangreicher als die Anhangsangaben nach HGB. Sie werden in Text- und Tabellenform erstellt. IAS 1.91 ff. beschreibt generell Struktur und Inhalte der Notes, verweist aber auch auf die einzelnen IAS, die jeweils relevante Sonderregelungen enthalten. Hierzu gehören:

Spezifische Notes-Regelungen in IAS

Bilanzpositionen	IAS-Vorschriften
Sachanlagen	16.60 ff
Immaterielles Anlagevermögen	38.107 ff
Außerplanmäßige Abschreibung, Wertaufholung	40.65 ff, 36.113 ff
Leasing	17.23 ff
Goodwill	22.86 ff
Vorratsvermögen	18.35 ff, 11.39 ff, 2.34 ff
Finanzvermögen	28.27 ff, 31, 24, 39.166 ff, 32
Eigenkapital	1.47, 19.146 ff
Rückstellungen	37.84 ff
Verbindlichkeiten	32
Latente Steuern	12.79 ff

Nach IAS 1.91 a, b, c sind im Anhang Informationen darzustellen, die Aufschluss über die Grundlagen der Erstellung des Abschlusses und die angewandten Bilanzierungs- und Bewertungsmethoden geben. Außerdem sind Informationen aufzuzeigen, die IAS fordert und die an keiner anderen Stelle im Abschluss erwähnt sind, sowie Informationen, die für die Darstellung eines den tatsächlichen wirtschaftlichen Verhältnissen entsprechenden Bildes eines Unternehmens notwendig sind. Diesbezüglich ist auch der Grundsatz der

Wesentlichkeit zu beachten, der nur Informationen mit einem reellen und aussagekräftigen Informationsgehalt erwartet.

Die Notes sind systematisch aufzubauen (IAS 1.92) und müssen über Querverweise den einzelnen Posten sowohl in der Bilanz als auch in der GuV und Kapitalflussrechnung zugeordnet werden können.

Der Anhang hat die Aufgabe, den Adressaten dabei zu unterstützen, den Abschluss zu verstehen und den Vergleich mit anderen Unternehmen vornehmen zu können. Dabei wird folgende Anordnung (IAS 1.94) empfohlen:

- Aussage zur Übereinstimmung mit den IAS
- Darstellung der Bewertungsgrundlagen und angewandten Bilanzierungs- und Bewertungsmethoden (IAS 1.97)
- ergänzende Angaben zu den einzelnen Posten der Abschlussbestandteile in der Reihenfolge ihrer Aufzählung
- Angaben zu Erfolgsunsicherheiten, Verpflichtungen und andere Angaben zu finanziellen und nicht finanziellen Belangen des Unternehmens (IAS 1.102)

7.2 Anlagespiegel

Grundsätzlich gibt auch nach IAS der Anlagenspiegel Auskunft über Zugänge, Abgänge, Umbuchungen, Zuschreibungen und Abschreibungen im Anlagevermögen, d. h. einen Überblick über alle Bewegungen einer Anlage.

Es gibt jedoch beim Wertansatz einen wesentlichen Unterschied:
- HGB: Ausweis zu AK/HK (direkte Bruttomethode)
- IAS 16.60 e: Ausweis zum Buchwert (direkte Nettomethode)

Außerdem werden im IAS-Anlagenspiegel, abweichend vom HGB, außerplanmäßige Abschreibungen und korrespondierende Wertaufholungen ebenso wie die Wertänderungen aufgrund einer Neubewertung gesondert ausgewiesen.

Sachlich ist der Anlagenspiegel nach den materiell bedeutsamen Gruppen von Anlagegegenständen zu untergliedern. Die Aufnahme der Finanzanlagen ist nicht notwendig.

Notes und Anlagenspiegel

Nach IAS 16.60 d und e sind folgende Positionen im Anlagenspiegel auszuweisen:

- Bruttobuchwert und kumulierte Abschreibungen (zusammengefasst mit den kumulierten Wertminderungsaufwendungen) zu Beginn und zum Ende der Periode.
- Eine Überleitung des Buchwertes von Beginn bis Ende der Periode mit Ausweis von:
  - Zugängen
  - Abgängen
  - Erwerben durch Unternehmenszusammenschlüsse
  - Erhöhungen oder Minderungen in der Periode aufgrund von Neubewertungen
  - außerplanmäßige Abschreibungen in der Periode nach impairment IAS 36 (falls vorhanden)
  - Wertaufholungen/Zuschreibungen in der Periode nach impairment IAS 36 (falls vorhanden)
  - planmäßige Abschreibungen
  - Nettoumrechnungsdifferenzen aufgrund der Umrechnung von Abschlüssen von wirtschaftlich selbstständigen ausländischen Teileinheiten
  - sonstige Bewegungen

Umbuchungen sind in IAS 16 zwar nicht eigens erwähnt, werden aber in der Praxis dennoch ausgewiesen.
Der Anlagenspiegel nach IAS gibt somit Auskunft über die Entwicklung des Buchwertes einer Anlage-Position.

Berichtswesen

Beispiel eines Anlagenspiegels nach IAS (AK)[224]

Anschaffungswerte	Immaterielle Vermögenswerte	Sachanlagen	Finanzanlagen	Gesamt
Stand 1.1.2000	2.971	6.846	791	10.608
Veränderung Konsolidierungskreis/Akquisitionen	669	345	−21	993
Zugänge	32	465	112	609
Abgänge	54	353	3	410
Umbuchungen	−	−	−	−
Währungsänderungen	69	83	46	198
Stand 31.12.2000 / 1.1.2001	3.687	7.386	925	11.998
Veränderung Konsolidierungskreis/Akquisitionen	−145	−2.944	−12	−3.101
Zugänge	40	534	731	1.305
Abgänge	382	275	49	706
Umbuchungen	3	−2	−1	−
Währungsänderungen	66	49	34	149
Stand 31.12.2001	3.269	4.748	1.628	9.645

Beispiel eines Anlagenspiegels nach IAS (AFA)[225]

Kumulierte Abschreibungen	Immaterielle Vermögenswerte	Sachanlagen	Finanzanlagen	Gesamt
Stand 1.1.2000	860	4.240	4	5.104
Veränderung Konsolidierungskreis/Akquisitionen	8	188	−2	194
Zuschreibungen	−	1	−	1
Abschreibungen	242	432	1	675
Abgänge	49	294	−	343
Umbuchungen	−	−	−	−
Währungsänderungen	24	50	−	74
Stand 31.12.2000 / 1.1.2001	1.085	4.615	3	5.703
Veränderung Konsolidierungskreis/Akquisitionen	−44	−1.961	1	−2.004
Zuschreibungen	−	2	−	2
Abschreibungen	512	481	2	995
Abgänge	371	226	−	597
Umbuchungen	−	−	−	−
Währungsänderungen	42	18	−	60
Stand 31.12.2001	1.224	2.925	6	4.155
Netto-Anlagevermögen Stand 31.12.2001	2.045	1.823	1.622	5.490
Netto-Anlagevermögen Stand 31.12.2000	2.602	2.771	922	6.295
Zu den Abschreibungen 2001: Planmäßige Abschreibungen	240	409	−	649
Außerplanmäßige Abschreibungen	272	72	2	346
	512	481	2	995
Zu den Abschreibungen 2000: Planmäßige Abschreibungen	232	407	−	639
Außerplanmäßige Abschreibungen	10	25	1	36
	242	432	1	675

---

[224] Anlagenspiegel aus dem Jahresabschluss der Henkel KGaA 2001.
[225] Anlagenspiegel aus dem Jahresabschluss der Henkel KGaA 2001.

8 Konsequenzen für das Berichtswesen

Die im Rahmen von Workshops erarbeiteten Themen und Festlegungen im Bereich des Berichtswesens müssen in einem Fachkonzept dokumentiert werden.

Die Einbindung des Wirtschaftsprüfers in den Umstellungsprozess auf IAS ist unerlässlich. Hierbei nimmt dieser keine beratende sondern eine überprüfende Rolle bei der Ergebnisverifizierung einzelner Bereiche des Berichtswesens ein. Praktisch werden dabei zunächst in verschiedenen Workshops (ohne Beteiligung des Wirtschaftsprüfers) die Inhalte des externen Berichtswesens aufbereitet. Für besondere Fragestellungen wird der Wirtschaftsprüfer hinzugezogen.

Rolle der Wirtschaftsprüfer

G Realisation unter SAP R/3®

Dieses Kapitel beschreibt für den erfahrenen SAP-Anwender im Detail:
- *die im SAP R/3 ®-System durchzuführenden Customizingaktivitäten bei Einführung der IAS/IFRS auf Grundlage des Customizing-Einführungsleitfadens vor dem Hintergrund der Kontenplanlösung,*
- *die Inhalte der Einzel- und Integrationstests,*
- *die zeitliche Reihenfolge der abzunehmenden Konzepte bzw. Inhalte.*

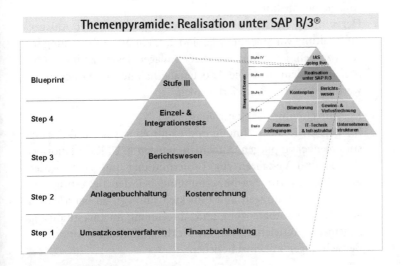

Themenpyramide: Realisation unter SAP R/3®

1 Grundlegende Annahmen

Die nachfolgenden Punkte des Kapitels beinhalten die Beschreibungen der wesentlichen Customizing-Einstellungen im SAP R/3® System zur Implementierung einer parallelen Rechnungslegung von HGB und IAS. Die beschriebenen Einstellungen basieren auf dem Releasestand 4.6 c und orientieren sich am Customizing-Einführungsleitfaden (IMG). Für die Umstellungsarbeiten sind bei der Einführung der Kontenplanlösung im Wesentlichen in folgenden

Realisation unter SAP R/3®

Bereichen bzw. Teilgebieten Customizing-Einstellungen durchzuführen:

- Umsatzkostenverfahren
  Hier geht es vor allem um die Definition und Ableitung der Funktionsbereiche sowie um die eigentliche Aktivierung des Umsatzkostenverfahrens im R/3® System.

- Finanzbuchhaltung
  Im Bereich Finanzbuchhaltung sind u. a. Anpassungen im Bereich der Fremdwährungsbewertung sowie Einstellungen der Ergebnisvortragskonten vorzunehmen.

- Anlagenbuchhaltung
  Der umfangreichste Teil der Einstellungen ist in der Anlagenbuchhaltung vorzunehmen. Es sind u. a. ein neuer Bewertungsbereich zu definieren und u. U. neue Anlagenklassen zu implemtieren. Außerdem muss die Altdatenübernahme in den neuen Bewertungsbereich organisiert werden.

- Kostenrechnung und Controlling
  Im Bereich Kostenrechnung und Controlling sind u. a. das Abstimmledger zu pflegen. Außerdem müssen u. U. Kalkulationsvarianten und Verfahren zur Tarifermittlung angepasst werden. Einstellungen zur Ergebnisermittlung bei der Bewertung von langfristigen Aufträgen und Projekten sind ggf. zu berücksichtigen. Auch die Abgrenzung und Abrechnung im Investitionsmanagement (Aktivierung von Entwicklungsleistungen) sind in die Betrachtungen mit einzubeziehen.

- Berichtswesen
  Im Sachgebiet Berichtswesen sind z. B. neue (IAS) Bilanz- und GuV-Strukturen sowie Report-Painter oder Recherche-Berichte für die GuV nach dem Umsatzkostenverfahren (UKV) zu erstellen. Außerdem muss die Kapitalflussrechnung sowie ggf. die Segmentberichterstattung eingestellt werden.

Für weiterführende Informationen (insbesondere auch für Einstellungen zur Konsolidierung, die an dieser Stelle nicht beschrieben werden[226]) zum Thema Customizing sei auch auf die SAP R/3® Online-Dokumentation verwiesen.

2 Umsatzkostenverfahren

Das Punkt Umsatzkostenverfahren beinhaltet alle notwendigen Einstellungen zur Aktivierung des Umsatzkostenverfahrens. Dazu sind folgende Arbeitsschritte in der nachfolgenden Reihenfolge durchzuführen:
1. Funktionsbereiche definieren
2. Umsatzkostenverfahren zur Vorbereitung aktivieren
3. Funktionsbereiche definieren
4. Substitution definieren
5. Ledger für Umsatzkostenverfahren einrichten
6. Umsatzkostenverfahren aktivieren

> **Hinweis:**
> Der SAP R/3®-OSS Sammelhinweis 85799 gibt einen Überblick über die derzeit bestehenden systemtechnischen Probleme mit dem Umsatzkostenverfahren und sollte unbedingt berücksichtigt werden.

2.1 Funktionsbereiche definieren

Funktionsbereiche gliedern die betrieblichen Aufwendungen nach Funktionen, wie z. B.:
- Herstellung
- Vertrieb
- Verwaltung
- Forschung und Entwicklung

Definition Funktionsbereiche

Systemtechnisch stellt ein Funktionsbereich ein Kontierungsmerkmal im SAP R/3® System dar, welches i. d. R. jedoch nicht direkt kontiert, sondern aus Stammdatenobjekten wie z. B. Kostenstelle

---
[226] Zum Thema IAS-Konzernabschlüsse mit SAP® sei verwiesen auf Kagermann/Kütting/Wirth (2002).

Realisation unter SAP R/3®

oder Kostenart abgeleitet wird. Über die Funktionsbereiche wird die Struktur der GuV nach dem Umsatzkostenverfahren gegliedert. Hierbei empfiehlt es sich, allen GuV relevanten Buchungen bzw. Stammdatenobjekten einen Funktionsbereich zuzuordnen.

Vorschlag zur Gliederung der Funktionsbereiche

Die nachfolgende Übersicht zeigt einen praktischen Lösungsvorschlag der zu definierenden Funktionsbereiche im System:

Nr.	Fkt.-Nr.	Funktionsbereich
1	050	Umsatzerlöse
2	100	Periodenkosten der Fertigung
3	150	Kosten des Umsatzes
4	200	Vertrieb
5	300	Allgemeine Verwaltung
6	400	Forschung und Entwicklung
7	500	Sonstiges
8	600	Finanzen
9	700	Außerordentlicher Bereich
10	800	Steuern
11	950	Separator der HGB-GuV nach GKV
12	990	Fehler

Diese Funktionsbereiche sollen im folgenden näher beschrieben werden.

050 Umsatzerlöse

Die Ableitung des Funktionsbereiches „Umsatzerlöse" erfolgt i. d. R. direkt aus dem Erfolgskonto in der Finanzbuchhaltung. Eine Ableitung aus der Zusatzkontierung ist nicht sinnvoll, da Umsatzerlöse i. d. R. direkt in die Ergebnisrechnung kontiert werden und hierbei keine Funktionsbereiche abgeleitet werden. Im Standard wird der Funktionsbereich vom Partnerobjekt übernommen – siehe z. B. auch OSS ®-Hinweis 101061.

100 Periodenkosten der Fertigung

Dem Funktionsbereich „Periodenkosten der Fertigung" werden alle produktionsbezogenen Kosten zugeordnet. Die Ableitung erfolgt aus den Stammdatenobjekten – wobei zum einen alle produktionsbezogenen Stammdaten (z. B. Fertigungsaufträge, Produktionskostenstellen) sowie zum anderen bestimmte (neutrale) Erfolgskonten (z. B. Aufwendungen oder Erträge aus Preisdifferenzen) zugeordnet werden müssen. Außerdem sind z. B. Entlastungen aus Wareneingängen ins Lager (Fabrikleistung) zu berücksichtigen.

150 Kosten des Umsatzes

- Die Ableitung der „Kosten des Umsatzes" erfolgt im Zeitpunkt der Warenausgangsbuchung (Bestandsveränderungen = Kosten des Umsatzes an Bestand) aus dem Erfolgskonto. Für den Vorgang der Warenausgangsbuchung kann hierbei z. B. ein neues Konto „Kosten des Umsatzes" im Rahmen der Kontenfindung der Materialwirtschaft eingerichtet werden.

Technisch erfolgt die Ableitung im R\3-System zum Vorgang „GBB Gegenbuchung zur Bestandsbuchung" zur Kontomodifikation „VAX" bzw. „VAY" im Costumizing der Kontenfindung in der Materialwirtschaft.

Tipp:

Die Erfolgskonten, welche im Zuge des Warenausganges für die Ableitung des Funktionsbereiches „Kosten des Umsatzes" berücksichtigt werden müssen, können im bestehende System z. B. mit dem Transaktionscode „MB03" über die Vorgangsart „WL = Warenausgang zu Lieferung" identifiziert werden.

Achtung:

I. d. R. folgt der Warenausgangsbuchung unmittelbar die Rechnungsstellung im System. Erfolgt die Rechnungsstellung jedoch zur Warenausgangsbuchung zeitlich stark verzögert, muss am Bilanzstichtag eine Abgrenzungsbuchung (z. B. Sonstige Forderung an Verrechnungskonto Bestandsveränderung [Kontierung FB: Kosten des Umsatzes]) in Höhe der Kosten des Umsatzes gebucht werden. Basis für die Abgrenzungsbuchung kann eine Liste aus dem Vertrieb mit allen gelieferten, aber noch nicht fakturierten Aufträgen bzw. Materialien in Höhe des Standardpreises sein. Nur so ist sichergestellt, dass die Kosten des Umsatzes zu den zugehörigen Umsatzerlösen richtig ausgewiesen werden. Die Abgrenzungsbuchung wird am Tag nach dem Bilanzstichtag wieder storniert. Dieses Vorgehen entspricht in etwa dem buchungstechnischen Vorgehen im Zusammenhang mit dem Wareneingangsverrechnungskonto.

Alternativ könnte anstatt der Abgrenzungsbuchung auch eine Fakturierung mit späterem Zahlungsziel durchgeführt werden.

200 Vertrieb
Die Ableitung erfolgt i. d. R. aus der Zuordnung des Funktionsbereiches zur Kostenstellenart „Vertrieb". Je nach genutzten Stammdaten kann jedoch auch eine Ableitung aus Auftragsarten oder Projektprofilen oder eine unmittelbare Ableitung aus Kostenstellen, Projekten oder Innenaufträgen erfolgen.

300 Verwaltung
Die Ableitung erfolgt analog der Vorgehensweise beim Vertrieb.

400 Forschung und Entwicklung
Bei Einsatz des Investitionsmanagements (IM) unter SAP R/3® können die Kosten auf einer Investitionsmaßnahme (Auftrag oder Projekt) gesammelt und über die Abrechnung monatlich an Anlagen im Bau (AIB) bzw. nach Fertigstellung an Anlagen gegen aktivierte Eigenleistungen im FI gebucht werden. Dabei wird die kontierte Investitionsmaßnahme dem Funktionsbereich „Forschung und Entwicklung" zugeordnet. Die Abrechnung mindert dann die Aufwendungen des Funktionsbereiches.

500 Sonstiges
Dem Funktionsbereich „Sonstiges" werden alle (nicht produktionsbezogenen) Buchungen des neutralen Bereiches zugeordnet. Üblicherweise erfolgt eine Ableitung aus dem Erfolgskonto. Existiert für das entsprechende Erfolgskonto eine Kostenart im Controlling, muss geprüft werden, inwieweit eine Ableitung aus dem Objekt der Zusatzkontierung erfolgen kann. Generell ist zu prüfen, ob eine

Umsatzkostenverfahren

tiefere Unterteilung des Funktionsbereiches in z. B. „Sonstige Aufwendungen" und „Sonstige Erträge" gewünscht ist.

600 Finanzen
Alle Kosten des neutralen Finanzbereiches werden dem Funktionsbereich „Finanzen" zugeordnet, wobei entsprechend dem Funktionsbereich „Sonstiges" i. d. R. eine Ableitung aus dem Erfolgskonto erfolgt.

700 Außerordentlicher Bereich (AO)
Alle außerordentlichen Kosten werden dem Funktionsbereich „AO" zugeordnet. Unter der Annahme, dass für die relevanten Erfolgskonten keine Kostenart im Controlling existiert, erfolgt die Ableitung aus dem Erfolgskonto.

800 Steuern
Alle Kosten im Zusammenhang mit Steuerausgaben werden dem Funktionsbereich „Steuern" zugeordnet, wobei entsprechend dem Funktionsbereich „Sonstiges" i. d. R. eine Ableitung aus dem Erfolgskonto erfolgt.

950 Separator HGB-GuV nach GKV
I. d. R. wird die GuV nach dem UKV lediglich für den IAS-Bereich erstellt – somit ist einen Ableitung der Funktionsbereiche nur aus IAS-Gesichtspunkten relevant.

Da jedoch die Ableitung der Funktionsbereiche generell bei allen primären Erfolgsbuchungen erfolgt, wird auch bei Buchungen auf reinen HGB-Erfolgskonten ein Funktionsbereich abgeleitet. Klassisches Beispiel sind die verschiedenen Abschreibungsbereiche: Systemseitig wird zunächst der HGB-Abschreibungslauf (HGB-Erfolgskonto an HGB-Bestands- bzw. Wertberichtigungskonto) durchgeführt und der Funktionsbereich auf Basis der im Bestandskonto hinterlegten Kostenstelle abgeleitet. Daneben leitet sich der Funktionsbereich zusätzlich aus dem IAS-Abschreibungslauf (IAS-Erfolgskonto an IAS-Bestands- bzw. Wertberichtigungskonto) bzw. zusätzlich noch aus dem kalkulatorischen AfA-Lauf (kalkulatorische Afa an Konto verrechnete kalkulatorische Afa) ab. Um nun sicher-

*Ableitung der Funktionsbereiche bei **allen** erfolgsrelevanten Buchungen!*

G Realisation unter SAP R/3®

zustellen, dass in einem Funktionsbereich nur IAS-Werte stehen, wird allen HGB-Erfolgskonten sowie den kalkulatorischen Konten der HGB- bzw. der kalkulatorische Funktionsbereich zugeordnet. Außerdem sollten diesem Funktionsbereich alle Erfolgskonten aus dem Anhang zugewiesen werden.

Alternativ: Ausgrenzung der nicht relevanten Konten bei Berichtsausführung!

Soll dieser Funktionsbereich nicht genutzt werden, müssen bei der Ausführung der GuV nach dem UKV über das Recherche-Tool bzw. dem Report-Painter (siehe auch Kapitel 6 Berichtswesen) alle HGB-Erfolgskonten sowie alle sonstigen nicht relevanten Konten bei Ausführung des Berichtes ausselektiert werden.

990 Fehler

Gemäß der Annahme, dass alle erfolgsrelevanten Buchungsvorgänge – sei es durch Ableitung aus dem Erfolgskonto oder durch Ableitung aus den Stammdatenobjekten wie z. B. Kostenstellen (-art), Projekten oder Innenaufträgen – einem Funktionsbereich zugeordnet werden, sammelt der Funktionsbereich „Fehler" alle nicht zugeordneten Vorgänge. Die Ableitung erfolgt aus der Definition einer Substitutionsregel heraus. Die Substitutionsregel wird hinsichtlich der Ableitung und technischen Füllung des Funktionsbereiches systemseitig immer als Letztes angesprochen, d. h. zunächst wird geprüft, ob eine Ableitung aus einem Stammdatenobjekt (z. B. Kostenstelle), dann, ob eine Ableitung aus einem Erfolgskonto und zuletzt, ob eine Ableitung des Funktionsbereiches aus einer Substitution erfolgt. Die Substitutionsregel fragt dabei ab, ob je Buchungsposition der Funktionsbereich mit einem Wert gefüllt ist oder nicht. Diese Vorgehensweise erleichtert die Suche nach Fehlern und die Abstimmung mit der Finanzbuchhaltung (FI). Am Periodenende sollte der Funktionsbereich optimalerweise einen Saldo von Null aufweisen.

Umsatzkostenverfahren

Zur Definition der Funktionsbereiche ist ausgehend vom SAP R/3® Einführungsleitfaden die Menüfolge:
R/3 Customizing Einführungsleitfaden → Finanzwesen → Grundeinstellungen Finanzwesen → Buchungskreis → Umsatzkostenverfahren → Funktionsbereich definieren
zu wählen.

Menüfolge

Dokumentation

Funktionsbereiche definieren

Funktionsbereich	Bezeichnung
0050	Umsatzerlöse
0100	Periodenkosten der Fertig
0150	Kosten des Umsatzes
0200	Vertrieb
0300	Verwaltung
0400	F+E
0500	Sonstige
0600	Finanzen
0700	AO
0800	Fehler

Copyright SAP AG

An dieser Stelle werden die entsprechenden Funktionsbereiche eingetragen und die Eingaben gesichert.

2.2 Umsatzkostenverfahren zur Vorbereitung aktivieren

Um die Funktionsbereiche in den Stammdaten der Sachkonten und den übrigen Kontierungsobjekten im Feld „Funktionsbereich" eintragen zu können, muss das Feld eingabebereit sein. Die Eingabebe-

Definition

G Realisation unter SAP R/3®

reitschaft wird erreicht, indem das Umsatzkostenverfahren für die Buchungskreise zur Vorbereitung aktiviert wird. Wichtig: Die Ableitung der Funktionsbereiche erfolgt noch nicht zu diesem Zeitpunkt.

Menüfolge

Zur Aktivierung des Umsatzkostenverfahrens ist ausgehend vom SAP R/3® Einführungsleitfaden die Menüfolge:
R/3 Customizing Einführungsleitfaden → Finanzwesen → Grundeinstellungen Finanzwesen → Buchungskreis → Umsatzkostenverfahren → Umsatzkosten zur Vorbereitung
zu aktivieren.

Dokumentation

Umsatzkostenverfahren zur Vorbereitung aktivieren

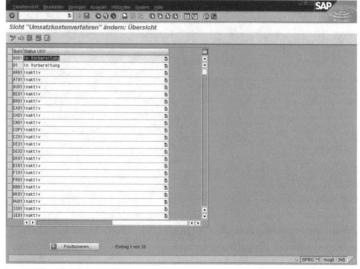

Copyright SAP AG

Für die Buchungskreise, für die das Umsatzkostenverfahren zur Vorbereitung aktiviert werden soll, ist der Eintrag „in Vorbereitung" zu aktivieren.

2.3 Funktionsbereiche eintragen

Ab dem SAP R/3® Release 4.6 besteht die Möglichkeit, Funktionsbereiche in den Stammdaten folgender Objekte einzutragen:

- Sachkonto
- Kostenart
- Aufträge (Auftragsart, Innenaufträge, Kundenauftrag, Fertigungsaufträge, Instandhaltungsaufträge)
- PSP-Elemente (Projektprofil, Projektdefinition, PSP-Element)
- Netzpläne

Definition

Das System leitet somit die Funktionsbereiche aus den Stammdaten der kontierten Objekte ab. Dabei ist zu berücksichtigen, dass das System die Funktionsbereiche nach einer bestimmten Logik ableitet:

- Das System leitet den Funktionsbereich zunächst aus den Stammsätzen der zusatzkontierten Objekte im Controlling ab.
- Das System leitet den Funktionsbereich aus dem Stammsatz des Erfolgskontos bzw. der Kostenart ab. Ein bereits abgeleiteter Funktionsbereich wird überschrieben.
- Das System leitet den Funktionsbereich aus einer definierten Substitution ab. Falls bereits ein Funktionsbereich ermittelt wurde, wird dieser überschrieben. Vor dem Releasestand 4.6 war die Substitution die einzige Möglichkeit zur Ableitung der Funktionsbereiche. Ab dem Releasestand 4.6 sollte über die Substitution i. d. R. nur der Fehlerfunktionsbereich abgeleitet werden.

Ableitungslogik von Funktionsbereichen

> **Achtung:**
>
> Funktionsbereiche können nur dann in einem Stammdatenobjekt eingetragen werden, wenn noch keine Buchung auf diesem Objekt vorhanden ist. Auch das Ändern von bereits eingetragenen Funktionsbereichen ist nur möglich, solange noch keine Verkehrszahlen auf dem betreffenden Objekt gebucht wurden (Anpassungen müssen hier u. U. über einen neuen Betrachtungszeitraum erfolgen). Die Funktionsbereiche werden erst dann abgeleitet, wenn das Umsatzkostenverfahren endgültig (siehe Kapitel 2.6) für den Buchungskreis aktiviert wurde. Bereits vorhandene Buchungen im Produktivsystem werden nicht automatisch hinsichtlich der Ableitung der Funktionsbereiche mitgeändert. Dieser Punkt ist insofern zu beachten, als dass die GuV nach dem

Realisation unter SAP R/3®

Umsatzkostenverfahren (IAS) auch die Vorjahreswerte beinhalten muss (IAS 1.75). Falls nachträglich Funktionsbereiche für Belege abgeleitet werden sollen, die in Vorperioden gebucht wurden, in denen das Umsatzkostenverfahren noch nicht aktiv war, findet sich eine (aufwändige) Vorgehensweise im OSS®-Hinweis Nr. 115840 wieder.

Menüfolge

Um Funktionsbereiche einzutragen, ist ausgehend vom SAP R/3® Einführungsleitfaden die Menüfolge:

R/3 Customizing Einführungsleitfaden → Finanzwesen → Grundeinstellungen Finanzwesen → Buchungskreis → Umsatzkostenverfahren → Funktionsbereiche eintragen

Einstellung 1:

→ *Funktionsbereich in Sachkontenstammdaten eintragen*

Einstellung 2:

→ *Funktionsbereich in Kostenartenstammdaten eintragen*

Einstellung 3:

→ Funktionsbereich in Kostenstellenarten eintragen

Einstellung 4:

→ *Funktionsbereich in Auftragsart eintragen*

zu wählen.

Dokumentation

Die Funktionsbereiche werden in den entsprechenden Stammdaten eingetragen. Es ist zu beachten, dass bei vorhandenen Bewegungsarten auf Kostenstellen, Innenaufträgen oder Projekten Funktionsbereiche nur über die Anpassungen des Betrachtungszeitraumes (z. B. ab dem 01.01.2004 – 31.12.9999 sind noch keine Bewegungsdaten gebucht) eingetragen bzw. geändert werden können.

2.4 Substitution für Umsatzkostenverfahren einrichten

2.4.1 Substitution definieren

Alternativ zum Eintragen von Funktionsbereichen in den Stammdatenobjekten können Funktionsbereiche über eine Substitution abgeleitet werden. Dabei empfiehlt SAP® nur dann eine Substitution zu definieren, wenn die Anforderung an die Ableitung des Funktionsbereichs durch den Eintrag in die Stammdaten nicht abgedeckt werden kann. Die Substitution hat die höchste Priorität: Falls hier ein Funktionsbereich durch Substitution ermittelt wird, so gilt dieser Funktionsbereich, d. h. der zuvor aus CO-Objekten oder Kostenarten ermittelte Funktionsbereich wird überschrieben. Die Substitution wird immer für einen Buchungskreis definiert und setzt sich aus einer bestimmten Anzahl von Substitutionsregeln zusammen. Eine Substitutionsregel wiederum prüft eine zu definierende Voraussetzung (z. B. ob die kontierte Kostenstelle der Kostenstellenart „V" zugeordnet ist). Ist die Bedingung für die Voraussetzung erfüllt, so wird der entsprechende Funktionsbereich fortgeschrieben.

Definition

> **Tipp:**
> Substitutionen werden im Release 4.6 i. d. R. lediglich zur Ableitung des Funktionsbereichs „Fehler" genutzt. Als Voraussetzung wird abgefragt, ob der Funktionsbereich nicht gefüllt ist. Trifft diese Voraussetzung zu (also der Funktionsbereich ist leer), wird der entsprechende Wert der Buchungsposition in den Fehler-Funktionsbereich eingetragen. Möglicherweise muss zur Korrektur des Fehlerfunktionsbereiches eine neue Substitutionsregel nachträglich eingepflegt werden, welche z. B. eine (noch nicht zugeordnete) Kostenstelle dem relevanten Funktionsbereich zuordnet.
>
> Es ist zu beachten, dass innerhalb der Substitution die letzte definierte Regel die höchste Priorität besitzt. Insofern muss die Regel zur Ableitung des Fehlerfunktionsbereiches immer an letzter Stelle stehen.

Prioritäten innerhalb einer Substitution

G

Realisation unter SAP R/3®

Menüfolge

Zur Definition einer Substitution ist ausgehend vom SAP R/3® Einführungsleitfaden die Menüfolge:
R/3 Customizing Einführungsleitfaden → Finanzwesen → Grundeinstellungen Finanzwesen → Buchungskreis → Umsatzkostenverfahren → Substitution für Umsatzkostenverfahren einrichten → Substitution definieren zu wählen.

Dokumentation

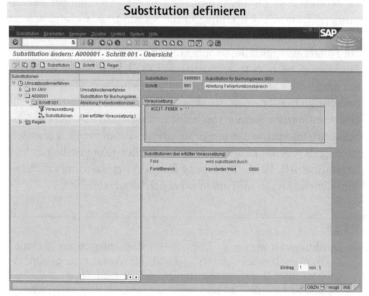

Copyright SAP AG

Die Substitution ist für die Komponente „FI" im Zeitpunkt „0005" zu definieren. Im Anschluss werden für die Substitution die benötigten Regeln definiert, wobei die Prioritätenfolge innerhalb der Regeln zu beachten ist. Je Regel wird eine Voraussetzung definiert. Bei der Definition der Voraussetzung stehen folgende Informationsquellen zur Ableitung der Funktionsbereiche zur Verfügung:
- Felder der Strukturen ACCIT (z. B. HKONT für Erfolgskonten oder FKBER für den Funktionsbereich) und ACCHD
- Stammdaten der kontierten CO-Objekte (z. B. Kostenstellenart)

Bei erfüllter Voraussetzung füllt die Substitutionsregel i. d. R. den relevanten Funktionsbereich.

Umsatzkostenverfahren G

Aber auch andere Ableitungsmöglichkeiten, z. B. über einen User-Exit, sind denkbar.

> **Achtung:**
> Damit die Substitution durchlaufen wird, muss diese nach der Definition aktiviert werden. Außerdem muss zur Ableitung des Funktionsbereiches das Umsatzkostenverfahren für den Buchungskreis aktiviert werden.

2.4.2 Substitution aktivieren

Damit die Substitution beim Buchen durchlaufen wird, muss sie für den relevanten Buchungskreis aktiviert werden. *Definition*

Zum Aktivieren einer Substitution ist ausgehend vom SAP R/3® Einführungsleitfaden die Menüfolge: *Menüfolge*

R/3 Customizing Einführungsleitfaden → Finanzwesen → Grundeinstellungen Finanzwesen → Buchungskreis → Umsatzkostenverfahren → Substitution für Umsatzkostenverfahren einrichten → Substitution aktivieren zu wählen.

Substitution aktivieren *Dokumentation*

G Realisation unter SAP R/3®

Copyright SAP AG

Für den Buchungskreis (im Zeitpunkt 005) ist die relevante Substitution zu aktivieren (Aktivierungsgrad 1).

2.5 Ledger für das Umsatzkostenverfahren einrichten

Definition

Das Ledger „0F" repräsentiert das Ledger für das Umsatzkostenverfahren. Im Gegensatz zum klassischen Hauptbuch enthält das Ledger das Merkmal „Funktionsbereich". Für Auswertungen der GuV nach dem UKV wird auf diese Datenbasis zurückgegriffen. Dem UKV Ledger werden die relevanten Buchungskreise sowie die entsprechenden Hauptbuchvorgänge zugeordnet.

> **Achtung:**
> Um das Ledger für das Umsatzkostenverfahren einrichten zu können, muss zunächst sichergestellt werden, dass das Ledger durch den entsprechenden Buchungskreis bebucht werden kann. Um die Einstellung vorzunehmen, ist die Menüfolge:
>
> R/3 Customizing Einführungsleitfaden → Finanzwesen → Spezielle Ledger → Grundeinstellungen → Vorbereitungen durchführen
>
> zu wählen und das Häkchen „Lokale Ledger (Buchungskreise)" zu aktivieren.

Menüfolge

Um das Ledger einzurichten, ist ausgehend vom SAP R/3® Einführungsleitfaden die Menüfolge:

R/3 Customizing Einführungsleitfaden → Finanzwesen → Grundeinstellungen Finanzwesen → Buchungskreis → Umsatzkostenverfahren → Ledger für das Umsatzkostenverfahren
aufzurufen.

Umsatzkostenverfahren G

UKV Ledger ändern

Dokumentation

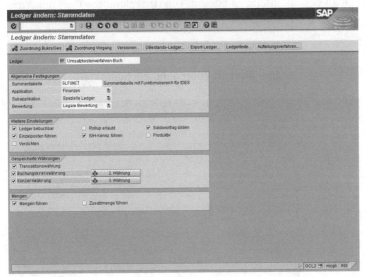

Copyright SAP®

Realisation unter SAP R/3®

Dabei ist das Ledger 0F auszuwählen und die Ledger Stammdaten gemäß der Abbildung zu pflegen. Um den relevanten Buchungskreis dem Ledger zuzuordnen, ist den Button <*Zuordnung Buchungskreise*> zu wählen.

Dokumentation

Ledger ändern: Zuordnung Buchungskreis

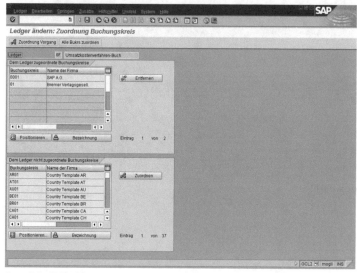

Copyright SAP AG

Umsatzkostenverfahren G

Der relevante Buchungskreis, für das das UKV-Ledger durchgebucht werden soll, muss dem Ledger 0F zugeordnet werden. Im Anschluss ist der relevante Buchungskreis zu markieren und der Button <Zuordnung Vorgang> zu drücken, um die Vorgänge des Hauptbuches zu selektieren, welche in das Ledger gebucht werden dürfen:

Dokumentation

Ledger ändern: Zuordnung Vorgang

Copyright SAP AG

Im Bereich „Ledger ändern: Zuordnung Vorgang" muss der Button <Vorgänge wie Hauptbuch> gedrückt werden, um so alle Vorgänge des Hauptbuches ins Ledger 0F zu übernehmen. Über diese Zuordnung wird gleichermaßen verhindert, dass CO-interne Verrechnungen, bei denen sich u. U. der Funktionsbereich ändert, in das UKV Ledger übernommen werden. Solche Daten werden über das Abstimmledger eingestellt (Vorgang: RFRK Abstimmung CO → FI). Bei der Übernahme der Hauptbuchvorgänge muss die Feldübertragung „0F00" angegeben werden. Nach der Sicherung ist das Ledger 0F für das Umsatzkostenverfahren eingerichtet.

2.6 Umsatzkostenverfahren aktivieren

Definition

Nach Zuordnung aller Funktionsbereiche sowie Definition und Aktivierung der Substitution kann das Umsatzkostenverfahren aktiviert werden. Ab diesem Zeitpunkt werden in den relevanten Buchungskreisen Funktionsbereiche bei Buchungen auf Erfolgskonten bzw. Kostenarten (bei CO-internen Buchungen) abgeleitet und im UKV-Ledger fortgeschrieben. Bei Buchungen auf Bestandskonten oder beim Erfassen von statistischen Kennzahlen im Controlling wird kein Funktionsbereich abgeleitet. Außerdem wird in der Ergebnisrechnung des SAP R/3® Systems kein Funktionsbereich bzw. Partnerfunktionsbereich geführt.

> **Achtung:**
>
> Ein Deaktivieren des Umsatzkostenverfahrens hat folgende Konsequenzen: Für Kosten, die nach einer Deaktivierung gebucht werden, werden keine Funktionsbereiche abgeleitet. Auch nach erneutem Aktivieren des Umsatzkostenverfahrens bleiben diese Kosten ohne Funktionsbereich. Es gibt keine Möglichkeit, für diese Kosten nachträglich Funktionsbereiche abzuleiten.
>
> Für Kosten, die nach einer erneuten Aktivierung des Umsatzkostenverfahrens gebucht werden, werden wieder Funktionsbereiche abgeleitet. Das Umsatzkostenverfahren-Ledger 0F wird auch nach einer Deaktivierung des Umsatzkostenverfahrens weiterhin fortgeschrieben, allerdings ohne das Merkmal Funktionsbereich. Um dies zu verhindern, empfiehlt SAP®, das Umsatzkostenverfahren-Ledger 0F ebenfalls zu deaktivieren. Standardgemäß muss zunächst die Nachrichtensteuerung auf Warnung oder Information umgestellt werden, um eine Deaktivierung des Umsatzkostenverfahrens vornehmen zu können.

Menüfolge

Um das UKV-Ledger zu aktivieren, ist ausgehend vom SAP R/3® Einführungsleitfaden die Menüfolge:

R/3 Customizing Einführungsleitfaden → *Finanzwesen* → *Grundeinstellungen Finanzwesen* → *Buchungskreis* → *Umsatzkostenverfahren* → *Umsatzkostenverfahren aktivieren*

zu wählen.

Um für den relevanten Buchungskreis das Umsatzkostenverfahren zu aktivieren, wird das Kennzeichen „Aktiv" gesetzt.

Dokumentation

> **Tipp:**
> Bei der Transportfolge der Customizing-Aufträge ins Produktivsystem ist darauf zu achten, dass zunächst die Einstellungen zur Vorbereitung des Umsatzkostenverfahrens transportiert werden und dann im Produktivsystem die Funktionsbereiche zugeordnet werden. Nach Abschluss der Zuordnungsarbeiten bzw. nach Transport einer vorhandenen Substitution sollte dann die Einstellung zur Aktivierung des UKV transportiert werden.

3 Finanzbuchhaltung

Die Customizing-Einstellungen für den Bereich der Finanzbuchhaltung beinhalten im Zusammenhang mit der IAS-Einführung im Wesentlichen Einstellungen zur

- Kontenlänge bestimmter IAS- bzw. HGB-Sachkonten,
- Fremdwährungsbewertung der Forderungen bzw. Verbindlichkeiten,
- Zuordnung und Pflege der Ergebnisvortragskonten.

Einstellungen von latenten Steuern oder Rückstellungen sind nicht notwendig, da diese über die relevanten (IAS-)Konten am Bilanzstichtag manuell gebucht werden. Hierzu wird im Kapitel 3.5 „Exkurs: Buchung von Rückstellungen" ein Buchungsbeispiel gegeben.

3.1 Sachkonten

Gemäß der im Kapitel „Kontenplan" beschriebenen Mickey-Mouse-Lösung werden zur Abbildung der parallelen Rechnungslegung bzw. zur Abbildung der Bewertungsunterschiede verschiedene Konten genutzt. Zum einen sind reine IAS-Konten zu pflegen, auf welchen IAS-spezifische Vorgänge gebucht werden. Daneben werden reine HGB-Konten eingerichtet, auf denen die HGB-spezifischen Vorgänge abgewickelt werden.

Definition

G Realisation unter SAP R/3®

Beispiel:

Es wird angenommen, dass Abschreibungen nach HGB degressiv, nach IAS linear gebucht werden. Vor diesem Hintergrund werden insgesamt 4 Konten im System eingerichtet:

1. Ein Konto für die Aufwandsbuchung der Abschreibung nach HGB (z. B. h211100)
2. Ein Konto für die Aufwandsbuchung der Abschreibung nach IAS (z. B. i211100)
3. Ein Bestands- bzw. Anlagenkonto für die HGB-Anlage (h034000)
4. Ein Bestands- bzw. Anlagenkonto für die IAS-Anlage (i034000)

Zunächst sind alle Bewertungsunterschiede zwischen HGB und IAS zu ermitteln und dem bestehenden Kontenplan zuzuordnen. In einem zweiten Schritt muss geklärt werden, wie die IAS- bzw. HGB-Konten geschlüsselt werden.

Nomenklatur der Konten

Denkbar wäre beispielsweise, alle reinen IAS-Konten mit einem „i" beginnen zu lassen, während die reinen HGB Konten mit einem „h" beginnen. Aber auch eine Abbildung über eine unterschiedliche Nummerierung hinsichtlich der Kontenendung, z. B. „0" für IAS Konten (z. B. 210000) und „1" für HGB Konten (z. B. 210001), ist denkbar[227]. Die so genannten gemeinsamen Konten bleiben von Änderungen der Nomenklatur unberührt. Die Einstellung der neuen Konten führt somit u. U. zu einer Anpassung der Kontenlänge, die systemtechnisch nachgehalten werden muss.

---

[227] Vgl. Kapitel E „Kontenplan".

Finanzbuchhaltung G

Um die Kontenlänge anzupassen, ist ausgehend vom SAP R/3® Einführungsleitfaden die Menüfolge:
R/3 Customizing Einführungsleitfaden → Finanzwesen → Hauptbuchhaltung → Sachkonten → Stammdaten → Vorarbeiten → Kontengruppe definieren
zu wählen.

Menüfolge

Sachkontenlänge ändern

Dokumentation

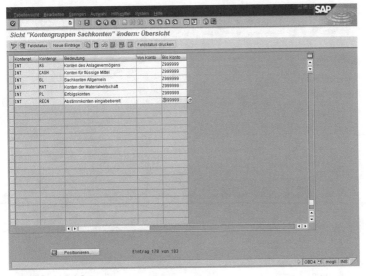

Copyright SAP AG

Zur Anpassung der Kontenlänge ist das Intervall für die relevanten Kontengruppen entsprechend zu ändern. In diesem Beispiel wird das Intervall „Bis Konto" auf Z999999 erweitert.

Weiterhin muss neben der Anpassung der Kontengruppe das Kontenplanverzeichnis bearbeitet werden, d. h. für den Kontenplan muss die Länge der Sachkontennummern angepasst werden.

G Realisation unter SAP R/3®

Menüfolge

Um die Sachkontenlänge auch im Kontenplan zu ändern, ist ausgehend vom SAP R/3® Einführungsleitfaden die Menüfolge:
R/3 Customizing Einführungsleitfaden → Finanzwesen → Hauptbuchhaltung → Sachkonten → Stammdaten → Vorarbeiten → Kontenplanverzeichnis
auszuwählen.

Dokumentation

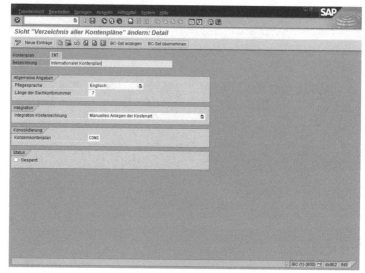

Copyright SAP AG

Für den relevanten Kontenplan ist die erlaubte Länge der Sachkontennummer (in diesem Fall auf die Länge „7") anzupassen!

3.2 Umbuchen und Rastern der Forderungen und Verbindlichkeiten

Definition

Bevor Bilanz und GuV erstellt werden, müssen die Forderungen und Verbindlichkeiten nach Restlaufzeiten gegliedert werden, damit diese korrekt ausgewiesen werden. Außerdem müssen die Debito-

Finanzbuchhaltung G

renkonten mit Habensaldo als Verbindlichkeiten sowie die Kreditorenkonten mit Sollsaldo als Forderungen umgebucht werden. Zur Durchführung dieser Aktivitäten wird der Report SAPF101 verwendet.[228]

> **Tipp:**
>
> Für die Umstellung der Rechnungslegung von HGB auf IAS sind systemtechnische Einstellungen zur Rasterung und Umgliederung der Debitoren- bzw. Kreditorenkonten i. d. R. unwesentlich bzw. nicht notwendig.
>
> Zum einen entsprechen die HGB-Regelungen hinsichtlich der Rasterung der Forderungen und Verbindlichkeiten (vgl. § 268 Abs. 4 HGB und § 266 Abs. 3 HGB) den IAS-Bestimmungen (IAS 1.53 f. und IAS 1.66 bzw. 1.73). Zum anderen wird zur Grundlage der Ermittlung der Salden auf den Debitoren- bzw. Kreditorenkonten i. d. R. immer das Abstimmkonto herangezogen. Gemäß dem im Kapitel „Kontenplan" beschriebenen Kontenkonzept („Mickey-Mouse-Lösung") handelt es sich bei diesen Konten immer um gemeinsame Konten. Insofern kann bei Durchführung der Rasterung auf die bestehenden HGB-Einstellungen zurückgegriffen werden.

I. d. R. keine praktischen Unterschiede zwischen HGB- und IAS-Regeln

Grundsätzlich bietet das SAP R/3® die Möglichkeit, durch die Nutzung von Bewertungsbereichen (Beschreibung im Kapitel 3.3 „Fremdwährungsbewertung") theoretisch denkbare, unterschiedliche Anforderungen von HGB und IAS zu diesem Thema abzubilden (Stichwort: Hinterlegung unterschiedlicher Korrekturkonten je Bewertungsbereich). Da jedoch erfahrungsgemäß Customizing-Aktivitäten zur Umbuchung und Rasterung von Forderungen und Verbindlichkeiten in der praktischen Umstellungsarbeit von HGB auf IAS i. d. R. nicht relevant sind, sei auf die umfangreiche SAP R/3® Customizing-Dokumentation[229] zu diesem Kapitel verwiesen.

Abbildung im R/3® über Bewertungsbereiche möglich

---

[228] Vgl. auch SAP R/3® Bibliothek: Rechnungswesen → Finanzwesen → Hauptbuchhaltung → Abschlussarbeiten und Berichtswesen → Bilanzvorbereitung → Umbuchung und Rastern der Forderungen und Verbindlichkeiten.

[229] Vgl. SAP R/3® Customizing-Dokumentation: R/3 Customizing-Einführungsleitfaden → Finanzwesen → Debitoren- und Kreditorenbuchhaltung → Geschäftsvorfälle → Abschluss → Umgliederung.

3.3 Fremdwährungsbewertung

Definition

Fremdwährungsforderungen werden, abweichend vom HGB, mit dem aktuellen Stichtagskurs zum Bilanzstichtag bewertet (IAS 39.78 in Verbindung mit IAS 21.11 und 15). Dies kann gegebenenfalls dazu führen, dass das Niederstwertprinzip durchbrochen wird und die Forderungen mit einem Wert oberhalb der AK angesetzt werden müssen. Auch die Bewertung von Fremdwährungsverbindlichkeiten erfolgt, analog der Bewertung von Fremdwährungsforderungen, zum jeweils aktuellen Stichtagskurs (IAS 21.11a), d. h. das Höchstwertprinzip des HGB-Ansatzes kann durchbrochen werden. Im SAP R/3® System besteht die Möglichkeit, verschiedene Bewertungsmethoden zu definieren, in welchen festgelegt wird, ob z. B. die Fremdwährungsbestände nach dem Niederstwertprinzip oder ob diese grundsätzlich bewertet werden sollen. Mit der Definition von Bewertungsbereichen (HGB und IAS) können parallel die jeweiligen Bewertungsmethoden angesprochen werden. Außerdem lassen sich die Ergebnisse auf unterschiedliche Konten steuern.

3.3.1 Bewertungsbereiche definieren

Definition

Um eine parallele Abbildung von HGB und IAS im Zusammenhang mit der Berechnung und Buchung der unterschiedlichen Wertansätze der Fremdwährungsbewertung (Report: SAPF100) zu gewährleisten, sind jeweils für HGB und IAS neue Bewertungsbereiche einzurichten.

> **Tipp:**
> Bewertungsbereiche werden nicht nur für die Fremdwährungsbewertung sondern auch für die Rasterung von Forderungen/Verbindlichkeiten (SAPF101) genutzt.

Finanzbuchhaltung

Um die Bewertungsbereiche einzurichten, ist ausgehend vom SAP R/3® Einführungsleitfaden die Menüfolge:
R/3 Customizing Einführungsleitfaden → Finanzwesen → Hauptbuchhaltung → Geschäftsvorfälle → Abschluss → Bewerten → Bewertungsbereiche definieren
anzusteuern.

Menüfolge

Bewertungsbereiche definieren

Dokumentation

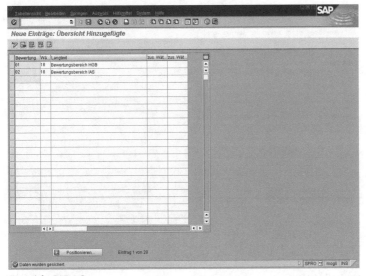

Copyright SAP AG

Für die unterschiedlichen Rechnungslegungsvorschriften HGB und IAS sind jeweils separate Bewertungsbereiche einzurichten, denen an späterer Stelle die relevanten Konten zugeordnet werden.

3.3.2 Bewertungsmethoden definieren

Über die Bewertungsmethoden wird festgelegt, welche Bewertungsverfahren für HGB (Niederstwertprinzip) und IAS (Tagesbewertung) angewendet werden. Vor jedem Bewertungslauf (SAPF100) wird angegeben, welche Bewertungsmethode im Zusammenhang mit dem entsprechenden Bewertungsbereich verwendet werden soll.

Definition

G Realisation unter SAP R/3®

Menüfolge

Um die Bewertungsmethoden zu definieren, ist ausgehend vom SAP R/3® Einführungsleitfaden die Menüfolge:
R/3 Customizing Einführungsleitfaden → *Finanzwesen* → *Hauptbuchhaltung* → *Geschäftsvorfälle* → *Abschluss* → *Bewerten* → *Fremdwährungsbewertung* →*Bewertungsmethoden*
aufzurufen.

Dokumentation

Bewertungsmethoden definieren

Copyright SAP AG

Für die Bewertungsmethode IAS (Tagesbewertung) ist im Abschnitt „Bewertungsverfahren" die Checkbox „grundsätzlich bewerten" zu markieren. Hierdurch wird gewährleistet, dass im Rahmen des Bewertungslaufes auch Aufwertungen berücksichtigt werden.

3.3.3 Automatische Konten für Fremdwährungsbewertung vorbereiten

Zur Buchung der Ergebnisse des Bewertungslaufes sind für die Bewertung der offenen Posten (Vorgang: KDF) sowie für die Bewertung der Fremdwährungsbestände (Vorgang: KDB) eigene Aufwands- bzw. Ertrags- und Bilanzkorrekturkonten (je Bewertungsbereich) zu hinterlegen. Die nachfolgende Übersicht (Transaktionscode: OBA1) zeigt die in diesem Zusammenhang zu pflegende Tabelle der Kontenfindung:[230]

Definition

Kontenfindung

Vorgang	Kontenplan	Bewertungsbereich	Bilanzkorrektur	Aufwand	Ertrag
KDF	INT	HGB	HGB-Konten	HGB	HGB
KDF	INT	IAS	IAS-Konten	IAS	IAS
KDB	INT	HGB		HGB	HGB
KDB	INT	IAS		IAS	IAS

Copyright SAP AG

Nur für Forderungs- und Verbindlichkeitskonten sind zusätzlich HGB- und IAS-Bilanzkorrekturkonten zu hinterlegen.

---

[230] In Anlehnung an die SAP R/3®-Kurs-Unterlagen: Kurs „WDEIAS" (2002).

G Realisation unter SAP R/3®

Menüfolge

Um die automatischen Buchungen für Fremdwährungsbewertung vorzubereiten, ist ausgehend vom SAP R/3® Einführungsleitfaden die Menüfolge:

R/3 Customizing Einführungsleitfaden → *Finanzwesen* → *Hauptbuchhaltung* → *Geschäftsvorfälle* → *Abschluss* → *Bewerten* → *Fremdwährungsbewertung* → *Automatische Buchungen für Fremdwährungsbewertung vorbereiten*

zu wählen.

Dokumentation

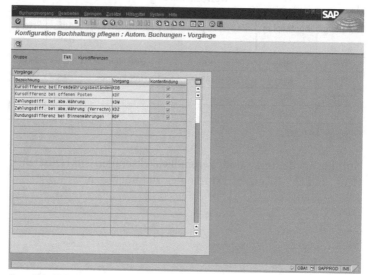

Copyright SAP AG

Die Abbildung spiegelt die oben dargestellte Tabelle wider. Für die Einstellungen zur Fremdwährungsbewertung sind nur die Vorgänge „KDF" und „KDB" relevant.

Finanzbuchhaltung G

Achtung:
Hinsichtlich der logischen Abwicklung ist im Zuge der Bestandsbewertung zu beachten, dass bei einer Hinterlegung des Fremdwährungsbestandskontos im Vorgang „KDF" das dort eingetragene Bilanzkorrekturkonto herangezogen wird. Ist das Konto nicht im Vorgang „KDF" eingetragen, wird der Vorgang „KDB" angesprochen, wobei dann eine Buchung direkt auf das Bestandskonto erfolgt.

Zunächst ist durch Doppelklick zu bestimmen, für welchen Vorgang Kursdifferenzkonten zu hinterlegen sind:

Kontenplan und Bewertungsbereich bestimmen — Dokumentation

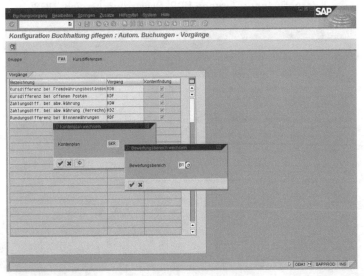

Copyright SAP AG

Dabei ist zu beachten, dass nach Angabe des entsprechenden Kontenplans noch der relevante Bewertungsbereich anzugeben ist, für welchen die Korrektur- bzw. Erfolgskonten anzugeben sind (der Button <Bewertungsbereich> muss gedrückt werden). Somit sind jeweils sowohl für den HGB- als auch für den IAS-Bewertungs-

367

bereich separate Konten zur Buchung der Kursdifferenzen zu hinterlegen.

> **Achtung:**
>
> Hinsichtlich der Fortschreibung der Bewertung im Beleg ist zu beachten, dass (s. auch Kapitel 3.3.4) programmtechnisch nur der Bewertungsbereich „blank" im Beleg fortgeschrieben wird. Ist z. B. die führende Bewertung IAS, muss die Kontenfindung für den Bewertungsbereich „blank" eingestellt werden. Insofern muss dann an dieser Stelle kein Bewertungsbereich angegeben werden!

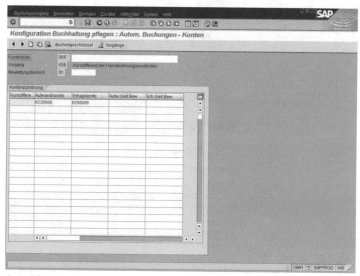

Copyright SAP AG

Alternativ sind für den Bewertungsbereich IAS jeweils ein Aufwands- bzw. Ertragskonto zu hinterlegen. Für den Vorgang KDF kann sich z. B. folgende Kontenfindung ergeben:

Kontenfindung: Vorgang KDF, Bewertungsbereich: HGB

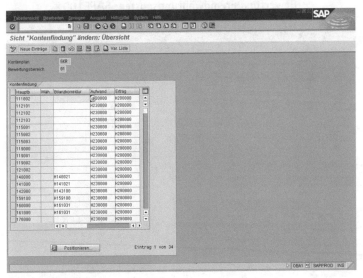

Copyright SAP AG

Alternativ sind u. U. für den IAS-Bewertungsbereich für die entsprechenden Forderungs- und Verbindlichkeitskonten separate Bilanzkorrektur- sowie Aufwands- und Ertragskonten zu hinterlegen.

Realisation unter SAP R/3®

3.3.4 Exkurs: Programm SAPF100 Fremdwährungsbewertung

Für die Bewertung der Fremdwährungsposten (Offene Posten sowie Bestandskonten) am Bilanzstichtag wird der Report SAPF100 ausgeführt:

Dokumentation

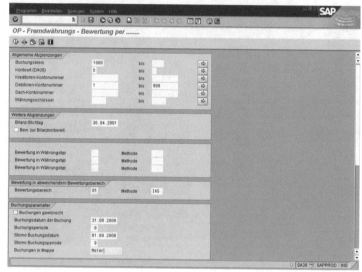

Copyright SAP AG

Finanzbuchhaltung G

Die nachfolgende Übersicht zeigt die möglichen Alternativen hinsichtlich der Nutzung der Bewertungsbereiche:[231]

Programmlauf: Nutzung der Bewertungsbereiche

1a) Bewertung HGB
- Methode HGB, Bewertungsbereich HGB
- Bew. zur Bilanzvorbereitung
- Immer Stornobuchung
- Eintrag der HGB-Bewertung im Posten

2) Bewertung IAS
- Methode IAS, Bewertungsbereich IAS
- Bew. zur Bilanzvorbereitung
- Immer Stornobuchung
- Eintrag der IAS-Bewertung im Posten

1b) Bewertung HGB
- Methode HGB, Bewertungsbereich **blank**
- Bew. zur Bilanzvorbereitung
- kein Storno
- Eintrag der HGB-Bewertung im Posten
- Nachbelasten der Bilanz u. GuV (SAPF180/181) greift darauf zu

Copyright SAP AG

Wird der Bewertungsbereich eingetragen, wird nicht bilanzwirksam bewertet (keine Fortschreibung im Originalbeleg, Storno).

> **Achtung:**
> Es ist möglich, eine Bewertung der offenen Posten mit und ohne Fortschreibung der Bewertungsdifferenzen im Belegposten durchzuführen (über das Ankreuzfeld „Bewertung zur Bilanzvorbereitung"). Es ist hierbei zu prüfen, welche Bewertung (HGB/IAS) im Beleg fortgeschrieben werden soll, da programmtechnisch immer der Bewertungsbereich „blank" fortgeschrieben wird (zusätzliche Bewertungsbereiche können nicht im Beleg fortgeschrieben werden). Ist z. B. als führende Bewertung IAS vorgesehen, dann sollte der Bewertungsbereich „blank" hinsichtlich der Kontenfindung für IAS genutzt werden.

---

[231] In Anlehnung an die SAP R/3®-Kurs-Unterlagen: Kurs „WDEIAS" (2002).

G Realisation unter SAP R/3®

3.4 Ergebnisvortragskonten

Definition

Wie im Kapitel E „Kontenplan" beschrieben, werden zur Abbildung der Bewertungsunterschiede zwischen HGB und IAS unterschiedliche Erfolgskonten verwendet, nämlich zum einen reine IAS Konten und zum anderen reine HGB Konten. Daneben werden weiterhin so genannte gemeinsame Konten bebucht. Im Rahmen der technischen Abbildung im R/3® System wird jedem Erfolgskonto ein Ergebnisvortragskonto über einen Erfolgskontentyp zugeordnet. Beim Jahreswechsel wird dann der Saldo der Erfolgskonten auf das Ergebnisvortragskonto vorgetragen und somit der Saldo der Erfolgskonten auf Null gesetzt. Der Saldovortrag wird im Rahmen der Abschlussarbeiten durch ein spezielles Programm durchgeführt.

> **Tipp:**
> Bestands-, Debitoren- und Kreditorenkonten werden auf sich selbst vorgetragen.

In der Regel verwendet ein Unternehmen lediglich ein Ergebnisvortragskonto. Für die Abbildung einer parallelen Rechnungslegung (HGB/IAS) müssen jedoch insgesamt (mindestens) drei Vortragskonten eingerichtet und über drei unterschiedliche Erfolgskontentypen den HGB-, IAS- und gemeinsamen Konten zugeordnet werden.

Beispiel:

Bestimmte Rückstellungen (z. B. für Innenverpflichtungen) sind nur für die HGB-Bilanz ergebnisrelevant, für die IAS-Bilanz jedoch nicht. Insofern werden die Rückstellungsbeträge auf speziellen HGB-Konten gebucht, welche nur für die HGB-Bilanz benötigt werden. Folgender Buchungssatz würde gebucht werden: h238003 „Aufwand aus Rückstellungen" an h89017 „Instandhaltungsrückstellung". Für Buchungen ohne Bewertungsunterschiede werden Erfolgskonten genutzt, die sowohl für den IAS- als auch für den HGB-Abschluss verwendet werden (= gemeinsame Konten). Das oben genannte HGB-Erfolgskonto aus der Rückstellungsbuchung soll dem Ergebnisvortragskonto 2 zugeordnet werden; die übrigen (nicht in diesem Beispiel aufgeführten) gemeinsamen Erfolgskonten dem Ergebnisvortragskonto 1.

Finanzbuchhaltung G

Für den Ausweis des Jahresüberschusses bzw. -fehlbetrages des Vorjahres enthält die HGB-Bilanz in diesem Beispiel die Ergebnisvortragskonten 1 und 2, während die IAS-Bilanz nur das Ergebnisvortragskonto 1 beinhaltet. Die nachfolgende Abbildung zeigt diese Zusammenhänge:[232]

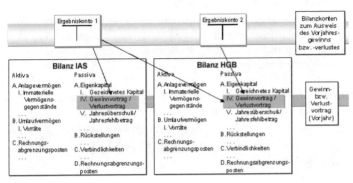

Copyright SAP AG

Zusammenfassend ergibt sich für dieses Beispiel folgender Zusammenhang der Zuordnung der Ergebnisvortragskonten zu den Erfolgskonten:
- Ergebnisvortragskonto 1: Gemeinsame Konten
- Ergebnisvortragskonto 2: HGB-Konten
- Ergebnisvortragskonto 3: IAS-Konten (nicht in diesem Beispiel aufgeführt).

Für die gemeinsamen Erfolgskonten (die i. d. R. zahlenmäßig die größte Anzahl darstellen) bleibt die alte Zuordnung des Erfolgskontentyps und damit des Ergebnisvortragskontos bestehen. Lediglich für die neuen IAS- bzw. HGB-Konten werden neue Erfolgskontentypen und eine neue Zuordnung definiert.

---

[232] Vgl. auch SAP R/3® Bibliothek: Rechnungswesen → Finanzwesen → Hauptbuchhaltung.

373

G

Realisation unter SAP R/3®

| Achtung:
| Für die F+E-Abwicklung (Investitionsmanagement) wird für den IAS-Bereich ein Verrechnungskonto bzw. ein Gegenkonto für die Einbuchung der IAS-Anlage im Bau verwendet (siehe auch Kapitel „Abwicklung F+E im Investitionsmanagement"). Diese Konto hat i. d. R. den Charakter eines Erfolgskontos.

Eigenes Vortragskonto für Verrechnungskonto bei F+E

Wird ein solches Verrechnungskonto als Gegenkonto benötigt, muss es einem eigenen Ergebnisvortragskonto zugewiesen werden, da es nicht dem HGB- bzw. dem IAS-Bereich oder dem gemeinsamen Bereich zuzuordnen ist.

Menüfolge

Um die Ergebnisvortragskonten je Erfolgskontentyp einzustellen, ist ausgehend vom SAP R/3® Einführungsleitfaden die Menüfolge:
R/3 Customizing Einführungsleitfaden → Finanzwesen → Hauptbuchhaltung → Sachkonten → Stammdaten → Vorarbeiten → Ergebnisvortragskonto festlegen
zu wählen.

Dokumentation

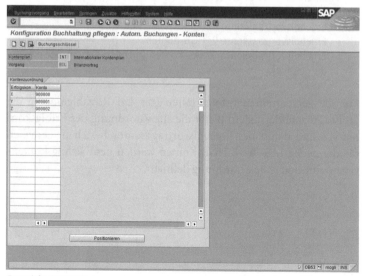

Copyright SAP AG

An dieser Stelle sind für den relevanten Kontenplan die neuen Erfolgskontentypen sowie die (neuen und zuvor angelegten) Ergebnisvortragskonten zu hinterlegen. Der bereits bestehende Erfolgskontentyp und damit das bereits bestehende Ergebnisvortragskonto bleibt den gemeinsamen Konten zugeordnet. Den neu anzulegenden Erfolgskonten aus dem IAS- und dem HGB-Bereich sind im kontenplanabhängigen Teil der Stammdaten die neuen Erfolgskontentypen (z. B. „Y" für IAS-Konten und „Z" für HGB-Konten) zuzuweisen:

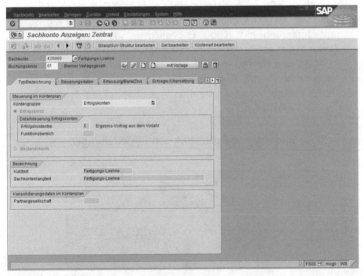

Dokumentation

Copyright SAP AG

G Realisation unter SAP R/3®

3.5 Exkurs: Buchung von Rückstellungen

Definition

Sonstige Rückstellungen sowie Pensionsrückstellungen sind manuell im R/3® System zu buchen, während Rückstellungen z. B. für drohende Verluste im Zuge der Ergebnisermittlung automatisiert ermittelt werden können. Im Folgenden soll der Geschäftsvorfall der (manuellen) Bildung und Auflösung einer sonstigen Rückstellung im Zusammenhang mit der parallelen Bewertung nach IAS und HGB in Kontenform gezeigt werden:[233]

Beispiel:

Es soll eine Rückstellung für Garantieforderungen gebildet werden. Nach HGB wird diese in Höhe von 20.000 €, nach IAS in Höhe von 10.000 € gebildet. Im weiteren Verlauf wird die Garantieforderung mit 8.000 € beglichen. Somit werden nach Zahlung die gebildeten Rückstellungen für HGB in Höhe von 12.000 € und für IAS in Höhe von 2.000 € aufgelöst. Die nachfolgende Abbildung zeigt die Buchungszusammenhänge auf Basis der Mickey-Mouse-Konzeption (siehe Kapitel „Kontenplan"):

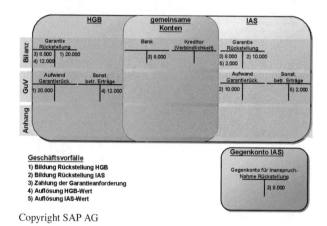

Copyright SAP AG

---

[233] In Anlehnung an die SAP R/3®-Kurs-Unterlagen: Kurs „WDEIAS" (2002).

Anlagenbuchhaltung G

Tipp:
Immer wenn aus einem Bereich (z. B. HGB) als Gegenkonto ein Konto des gemeinsamen Bereichs gebucht wird, muss bei Buchung des Kontos des anderen Bereichs (z. B. IAS) ein so genanntes Gegen- bzw. Verrechnungskonto (i. d. R. für die IAS-Buchung) gebucht werden. I. d. R. werden solche Verrechnungskonten für Zugänge in der Anlagenbuchhaltung sowie als Gegenkonten bei Rückstellungsbuchungen und F+E-Abwicklungen benötigt.

Wichtig: Bei der Erstellung der Bilanz- und GuV-Struktur ist das Gegenkonto niemals einer Position zuzuweisen, d. h. der Report „RFBILA00" weist dieses Konto immer als nicht zugeordnetes Konto aus. Dieses Vorgehen ist insofern wichtig, als dass der Saldo aller nicht zugeordneten Konten immer Null sein muss (z. B. sind bei Erstellung der IAS-Bilanz alle HGB-Konten und das Gegenkonto IAS nicht zugeordnet).

Berücksichtigung Gegenkonto bei Bilanz- und GuV-Struktur

4 Anlagenbuchhaltung

4.1 Allgemeines zum Vorgehen der Umstellung der Bewertungsbereiche

Die Anlagenbuchhaltung bildet die parallele Rechnungslegung über die Nutzung von unterschiedlichen Bewertungsbereichen (HGB sowie IAS) ab.

Definition

Bei der Umstellung der Bewertungsbereiche ist zu beachten, dass die Bewegungsdaten des laufenden Jahres (z. B. 2003) und des Vorjahres (z. B. 2002) nur mit großen Problemen nachträglich in dem IAS-Bereich abzubilden sind[234]. Diese Schwierigkeiten können vermieden werden, wenn man das Vorjahr (z. B. 2002) komplett abschließt und im aktuellen Geschäftsjahr keine Abgänge bucht bzw. bestehende Abgänge storniert. Bereits getätigte Zugangsbuchungen bereiten keine Schwierigkeiten. Eine Prüfung dahingehend, ob Abgangsbuchungen für das aktuelle Jahr vorhanden sind, ist z. B. über den Report „RAABGA01" möglich.

Übernahme Bewegungsdaten in den IAS-Bewertungsbereich

---

[234] Hier soll davon ausgegangen werden, dass ab dem Geschäftsjahr 2003 der IAS-Bewertungsbereich mitgebucht werden soll!

G Realisation unter SAP R/3®

> **Achtung:**
> Es ist sicherzustellen, dass bis zur Implementierung des IAS-Bereiches keine Buchungen mit Abgangscharakter im System gebucht werden!
>
> Außerdem ist sicherzustellen, dass für die Eröffnung des neuen Bewertungsbereiches das Geschäftsjahr des Vorjahres (z. B. 2002) in der Anlagenbuchhaltung betriebswirtschaftlich abgeschlossen wurde.

Statistischer Bewertungsbereich für Übernahme der Vergangenheitswerte

Für die nachträgliche Übernahme der Vergangenheitswerte aus dem handelsrechtlichen Bereich (z. B. Geschäftsjahr 2002) kann zunächst ein statistischer IAS-Bereich angelegt und nachträglich mit Werten versorgt werden (wobei die AfA-Parameter aus dem HGB-Bereich abgeleitet werden). Der statistische Bereich wird dann dahingehend umgestellt, dass er nun auch Hauptbuchkonten mitführt (neue IAS-Konten). Generell ist zu empfehlen, dass die beschriebenen Einstellungen zuerst in einem aktuellen Testsystem durchgeführt werden. Um Überprüfen zu können, ob die Einrichtung des Bewertungsbereiches richtig durchgeführt wurde, sollte für jeden vorkommenden Typ von Anlage mindestens eine Anlagennummer für den neuen Bewertungsbereich geprüft werden.

4.2 Anmerkungen zur führenden Bewertung IAS in der Anlagenbuchhaltung

Definition

Obwohl es angestrebt ist, die Bewertung nach IAS als führende Bewertung laufen zu lassen, ist es in der Anlagenbuchhaltung nicht erstrebenswert, den Bewertungsbereich „01" als IAS-Bereich einzurichten. Der Bewertungsbereich „01" bucht online ins Hauptbuch und die Belegübernahme erfolgt 1:1. Das heißt, jeder originäre Beleg, der auf eine Anlage kontiert ist, wird bei der Online-Buchung auf genau eine Anlage ohne Verdichtung gebucht. Die Buchung in die anderen Bereiche erfolgt periodisch. Es werden Sammelbelege geschrieben. Das alles würde für eine IAS-Bewertung im Bereich 01 sprechen. Allerdings hat die Anlagenbuchhaltung bisher Testate durch eine Wirtschaftsprüfungsgesellschaft erhalten. Dabei wurde jeweils die handelsrechtliche Bewertung im Bereich „01" eingestellt. Wird davon abgewichen (IAS als Bewertungsbereich „01"), bewegt man sich mit Sicherheit außerhalb des Prüfungsgegenstandes, wodurch das Testat seine Gültigkeit verliert. Die Einhaltung der Grundsätze ordnungsgemäßer Buchführung (GOB) geht damit in die Verantwortung des Unternehmens über. SAP® sieht bei einer Umstellung der Bewertungsbereiche z. B. erhebliche Schwierigkeiten in der materiellen Nachvollziehbarkeit, da die Verbindung zwischen den summarischen Buchungen (Sammelbelegen), des periodischen Bestandsbuchungsprogramms und den Ursprungsbelegen (z. B. Rechnung) verloren geht. Des Weiteren wäre ein Umswitchen der Bewertungsbereiche in einem bestehenden System mit sehr viel Programmieraufwand verbunden, da es dazu bisher keine Standardlösung von SAP® gibt. Insbesondere sei in diesem Zusammenhang auf den OSS® Hinweis 96919 verwiesen, in welchem im Wesentlichen beschrieben wird, dass aufgrund der doch erheblichen Probleme, die bei der Führung der handelsrechtlichen Bewertung in einem Bereich ungleich 01 auftreten, SAP® hiervon abrät.

Die Empfehlung bleibt, im Bereich 01 die handelsrechtliche Bewertung abzubilden.

Handelsrechtliche Bewertung weiter im Bereich 01

Ab R/3® Enterprise können beliebige Bereiche online in das Hauptbuch oder in ein zusätzliches Ledger geschrieben werden. Vorher ist es nur möglich, einen Bewertungsbereich in das Hauptbuch realtime fortzuschreiben. Eine Überleitung der IAS-Werte in die Kostenrechnung (auf Basis des IAS Bewertungsbereiches) ist periodisch jedoch jederzeit möglich.

4.3 Statistischen Bewertungsbereich einrichten

4.3.1 Bewertungsbereiche definieren

Die Abbildung der parallelen Rechnungslegung erfolgt in der Anlagenbuchhaltung über Bewertungsbereiche. Neben einem echten Bewertungsbereich können so genannte abgeleitete Bewertungsbereiche definiert werden, deren Werte sich aus anderen Bewertungsbereichen errechnen. Für die Abbildung der IAS-Rechnungslegung im Anlagevermögen ist ein separater IAS-Bewertungsbereich anzulegen, wobei an dieser Stelle zunächst ein statistischer Bewertungsbereich eingerichtet werden soll.

Definition

G Realisation unter SAP R/3®

Menüfolge

Um den IAS-Bewertungsbereich einzurichten, ist ausgehend vom SAP R/3® Einführungsleitfaden die Menüfolge:
R/3 Customizing Einführungsleitfaden → Finanzwesen → Anlagenbuchhaltung → Bewertung allgemein → Bewertungsbereiche → Bewertungsbereich definieren
zu wählen.

Dokumentation

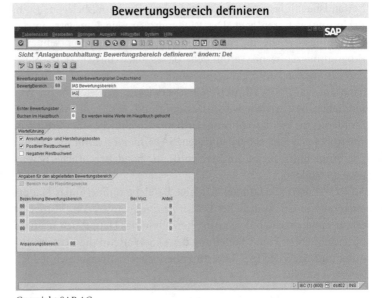

Copyright SAP AG

Nach Auswahl des relevanten Bewertungsplanes wird der neue Bewertungsbereich 60 (IAS-Bewertungsbereich) durch Kopieren eines bestehenden Bewertungsbereichs entsprechend der in der Abbildung erfolgten Einstellungen angelegt.

4.3.2 Bereichstyp festlegen

Definition

Als Bereichstyp wird derjenige Typ eingestellt, der den Bewertungsbereich seinem primären Zweck zuordnet (z. B. Schlüssel 18: Bilanzierung nach abweichenden Richtlinien, z. B. IAS). Der Bereichstyp „07" kalkulatorische Bewertung beispielsweise hat insbesondere deshalb Bedeutung, da bei dem zugeordneten Bewertungsbereich

Anlagenbuchhaltung G

keine Aktivierungsdifferenzen im Rahmen des Investitionsmanagements als neutraler Aufwand abgegrenzt werden dürfen.

Um den Bereichstyp festzulegen, ist ausgehend vom SAP R/3® Einführungsleitfaden die Menüfolge:

Menüfolge

R/3 Customizing Einführungsleitfaden → Finanzwesen → Anlagenbuchhaltung → Bewertung allgemein → Bewertungsbereiche → Bewertungsbereich → Bewertungsbereich definieren (Bereichstyp festlegen)

zu wählen.

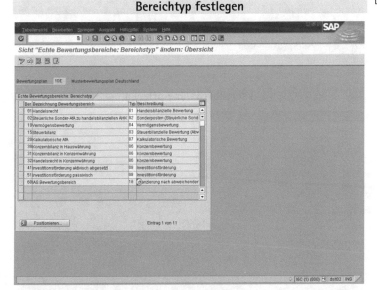

Bereichtyp festlegen

Dokumentation

Copyright SAP AG

Dem IAS-Bewertungsbereich ist i. d. R. der Bereichstyp 18 Bilanzierung nach abweichenden Richtlinien (z. B. IAS) zuzuordnen.

4.3.3 AHK-Wertübernahme festlegen

Grundsätzlich übernimmt das System die Bestandswerte bei Buchungen in allen Bewertungsbereichen aus dem Bereich 01. Deshalb braucht dieser Arbeitsschritt nur durchgeführt zu werden, wenn die Buchungswerte in einem Bewertungsbereich nicht aus dem Bereich

Definition

381

G

Realisation unter SAP R/3®

01 übernommen werden sollen (z. B. Wertübernahmen aus dem kalkulatorischen Bereich).[235]

> **Tipp:**
> I. d. R. erfolgt die Übernahme der Bestandswerte für den IAS-Bereich aus dem Bereich „01" HGB.

Menüfolge

Um die AHK-Wertübername (aus einem anderen Bereich als „01") zu pflegen, ist ausgehend vom SAP R/3® Einführungsleitfaden die Menüfolge:

R/3 Customizing Einführungsleitfaden → *Finanzwesen* → *Anlagenbuchhaltung* → *Bewertung allgemein* → *Bewertungsbereiche* → *AHK-Wertübernahme festlegen*
zu wählen.

Dokumentation

Copyright SAP AG

---

[235] Vgl. SAP R/3® Online-Dokumentation (Customizing): Anlagenbuchhaltung → Bewertung allgemein → Bewertungsbereiche → AHK-Wertübernahme festlegen.

Bei der Festlegung des Bewertungsbereiches, aus welchem beim Buchen AHK-relevanter Bewegungen der Betrag übernommen wird, ist zu beachten, dass der Betrag nur aus einem Bereich übernommen werden kann, der kleiner ist als der des übernehmenden (z. B. IAS) Bereiches. So ist für den Bereich 01 (HGB) keine Übernahme möglich.

4.3.4 Übernahme der Bewertungsparameter festlegen

In diesem Arbeitsschritt wird definiert, ob ein Bewertungsbereich von einem anderen Bewertungsbereich die Abschreibungsparameter übernehmen soll (optional/zwingend). Werden Abschreibungsparameter in einem Bewertungsbereich übernommen, brauchen (können) z. B. in den IAS-Anlagestämmen keine AFA-Parameter hinterlegt werden. Diese Vorgehensweise bietet sich an, wenn z. B. HGB- und IAS-Bewertungsbereich einheitlich abgeschrieben werden sollen. Alternativ kann kein Wert in die Parameterübernahme eingegeben werden. Die Parameter werden dann bei Neuanlage aus den Anlagenklassen übernommen. *Definition*

> **Tipp:**
> Es ist unternehmensspezifisch zu prüfen, ob die AfA-Parameter aus dem HGB-Bereich übernommen werden können (oder ob hier hinsichtlich der Abschreibungsmethoden Unterschiede bestehen).

G Realisation unter SAP R/3®

Menüfolge

Um die Übernahmeparameter für AfA-Regeln zu pflegen, ist ausgehend vom SAP R/3® Einführungsleitfaden die Menüfolge:
R/3 Customizing Einführungsleitfaden → *Finanzwesen* → *Anlagenbuchhaltung* → *Bewertung allgemein* → *Bewertungsbereiche* → *Übernahme der Bewertungsparameter festlegen*
zu wählen.

Dokumentation

Übernahmeregeln für AfA-Parameter pflegen

Copyright SAP AG

Bei Bedarf muss dem IAS-Bewertungsbereich derjenige Bereich zugeordnet werden, aus welchem die AfA-Parameter übernommen werden sollen.

4.3.5 Anlagenklassenbewertung bestimmen

Definition

In diesem Arbeitsschritt wird festgelegt, welche Abschreibungsparameter (Abschreibungsschlüssel und Nutzungsdauer) die jeweiligen Anlagenklassen (als Vorschlagswerte beim Anlegen einer Anlage) verwenden sollen. Die Anlagenklassen und die damit verbundenen Abschreibungsparameter werden hierbei auf Bewertungsbereichse-

Anlagenbuchhaltung G

bene (z. B. IAS) gepflegt. Es besteht die Möglichkeit, bestimmte Anlagenklassen für bestimmte Bewertungsbereiche inaktiv zu setzen. Um die Anlagenklassenbewertung je Bewertungsbereich zu bestimmen, ist ausgehend vom SAP R/3® Einführungsleitfaden die Menüfolge:

R/3 Customizing Einführungsleitfaden → *Finanzwesen* → *Anlagenbuchhaltung* → *Bewertung allgemein* → *Anlagenklassenbewertung bestimmen*
zu wählen.

Menüfolge

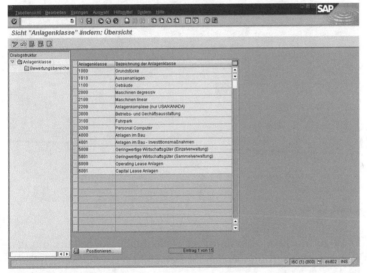

Dokumentation

Copyright SAP AG

G Realisation unter SAP R/3®

Je Anlagenklasse und hier je Bewertungsbereich sind nun die Abschreibungsschlüssel und die Nutzungsdauer festzulegen. Außerdem muss geprüft werden, ob der Bewertungsbereich für die gewählte Anlagenklasse deaktiviert werden soll. Die nachfolgende Abbildung zeigt die Zusammenhänge:

Anlagenklassen: Angaben der Bewertungsbereiche

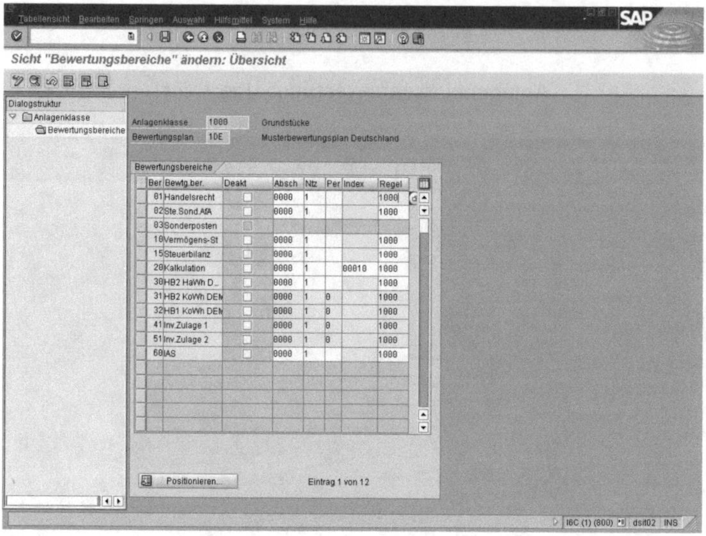

Copyright SAP AG

Es ist zu beachten, dass an dieser Stelle durch Doppelklick auf den relevanten Bewertungsbereich ins Detailbild verzweigt werden kann. Im Detailbild können z. B. Angaben zur Betragsprüfung bei GWG-Gütern festgelegt werden.

4.3.6 Eröffnen des neuen Bewertungsbereichs

Definition

Auf Basis der bisherigen Einstellungen muss der IAS-Bewertungsbereich für die vorhandenen Anlagen maschinell eröffnet werden. SAP® empfiehlt hierbei, alle erforderlichen Bewertungsbereiche bereits vor dem Produktivstart zu definieren und im Produktivsystem auf den Anlagen zu führen, da das nachträgliche Eröffnen

Anlagenbuchhaltung

eines Bereiches immer nur einen Kompromiss darstellen kann (Die parallele Rechnungslegung ist jedoch ein Grund, nachträglich einen neuen Bewertungsbereich hinzufügen).

Um den neuen IAS Bewertungsbereich zu eröffnen bzw. den vorhandenen aktiven Anlagen zuzuordnen, ist ausgehend vom SAP R/3® Anwendungsmenü die Menüfolge:
Rechnungswesen → Finanzwesen → Anlagen → Umfeld → Neuer Bewertungsbereich (RAFABNEW)
zu wählen.

Menüfolge

Maschinelles Eröffnen eines neuen Bewertungsbereiches

Dokumentation

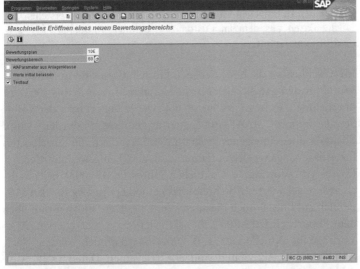

Copyright SAP AG

Beim Ausführen des Programms werden für die aktiven Anlagen im IAS-Bereich diejenigen AfA-Parameter und Bestandswerte desjenigen Bereichs (z. B. HGB-Bereich) übernommen, der im Customizing als Übernahmebereich festgelegt wurde. Ausnahme: Wenn in der Anlagenklassenbewertung für die entsprechende Anlagenklasse der IAS-Bereich inaktiv gesetzt ist. Alternativ können durch Markieren der Checkbox „AfA-Parameter aus Anlagenklasse" die Parameter aus der jeweiligen Anlagenklasse übernommen werden. Der Report übernimmt nur bei ungebuchten Anlagen die in den Anlagenklassen für den neuen Bewertungsbereich eingestellten AfA-Parameter. Nach Ablauf des Programms ist somit der Bewertungsbereich bei allen vorhandenen (aktiven) Anlagen angelegt. Für deaktivierte Anlagen wird der Bewertungsbereich IAS nicht angelegt.

> **Achtung:**
> Soll für deaktivierte Anlagen der IAS-Bewertungsbereich angelegt werden, muss hierfür ein eigenes Programm geschrieben werden. Um ggf. eine Änderung (im IAS-Bewertungsbereich der Anlage) der AfA-Schlüssel (Nutzungsdauern, AfA-Schlüssel) von bereits bebuchten Anlagen zu erreichen, ist ebenfalls ein eigener Report zu erstellen, der die Daten aus dem im Customizing definierten Quellbereich (z. B. HGB) übernimmt.

Im Anschluss an die beschriebenen Einstellungen sind nun die AfA-Werte für den IAS-Bereich für die Vorjahre (hier z. B. bis 2002) zu übernehmen. Es ist zu prüfen, ob ein eigener Report oder der SAP®-Standardreport „RAAFAR00" hierfür eingesetzt werden kann. Ebenfalls über ein eigenes Programm müssen dann die Einzelposten für Anlagenabgänge des Vorjahres (z. B. 2002) eingestellt werden.

AFA-Vorträge gemäß neuer Abschreibungsmethode aktualisieren

Da die AfA-Vorträge des aktuellen Jahres (z. B. 2003) bei möglicherweise geänderter Abschreibungsmethode (Umstieg für den IAS-Bereich auf linear) noch die alten Werte besitzen, müssen nun über den Report „RAAFAR00" die aktuellen bzw. korrigierten AfA-Vorträge ins aktuelle Jahr (z. B. 2003) übernommen werden. Nach Abschluss der Aktivitäten sind alle relevanten Daten (z. B. AfA-Schlüssel, Nutzungsdauern sowie AHK oder Wiederbeschaffungswerte) in den statistischen IAS-Bewertungsbereich übernommen. Die nachfolgenden Aktivitäten beschreiben die Umstellung des (echten) IAS-Bereichs zum 1.1. des aktuellen Jahres (z. B. 2003), für welches der Bereich mitgebucht werden soll.

4.4 Echten IAS-Bewertungsbereich einrichten

Nach abgeschlossener Wertübernahme wird der (neue) Bewertungsbereich IAS auf einen kontenführenden Bereich (für das aktuelle Jahr) auf Basis des bereits bestehenden statistischen Bewertungsbereiches umgestellt. Dazu sind die nachfolgenden Einstellungen notwendig!

> **Achtung:**
> Für die nachfolgenden Aktivitäten bieten sich verschiedene Vorgehensweisen an. Zum einen können der eingerichtete (statistische) Bewertungsbereich auf periodisches Buchen umgestellt und die Bestandswerte übernommen werden. Daneben kann jedoch auch ein zweiter (echter) IAS-Bereich aufgebaut werden, der mit den im statistischen Bereich übernommenen Werten versorgt wird. Die Vorgehensweise ist unternehmensspezifisch in Zusammenarbeit mit den relevanten Beratern zu überprüfen, und hängt z. B. davon ab, ob zwischen dem IAS- und HGB-Bereich gravierende Unterschiede zwischen den AfA-Parametern (z. B. Umstellung der Nutzungsdauern) bestehen. Die nachfolgenden Kapitel beschreiben die zweite Alternative, also die Einrichtung eines neuen (echten) IAS-Bewertungsbereiches mit Übernahme der Daten aus dem statistischen Bereich.

4.4.1 Bewertungsbereiche definieren

Im neu angelegten IAS-Bewertungsbereich muss das Buchen ins Hauptbuch zugelassen werden. Zu beachten ist, dass Zugangswerte nur 1 x Online direkt in die Konten gebucht werden – also in diesem Fall auf den Bereich „01" HGB. Die IAS Werte werden hingegen periodisch in die Bestandskonten gebucht. Diese Buchung erfolgt im Zuge der Periodenabschlussarbeiten mit dem Report „RAPERB00".

Definition

G Realisation unter SAP R/3®

Menüfolge

Um den neuen (echten) IAS-Bewertungsbereich anzulegen, ist ausgehend vom SAP R/3® Einführungsleitfaden die Menüfolge:
R/3 Customizing Einführungsleitfaden → Finanzwesen → Anlagenbuchhaltung → Bewertung allgemein → Bewertungsbereiche → Bewertungsbereiche definieren
zu wählen.

Dokumentation

Bewertungsbereiche definieren

Copyright SAP AG

Der neue IAS-Bereich ist aus dem bestehenden statistischen IAS-Bereich zu kopieren. Für den IAS-Bereich ist festzulegen, dass die Bestände nicht online, sondern periodisch (Kennzeichen „2") ins Hauptbuch (und damit u. U. auch in die Kostenrechnung) übernommen werden sollen. Da der neue IAS-Bereich die Anlagenwerte aus dem statistischen Bereich übernehmen soll, muss die Nummer des neuen IAS-Bereichs größer sein, als die Nummer des bestehenden statistischen Bereichs.

Anlagenbuchhaltung G

> **Achtung:**
>
> Wie bereits beim statistischen Bewertungsbereich beschrieben, ist auch für den echten IAS-Bewertungsbereich der entsprechende Bereichstyp zu hinterlegen. Außerdem muss im Rahmen der AHK-Wertübernahme eingestellt werden, dass die Wertübernahme zunächst aus dem statistischen IAS-Bereich (noch nicht aus dem HGB-Bereich) im Rahmen der Eröffnung des Bewertungsbereichs erfolgt. Ferner sind die Bewertungsparameter aus dem HGB-Bereich sowie der neue IAS-Bereich über die Einstellungen zur Anlagenklassenbewertung zu aktivieren.

4.4.2 Eröffnung des neuen IAS-Bewertungsbereichs

Im Zuge der maschinellen Eröffnung des IAS-Bewertungsbereichs wird, wie bereits für den statistischen Bereich beschrieben, der Bewertungsbereich für die aktiven Anlagen sowie die Abschreibungsparameter des statistischen Bereichs übernommen.

Definition

> **Achtung:**
>
> Da die Anlagenwerte für den neuen IAS-Bereich später über ein separates Programm eingebucht werden, sind die Checkboxen „Parameter aus Anlagenklasse" und „Werte initial belassen" nicht anzukreuzen. Somit wird der Bereich zunächst ohne Werte (auch ohne AfA-Beginn) eröffnet. Über ein separates (eigenes) Programm ist nun zu gewährleisten, dass aus dem statistischen Bewertungsbereich das Feld „AfA-Beginn gefüllt wird.

Nach Eröffnung und Übernahme des AfA-Beginns aus dem statistischen Bereich muss (wie bereits im Customizing-Schritt „AHK-Wertübernahme" beschrieben) die AHK-Wertübernahme dahingehend abgeändert werden, dass ab jetzt die Wertübernahme für den IAS-Bereich aus dem HGB-Bereich erfolgen soll.

4.4.3 Kontenfindung IAS/HGB definieren

In Rahmen der Kontenfindung werden die IAS-Konten (für Zu- und Abgänge sowie für Abschreibung) hinterlegt, auf die gebucht wird. Dabei erfolgt die Zuordnung der Konten je Kontenfindung (ist in der Anlagenklasse hinterlegt) und je Bewertungsbereich. Gleich-

Definition

Realisation unter SAP R/3®

zeitig werden die bestehenden Kontenfindungen im HGB-Bereich angepasst.

> **Achtung:**
> Für den (neuen) IAS-Bewertungsbereich sind i. d. R. die reinen IAS-Anlagekonten je Kontenfindung zu hinterlegen. Ebenfalls sind für den bestehenden HGB-Bewertungsbereich die reinen HGB-Konten einzupflegen. Allerdings ergibt sich für den HGB-Bereich bisher folgende Problematik: Wenn eine Anlagenklasse schon einmal bebucht wurde, darf das Konto „Zugang Anschaffungs- und Herstellkosten" und das „Wertberichtigungskonto" nicht mehr geändert werden. Das heißt, es müssen in der Kontenfindung die bestehenden Konten (also die eigentlich gemeinsamen Konten) belassen werden und nur die anderen Konten in die neuen reinen HGB-Konten geändert werden. Diese Problematik ist insbesondere im Kontenplankonzept (Stichwort: Mickey-Mouse-Lösung) und bei der Erstellung der Bilanz- u. GuV-Strukturen zu berücksichtigen.

Menüfolge

Um die Konten dem IAS-Bereich zuordnen zu können, ist ausgehend vom SAP R/3® Einführungsleitfaden die Menüfolge:
R/3 Customizing Einführungsleitfaden → Finanzwesen → Anlagenbuchhaltung → Integration mit dem Hauptbuch → Hauptbuchkonten zuordnen
zu wählen.

Definition

Nach Auswahl des relevanten Kontenplans sind für die relevanten Kontenfindungen (z. B. Technische Anlagen und Maschinen) die Zugangs-/Abgangskonten sowie in einem separaten Schritt die AfA-Konten zu definieren bzw. abzuändern:

Anlagenbuchhaltung

Zugangs-/Abgangskonten definieren: Übersicht

Dokumentation

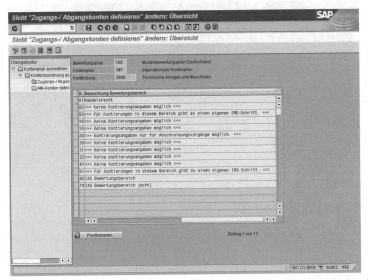

Copyright SAP AG

Für jede Kontenfindungsregel und jeden (HGB- und IAS-) Bewertungsbereich (sofern eine Buchung erlaubt ist) müssen nun die entsprechenden Konten (reine HGB- und reine IAS-Konten) festgelegt werden (durch Doppelklick auf den entsprechenden Bewertungsbereich!).

G Realisation unter SAP R/3®

Dokumentation

Zugangs-/Abgangskonten definieren: Detail

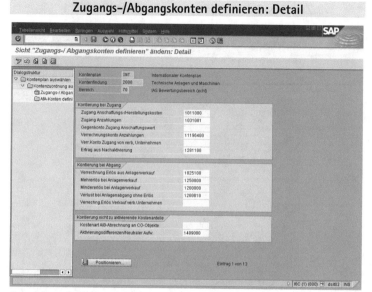

Copyright SAP AG

Die Konten, die hier (für den IAS-Bewertungsbereich je Kontenfindung bzw. Anlagenklasse) eingegeben werden, sind die reinen IAS-Konten, die z. B. der Nomenklatur Ixxxxxx folgen.

> **Achtung:**
>
> Da die Zugänge für den IAS-Bewertungsbereich i. d. R. am Periodenende über den Report „RAPERB00" per Batch-Input erfolgen, muss bei der Stammdatenpflege der IAS-Zugangskonten berücksichtigt werden, dass eine Buchung ohne Steuer erlaubt ist. Außerdem dürfen über die genutzte Feldstatusgruppe im Kontenstamm nicht Musseingaben (z. B. Texte) ausgelöst werden! Das Konto „Aktivierungsdifferenzen/Neutraler Aufwand" wird für die Kontenfindung „Investitionsmaßnahmen (Anlagen im Bau)" verwendet und sollte die Eigenschaft eines Erfolgskontos besitzen. Da dieses Konto für den IAS-Bereich ebenfalls über den Report „RAPERB00" angesprochen wird, gelten die gleichen Restriktionen wie für die IAS-Zugangskonten!

Ebenso müssen die Konten für die AfA-Buchungen je Bewertungsbereich definiert werden.

Anlagenbuchhaltung G

AFA-Konten ändern: Detail

Dokumentation

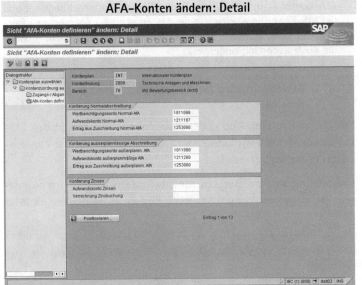

Copyright SAP AG

Achtung:

Aus den AfA-Konten werden entsprechend der hinterlegten Kostenstellen-Kontierung im Anlagenstamm die relevanten Funktionsbereiche abgeleitet. Da für alle AfA-Läufe (HGB, IAS und kalkulatorische AfA) Funktionsbereiche abgeleitet werden, müssen z. B. bei Aufruf des Berichts zur IAS-GuV nach dem UKV die HGB- und kalkulatorischen AfA-Konten in den Selektionsoptionen ausselektiert werden. Es ist darüber hinaus sicherzustellen, dass in der Feldstatusvariante des AfA-Kontos bzw. in der Feldstatusvariante des Buchungsschlüssels (z. B. 40 oder 50) der Funktionsbereich als Kann-Eingabe eingabebereit ist.

Weiterhin ist für die Übernahme der AfA-Beträge zu klären, welcher Bereich in die Kostenrechnung übernommen werden soll. I. d. R. wird vom Unternehmen vor der IAS-Einführung der kalkulatorische Bereich (Buchungssatz per kalkulatorische AfA an verrechnete kalkulatorische AfA) auf die Kostenstellen übernommen. Im Zuge der IAS-Einführung wird jedoch u. U. als führende Bewertung IAS gewählt, sodass sichergestellt werden muss, dass die IAS-AfA-Werte auch auf die Kostenstellen übernommen werden. Hierzu müssen die (bisher) neutralen

Übernahme der IAS-AfA-Werte in die Kostenrechnung?

G Realisation unter SAP R/3®

AfA-Konten (z. B. i211107) im Controlling als Kostenart angelegt und der IAS-Bewertungsbereich in die Kostenrechnung übernommen werden. Der kalkulatorische Bewertungsbereich wird dann nicht mehr in die Kostenrechnung eingespielt.

4.4.4 Bewegungsarten zur Altdatenübernahme in den IAS-Bereich

Definition

Für die spätere Einbuchung der Anlagenbestandswerte in den IAS-Bewertungsbereich wird eine eigene Bewegungsart für die Zugangsbuchung angelegt.

Menüfolge

Um eine eigene Bewegungsart für Zugänge im IAS-Bereich zu pflegen, ist ausgehend vom SAP R/3® Einführungsleitfaden die Menüfolge:

R/3 Customizing Einführungsleitfaden → Finanzwesen → Anlagenbuchhaltung → Vorgänge → Zugänge → Bewegungsarten für Zugänge definieren
zu wählen.

Dokumentation

Bewegungsarten für den IAS-Bereich definieren

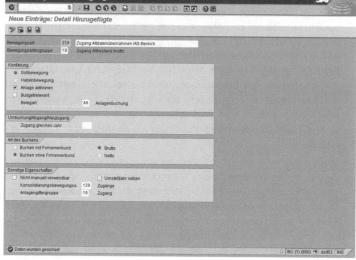

Copyright SAP AG

Anlagenbuchhaltung G

Neben einer Zugangsbewertungsart (Soll-Buchung) ist es sinnvoll, eine weitere Haben-Bewegungsart für die Stornierung einzurichten.

Nach Einrichtung der Bewegungsart ist diese (im gleichen Customizing-Punkt) auf den Bewertungsbereich IAS einzuschränken:

Bewegungsart auf Bewertungsbereich einschränken

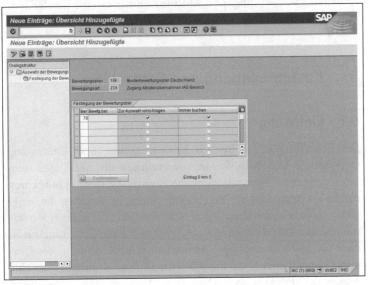

Copyright SAP AG

4.4.5 Buchen der Bestände und Anlagenwerte in den IAS-Bereich

Nach Einrichten der neuen Bewegungsart werden die vorhandenen Anlagen über ein eigens zu erstellendes Programm per Batch-Input aus dem statistischen IAS-Bereich zum 31.12. des Vorjahres (über die neue Bewegungsart) übernommen. Im Anschluss daran müssen die relevanten Anlagenwerte wie Abschreibungen (durch den Report „RABUCH00") sowie die Bestandswerte (durch den Report „RAPERB00") für den IAS-Bereich eingespielt werden. Nach Abschluss dieser Aktivitäten kann der IAS-Bereich für das aktuelle Jahr fortgeschrieben werden.

G Realisation unter SAP R/3®

4.4.6 Zusammenfassung

Externe Berater für die Übernahme der Anlagenwerte

Für die Übernahme der Daten (Bestände, Afa-Werte etc.) in den IAS-Bewertungsbereich sind i. d. R. – wie beschrieben – eigens zu programmierende Übernahmeprogramme notwendig, da eine Übernahme mit den SAP R/3 ®-Standardfunktionalitäten problematisch erscheint. Insofern sollten im Rahmen der IAS-Einführung für die Aktivitäten in der Anlagenbuchhaltung immer externe Berater hinzugezogen werden.

5 Kostenrechnung und Controlling

5.1 Einleitung

Die Einstellungen im Bereich Kostenrechnung und Controlling (SAP-Modul CO) betreffen im Wesentlichen die Aktivitäten zum Aktivieren des Abstimmledgers, die Einstellungen zur Abwicklung der F+E-Kosten und der Ergebnisermittlung im Rahmen der langfristigen Auftragsfertigung sowie Anpassungen von Kalkulationsvarianten und Vorgehensweisen zur Tarifermittlung. Grundsätzlich ist die Kostenstellenrechnung Voraussetzung zur Abbildung des Umsatzkostenverfahrens, da die Kostenstellen als Kontierungsobjekte gemäß den Funktionsbereichen (z. B. Vertrieb oder Verwaltung) gegliedert sein müssen.

Integration des Moduls CO

Das Modul CO zeichnet sich durch seinen stark integrativen Charakter innerhalb der anderen Unternehmensbereiche (z. B. Finanzbuchhaltung, Materialwirtschaft) aus. Zum einen fließen bestimmte Werte (z. B. Ware in Arbeit, Abrechnungen von Investitionsmaßnahmen) vom Controlling in die Finanzbuchhaltung zurück. Hier muss die Höhe des zurückfließenden Wertansatzes (IAS oder HGB[236]) berücksichtigt werden.

Außerdem fließen aus anderen Bereichen Werte in das Controlling ein. Aus der Anlagenbuchhaltung muss z. B. geprüft werden, welche

---

[236] Vgl. Kapitel D „Gewinn- und Verlustrechnung", Punkt „Konvergenz des internen und externen Rechnungswesens".

Abschreibungswerte (HGB/IAS/kalkulatorisch) im Plan bzw. im Ist übernommen werden sollen. Auch bei den Rückstellungsbuchungen (z. B. Pensionsrückstellungen) sind die relevanten zu übernehmenden Werte zu bestimmen. Insbesondere bei der Tarifermittlung für die jeweiligen Leistungsarten sowie der Kalkulation der Standardpreise wirkt sich die Höhe der übernommenen Wertansätze aus.

5.2 Abstimmledger

5.2.1 Abstimmledger aktivieren

Um zu gewährleisten, dass nach Durchführung von CO internen Buchungen, die über Funktionsbereichsgrenzen hinweg getätigt wurden, das interne und externe UKV-Berichtswesen weiterhin übereinstimmt, müssen solche funktionsbereichsübergreifenden Buchungen vom System dokumentiert werden.

Definition

> **Beispiel:**
>
> Die Kostenstelle Vertrieb wird aus der Finanzbuchhaltung mit der Kostenart „420000 Löhne" in Höhe von 1.000 € belastet. Im Anschluss findet eine CO-interne Umbuchung dieser Kostenart in voller Höhe von der Kostenstelle Vertrieb auf die Kostenstelle Verwaltung statt. Diese Umbuchung hat zur Folge, dass im internen Rechnungswesen die Löhne unter dem Funktionsbereich Verwaltung ausgewiesen werden, während im externen Rechnungswesen der Ausweis dieser Kosten weiter unter dem Funktionsbereich Vertrieb erfolgt. Das Abstimmledger dokumentiert diese funktionsübergreifende Buchung. Am Periodenende wird automatisch folgende Abstimmbuchung in der Finanzbuchhaltung vom System erzeugt:
>
> | | |
> |---|---|
> | per 420000 Löhne | 1.000 € (+ FB: Verwaltung) |
> | an Verrechnungskonto | 1.000 € |
> | | |
> | per Verrechnungskonto | 1.000 € |
> | an 420000 Löhne | 1.000 € (+ FB: Vertrieb). |

Realisation unter SAP R/3®

Nach Durchführung der Abstimmbuchung werden auch in der Finanzbuchhaltung die Löhne im Funktionsbereich Verwaltung ausgewiesen. Das Verrechnungskonto wird im Customizing hinterlegt. Findet die Umbuchung im Controlling mit einer sekundären Kostenart statt (z. B. in Form einer Umlage) kann im Customizing festgelegt werden, dass z. B. bei (dem Vorgang) einer Umlage (die zu einem Funktionsbereichswechsel führt) ein spezielles primäres Erfolgskonto als Ausgleichskonto herangezogen wird.

Zur Dokumentation von übergreifenden Buchungen muss daher das Abstimmledger im Kostenrechnungskreis aktiviert werden.

> **Achtung:**
> Werden im Controlling interne funktionsübergreifende Buchungen durchgeführt (z. B. vom Funktionsbereich 150 zum Funktionsbereich 600 im Zuge einer Umlage), so ist der neue Funktionsbereich (hier z. B. der Funktionsbereich 600) zunächst nur bei Auswertungen im internen Rechnungswesen sichtbar – also nicht bei Auswertungen der GuV nach dem UKV im externen Rechnungswesen oder bei Aufruf der Summensatzanzeige im speziellen Ledger. Erst nach Durchführung der Abstimmbuchung ist der neue Funktionsbereich im externen Rechnungswesen sichtbar.

Kostenrechnung und Controlling

Um zu prüfen, ob das Abstimmledger im Kostenrechnungskreis Menüfolge
aktiviert ist, ist ausgehend vom SAP R/3® Einführungsleitfaden die
Menüfolge:
*R/3 Customizing Einführungsleitfaden → Controlling → Controlling
allgemein → Organisation → Kostenrechnungskreis pflegen*
zu wählen.

Kostenrechnungskreis: Grunddaten   Dokumentation

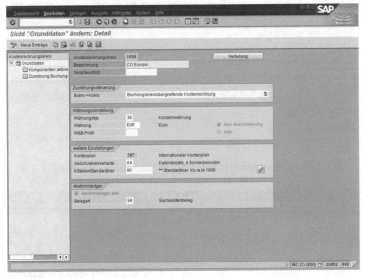

Copyright SAP AG

Es ist zu prüfen, ob das Abstimmledger im Kostenrechnungskreis
aktiviert ist. Eine nachträgliche Aktivierung des Abstimmledgers ist
allerdings jederzeit zu Beginn einer neuen Buchungsperiode über die
Menüfolge:
R/3 Customizing Einführungsleitfaden → Controlling → Kostenartenrechnung → Abstimmledger → Abstimmledger aktivieren
möglich.

5.2.2 Ausgleichskonten für Abstimmbuchungen pflegen

Sind im Controlling Werte über Funktionsbereichsgrenzen hinweg Dokumentation
geflossen, müssen diese über (vom System her generierte) Ab-

401

G Realisation unter SAP R/3®

stimmbuchungen am Periodenende in der Finanzbuchhaltung nachgehalten werden (siehe auch das Beispiel im vorherigen Punkt dieses Kapitels). Erfolgt die interne funktionsübergreifende CO-Buchung auf sekundäre Konten, muss die Ausgleichsbuchung in der Finanzbuchhaltung auf separaten (primären) Ausgleichskonten durchgeführt werden. Für primäre funktionsübergreifende CO-Buchungen kann die Ausgleichsbuchung auf dem entsprechenden Aufwandskonto durchgeführt werden. In einem weiteren Schritt ist das Funktionsbereichsverrechnungskonto an dieser Stelle zu hinterlegen.

Menüfolge

Um die Ausgleichskonten für die Abstimmbuchung zu hinterlegen, ist ausgehend vom SAP R/3® Einführungsleitfaden die Menüfolge:
R/3 Customizing Einführungsleitfaden → Controlling → Kostenartenrechnung → Abstimmledger → Ausgleichskonto für Abstimmbuchung definieren
zu wählen.

Dokumentation

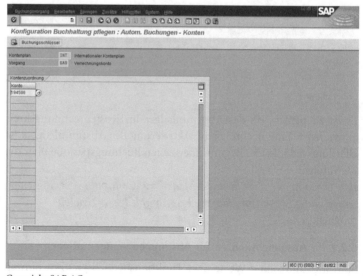

Copyright SAP AG

Kostenrechnung und Controlling

Nach Hinterlegung des Funktionsbereichsverrechnungskontos sind die Ausgleichskonten für die automatischen Buchungen zu hinterlegen:

Dokumentation

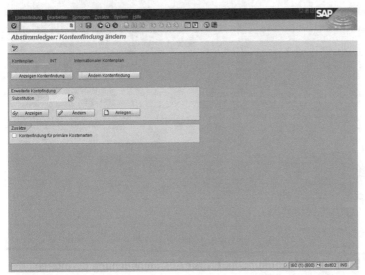

Copyright SAP AG

Über den Button <*Ändern Kontenfindung*> können die Ausgleichskonten hinterlegt werden.

Tipp:

I. d. R. wird für alle CO-Vorgänge ein einheitliches Ausgleichskonto hinterlegt. Eine Differenzierung wird in den seltensten Fällen vorgenommen.

G

Realisation unter SAP R/3®

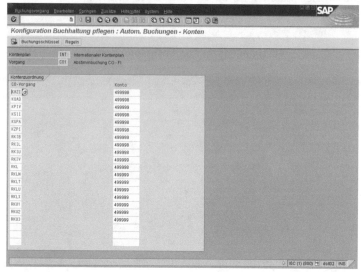

Copyright SAP AG

5.2.3 Belegnummernkreis für Abstimmbuchung definieren

Definition
Für jede Abstimmbuchung wird vom System ein Beleg zum Nummernkreisobjekt „Belege Abstimmledger" erzeugt. Aus diesem Grund muss für die Abstimmbuchungen ein eindeutiger Belegnummernkreis hinterlegt werden.

Menüfolge
Um die Belegnummernkreise zu definieren, ist ausgehend vom SAP R/3® Einführungsleitfaden die Menüfolge:
R/3 Customizing Einführungsleitfaden → Controlling → Kostenartenrechnung → Abstimmledger → Belegnummernkreis für Abstimmbuchung festlegen
zu wählen.

Kostenrechnung und Controlling

Belegnummernkreis pflegen — Dokumentation

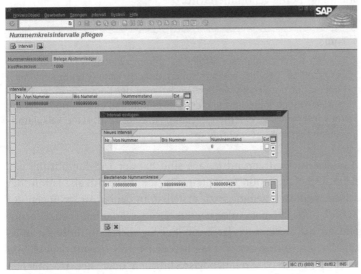

Copyright SAP AG

Für das Nummernkreisobjekt „Belege Abstimmledger" ist das Nummernkreisintervall zu hinterlegen.

5.3 Exkurs: Anpassung Leistungsartentarife und Kalkulation

Bei Übernahme der HGB-Werte (z. B. Abschreibungen oder Rückstellungsbeträge) in die Kostenstellenrechnung – unterstellt wird hier somit eine führende Bewertung nach HGB – müssen ggf. Wertanpassungen für die spätere (IAS-)Tarifermittlung vorgenommen werden. Von der Vorgehensweise her sind dabei zunächst die gebuchten HGB-(Plan- bzw. Ist-)Kosten in eine eigene Planversion zu kopieren. Die HGB-Kosten dieser neuen IAS-Planversion werden dann auf IAS-Wertansätze umbewertet. Hierzu bietet das SAP®-System maschinelle Unterstützung (z. B. Zyklen für Umbewertungen). Auf Basis der angepassten IAS-Planversion lassen sich dann IAS-Tarife (und Gemeinkostenzuschläge) ermitteln, auf welche z. B.

Definition

G Realisation unter SAP R/3®

im Zuge der Standardpreis- oder der Inventurkalkulation (versionsabhängig) Bezug genommen wird.

> **Tipp:**
> Es ist unternehmensspezifisch zu prüfen, welche Wertansätze im Controlling geführt werden sollen und ob somit Umbewertungen überhaupt notwendig werden. Im Rahmen der Konvergenz des Rechnungswesens sollte im Zuge der IAS-Einführung eine Harmonisierung des internen und externen Rechnungswesens (z. B. keine kalkulatorischen Wertansätze mehr) angestrebt werden.

Kalkulationsvarianten

Aus diesem Hintergrund heraus sind bei der IAS-Einführung ggf. neue IAS-Kalkulationsvarianten für die Inventurkalkulation der selbsterstellten Erzeugnisse zu erstellen, in denen Anpassungen der Kalkulationsschemata oder der Bewertungsvarianten (neue Versionen für die Herleitung der Tarife bei Eigenleistung) erfolgen müssen. Die Ergebnisse der stichtagsbezogenen IAS-Inventurkalkulation werden in den je drei handelsrechtlichen oder steuerrechtlichen Preisfeldern der Materialstämme fortgeschrieben und mit den Ergebnissen aus der Niederstwertermittlung verglichen.

> **Tipp:**
> Mögliche Umbewertungsdifferenzen der Bestände zum Bilanzstichtag werden manuell - je Bewertungsbereich - in der Finanzbuchhaltung auf Ebene des Bestandskontos gebucht. Der Buchungssatz lautet somit immer „per Aufwand Bewertung an Wertberichtigung Bestand". Für den IAS-Bereich ist hierfür ein separates Aufwands- und Wertberichtigungsbestandkonto anzulegen. Gleiches gilt für die für den HGB-Bereich durchzuführende Buchung.

5.4 Abwicklung F+E im Investitionsmanagement

Definition

Das Kapitel „Abwicklung F+E im Investitionsmanagement" beschreibt die notwendigen Einstellungen im R/3 System, falls es zu Aktivierungsdifferenzen in den unterschiedlichen Bewertungsbereichen (HGB bzw. IAS) kommt (z. B. bei Entwicklungskosten). Die

Kostenrechnung und Controlling

folgende Abbildung zeigt beispielhaft die Abrechnungsphasen (HGB und IAS) einer Belastung auf eine Investitionsmaßnahme:[237]

Beispiel:

Werteströme bei Abrechnung einer Investitionsmaßnahme

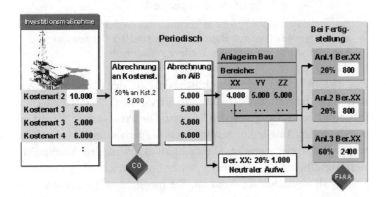

Copyright SAP AG

Die in einer Höhe von 10.000 € gebuchten Kosten mit der Kostenart 2 (Fertigungsgemeinkosten) auf die Investitionsmaßnahme sollen nur zu 50 % aktiviert werden. Deshalb ist für diese Kostenart in der pauschalen Abrechnungsvorschrift mit Ursprungsschema festgelegt, dass periodisch 50 % auf die Kostenstelle 2 abgerechnet werden sollen. Die Vorabrechnung im CO arbeitet für alle Bewertungen. Im CO erfolgt nur eine nicht getrennte Fortschreibung von Werten. D. h. die Vorabrechnung ist nur zur „Reduzierung" gleicher nicht aktivierbarer Kostenbestandteile geeignet.

Die verbleibenden 5.000 € werden vom System periodisch auf eine Anlage im Bau abgerechnet. Die IAS-Vorgaben legen fest, dass im Bewertungsbereich XX (IAS) weniger als 50 % der Fertigungsgemeinkosten aktiviert werden dürfen. Deshalb ist im ver-

---

[237] Beispiel in Anlehnung SAP R/3® Bibliothek: Rechnungswesen → Investitionsmanagement → Investitionsmaßnahmen → Abrechnung von Investitionsmaßnahmen → Werteströme bei der Abrechnung.

wendeten Abgrenzungsschema festgelegt, dass nur 80 % der verbleibenden 5.000 € (= 4.000 €) auf Anlage im Bau abgerechnet werden. Die restlichen 1.000 € fließen als Aktivierungsdifferenz auf das Konto, das in der Kontenfindung des Bereiches XX für den neutralen Aufwand vorgesehen ist. Grundsätzlich kann nur auf ein Konto je Bewertungsbereich abgerechnet werden; wobei das Konto nicht wieder in die Kosten übernommen werden kann (das Konto darf keine Kostenart sein; die Festlegung einer CO-Kontierung ist nicht vorgesehen).

Bei Fertigstellung der Anlage rechnet das System die auf AiB aktivierten 4.000 € auf Basis einer pauschalen Gesamtabrechnungsvorschrift auf drei verschiedene Anlagen ab.

Aus diesem Beispiel wird ersichtlich, dass bei der Abrechnung verschiedene Bewertungsbereiche (HGB/IAS) mit unterschiedlichen Prozentsätzen versorgt werden können. Die Prozentsätze für die zu aktivierenden Anteile können in einem so genannten Aktivierungsschlüssel festgelegt werden. Die nicht zu aktivierenden Anteile (Bewertungsdifferenzen zwischen Bewertungsbereichen) grenzt das System als neutralen Aufwand ab. Ein möglicherweise vorhandener kalkulatorischer Bewertungsbereich wird dabei immer zu 100 % abgerechnet; deshalb ist die Investitionsmaßnahme (aus Sicht des Controllings) am Ende immer vollständig entlastet.

> **Tipp:**
> Die nachfolgenden Einstellungen zu den Aktivierungswerten je Bewertungsbereich werden nur benötigt, falls es zu Aktivierungsdifferenzen je Bewertungsbereich kommt.

Um die unterschiedlichen Aktivierungswerte je Bewertungsbereich im R/3® System abzubilden, sind folgende Einstellungen notwendig:
- Aktivierungsversionen definieren,
- Aktivierungsschlüssel pflegen,
- Konten für den neutralen Aufwand definieren.

Die nachfolgende Abbildung zeigt nochmals die grundlegenden Zusammenhänge zwischen den einzelnen Komponenten und einer Investitionsmaßnahme:[238]

Investitionsmaßnahme und Komponenten

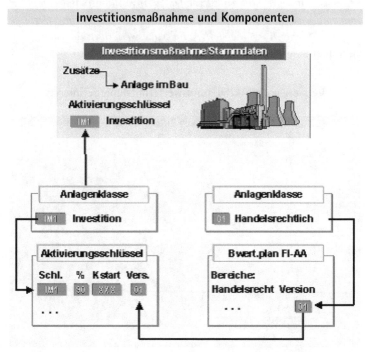

Copyright SAP AG

5.4.1 Aktivierungsversionen je Bewertungsbereich definieren

Jedem Bewertungsbereich (IAS und HGB) wird eine entsprechende Aktivierungsversion zugeordnet, zu welcher an späterer Stelle über einen so genannten Aktivierungsschlüssel die Aktivierungsprozentsätze (z. B. je Kostenart oder Kostenartengruppe) gepflegt werden.

Definition

---

[238] Beispiel in Anlehnung an die SAP R/3® Bibliothek: Rechnungswesen → Investitionsmanagement → Investitionsmaßnahmen → Abrechnung von Investitionsmaßnahmen → Werteströme bei der Abrechnung.

G Realisation unter SAP R/3®

Menüfolge

Um Versionen für die Aktivierungsermittlung (je Bewertungsbereich) zu definieren, ist ausgehend vom SAP R/3® Einführungsleitfaden die Menüfolge:
R/3 Customizing Einführungsleitfaden → *Investitionsmanagement* → *Innenaufträge als Investitionsmaßnahmen* → *Aktivierungswerte je Bewertungsbereich* → *Version Aktivierungswertermittlung definieren*
zu wählen.

Dokumentation

Versionen der Aktivierungswertermittlung definieren

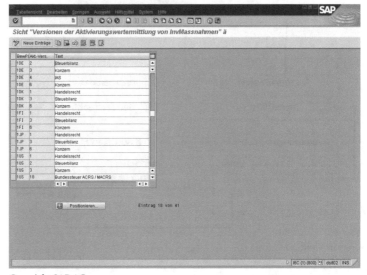

Copyright SAP AG

Je Bewertungsplan sind für jeden Bewertungsbereich die relevanten Aktivierungsversionen zu definieren. In einem zweiten Schritt sind in diesem Customizing-Punkt die Versionen den Bewertungsbereichen zuzuordnen:

Dokumentation

Versionen Bewertungsbereichen zuordnen

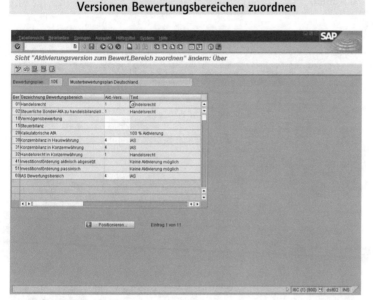

Copyright SAP AG

5.4.2 Aktivierungsschlüssel pflegen

In einem Aktivierungsschlüssel werden für Kostenarten und Leistungsarten die zu aktivierenden Prozentsätze festgelegt. Während die zu aktivierenden Kostenanteile (als Anschaffungs- und Herstellungskosten) der entsprechenden Anlage im Bau belastet werden, werden die nicht zu aktivierenden Kosten als neutraler Aufwand abgegrenzt. Ein Aktivierungsschlüssel kann in den Stammdaten der zu einer Investitionsmaßnahme gehörigen Anlage im Bau hinterlegt werden. Alternativ kann der Aktivierungsschlüssel als Vorschlagswert in die relevante Anlagenklasse hinterlegt werden.

Definition

G Realisation unter SAP R/3®

Menüfolge

Um die Aktivierungsschlüssel zu pflegen, ist ausgehend vom SAP R/3® Einführungsleitfaden die Menüfolge:
R/3 Customizing Einführungsleitfaden → *Investitionsmanagement* → *Innenaufträge als Investitionsmaßnahmen* → *Aktivierungswerte je Bewertungsbereich* → *Aktivierungsschlüssel*
zu wählen.

Dokumentation

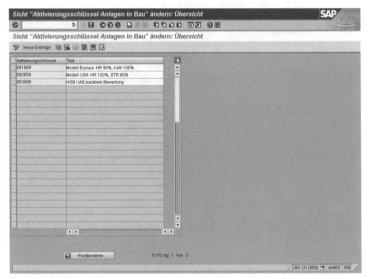

Copyright SAP AG

In diesem Customizing-Punkt ist zunächst der relevante Aktivierungsschlüssel für die parallele Bewertung nach HGB und IAS zu definieren. In einem zweiten Schritt sind je definierter Aktivierungsversion HGB und IAS die aktivierungspflichtigen (je Kostenart und Leistungsart) Prozentsätze zu pflegen:

Kostenrechnung und Controlling

Prozentsätze je Aktivierungsschlüssel

Copyright SAP AG

Weiterhin besteht in diesem Customizing-Schritt die Möglichkeit, den definierten Aktivierungsschlüssel einer Anlagenklasse (z. B. Anlagen im Bau) zuzuordnen.

5.4.3 Konten für neutralen Aufwand bestimmen

Die aus HGB-Sicht nicht zu aktivierenden Kostenanteile (gemäß Aktivierungsschlüssel) bucht das System z. B. bei Abrechnung des Projektes auf das Konto Neutraler Aufwand. Daneben wird dieses Konto genutzt, wenn aufgrund bereichsspezifischer Zugangsbuchungen innerhalb der Anlagenbuchhaltung (über den Report „RAPERB00") Aktivierungsdifferenzen ausgebucht werden müssen, wobei das System die Differenz immer in Bezug zum Bewertungsbereich 01 (Handelsrecht) bildet. Dieses Konto muss somit je Bewertungsbereich in den Kontozuordnungen der betroffenen AiB-Anlagenklassen hinterlegt werden.

Definition

G Realisation unter SAP R/3®

> **Achtung:**
>
> Das Konto „Neutraler Aufwand" darf keine Kostenart sein. Auf diese Weise ist sichergestellt, dass Belastungen nicht doppelt in die Kostenrechnung gelangen (einmal als Aktivierungsdifferenz/neutraler Aufwand und einmal über die spätere Abschreibung der fertigen Anlage).

Menüfolge

Um die Aktivierungsschlüssel je Kontenfindung und Bewertungsbereich zu pflegen, ist ausgehend vom SAP R/3® Einführungsleitfaden die Menüfolge:

R/3 Customizing Einführungsleitfaden → *Investitionsmanagement* → *Innenaufträge als Investitionsmaßnahmen* → *Aktivierungswerte je Bewertungsbereich* → *Aktivierungsschlüssel*
zu wählen.

Neutrale Konten hinterlegen

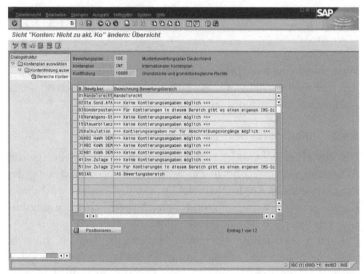

Copyright SAP AG

Durch Doppelklick auf den entsprechenden Bewertungsbereich ist für die relevante Kontenfindung (i. d. R. Investitionsmanagement, Anlagen im Bau) das neutrale Aufwandskonto zu hinterlegen.

Kostenrechnung und Controlling

Dabei ist (Annahme: HGB führende Bewertung) für den HGB-Bewertungsbereich ein reines HGB-Konto zur Aufnahme der nicht zu aktivierenden Entwicklungskosten, für den IAS-Bewertungsbereich ein IAS-Gegenkonto (gemäß der Mickey-Mouse-Konzeption) für die AiB-Zugangsbuchung zu hinterlegen.

Das HGB-Erfolgskonto darf dabei keine Kostenart im Controlling sein, da ansonsten die Kosten doppelt eingebucht werden – einmal im Zuge der Aufwandsbuchung auf das Projekt bzw. den Auftrag und einmal bei (kostenartengerechter) Abrechnung (per neutrales Konto an Belastungskostenart). Gleiches gilt für IAS-Erfolgskonto.

Neutrale Aufwandskonten nicht als Kostenart

Achtung:

Das neutrale Aufwandskonto fungiert für die führende Bewertung (z. B. HGB) als normales GuV-Konto. Für die andere Bewertung (z. B. IAS) erfüllt es die Funktion eines so genannten Gegenkontos zu rein verrechnungstechnischen Zwecken, wobei dieses Gegenkonto ein Erfolgskonto sein sollte. Da dieses IAS-Gegenkonto per Batch-Input über den Report „RAPERB00" gebucht wird (siehe hierzu auch das zusammenfassende Beispiel), muss sichergestellt sein, dass über die im Stammsatz des Kontos eingepflegte Feldstatusgruppe bei Buchungen keine Musseingaben (z. B. Texte) verlangt werden. Außerdem sollte für dieses Konto eine Buchung ohne Steuer erlaubt sein. Bei Definition als Erfolgskonto muss dieses Verrechnungskonto (über einen separaten Erfolgskontentypen) einem eigenen Ergebnisvortragskonto zugeordnet werden, welches nicht dem HGB-, dem IAS- bzw. dem gemeinsamen Bereich zugeordnet ist! Daneben darf dieses Verrechnungskonto niemals einer Bilanz-/und GuV-Struktur zugeordnet werden.

5.4.4 Zusammenfassendes Beispiel

Das nachfolgende Beispiel soll die Einstellungen und den Ablauf zur F+E-Verrechnung zusammenfassend verdeutlichen:

Beispiel:[239]

Ein Investitionsauftrag (Entwicklungsleistungen) wird mit Fremdleistungskosten in Höhe von 10.000 € belastet. Nach HGB

---

[239] In Anlehnung an die SAP R/3®-Kurs-Unterlagen: Kurs „WDEIAS" (2002).

G

Realisation unter SAP R/3®

dürfen 0 %, nach IAS müssen dagegen 100 % der Kosten aktiviert werden. Die nachfolgende Abbildung zeigt das Beispiel in Kontenform, unterteilt in HGB-, gemeinsame und IAS-Konten:

Beispiel F+E

	HGB		gemeinsame Konten		IAS
Bilanz	Anlage im Bau 2) 0	Wertberichtigung AfA	Debitor (Forderung)	Kreditor (Verbindlichkeit) 10.000 1)	Anlage im Bau 3) 10.000
GuV	Nicht aktiv. HGB (Neutral. Aufw.) 2) 10.000	Aufwand / Fremdl. 1) 10.000 2) 10.000			
Anhang		Innenauftrag 1) 10.000	Erlös aus Anlagenverkauf		

Geschäftsvorfälle
1) Belastung Innenauftrag
2) Abrechnung Innenauftrag
3) Starten Report ‚RAPERB00'

Gegenkonto
Neutraler Aufw.
3) 10.000

Copyright SAP AG

Der belastete Innenauftrag wird auf die Anlage im Bau abgerechnet. Der Anlagenklasse „Anlagen im Bau" ist der Aktivierungsschlüssel zugeordnet, welcher für die HGB-Aktivierungsversion (0 %) sowie für die IAS-Aktivierungsversion (100 %) die aktivierungspflichtigen Prozentsätze zuweist. Somit wird bei der Abrechnung des Innenauftrages für die Anlage im Bau im Bewertungsbereich HGB 0 € und im Bewertungsbereich IAS 10.000 € ausgewiesen (insofern ist ein Ausweis im Anlagengitter unproblematisch). Die HGB-Aktivierungsdifferenz wird (automatisch) auf das entsprechende (neutrale) Aufwandskonto für nicht zu aktivierende Kostenbestandteile verbucht (für dieses Konto darf keine Kostenart im CO gepflegt sein!).

Achtung: Der bei dieser Abrechnung erzeugte Buchungssatz (per neutrales HGB-Erfolgskonto „Nicht akt. Anteile HGB" an ursprüngliches Belastungskonto „Aufwand/Fremdleistung") leitet je Position den Funktionsbereich „F+E" ab. Gemäß der Annahme, dass eine GuV nach dem UKV nur für den IAS-Bereich erstellt

Kostenrechnung und Controlling

werden soll, muss das neutrale HGB-Erfolgskonto auf den Funktionsbereich „HGB" bzw. „nicht relevant für die IAS-GuV nach dem UKV" verweisen (welcher in der IAS-GuV nach UKV nicht berücksichtigt wird), da ansonsten der Funktionsbereich „F+E" niemals ausgeglichen sein würde. Der Ausgleich des F+E-Bereiches wird somit ausschließlich über die Belastung und Abrechnung des Projektes bzw. Auftrages erreicht – wobei die Ableitung des Funktionsbereichs aus dem Stammdatenobjekt (z. B. Projektart) und nicht aus den Erfolgskonten erfolgt.

Bisher ist jedoch noch nicht der Zugang auf das IAS-Anlagenkonto gebucht worden. Die Zugangsbuchung erfolgt am Periodenende über den Report „RAPERB00", und zwar auf das Konto, das in der Kontenfindung zum Bewertungsbereich IAS als Zugangskonto hinterlegt wurde. Der Report verbucht entsprechend den hinterlegten Einstellungen (z. B. Aktivierungsschlüssel) die reinen IAS-Konten (wie in der Abbildung ersichtlich) automatisch (per Anlage an neutralem Aufwand).

Wird im weiteren Verlauf für das Projekt bzw. den Auftrag die fertige Anlage im Stammsatz hinterlegt, wird im Zuge der Gesamtabrechnung die Anlage im Bau (entsprechend der belasteten Bewertungsbereiche – IAS 100 %, HGB 0 %) auf die fertige Anlage umgebucht. Der Report „RAPERB00" nimmt dann ebenfalls die IAS-Kontenumbuchung (von AiB-Konto auf Konto für Fertige Anlage) vor.

5.5 Ergebnisermittlung für langfristige Aufträge bzw. Projekte

Ein wesentlicher Unterscheidungspunkt der Rechnungslegungsvorschriften HGB und IAS liegt in der Ergebnisermittlung lang laufender Aufträge und Projekte. Während § 252 I HGB vor dem Hintergrund des strengen Realisationsprinzips eine Fakturierung der Umsätze erst bei Vollendung des Auftrages vorsieht (Completed Contract Methode – CCM), schreibt IAS 11 im Rahmen der Percentage-of-completion (POC)-Methode vor, Auftragserlöse und Auftragskosten in Verbindung mit langlaufenden Aufträgen (Fertigungsprozess reicht über einen oder mehrere Bilanzstichtage hinaus; Verträge ohne Meilensteinvereinbarungen) entsprechend dem Leistungsfortschritt als Erträge u. Aufwendungen zu erfassen. Somit ergeben

Definition

G Realisation unter SAP R/3®

sich für die IAS-Bewertungsgrundsätze in diesem Zusammenhang Fragestellungen dahingehend, wann Gewinne als realisiert angesehen werden und ob z. B. Rückstellungen für fehlende Kosten zu bilden bzw. aufzulösen sind. Für die technische Umsetzung der Anforderungen stellt das SAP®-System die Funktionalität der Ergebnisermittlung zur Verfügung, mit welcher z. B. die Kosten des Umsatzes oder Rückstellungen für fehlende Kosten bzw. drohende Verluste automatisiert ermittelt werden können.

Abgrenzungsversionen

Die Abbildung der unterschiedlichen Bewertungsmethoden (erlösproportionale Methode mit und ohne Gewinnrealisierung, kostenproportionale POC-Methode, CCM-Methode etc.) erfolgt systemtechnisch über die Definition unterschiedlicher Abgrenzungsversionen. Welche Methoden zur Ergebnisermittlung im Unternehmen genutzt werden, muss im Einzelfall geprüft werden.

> **Hinweis:**
> Der OSS ®-Hinweis 108663 verweist auf zusätzliche Informationen und (Customizing-)Dokumentationen zu Szenarien der Ergebnisermittlung (inklusive Beispielen). Siehe auch im Sapnet unter der Adresse *http://service.sap.com/co-pc* und dem Pfad „Frequently Asked Questions" – Dokument: Ergebnisermittlung Customizing.

5.5.1 Exkurs: Beispiel zur Ergebnisermittlung

Definition

Das nachfolgende Beispiel soll zunächst ein allgemeines Verständnis für die unterschiedlichen Ergebnisermittlungsmethoden nach HGB und IAS entwickeln. Auf Basis dieses Beispieles sollen dann die Einstellungen im R/3®-Systems verdeutlicht werden.[240]

---

[240] Beispiel in Anlehnung an die SAP R/3® Bibliothek: Rechnungswesen → Controlling → Produktkosten-Controlling → Kostenträgerrechnung → Kundenauftrags-Controlling → Periodenabschluss Kundenauftrags-Controlling → Ergebnisermittlung → Ergebnisermittlungsmethoden.

Kostenrechnung und Controlling

Beispiel:

Dieses Beispiel bezieht sich zum einen auf die Durchführung der kostenproportionalen POC-Methode, nach welcher im Gegensatz zum HGB-Recht nicht realisierte Gewinne ausgewiesen werden dürfen. Kostenproportional bedeutet in diesem Zusammenhang, dass sich der Fertigstellungsgrad aus dem Verhältnis der Istkosten zu den Plankosten ergibt. Über die POC-Methode besteht die Möglichkeit, ergebniswirksame Erlöse auf Basis der Istkosten zu berechnen (Gewinnausweis, bevor Erlöse entstanden sind), nicht realisierte Gewinne auszuweisen sowie einen erlösfähigen Bestand zu berechnen. Gleichzeitig soll im weiteren Verlauf des Beispiels die Completed-Contract-Methode (CCM) – bei welcher Erlöse und Gewinne erst bei Fertigstellung des Auftrages realisiert werden – dargestellt werden. Für dieses Beispiel gelten folgende Formelbestandteile bzw. Restriktionen:

Die nachfolgende Übersicht zeigt zunächst das Zahlenbeispiel für die POC-Methode (um die POC-Methode durchführen zu können, müssen Sie auf dem relevanten Kostenträger bereits Kosten und Erlöse geplant haben):

Beispiel zur POC-Methode

Szenario: POC-Methode

		Plan	Ist (Per.1)	Ist (Per.2)	Ist (Per.3)	Ist (Per.4)
Erlöse		200.000 €	-	100.000 €	90.000 €	10.000 €
Kosten		120.000 €	20.000 €	80.000 €	90.000 €	130.000 €
	FSG* = K(i) / K(p) =		16,67%	66,67%	75,00%	108,30%
	K(PA) = FSG * K(p) =		20.000 €	80.000 €	90.000 €	130.000 €
	E(PA) = FSG * E(p) =		33.333 €	133.333 €	150.000 €	200.000 €
	* Fertigstellungsgrad					
	Ergebnisrechnung					
	Errechneter Erlös - E(PA):		33.333 €	133.333 €	150.000 €	200.000 €
	Kosten des Umsatzes - K(PA):		20.000 €	80.000 €	90.000 €	130.000 €
	Ergebnis		13.333 €	53.333 €	60.000 €	70.000 €
	Gewinn- und Verlustrechnung					
Aufwand	Istkosten		20.000 €	80.000 €	90.000 €	130.000 €
	Erlösüberschuss		-	-	40.000 €	-
	Gewinn		13.333 €	53.333 €	60.000 €	70.000 €
Ertrag	Isterlös		-	100.000 €	190.000 €	200.000 €
	Erlösfähiger Bestand		33.333 €	33.333 €	-	-

In der Periode 1 fallen lediglich Istkosten, jedoch keine Erlöse an. Insofern wird neben den ergebniswirksamen Kosten auch ein erlösfähiger Bestand in Höhe von 33.333 € ausgewiesen, da dem errechneten Erlös in Höhe von 33.333 € noch keine Isterlöse gegenüberstehen (die errechneten Erlöse übersteigen also die bis dato angefallenen Isterlöse). In der Periode 2 hat das Projekt bzw. der Auftrag den Status teilgeliefert bzw. teilfakturiert, da hier eine Teilfaktura in Höhe von 100.000 € erstellt wurde. Auch in dieser Periode muss in der Bilanz bzw. GuV ein erlösfähiger Bestand in Höhe von 33.333 € aus der Differenz zwischen dem höheren errechneten Erlös und den bis Dato angefallenen Isterlös ausgewiesen werden. Für die in Periode 3 erstellte zweite Teilfaktura ergibt sich für die Bilanz bzw. GuV ein Erlösüberschuss (mit Rückstellungscharakter) in Höhe von 40.000 €, da der bis zur Periode 3 angefallene Isterlös in Höhe von 190.000 € den errechneten Erlös in Höhe von 150.000 € um 40.000 € übersteigt. In Periode 4 wird der Auftrag schließlich endgeliefert bzw. endfakturiert. Die Istkosten steigen auf 130.000 € und der kumulierte Gesamterlös beträgt 200.000 € (der errechnete Erlös entspricht im Zeitpunkt der Endfakturierung immer dem gesamten Ist-Erlös).

Beispiel zur CCM

Dem beschriebenen Szenario der (kostenproportionalen) POC-Methode soll nun mit den gleichen Zahlenparametern die CCM gegenübergestellt werden.

Szenario: CCM-Methode

		Plan	Ist (Per.1)	Ist (Per.2)	Ist (Per.3)	Ist (Per.4)
Erlöse		200.000 €	-	100.000 €	90.000 €	10.000 €
Kosten		120.000 €	20.000 €	80.000 €	90.000 €	130.000 €
	K(PA) = 0 u. K(b) = K(i) (ab '**Freigabe**')		0 €	0 €	0 €	0 €
	E(PA) = 0 u. E(r) = E(i) (ab '**Freigabe**')		0 €	0 €	0 €	0 €
	K(PA) = k(i) u. K(b) = 0 (bei '**Abschluss**')		0 €	0 €	0 €	130.000 €
	E(PA) = E(i) u. E(r) = 0 (bei '**Abschluss**')		0 €	0 €	0 €	200.000 €
* K(b) = Kostenanteil im Bestand / E(r) = Erlösüberschuss						
	Ergebnisrechnung					
	Errechneter Erlös - E(PA):		0 €	0 €	0 €	200.000 €
	Kosten des Umsatzes - K(PA):		0 €	0 €	0 €	130.000 €
	Ergebnis		0 €	0 €	0 €	70.000 €
	Gewinn- und Verlustrechnung					
Aufwand	Istkosten		20.000 €	80.000 €	90.000 €	130.000 €
	Erlösüberschuss			100.000 €	190.000 €	-
	Gewinn			0 €	0 €	70.000 €
Ertrag	Isterlös		-	100.000 €	190.000 €	200.000 €
	Erlösfähiger Bestand		20.000 €	80.000 €	90.000 €	-

Kostenrechnung und Controlling

Im Gegensatz zur POC-Methode, bei welcher gemäß dem Leistungsfortschritt auch schon in den Perioden 1 bis 3 Teilumsätze bzw. -gewinne realisiert werden, wird bei der CCM nur im Zeitpunkt des Auftragsabschlusses (Status: Endfakturiert) ein Gewinn realisiert. In den vorherigen Perioden wird der Gewinnausweis durch Abgrenzungsbuchungen (Erlösüberschuss – Aufwand sowie Kostenanteil im Bestand – Ertrag) neutralisiert.

Da in den Perioden 1 – 3 die Istkosten höher sind als die (errechneten) Kosten des Umsatzes, wird in Höhe der Differenz Ware in Arbeit (als Kostenanteil im Bestand) gebildet.

Ware in Arbeit

5.5.2 Abgrenzungsschlüssel definieren

Um überhaupt auf einem Kostenträgerobjekt (z. B. Projekt) eine Ergebnisermittlung durchführen zu können, muss dieses in den Stammdaten einen Abgrenzungsschlüssel beinhalten. Nur so können auf diesem Objekt im Zuge der Periodenabschlussarbeiten Abgrenzungsdaten berücksichtigt werden.

Definition

Um einen Abgrenzungsschlüssel zu definieren, ist ausgehend vom SAP R/3® Einführungsleitfaden die Menüfolge:
R/3 Customizing Einführungsleitfaden → Controlling → Produktkosten-Controlling → Kostenträgerrechnung → Kundenauftrags-Controlling → Periodenabschluss → Ergebnisermittlung → Abgrenzungsschlüssel für Ergebnisermittlung anlegen
zu wählen.

Menüfolge

G Realisation unter SAP R/3®

Dokumentation

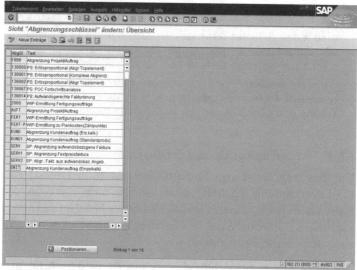

Copyright SAP AG

In der Regel genügt es, einen Abgrenzungsschlüssel (für HGB- und IAS-Ergebnisermittlungsmethoden) zu definieren. Dieser kann z. B. im Projektprofil oder bei Innenaufträgen in Musteraufträgen als Vorschlagswert hinterlegt werden. Der Abgrenzungsschlüssel bestimmt (im Zusammenspiel mit der jeweiligen Abgrenzungsversion und Bewertungsmethode) die Art der Bewertung (POC oder CCM) zum Periodenabschluss.

5.5.3 Kostenarten für WIP-Ermittlung definieren

Definition

Die (sekundären) Kostenarten, unter welchen die jeweiligen Werte (wie z. B. Kosten des Umsatzes, errechneter Erlös, Kostenanteil im Bestand oder Rückstellungen) zum Periodenabschluss abgegrenzt werden, haben den Kostenartentyp „31". Im Informationssystem besteht über spezielle Berichte die Möglichkeit, (interne) Auswertungen über diese Abgrenzungsdaten durchzuführen. Sollen die Abgrenzungsdaten in die Finanzbuchhaltung übernommen werden, müssen hierfür in einem separaten Customizing-Schritt Buchungsregeln definiert werden.

Es ist unternehmensspezifisch zu prüfen, wie stark die (für interne Berichtszwecke benötigten) Kostenarten für die Ergebnisermittlung differenziert werden müssen. Bei der Pflege der Abgrenzungsversion und bei der Fortschreibung für die Ergebnisermittlung sind die entsprechenden Kostenarten zu hinterlegen; allerdings besteht auch die Möglichkeit (wenn z. B. keine kundenindividuellen Auswertungen für verschiedene Abgrenzungsdaten notwendig sind), eine einzige so genannte technische Abgrenzungskostenart zur Fortschreibung der Abgrenzungsdaten zu definieren.

Mehrere Kostenarten oder eine technische Abgrenzungskostenart?

> **Tipp:**
> Im nachfolgenden Kapitel „Abgrenzungsversion definieren" findet sich ein Beispiel über eine mögliche inhaltliche Differenzierung der Abgrenzungskostenarten.

Um die Abgrenzungskostenarten vom Typ 31 zu definieren, ist ausgehend vom SAP R/3® Einführungsleitfaden die Menüfolge:
R/3 Customizing Einführungsleitfaden → Controlling → Produktkosten-Controlling → Kostenträgerrechnung → Kundenauftrags-Controlling → Periodenabschluss → Ergebnisermittlung → Kostenarten für Ergebnisermittlung anlegen
zu wählen.

Menüfolge

Die Anlage der Kostenarten kann ebenfalls aus dem Anwendungsmenü der Kostenstellenrechnung erfolgen.

5.5.4 Abgrenzungsversion definieren

Alle Abgrenzungsdaten, welche im Zuge der Ergebnisermittlung errechnet werden, werden auf dem entsprechenden Kostenträger in der Abgrenzungsversion fortgeschrieben. Somit besteht die Möglichkeit, unterschiedliche Rechnungslegungsvorschriften (IAS/HGB) in unterschiedlichen Abgrenzungsversionen, z. B. POC oder Completed Contract-Methode (CCM), für Kostenträger mit demselben Abgrenzungsschlüssel parallel abzubilden.

Definition

G
Realisation unter SAP R/3®

> **Achtung:**
> Eine technische Abrechnung der Abgrenzungsdaten in die Ergebnisrechnung (CO-PA) ist nur über die Abgrenzungsversion 0 möglich. Unter Umständen muss eine Umstellung der Version 0 von aufgelaufenen Istwerten nach HGB auf neue aufgelaufene IAS-Istwerte erfolgen.

Menüfolge

Um verschiedene Abgrenzungsversionen zu definieren, ist ausgehend vom SAP R/3® Einführungsleitfaden die Menüfolge:
R/3 Customizing Einführungsleitfaden → *Controlling* → *Produktkosten-Controlling* → *Kostenträgerrechnung* → *Kundenauftrags-Controlling* → *Periodenabschluss* → *Ergebnisermittlung* → *Abgrenzungsversionen für Ergebnisermittlung definieren*
zu wählen.

Dokumentation

Abgrenzungsversion ändern (Detail – 1)

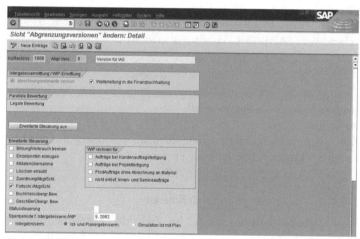

Copyright SAP AG

Kostenrechnung und Controlling G

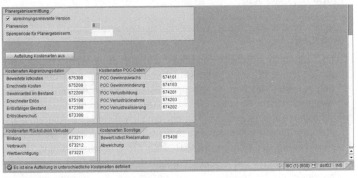

Copyright SAP AG

Für die unterschiedlichen Bewertungsmethoden (z. B. POC oder CCM) ist jeweils eine separate Abgrenzungsversion zu definieren. Es ist zu beachten, dass nur die Version 0 (Stichwort „führende Bewertung") die abrechnungsrelevante Version (zur Abrechnung an die Ergebnisrechnung) darstellt. Sollen die Daten (entweder HGB oder IAS) an die Finanzbuchhaltung (über eigens zu definierende Buchungsregeln) weitergeleitet werden, muss das entsprechende Kennzeichen gesetzt werden, wobei auch Abgrenzungsdaten anderer Abgrenzungsversionen in die Finanzbuchhaltung weitergeleitet werden können. Weiterhin ist unternehmensspezifisch zu prüfen, welche Kennzeichen im Rahmen der erweiterten Steuerung zu pflegen sind. So kann z. B. festgelegt werden, ob eine Trennung von Bildung und Verbrauch von Beständen oder Rückstellungen unter separaten Abgrenzungskostenarten gewünscht ist. Außerdem ist im Bereich „Planergebnisermittlung" festzulegen, aus welcher Planversion die Plandaten für die Istergebnisermittlung gezogen werden sollen.

Über den Schalter „Aufteilung Kostenarten an/aus" besteht die Möglichkeit, die Aufteilung der Abgrenzungskostenarten für interne, kundeneigene Auswertungen zu differenzieren (z. B. wie in der obigen Abbildung dargestellt). Durch Setzen des Schalters „Aufteilung Kostenarten aus" kann anstelle einer Differenzierung der Ko-

Aufteilung der Kostenarten

stenarten lediglich eine technische Abgrenzungskostenart vom Typ 31 hinterlegt werden.

> **Achtung:**
>
> Im Customizing-Schritt Fortschreibung für Ergebnisermittlung wird pro Zeilenidentifikation und Kategorie (z. B. Kosten oder Erlöse) festgelegt, unter welchen Abgrenzungskostenarten die Abgrenzungsdaten fortgeschrieben werden. Die Abgrenzungsversion enthält zur Fortschreibung der Abgrenzungsdaten lediglich diejenigen Abgrenzungskostenarten, die nicht auf Zeilenidentifikationen verteilt werden. Zur Abrechnung der Abgrenzungsdaten an die Ergebnisrechnung (in der Version 0) muss ein eigenes Ergebnisschema definiert werden, das entweder die technische Abgrenzungsart oder die differenzierten Abgrenzungskostenarten beinhaltet. An die Ergebnisrechnung können die Kosten des Umsatzes sowie Rückstellungen für drohende Verluste und für Reklamationen abgerechnet werden. An die Finanzbuchhaltung werden hingegen u. a. zusätzlich Bestandswerte (z. B. Kostenanteil im Bestand oder erlösfähiger Bestand) sowie Kosten des Umsatzes (bei Bilanzierung nach dem Umsatzkostenverfahren) und Rückstellungen über spezielle Buchungsregeln weitergeleitet.

5.5.5 Bewertungsmethoden für Ergebnisermittlung festlegen

Definition

Nach Definition des Abgrenzungsschlüssels sowie der Abgrenzungsversionen muss noch (je Abgrenzungsschlüssel und Abgrenzungsversion) definiert werden, welche (vordefinierten) Bewertungsmethoden (z. B. Ergebnisermittlung nach der kostenproportionalen POC-Methode oder nach der Completed-Contract-Methode) verwendet werden sollen. In unserem Beispiel sind somit ein Abgrenzungsschlüssel, zwei Abgrenzungsversionen (HGB- und IAS-Bewertung) und zwei Bewertungsmethoden (POC und CCM) zu definieren.

Kostenrechnung und Controlling   G

Um verschiedene Bewertungsmethoden zu definieren, ist ausgehend vom SAP R/3® Einführungsleitfaden die Menüfolge: *R/3 Customizing Einführungsleitfaden → Controlling → Produktkosten-Controlling → Kostenträgerrechnung → Kundenauftrags-Controlling → Periodenabschluss → Ergebnisermittlung → Bewertungsmethoden für Ergebnisermittlung festlegen* zu wählen.

Menüfolge

Über die in der Bewertungsmethode hinterlegte Ergebnisermittlungsmethode wird gesteuert, welche Abgrenzungsdaten (z. B. Kostenanteil im Bestand, Erlösfähiger Bestand, Rückstellungen) über welche Formel (siehe Beispiel) errechnet werden. Für die von SAP® vordefinierten (und nicht änderbaren) Ergebnisermittlungsmethoden werden jeweils verschiedene Formeln angewandt.

Dokumentation

Generell besteht die Möglichkeit, Bewertungsmethoden über die vereinfachte Pflege oder über den Expertenmodus in Abhängigkeit vom Systemstatus zu definieren. So werden z. B. bei der Completed-Contract-Methode Kosten und Erlöse erst im Status „Technisch abgeschlossen" ergebniswirksam. Hier sollten deshalb für den Status „Frei" und „Technisch abgeschlossen" im Expertenmodus unterschiedliche Bewertungsmethoden definiert werden.

Expertenmodus: Statusabhängige Bewertungsmethoden

Die nachfolgende Übersicht verdeutlicht beispielhaft die statusabhängigen Bewertungsmethoden für die CCM im Expertenmodus für den jeweiligen Status:

Bewertungsmethoden CCM

Realisation unter SAP R/3®

Bewertungsmethoden CCM – Status „Frei":

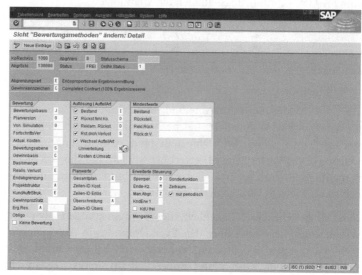

Copyright SAP AG

Das Gewinnkennzeichen „C" bestimmt in diesem Fall für die Completed-Contract-Methode, dass sämtliche Kosten als Ware in Arbeit und sämtliche Erlöse als so genannte Ergebnisreserve (bis zur Fertigstellung) fortgeschrieben werden! Zum Status „Technisch abgeschlossen" wird zusätzlich folgende Bewertungsmethode im Expertenmodus hinterlegt:

Bewertungsmethoden CCM – Status „Abgeschlossen"

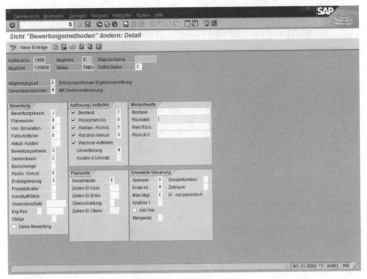

Copyright SAP AG

Die Bewertungsmethode zum Status „technisch abgeschlossen" verweist auf das Gewinnkennzeichen „M = Mit Gewinnrealisierung". Auf Basis dieses Gewinnkennzeichens werden bei einer Statusänderung die Erlöse und Kosten entsprechend den Isterlösen und -kosten ergebniswirksam fortgeschrieben.

G

Realisation unter SAP R/3®

Bewertungsmethode POC

Für die POC Methode kann ggf. die vereinfachte Pflege der Bewertungsmethode gewählt werden:

Bewertungsmethoden CCM – Status „Abgeschlossen"

Copyright SAP AG

Über die von SAP® vorgegebene Ergebnisermittlungsmethode „03 Kostenproportionale POC-Methode" wird ab dem Status „Frei" die Ergebnisermittlung angestoßen. Ab diesem Zeitpunkt werden (gemäß der im Beispiel angegebenen Formeln) nicht realisierte Gewinne, ergebniswirksame Erlöse und Kosten sowie erlösfähige Bestände bzw. Erlösüberschüsse errechnet und im FI bzw. in der Ergebnisrechnung ausgewiesen.

5.5.6 Zeilenidentifikationen definieren

Definition

Über die Definition von so genannten Zeilenidentifikationen können die Abgrenzungsdaten (z. B. Ware in Arbeit, Kosten des Umsatzes, Rückstellungen für fehlende Kosten) entsprechend den Anforderungen der Finanzbuchhaltung gegliedert werden.

Kostenrechnung und Controlling

Um die Zeilenidentifikationen zu definieren, ist ausgehend vom SAP R/3® Einführungsleitfaden die Menüfolge: *R/3 Customizing Einführungsleitfaden → Controlling → Produktkosten-Controlling → Kostenträgerrechnung → Kundenauftrags-Controlling → Periodenabschluss → Ergebnisermittlung → Zeilenidentifikation definieren* zu wählen.

Menüfolge

Zeilenidentifikation definieren

Dokumentation

Copyright SAP AG

Die Art- und Weise der Gliederung der Zeilenidentifikationen muss unternehmensspezifisch geprüft werden. I. d. R. werden die Zeilenidentifikationen ähnlich gegliedert wie die in der Produktkostenplanung definierten Kostenelemente (z. B. Materialeinzelkosten, Gemeinkosten). Ist z. B. eine Zeilenidentifikation für Rohstoffkosten und eine weitere für Eigenleistungen definiert, werden zunächst im Rahmen der Ergebnisermittlung die Abgrenzungsdaten als Gesamtsumme für das Projekt ermittelt und dann auf die Zeilenidentifikationen aufgeteilt. So lässt sich z. B. ermitteln, welcher Anteil der

„Ware in Arbeit" durch die Entnahme von Rohstoffen und welcher Anteil durch eine Leistungsverrechnung entstanden ist. Zusammenfassend lässt sich festhalten, dass über die Zeilenidentifikationen (wie in den nachfolgenden Customizing-Schritten beschrieben) bestimmt wird,

- ob die jeweiligen Kosten aktivierbar sind (siehe Customizing-Schritt: Zuordnung für Ergebnisermittlung festlegen),
- zu welcher Kategorie die Kosten bzw. Erlöse gehören (siehe Customizing-Schritt: Fortschreibung für Ergebnisermittlung festlegen),
- unter welchen Kostenarten die Abgrenzungsdaten fortgeschrieben werden (siehe Customizing-Schritt: Fortschreibung für Ergebnisermittlung festlegen).

5.5.7 Zuordnung für Ergebnisermittlung festlegen

Definition

Im Rahmen der Zuordnung wird je Abgrenzungsversion (und u. U. je Abgrenzungsschlüssel) festgelegt, welche Kostenarten bzw. Konten (die hier einer Zeilenidentifikation zugeordnet werden) für HGB und IAS-Zwecke im Rahmen der Ergebnisermittlung aktivierungspflichtig bzw. nicht aktivierungsfähig sind. Fragestellungen können dahingehend lauten, ob der Kostenanteil im Bestand, welcher für Eigenleistungen ausgewiesen werden muss, voll zu aktivieren ist.

Menüfolge

Um die Zuordnungen für die Ergebnisermittlung festzulegen, ist ausgehend vom SAP R/3® Einführungsleitfaden die Menüfolge:
R/3 Customizing Einführungsleitfaden → *Controlling* → *Produktkosten-Controlling* → *Kostenträgerrechnung* → *Kundenauftrags-Controlling* → *Periodenabschluss* → *Ergebnisermittlung* → *Zuordnung für Ergebnisermittlung*
zu wählen.

Kostenrechnung und Controlling

Zuordnungen definieren

Dokumentation

Copyright SAP AG

Somit wird über die Zuordnung gesteuert, welche Konten (z. B. Konto A für HGB und Konto A und B für IAS) je Abgrenzungsversion und Zeilenidentifikation aktiviert werden dürfen oder nicht. Für die spätere Überleitung der Abgrenzungsdaten an die Finanzbuchhaltung werden die Bereiche Aktivierungspflichtig, nicht Aktivierungspflichtig sowie Aktivierungswahlrecht den Kategorien:

- WIPA: Ware in Arbeit, aktivierungspflichtig,
- WIPW: Ware in Arbeit, Aktivierungswahlrecht,
- WIPN: Ware in Arbeit, nicht aktivierungsfähig

zugewiesen. Für diese Kategorien werden im Customizing-Schritt „Buchungsregeln für Abrechnung an FI" Sachkonten zugeordnet.

5.5.8 Fortschreibung für Ergebnisermittlung festlegen

Im Rahmen der Fortschreibung der Abgrenzungsdaten für die Ergebnisermittlung wird systemseitig je Zeilenidentifikation und (vorgegebener) Kategorie (z. B. „K" für Kosten, „E" für Erlöse) festge-

Definition

G

Realisation unter SAP R/3®

legt, unter welcher Kostenart (bei der Ergebnisermittlung) der Kostenanteil im Bestand ausgewiesen wird bzw. Rückstellungen für fehlende Kosten gebucht werden. So vergleicht z. B. die Ergebnisermittlung für Kosten der Kategorie „K" die Istkosten mit den (in Abhängigkeit der Ergebnisermittlungsmethode) ermittelten Kosten des Umsatzes. Sind hierbei die Kosten des Umsatzes niedriger als die Istkosten, so bildet sie Ware in Arbeit in Höhe der Differenz. Sind die Kosten des Umsatzes höher als die Istkosten, so bildet sie Rückstellungen für fehlende Kosten in Höhe der Differenz.

Menüfolge

Um die Fortschreibung für die Ergebnisermittlung festzulegen, ist ausgehend vom SAP R/3® Einführungsleitfaden die Menüfolge:
R/3 Customizing Einführungsleitfaden → Controlling → Produktkosten-Controlling → Kostenträgerrechnung → Kundenauftrags-Controlling → Periodenabschluss → Ergebnisermittlung → Fortschreibung für Ergebnisermittlung festlegen
zu wählen

Dokumentation

Copyright SAP AG

Kostenrechnung und Controlling

5.5.9 Buchungsregeln für die Abrechnung definieren

Über die Buchungsregeln wird festgelegt, auf welche Sachkonten die jeweiligen Daten aus der Ergebnisermittlung in die Finanzbuchhaltung (Bilanz, Gewinn- und Verlustrechnung) gebucht werden.

Definition

Um die Buchungsregeln für die Abrechnung an die Finanzbuchhaltung festzulegen, ist ausgehend vom SAP R/3® Einführungsleitfaden die Menüfolge:
R/3 Customizing Einführungsleitfaden → *Controlling* → *Produktkosten-Controlling* → *Kostenträgerrechnung* → *Kundenauftrags-Controlling* → *Periodenabschluss* → *Ergebnisermittlung* → *Buchungsregeln für Abrechnung an FI*
zu wählen.

Menüfolge

Buchungsregeln für Abrechnung an FI definieren

Dokumentation

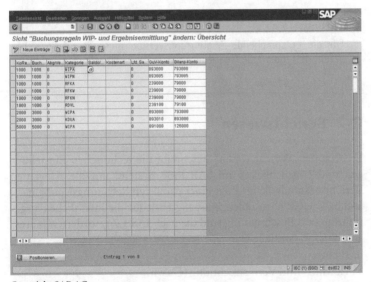

Copyright SAP AG

G Realisation unter SAP R/3®

Für die Abrechnung der Abgrenzungsdaten (z. B. Ware in Arbeit, Kosten des Umsatzes) müssen alle Kostenarten (unter welchen die Abgrenzungsdaten fortgeschrieben werden) dem Verrechnungsschema zugeordnet sein. Zusätzlich müssen diese Kostenarten über Buchungsregeln den Sachkonten zugeordnet sein. Es ist unternehmensspezifisch zu prüfen, ob die Abgrenzungsdaten den Sachkonten auf der Ebene von Abgrenzungskategorien (siehe Abbildung; z. B. WIPA für Ware in Arbeit, aktivierungspflichtig) oder auf der Ebene von Abgrenzungskostenarten zugeordnet werden.

POC-Methode — Für die POC-Methode erfolgt die Fortschreibung entweder über die in der Abgrenzungsversion hinterlegten Abgrenzungskostenarten oder über die systemtechnischen Abgrenzungskategorien POCB (erlösfähiger Bestand), POCU (Erlösüberschuss), POCG (errechneter Gewinn) und POCV (Verlust).

> **Achtung:**
> Für die entsprechende Abgrenzungsversion muss das Kennzeichen „Weiterleitung an die Finanzbuchhaltung" gesetzt sein.

6 Berichtswesen

Definition — Das Kapitel „Berichtswesen" beschreibt die technischen Einstellungen und Möglichkeiten im SAP R/3® System, um die relevanten Berichtsbestandteile im Zuge einer parallelen Rechnungslegung nach IAS bzw. HGB abzubilden. Ausgangsbasis für die inhaltliche Ausgestaltung und Beschreibung sind die nach IAS 1.7 geforderten Jahresabschlussbestandteile wie:

- Bilanz,
- Gewinn- und Verlustrechnung (GuV),
- Anhang (Notes),
- Kapitalflussrechnung und
- Eigenkapitalspiegel.

Berichtswesen G

Um die relevanten Berichte im System anlegen zu können, müssen zum einen die Funktionsbereiche definiert (siehe Beschreibungen im Kapitel „Umsatzkostenverfahren") und zum anderen alle Konten (IAS-, HGB- und gemeinsame Konten) angelegt worden sein.

Voraussetzung zur Berichtspflege

6.1 Bilanz und GuV

Für die Definition der Bilanz und GuV (im Gesamt- und im Umsatzkostenverfahren) nach IAS bzw. HGB stehen grundsätzlich folgende Tools bzw. Möglichkeiten im R/3® System zur Verfügung, die in den nachfolgenden Kapiteln beschrieben werden:

Definition

- Definition neuer Bilanz und GuV-Strukturen (mit Auswertungen im Sachkonteninformationssystem bzw. über den Report „RFBILA00")
- Nutzung des Report-Painter-Tools
- Nutzung des Recherche Tools.

Achtung:
Die GuV nach HGB im Zuge der Umstellungsarbeiten von HGB auf IAS wird weiterhin nach dem Gesamtkostenverfahren erstellt werden.
Eine Darstellung der HGB-GuV wird nach dem Umsatzkostenverfahren i. d. R. nicht praktiziert und aus diesem Grunde in diesem Kapitel nicht näher erläutert. Die IAS-GuV wird nach dem Gesamt- und dem Umsatzkostenverfahren umgestellt.

HGB-GuV nur nach dem GKV

6.1.1 Bilanz-/GuV-Strukturen definieren

Aufbauend auf der bestehenden HGB-Bilanz-/GuV-Struktur werden die IAS-Bilanz-/GuV-Positionen angelegt. Hierbei ist zu beachten, dass die IAS-Bilanz u. U. anders gegliedert ist als die HGB-Bilanz. Außerdem muss berücksichtigt werden, dass im Zusammenhang mit dem Konzept der Mickey-Mouse-Lösung (siehe Kapitel „Kontenplan") den jeweiligen HGB- und IAS-Bilanz- bzw. GuV-Positionen unterschiedliche bzw. neue Konten zuzuordnen sind. Den HGB-Strukturen (Bilanz und GuV) sind alle gemeinsamen und alle (neuen) reinen HGB-Konten zuzuweisen, während die IAS-

Definition

G Realisation unter SAP R/3®

Strukturen neben den gemeinsamen Konten zusätzlich alle (neuen) reinen IAS-Konten beinhalten.

Insofern muss zunächst die bestehende HGB-Bilanz-/GuV-Struktur um die neuen HGB-Konten erweitert werden. Außerdem muss eine neue IAS-Bilanz- und GuV-Struktur angelegt werden.

> **Achtung:**
> Die bestehende Bilanz- und GuV-Struktur bzw. die für IAS neu angelegte Struktur wird im Zuge der Auswertungen über den Report „RFBILA00" verarbeitet. Dieser Report ist jedoch nur in der Lage, die GuV nach dem Gesamtkostenverfahren (GKV) darzustellen. Eine Darstellung der GuV nach dem Umsatzkostenverfahren ist mit diesem Report nicht möglich (siehe auch OSS ®-Hinweis 302385). Für Auswertungen der Bilanz und GuV nach dem Umsatzkostenverfahren kann jedoch das Sachkonteninformationssystem genutzt werden (siehe Kapitel „Recherchetool"). Für diese Zwecke kann eine eigene IAS-UKV-Bilanz-/GuV-Struktur angelegt werden, die gemäß den Funktionsbereichen strukturiert ist.

RFBILA00 nur nach Gesamtkostenverfahren möglich

Aufgrund der unterschiedlichen (technischen) Vorgehensweisen beschreiben die nachstehenden beiden Kapitel zum einen die Erstellung der Bilanz- und GuV-Struktur nach dem Gesamtkostenverfahren und zum anderen die Erstellung der Bilanz- und GuV-Struktur nach dem Umsatzkostenverfahren.

6.1.1.1 Bilanz-/GuV-Strukturen nach dem GKV (IAS und HGB) definieren

Definition

Nachfolgend wird beschrieben, welche Aktivitäten notwendig sind, um die bestehende HGB Bilanz-/GuV-Struktur (GKV) anzupassen und die neue IAS-Bilanz und GuV nach dem GKV zu definieren.

Berichtswesen G

Um die Bilanz-/GuV-Strukturen nach dem GKV einzustellen, ist Menüfolge
ausgehend vom SAP R/3® Einführungsleitfaden die Menüfolge:

R/3 Customizing Einführungsleitfaden → Finanzwesen → Hauptbuchhaltung → Geschäftsvorfälle → Abschluss → Dokumentieren → Bilanz-/GuV-Strukturen definieren
zu wählen.

Dokumentation

Copyright SAP R/3®

G Realisation unter SAP R/3®

Zur Anlage der neuen IAS-Struktur ist die bestehende HGB-Bilanz-/GuV-Struktur zu markieren und in die neue IAS-Bilanz-/GuV-Struktur nach dem GKV zu kopieren:

Dokumentation

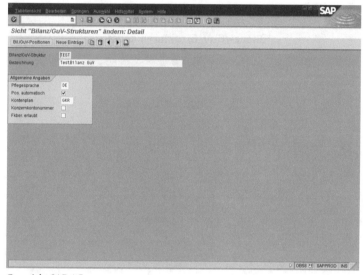

Copyright SAP AG

Berichtswesen G

Für die Bilanz und GuV nach dem GKV sind die Eingaben entsprechend der Abbildung zu hinterlegen. Über den Button <*Bil./GuV-Postionen*> wird in die eigentliche Struktur verzweigt:

Bilanz-/GuV-Strukturbaum anpassen Dokumentation

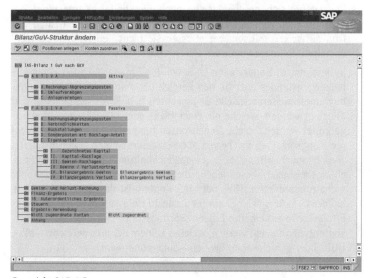

Copyright SAP AG

An dieser Stelle sind den relevanten Bilanz- und GuV-Positionen (HGB bzw. IAS) die neuen IAS bzw. HGB Konten zuzuordnen.
Nach Bearbeitung der (bereits bestehenden) HGB-Struktur enthält diese nur noch gemeinsame und reine HGB-Konten, die IAS-Struktur nur noch gemeinsame und (reine) IAS-Konten.
Die entsprechenden Strukturen (HGB und IAS) können nun durch den Aufruf des Reports „RFBILA00" – welcher die Bilanz und GuV im R/3-System erstellt[241] – selektiert und ausgeführt werden.

HGB-Struktur: Gemeinsame Konten + HGB-Konten/IAS-Struktur: Gemeinsame Konten + IAS-Konten

---

[241] Der Report ist im R/3® System aus der Anwendung über die Menüfolge: Rechnungswesen → Finanzwesen → Hauptbuch → Infosystem → Berichte zum Hauptbuch → Bilanz/GuV/Cashflow → Allgemein → Ist-/Ist Vergleiche → Bilanz/GuV zu erreichen.

441

G
Realisation unter SAP R/3®

> **Achtung:**
> Der Report „RFBILA00" errechnet den Bilanzgewinn oder Bilanzverlust automatisch aus den Konten der Aktiva und Passiva und den Konten, die nicht zuordnungsfähig waren. Wenn die Bilanz und GuV nach IAS aufgerufen wird, werden die reinen HGB Konten als nicht zugeordnet ausgewiesen (und umgekehrt die IAS Konten). Da die reinen HGB-Konten für sich gesehen (siehe auch im Kapitel „Kontenplan" die Ausführungen zum „Mickey Mouse Konzept") jedoch einen Saldo von Null aufweisen müssen, beeinflussen sie nicht den (vom Report ermittelten) Bilanzgewinn nach IAS.

Gegenkonto zur Verrechnung bestimmter Buchungen

In bestimmten Sonderfällen (z. B. bei der Zugangsbuchung eines Anlagegegenstandes oder für den Bereich der manuellen Rückstellungsbuchung) müssen spezielle Gegenkonten (i. d. R. als Bestandskonten) angelegt werden, welche nie einer HGB- oder IAS-Bilanzposition zugeordnet werden. Solche Gegenkonten fungieren dabei als reine Verrechnungsobjekte, welche nie abgeschlossen werden. Wie im Kapitel „Anlagenbuchhaltung" oder „Finanzbuchhaltung" im Rahmen von Buchungsbeispielen beschrieben, dienen sie zum Saldoausgleich der nicht zugeordneten HGB- oder IAS-Konten. Ist das Gegenkonto (z. B. bei der F+E-Abwicklung) ein (neutrales) Erfolgskonto, muss für dieses Erfolgskonto ein eigenes Ergebnisvortragskonto (mit eigenem Erfolgskontentyp) angelegt werden, welches keinem der drei Bereiche – IAS-, HGB- oder gemeinsamer Bereich – zugeordnet wird.

6.1.1.2 Bilanz-/GuV-Strukturen nach dem UKV (IAS) definieren

Nachfolgend wird beschrieben, welche Aktivitäten notwendig sind, um die neue IAS-Bilanz und GuV nach dem UKV zu definieren.

Definition

Um die IAS-Bilanz-/GuV-Strukturen nach dem UKV einzustellen, ist ausgehend vom SAP R/3® Einführungsleitfaden die Menüfolge: *R/3 Customizing Einführungsleitfaden → Finanzwesen → Hauptbuchhaltung → Geschäftsvorfälle → Abschluss → Dokumentieren → Bilanz-/GuV-Strukturen definieren* zu wählen.

Menüfolge

Im ersten Schritt ist zunächst die bestehende IAS-Bilanz-/GuV Struktur nach dem GKV in die neue IAS-Struktur nach dem Umsatzkostenverfahren zu kopieren:

Dokumentation

Bilanz-/GuV-Strukturen ändern (UKV)

Copyright SAP AG

G Realisation unter SAP R/3®

Für die UKV-Struktur ist zu beachten, dass das Kennzeichen <Fkber. erlaubt> gesetzt wird. Nur so können den einzelnen Bilanzpositionen auch Funktionsbereiche zugeordnet werden. Über den Button <Bil./GuV-Positionen> kann in die zu erstellende UKV-Struktur verzweigt werden:

Bilanz-/GuV-Strukturbaum (UKV) anpassen

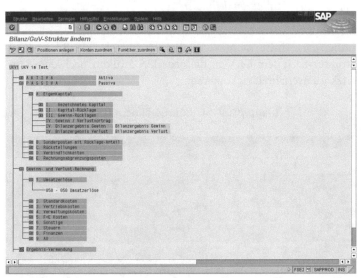

Copyright SAP AG

Die Positionen Aktiva und Passiva können für die UKV-Struktur beibehalten werden. Alternativ können die Konten dieser Positionen aber auch gelöscht werden. Dann werden bei Aufruf der GuV nach dem UKV die Bilanzwerte nicht mit berücksichtigt. Lediglich die Position Gewinn- und Verlustrechnung muss neu definiert werden (vorher müssen die alten Positionen, denen Konten zugeordnet waren, gelöscht werden). Allen Positionen der GuV (und somit allen Erfolgskonten) werden nun die entsprechenden Funktionsbereiche zugeordnet.

Berichtswesen G

Achtung:

Es ist zu beachten, dass an dieser Stelle nicht die Möglichkeit besteht, Summierungsstufen einzubauen, d. h. der Aufbau nicht in der folgenden Art gestaltet werden kann:

Umsatz
./. Umsatzkosten
= Bruttoergebnis vom Umsatz

Über die Bilanz- und GuV-Struktur können lediglich die Funktionsbereichspositionen ausgewiesen werden (keine Zwischensummen oder Formelzeilen).

Um die IAS-Bilanz bzw. GuV nach dem Umsatzkostenverfahren aufzurufen, muss in das Sachkonteninformationssystem des R/3® Systems gewechselt werden.

Ausgehend vom SAP R/3® Anwendungsmenü ist die Menüfolge: *Rechnungswesen → Finanzwesen → Hauptbuch → Infosystem → Berichte zum Hauptbuch → Bilanz /GuV/Cashflow → Allgemein → Ist-/Ist Vergleiche* zu wählen.

Menüfolge Sachkonteninformationssystem

Achtung:

Unter Umständen müssen die bestehenden Standard-Berichte zum UKV, welche im Berichtsbaum Ist-/Ist Vergleiche eingegliedert sind, noch angepasst werden, da z. B. das Selektionsmerkmal Bilanz-/GuV-Struktur nicht zur Verfügung steht. Das Vorgehen hierzu ist dem Kapitel „Recherchetool" zu entnehmen. Die nachfolgende Abbildung geht davon aus, dass das Selektionsmerkmal eingabebereit ist!

Realisation unter SAP R/3®

Selektion: Bilanz-/GuV nach dem UKV

Copyright SAP AG

Es ist zu beachten, dass im Feld <Bil/GuV-Struktur> die definierte UKV-Struktur eingeben wird.

> **Achtung:**
>
> Da aus allen Erfolgsbuchungen (also aus HGB- und IAS-Erfolgskonten) Funktionsbereiche abgeleitet werden – und somit ein Funktionsbereich für den gleichen Vorgang „doppelt" gebucht wird –, müssen z. B. bei Aufruf der GuV nach dem UKV für IAS in den Selektionsoptionen des Feldes Sachkonto alle nicht relevanten HGB-(und sonstigen) Erfolgskonten ausselektiert werden. Nur so weist die IAS-GuV nach UKV die richtigen Werte auf. Die Einstellungen können dann für spätere Aufrufe gesichert werden.
>
> Während – wie in den nachfolgenden Kapiteln beschrieben – bei den Rechercheberichten das Feld Sachkonto immer automatisch als Eingabefeld eingabebereit ist, muss bei Nutzung des Report-Painters das Feld „Kontonummer" als Variable (von/bis) definiert werden.

Nach dem Ausführen könnte der Report folgendes Ergebnis darstellen:

Beispiel: Bilanz-/GuV nach dem UKV

Copyright SAP AG

6.1.2 Report-Painter

Mit dem Report-Painter-Tool besteht eine weitere Möglichkeit, die Bilanz sowie die GuV nach dem UKV bzw. GKV zu erstellen.

Definition

| Tipp:
| Aufgrund der Funktionalität bzw. der technischen Handhabung der Umsetzung ist es ratsam, nur die GuV nach dem UKV mit dem Report-Painter zu erstellen.
| Die Bilanz sowie die GuV nach dem GKV sollte grundsätzlich über die Definition von Bilanz-/GuV-Strukturen (siehe Kapitel 6.1.1.1) abgebildet werden. Aus diesem Grund beschreibt dieses Kapitel nur die GuV-Erstellung nach dem UKV.

Report-Painter: Nur GuV nach dem UKV

G Realisation unter SAP R/3®

Menüfolge

Um die GuV nach dem UKV über den Report-Painter einzustellen, ist ausgehend vom SAP R/3® Anwendungsmenü die Menüfolge:
Infosysteme → Ad-hoc-Berichte → Report-Painter → Bericht → Anlegen
zu wählen.

Dokumentation

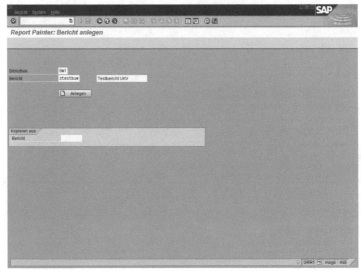

Copyright SAP AG

Es ist zu berücksichtigen, dass für Berichte, die sich auf das Umsatzkostenledger „0F" beziehen, immer die Bibliothek „0M1" herangezogen werden muss. Über den Button *<Anlegen>* gelangt man in das Formularbild des Report-Painters.

Report-Painter: Bericht anlegen (Detailbild)

Dokumentation

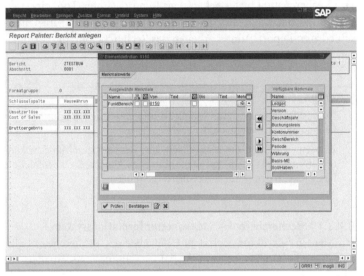

Copyright SAP AG

Durch Doppelklick auf die einzelnen Zeilen können die relevanten Funktionsbereiche ausgewählt werden. Über den Report-Painter besteht – im Gegensatz zur Definition von Bilanz-/GuV-Strukturen – die Möglichkeit, Formelzeilen in die Berichtsstruktur mit einzubinden, und so z. B. eine Zeile „Bruttoergebnis" ausweisen zu können. Neben Funktionsbereichen besteht die Möglichkeit, den Zeilen Kontonummern zuzuweisen, um so z. B. neben der GuV auch die Bilanzstruktur abzubilden.

G Realisation unter SAP R/3®

6.1.3 Recherchetool

Definition

Das Recherchetool bietet neben dem Report-Painter-Tool eine weitere Möglichkeit, die GuV nach dem UKV zu erstellen. Im Unterschied zum Report-Painter arbeiten das Recherchetool mit Formularen und Merkmalen, die sich auswerten lassen.

> **Achtung:**
> Grundsätzlich gibt es zwei Möglichkeiten, Ihre GuV-Struktur mit dem Recherchetool zu definieren:
>
> Recherche: Sachkonteninformationssystem oder spezielle Ledger
>
> Zum einen besteht die Möglichkeit, das Recherchetool im Sachkonteninformationssystem zu nutzen. Daneben können Sie ebenfalls die Recherche in den speziellen Ledgern verwenden.

6.1.3.1 Recherchetool – Sachkonteninformationssystem

Menüfolge

Um die GuV-Struktur nach dem UKV über das Recherchetool einzustellen, ist ausgehend vom SAP R/3® Einführungsleitfaden die Menüfolge:

R/3 Customizing Einführungsleitfaden → Finanzwesen → Hauptbuchhaltung → Informationssystem → Recherche-Berichte (Sachkonten) → Formular → Formular festlegen bzw. Bericht → Bericht festlegen

zu wählen.

Dokumentation

Zunächst ist das entsprechende Formular (GuV auf Basis des UKV) als „Zwei Koordinaten (Matrix)" anzulegen. Zur Bearbeitung des Formulars ist die bekannte Report-Painter-Technologie zu verwenden. Bei Anlage des Formulars für die GuV nach dem UKV ist zu beachten, dass der Formulartyp „Bilanzanalyse aus Umsatzkostenledger" zu verwenden ist:

Report-Painter: Formular anlegen

Copyright SAP AG

> **Tipp:**
> Im Allgemeinen reicht es aus, das Formular so zu gestalten, dass dieses aus einer Zeile und einer Spalte besteht. Die Zeile beinhaltet hierbei z. B. alle Funktionsbereiche (bzw. zusätzlich alle Kontonummern). Über das (im Bericht gewählte) Merkmal <*Bil-/GuV-Pos*> kann dann entsprechend des Aufbaus der bei der Berichtsausführung gewählten Bilanz-/GuV-Struktur navigiert werden. Insofern brauchen, wie beim Report-Painter notwendig, nicht mehr alle Zeilen mühsam je Konto bzw. Funktionsbereich im Formular angelegt werden, da der Berichtsaufbau auf Basis der bereits definierten und strukturierten Bilanz-/GuV-Struktur erfolgt. Allerdings ist nachteilig anzumerken, dass bei einem solchem Vorgehen keine Summen- oder Formelbestandteile eingebunden werden können. Falls dieses gewünscht ist, müssen auch die Formulare im Recherchetool zeilenweise definiert werden.

Realisation unter SAP R/3®

Der Bericht wird im Anschluss auf Basis des gepflegten Formulars angelegt:

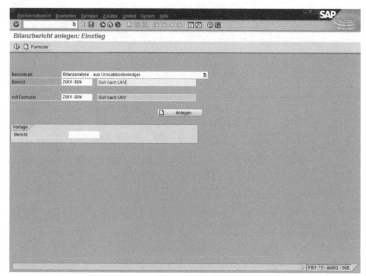

Copyright SAP AG

Berichtswesen

Entsprechend der Formularanlage ist als Berichtsart „Bilanzanalyse aus Umsatzkostenledger" zu wählen. Über den Button <Anlegen> wird in den Bericht verzweigt:

Bilanzbericht anlegen

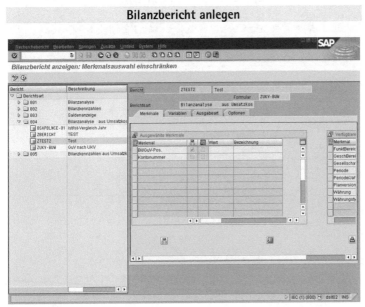

Copyright SAP AG

Es ist zu beachten, dass als Merkmal zumindest das Merkmal <Bil/GuV-Pos.> ausgewählt werden muss (i. d. R. wird zusätzlich noch das Merkmal Kontonummer gewählt). Bei Aufforderung, eine Bilanz- und GuV-Struktur anzugeben, muss das Häkchen <Eingabe beim Ausführen> angeklickt werden. Nur so kann der Bericht mit unterschiedlichen Bilanz-/GuV-Strukturen ausgeführt werden, z. B. nach UKV oder GKV.

G Realisation unter SAP R/3®

Nach Ausführung des Berichtes könnte sich der Aufbau folgendermaßen gestalten:

Beispielbericht im Recherchetool

Copyright SAP AG

In der Aufrissliste besteht z. B. die Möglichkeit, über das Merkmal <Kontonummer> einen Aufriss über die Zeile <Umsatzerlöse> zu vollziehen, um so feststellen zu können, welche Kontennummern sich hinter dem Funktionsbereich <Umsatzerlöse> verbergen. Sind im Formular für die o. a. Zeile nicht nur die Funktionsbereiche sondern auch alle Konten des Kontenplans zugeordnet, würde über die gewählte Bilanz-/GuV-Struktur (nach GKV oder UKV) auch die Bilanz mit ausgewiesen werden.

6.1.3.2 Recherchetool – spezielle Ledger

Menüfolge

Um die GuV-Struktur nach dem UKV über das Recherchetool in den speziellen Ledgern einzustellen, ist ausgehend vom SAP R/3® Einführungsleitfaden die Menüfolge:

Berichtswesen G

R/3 Customizing Einführungsleitfaden→ *Finanzwesen* → *Spezielle Ledger* → *Informationssystem* → *Recherche-Berichte* → *Formular* → *Formular festlegen bzw. Bericht* → *Bericht festlegen*
zu wählen.

Das Formular ist mit dem Formulartyp <Reporting für Tabelle GLFUNCT> anzulegen.

Dokumentation

| Achtung:
| Um das Recherchetool für die speziellen Ledger nutzen zu können, muss vorher die Recherche für die FI-SL-Tabelle „GLFUNCT" aktiviert werden. Die Aktivierung dieser Tabelle erfolgt über die Menüfolge:
|
| *R/3 Customizing Einführungsleitfaden* → *Finanzwesen* → *Spezielle Ledger* → *Informationssystem* → *Recherche-Berichte* → *Recherche verwenden* → *Recherche für FI-SL-Tabellen aktivieren*.

Die Funktionalität der Handhabung entspricht im Wesentlichen dem Recherchetool des Sachkonteninformationssystems.

6.1.4 Zusammenfassende Betrachtung

Zur Erstellung der Bilanz- bzw. Gewinn- und Verlustrechnung lässt sich zusammenfassend folgender Vorschlag hinsichtlich der Nutzung der unterschiedlichen Tools herleiten:

Übersicht der Tools zur Bilanz-/GuV-Erstellung

Berichtsinhalt	Tool
Bilanz + GuV nach dem GKV (HGB und IAS)	Bilanz-/GuV-Struktur anlegen bzw. anpassen und Ausführen über Report „RFBILA00"
Bilanz + GuV nach dem UKV (IAS)	Recherchetool im Sachkonteninformationssystem
Nur GuV nach dem UKV	Report-Painter

Die Zusammenstellung kann nur als ein Vorschlag betrachtet werden. So ist es z. B. ebenfalls möglich, die komplette Bilanz und auch die GuV nach dem UKV über das Report-Painter-Tool zu erstellen.

455

Grundsätzlich jedoch sollte die Bilanz und GuV nach dem GKV immer über die Bilanz-/GuV-Struktur und im Zusammenhang mit dem Report „RFBILA00" ausgeführt werden.

6.2 Summensatzanzeige der speziellen Ledger

Definition

Für die Analyse der gebuchten Funktionsbereiche hinsichtlich der Fragestellung: „Welche Kostenarten sind für einen Funktionsbereich mit welchen Einzelposten gebucht worden?", bietet sich (insbesondere auch aus Performance-Gründen) die Summensatzanzeige der speziellen Ledger an. So könnte z. B. die Fragestellung lauten, welche Konten in den Fehlerfunktionsbereich über welchen Ursprungsbeleg abgeleitet wurden. Zwar ist es über das Recherchetool möglich, in der Aufrissliste die in diesem Funktionsbereich gebuchten Kosten anzuzeigen, allerdings erweist sich eine Verzweigung in den Einzelposten als schwierig. Über die Summensatzanzeige besteht nun die Möglichkeit, durch Angabe eindeutiger Selektionskriterien wie z. B. Funktionsbereich, Periode, Geschäftsjahr oder Kontonummer die zugehörigen Special-Ledger-Belege und die damit im Zusammenhang stehenden Ursprungsbelege problemlos zu untersuchen.

| Tipp:

Über die Funktionalität der Summensatzanzeige sollte insbesondere der Fehler-Funktionsbereich (falls dieser mit Werten gefüllt wurde) untersucht werden. Es muss auf Basis der Einzelposten geprüft werden, warum der Fehlerbereich gefüllt wurde (z. B. weil das kontierte CO-Objekt nicht einem Funktionsbereich zugeordnet wurde). In einem solchen Fall muss dann das jeweilige Objekt um den relevanten echten Funktionsbereich ergänzt werden, damit das System bei zukünftigen Buchungen den richtigen Funktionsbereich (FB) ableiten kann. Für die laufende Berichtsperiode bietet es sich an – wie im Abstimmledger beschrieben –, den Funktionsbereich mit folgenden Buchungssätzen umzubuchen:

per Aufwandskonto   (kontiert auf dem richtigen FB)
an Funktionsbereichsverrechnungskonto
per Funktionsbereichsverrechnungskonto
an Aufwandskonto   (kontiert auf den Fehler-FB).

Berichtswesen G

Um die Summensatzanzeige der speziellen Ledger (SL) aufzurufen, ist ausgehend vom SAP R/3® Anwendungsmenü die Menüfolge:
Rechnungswesen → *Finanzwesen* → *Spezielle Ledger* → *Informationssystem* → *Summen anzeigen*
zu wählen

Menüfolge

Im Einstiegsbild der Summensatzanzeige muss zunächst das Umsatzkostenledger „0F" angegeben werden. Im nachfolgenden Bild sind dann die Selektionskriterien zu bestimmen:

Dokumentation

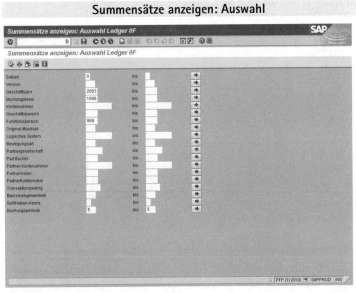

Copyright SAP AG ®

457

Realisation unter SAP R/3®

Bei den Selektionskriterien sind insbesondere die Felder Funktionsbereich (z. B. Fehlerbereich 990), Geschäftsjahr und Buchungsperiode sowie Buchungskreis von Bedeutung. Nach Aufruf werden die entsprechenden SL-Belege angezeigt:

[Abbildung: Special-Ledger-Belege]

Copyright SAP AG ®

Aus der obigen Ansicht können durch Anlage einer entsprechenden Variante nur die relevanten Felder angezeigt werden. Die Variante sollte dabei für spätere Auswertungen abgespeichert werden. Weiterhin sind Summierungen über bestimmte Felder (z. B. über das Feld Konto) und Sortierungen möglich. Durch Doppelklick auf die relevante Zeile kann in den betreffenden Einzelposten und weiter in den Ursprungsbeleg verzweigt werden.

Berichtswesen **G**

6.3 Anhang (Notes)

Die Erstellung der Notes wird rein technisch nicht über das SAP R/3® System vollzogen. In der praktischen Umsetzungsarbeit wird z. B. auf bestehende Notes anderer Firmen zurückgegriffen und diese werden für die Belange der eigenen Firma angepasst. I. d. R. werden zur Erstellung die Microsoft® Office Produkte wie Word und Excel verwendet. Bei der Layout-Gestaltung sind dem Unternehmen keine Grenzen gesetzt, lediglich die inhaltlichen Bestimmungen der einzelnen IAS müssen enthalten bzw. eingebunden werden. Bei der Notes-Erstellung empfiehlt es sich zunächst, z. B. Bilanzen, die GuV oder den Anlagenspiegel aus dem R/3® System in das Programm Microsoft-Excel® zu laden und dort aufzubereiten. Die aufbereiteten Tabellen werden dann in die entsprechende Notes-Vorlage von Word eingebunden.

Definition

6.4 Kapitalflussrechnung

IAS 1.7 i. V. m. IAS 1.90 verlangt von allen Unternehmen die Aufstellung einer Kapitalflussrechnung (Cashflow Statement) sowohl für den Konzern- als auch für den Einzelabschluss, im Gegensatz zu §297 (1), S. 2 HGB, der diese Aufstellung nur für börsennotierte Konzerne verlangt. Das SAP-R/3® System bietet im Sachkonteninformationssystem vordefinierte Formulare für die indirekte sowie für die direkte Methode einer Kapitalflussrechnung an, welche als Vorlage genutzt und für die Belange des Unternehmens angepasst werden können.

Definition

> **Achtung:**
> Werden bereits (angepasste) R/3® Formulare für die „HGB-Kapitalflussrechnung" genutzt, müssen diese insofern angepasst werden, als diese um die reinen HGB-Konten erweitert werden müssen (Konzept der Mickey-Mouse-Lösung). Für die Abbildung der Kapitalflussrechnung nach IAS muss das entsprechende Formular neben den gemeinsamen Konten die reinen IAS-Konten beinhalten. Es empfiehlt sich bei der Umsetzung, die bestehenden SAP-Formulare zu kopieren und dann weiterzubearbeiten.

459

G

Realisation unter SAP R/3®

Menüfolge

Um die Formulare für die Abbildung der Kapitalflussrechnung über das Recherchetool einzustellen bzw. zu bearbeiten, ist ausgehend vom SAP R/3® Einführungsleitfaden die Menüfolge:
R/3 Customizing Einführungsleitfaden → *Finanzwesen* → *Hauptbuchhaltung* → *Informationssystem* → *Recherche-Berichte (Sachkonten)* → *Formular* → *Formular festlegen bzw. Bericht* → *Bericht festlegen*
zu wählen.

Dokumentation

I. d. R. bietet es sich an, die beiden bestehenden Formulare:
- 0SAPRATIO-03 Cashflow (indirekt) bzw.
- 0SAPRATIO-04 Cashflow (direkt)

als Vorlage zur Anlage des eigenen Formulars zu verwenden.

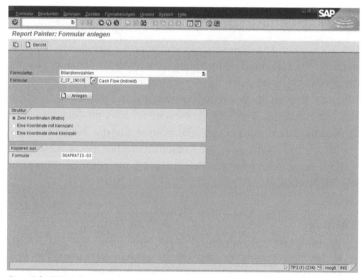

Copyright SAP AG

Es ist zu beachten, dass für Cashflow Formulare der Formulartyp „Bilanzkennzahlen" zu wählen ist.

Berichtswesen **G**

Report-Painter: Cashflow Formular

Copyright SAP AG

Das bestehende Formular ist dahingehend abzuändern, als dass den einzelnen Zeilenpositionen die relevanten Konten bzw. Bilanz-/GuV-Positionen (z. B. reine HGB-Konten + gemeinsame Konten oder reine IAS-Konten + gemeinsame Konten) zugeordnet werden.

6.5 Eigenkapitalspiegel

Die Eigenkapitalveränderungsrechnung (statement of changes in equity) ist – im Gegensatz zum HGB – im IAS ein eigener Bestandteil des Jahresabschlusses. Die Entwicklung des gesamten Eigenkapitals muss in einem gesonderten Rechenwerk neu dargestellt und aufgebaut werden.

IAS 1.7 in Verbindung mit IAS 1.86-89 verlangt im Jahresabschluss (auf eine unterjährige Darstellung wird nicht eingegangen) eine gesonderte Aufstellung über Höhe, Zusammensetzung und Veränderungen des EK.

Definition

G Realisation unter SAP R/3®

Danach muss mindestens ausgewiesen werden:
- das Periodenergebnis,
- alle direkt, ohne Berührung der GuV, im EK erfassten Erträge und Aufwände, Gewinne oder Verluste, z. B. aus Neubewertung, sowohl einzeln als auch in Summe (sonstiges Gesamteinkommen = other comprehensive income),
- die Gesamtauswirkung der Änderungen von Bilanzierungs- und Bewertungsmethoden sowie die Berichtigung grundlegender Fehler, die als Benchmark-Methode in IAS 8.31 ff. (Korrektur der Gewinnrücklage, i. d. R. der Vorperiode) behandelt wird.

Eigenkapital-, Rückstellungs- bzw. Forderungsspiegel auch im R/3® System abbildbar

Theoretisch wäre eine Abbildung des Eigenkapitalspiegels (das Gleiche gilt im Übrigen auch für den Rückstellungs- bzw. Forderungsspiegel) im R/3® System möglich. Über die Nutzung von eigenen Bewegungsarten (Zuführung, Inanspruchnahme etc.), welche im Konsolidierungsmodul (SAP® EC-CS) angelegt werden, lassen sich Auswertungen im Recherchetool (für das UKV) des speziellen Ledgers auf Basis der Tabelle „GLFUNCT" erstellen. Die Bewegungsarten sind bei den entsprechenden (manuellen) Buchungen zu kontieren, wobei hier über die Feldstatusgruppe sichergestellt sein muss, dass bei dem relevanten Konto das Feld „Bewegungsart" eingabebereit ist. Denkbar wäre darüber hinaus die Nutzung des Feldes „Zuordnung" als Kontierungsobjekt. Praktikabler erscheint es jedoch, die Veränderungsrechnung über die Microsoft® Office Produkte wie Excel und Word abzubilden und zu gestalten.

6.6 Segmentberichterstattung

Definition

Für börsennotierte Mutter-Unternehmen besteht grundsätzlich die Pflicht einer Segmentberichtserstattung im Konzernanhang gemäß IAS 14. Hierbei ist zu unterscheiden zwischen dem primären (z. B. Produkte) Segment, für welches eine umfassende Berichtspflicht besteht, sowie dem sekundären Segment (z. B. Region) mit eingeschränkten Berichtspflichten. Dabei ist ein Segment dann abzubilden, wenn Umsatzerlöse, Segmentvermögen oder Segmentergebnis mindestens 10 % der jeweiligen Größe umfassen. Inhaltlich wird die Segmentierung bestimmter Einzelangaben gefordert, wobei im ein-

Berichtswesen G

zelnen zu prüfen ist, welche Bestandteile (z. B. Segmentergebnis mit enthaltenen Abschreibungen, nicht zahlungswirksame Aufwendungen oder Schulden) berücksichtigt werden müssen.

Hinsichtlich der Abbildungsmöglichkeiten der Segmentberichterstattung im R/3® System bestehen folgende Möglichkeiten:[242]

Abbildungsmöglichkeiten im R/3® System

- Konten im FI:
  Bei einer Darstellung der Segmentberichterstattung über Konten im FI würden die Erlöskonten nach Geschäftsfeldern (bzw. nach Regionen, was i. d. R. sehr aufwändig ist) getrennt werden. Eine solche Vorgehensweise lässt allerdings keine Trennung der Aufwendungen sowie Bilanzpositionen zu.

- Ergebnisobjekte im CO-PA:
  Erlöse und Kosten des Umsatzes nach Kunden und Artikel sowie weiteren Merkmalen wie Geschäftsfelder und Regionen sind über die Ergebnisrechnung problemlos abzubilden. Allerdings ist auch über diese Vorgehensweise eine Trennung der Aufwendungen und der Ausweis von Bilanzpositionen nicht möglich. Generelle Voraussetzung für die Abbildung in der Ergebnisrechnung ist, dass im internen Rechnungswesen (CO) IAS-Werte geführt werden.

- Geschäftsbereiche im FI:
  Eine Abbildung der Segmente ist über die Darstellung von Geschäftsbereichen (GB) im FI denkbar. Der Geschäftsbereich dient neben dem Buchungskreis als weitere Einheit der externen Berichterstattung des Unternehmens. Über den GB lässt sich z. B. eine interne GuV (über Nachbelastung GuV) sowie eine interne Bilanz nach GB (über Nachbelastung Bilanz) problemlos darstellen. Außerdem ist eine Bildung der GB nach Geschäftsfeldern möglich und eine weitere Aufteilung nach Regionen vorstellbar. Nachteilig ist, dass z. B. ein GB nach Bebuchen in den Stammdaten nicht mehr änderbar ist.
  Außerdem ist der OSS®-Hinweis 321190 zu beachten, in welchem beschrieben wird, dass der GB nicht mehr weiterentwickelt wird.

GB wird nicht mehr von SAP® weiterentwickelt

---

[242] In Anlehnung an die SAP R/3®-Kurs-Unterlagen: Kurs „WDEIAS" (2002).

Der GB wird in seiner jetzigen Form allerdings beibehalten. Daten und Funktionen stehen weiterhin zur Verfügung.

- Profit Center im EC-PCA:
Unter der Voraussetzung, dass IAS-Werte im Controlling geführt werden, ist eine Abbildung der Segmentberichtserstattung über Profit-Center (PC) möglich. Hierbei ist eine Bildung bzw. Gliederung der PC (ähnlich wie für GB) nach Geschäftsfeldern sowie nach Regionen (ggf. weiteren) Kriterien möglich. Außerdem lassen sich interne Bilanzen und GuV nach PC bilden. Plandaten lassen sich aus dem CO übernehmen.

> **Tipp:**
> Die generelle Unterscheidung in eine eher extern orientierte Sicht bzw. Unterteilung nach GB und eine intern orientierte Einteilung nach PC hat sich im Zuge der Angleichung von internem und externem Rechnungswesen als kaum noch erforderlich erwiesen. Für die Auswahl des Tools zur Abbildung der Segmentberichterstattung empfiehlt SAP® daher die Nutzung von Profit Centern (auch im Hinblick auf den OSS®-Hinweis 321190) – wobei die Auswahl stark von den jeweiligen Unternehmensanforderungen abhängt.

7 Einzel- und Integrationstests

Auf Basis der durchgeführten Customizing-Aktivtäten folgen die Einzel- und Integrationstests. Grundlage für die Testaktivitäten sind vordefinierte Testszenarien für die relevanten Geschäftsvorfälle.

> **Achtung:**
> Es sollte im Vorwege der Tests organisatorisch sichergestellt werden (Mandantenkopie, homogene Systemkopie vom Produktivsystem etc.), dass sich auf dem Testsystem aktuelle Bewegungsdaten (inklusive Stammdaten) befinden.

Einzel- und Integrationstests G

Es ist unternehmensspezifisch in Workshops zu prüfen und zu definieren, welche Geschäftsvorfälle für das jeweilige Unternehmen in die Tests mit einzubeziehen sind. So sind beispielsweise für Industrieunternehmen andere Geschäftsvorfälle zu wählen als für Unternehmen im Dienstleistungssektor. Die nachfolgende Auflistung zeigt zunächst den möglichen Umfang der zu berücksichtigenden Szenarien bzw. Inhalte exemplarisch:

Definition der zu testenden Geschäftsvorfälle

- Ableitungstests der Funktionsbereiche
Für jeden definierten Funktionsbereich ist zu prüfen, ob die gewählte Ableitungsform (z. B. aus dem Stammdatenobjekt, der Kostenart oder aus der Substitution) richtig durchgeführt wird. Insbesondere ist hier zu beachten, ob bzw. dass die Ableitungsreihenfolge (Objekt → Kostenart → Substitution) korrekt durchlaufen wird. Schwerpunktmäßig sollte die korrekte Ableitung der Funktionsbereiche „Kosten des Umsatzes" sowie „Periodenkosten der Fertigung" analysiert werden, wobei in diesem Zusammenhang z. B. die Abwicklung eines Fertigungsauftragsszenarios – von der Belastung, über die Abrechnung an Bestand (inkl. Preisdifferenzen), über die Auslieferung (Warenausgang) hin zur Fakturierung – getestet werden könnte. Auch die WIP-Prozesse sollten hinsichtlich der korrekten Herleitung der Funktionsbereiche geprüft werden. Im Ablauf der Tests ist weiterhin sicherzustellen, dass der Fehlerfunktionsbereich nicht gefüllt wird. Mögliche Buchungen im Fehlerfunktionsbereich sind zu analysieren und entsprechend zu korrigieren.

Jeder Funktionsbereich ist ableitungstechnisch zu analysieren

> **Tipp:**
> Grundsätzlich bietet es sich an, die Ableitungssystematik für die definierten Funktionsbereiche und die damit im Zusammenhang stehende Aktivierung des Umsatzkostenverfahrens möglichst frühzeitig im jeweiligen Testsystem zu implementieren. So kann der Kunde schon im Vorwege der Testphase eigenständig bestimmte Geschäftsprozesse testen und mögliche Unstimmigkeiten erkennen und ggf. korrigieren.

- Testen der (Alt-)Datenübernahme in den IAS-Bewertungsbereich bzw. Prüfung der korrekten Einrichtung des IAS-Bewertungsbereichs in der Anlagenbuchhaltung.

G Realisation unter SAP R/3®

Die Anlagenbuchhaltung bildet die unterschiedlichen Bewertungsansätze zwischen HGB und IAS über verschiedene Bewertungsbereiche mit separater Kontenfindung ab. Hierzu ist ein neuer IAS-Bewertungsbereich anzulegen. Die Einrichtung des neuen IAS-Bewertungsbereichs ist inhaltlich zu überprüfen. Die Überprüfung soll stichprobenartig gewährleisten, dass für jeden vorkommenden Typ von Anlage (Auswahl bestimmter Anlagennummern, Altanlagen mit Restwert 0, Altanlage mit Zugang im aktuellen Jahr, Neuzugänge, GWG etc.) der Bewertungsbereich richtig eingerichtet wurde. Außerdem sind die Übernahme der vorhandenen Anlagen (Anlagenbestand), die AfA-Parameter (z. B. AfA-Schlüssel, Nutzungsdauern) sowie die Anlagenwerte im neu eröffneten Bewertungsbereich IAS im Vorhinein für einzelne Anlagen testweise zu überprüfen

- Prüfung Abstimmledger
  Das Abstimmledger dokumentiert funktionsübergreifende Buchungen innerhalb des Controllings, resultierend z. B. aus Umlagen, Leistungsverrechnungen oder Umbuchungen. Neben der einwandfreien technischen Abwicklung (automatisierte Buchung über Ausgleichskonten) ist hier vor allem die inhaltliche Logik der Abstimmbuchungen zu überprüfen.

> **Tipp:**
> Insbesondere ist hier die (nicht unbedingt zu empfehlende) korrekte Ableitung von Funktionsbereichen aus Erfolgskonten bzw. Kostenarten zu überprüfen, da hier beispielsweise über eine Umlage oder sonstige interne CO-Verrechnung der ursprüngliche Funktionsbereich des Kontos (Stichwort: funktionsübergreifende Buchung) verloren gehen kann.

- Prüfung Kontenlogik gemäß Mickey-Mouse-Konzeption sowie Berichtswesen allgemein
  Die Mickey-Mouse-Konzeption (siehe Kapitel „Kontenplan") gewährleistet die parallele Abbildung der Bewertungsunterschiede zwischen HGB und IAS auf Basis von Konten. In diesem Zusammenhang sind für bestimmte Geschäftsvorfälle (z. B. Abwicklung F+E, Anlagenzugänge) die automatisierten Buchungsvorgänge

(z. B. über den periodisch zu startenden Report RAPERB00) hinsichtlich der korrekten Kontenfindung zu überprüfen. Außerdem sind die manuell durchzuführenden Verrechnungsbuchungen (z. B. Abwicklung der manuellen Rückstellungsbuchungen) auf den jeweiligen HGB-, IAS- und gemeinsamen Konten beispielhaft durchzuspielen. Die Analyse über den Report „RFBILA00" muss als Testergebnis für die jeweilige (HGB- bzw. IAS-)Bilanz- und GuV-Struktur gewährleisten, dass der richtige Bilanzgewinn ausgewiesen wird und somit die nicht zugeordneten Konten den Saldo Null aufweisen. Neben der Prüfung der korrekten und richtigen Wertansätze in den angepassten Bilanz- und GuV-Strukturen nach GKV Gesichtspunkten ist in diesem Zusammenhang der korrekte (ergebnismäßig identische) Ausweis des Jahresüberschusses der GuV nach dem UKV zu überprüfen. Nicht zugeordnete Funktionsbereiche (siehe auch Testszenario Funktionsbereiche) sind entsprechend zu korrigieren. Außerdem muss die Kapitalflussrechnung zum korrekten Ergebnisausweis führen. Dasselbe gilt für die definierte Segmentberichterstattung!

- Abwicklung F+E
  Die Besonderheit der Abwicklung der Forschungs- und Entwicklungsaufwendungen liegt u. U. in den unterschiedlichen Aktivierungswerten zwischen dem HGB- und IAS-Bewertungsbereich. Zu prüfen ist an dieser Stelle der komplette Lebenslauf einer Investitionsmaßname. Insbesondere die Abrechnungssystematik auf Anlage im Bau (im führenden Bewertungsbereich z. B. IAS) sowie die periodisch über den Report „RAPERB00" zu generierende Zugangsbuchung ist zu analysieren.

- Fremdwährungsbewertung
  Vor dem Hintergrund der unterschiedlichen Bewertungsansätze der offenen Posten zwischen HGB (strenges Niederstwertprinzip) und IAS (grundsätzliche Bewertung zum Stichtagskurs) sind die unterschiedlichen Bewertungsmethoden je Bewertungsbereich im Zuge der periodischen Abschlussarbeiten der Finanzbuchhaltung zu testen. Inhaltlich sind hier vor allen Dingen die richtige Kontenfindung und die korrekte Fortschreibung der Daten im führenden Bewertungsbereich zu überprüfen.

G Realisation unter SAP R/3®

- Kalkulationsvarianten und Tarifermittlung im CO
  Gemäß der Annahme, dass im Controlling als führender Bewertungsansatz die IAS-Wertmaßstäbe berücksichtigt werden (führende Bewertung IAS), sind Anpassungen der Kalkulationsvarianten (Standardpreis- sowie Inventurkalkulationen) vorzunehmen. Auf Basis ausgewählter Materialen sind entsprechende IAS-Kalkulationsläufe durchzuführen und die Fortschreibung der Preise in den Materialstämmen zu analysieren. Außerdem ist die Vorgehensweise zur Ermittlung der IAS-Leistungsartentarife (die u. U. in die Kalkulationsergebnisse einfließen) exemplarisch zu überprüfen!

- Ergebnisermittlung im CO (WIP)
  Hinsichtlich der langfristigen Auftragsfertigung bestehen grundsätzliche Unterschiede zwischen IAS und HGB. Während im HGB-Ansatz die Gewinne erst bei Fertigstellung im Rahmen der Completed-Contract-Methode ausgewiesen werden dürfen (Realisationsprinzip) schreibt IAS bei Vorliegen bestimmter Voraussetzungen die Percentage-of-completion Methode vor (Gewinnausweis gemäß Leistungsfortschritt). Die ggf. umfangreichen Einstellungen im System hierzu müssen an vordefinierten Szenarien ausführlich getestet werden (Stichworte: Ermittlung des Fertigstellungsgrades, Bilanzausweis).

Aber: Periodenabschluss immer testen

Dokumentation der Testszenarien

> **Tipp:**
> Neben den exemplarisch genannten Testinhalten sollte ein Testszenario mindestens einen kompletten Periodenabschluss aus FI- und aus CO-Sicht beinhalten. Hierbei sind insbesondere Auswirkungen auf die korrekte Herleitung der Funktionsbereiche sowie die richtige Kontenfindung im Informationssystem zu prüfen.
>
> Praktischerweise empfiehlt es sich, die zu testenden Vorgänge separat für die einzelnen Bereiche (z. B. FI, CO, Anlagenbuchhaltung, SD) in eine Excel®-Datei aufzunehmen und gemäß Vorgang (z. B. Fremdwährungsbewertung) und Zeitpunkt (z. B. Periodenabschluss, Jahresabschluss) zeilenweise zu strukturieren. In den Spalten kann dann u. a. festgehalten werden, ob zum einen die Funktionsbereiche richtig abgeleitet wurden und/oder ob der Vorgang zu einem korrekten Ausweis im Informationssystem (Bilanz/GuV sowie Cashflow Rechnung)

Abnahme G

geführt hat. Außerdem kann in dieser Datei für jeden Vorgang (z. B. über eine Hardcopy, welche mit der Excel-Datei verlinkt ist) dokumentiert werden, welche Einstellungen für den IAS-Lauf und ggf. welche Einstellungen für den HGB-Lauf vorzunehmen sind. Die nachfolgende Abbildung verdeutlicht beispielhaft den Aufbau einer solchen Testdatei:

Testszenario: Finanzbuchhaltung

Zeitpunkt	Aktivität	HGB-Parameter	IAS-Parameter	Gemeinsame Parameter	Sonstige Testparameter	Tester-gebnisse	Technischer Ablauf o.k.?	Testerfolg Inhaltliche Darstellung o.k.?	Ableitung Funktionsb. erreiche o.k.?	Ausweis im Infosystem o.k.?
Periodenab-schluss	Fremdwährungsbewertung	F:\test1.xls	F:\test1.xls	-	Periode:11 / Jahr: 2002	Belegnr: 666667	☐ ja ☐ nein	☐ ja ☐ nein	☐ ja ☐ nein	☐ ja ☐ nein
	Ergebnisvortrag	F:\test1.xls	F:\test1.xls	-	Periode:11 / Jahr: 2002	Belegnr: 666668	☐ ja ☐ nein	☐ ja ☐ nein	☐ ja ☐ nein	☐ ja ☐ nein

Neben den genannten Kategorien der Testszenarien für FI, CO und der Anlagenbuchhaltung sollte auch ein Testszenario „Integration" in die Excel-Datei eingebunden werden, in welchem modulübergreifende Vorgänge wie z. B. die Abwicklung von F+E oder ein Fertigungsauftragsszenario (von der Belastung bis hin zur Abrechnung) mit eingebunden bzw. getestet werden.

8 Abnahme

Nach Durchführung der Testszenarien sind die jeweiligen (erfolgreichen) Testergebnisse formal im Lenkungsausschussteam schriftlich abzunehmen (auf Basis der o. a. Excel-Datei). Hierbei bietet es sich an, vordefinierte Formulare zu verwenden. Neben der Abnahme der Testergebnisse sind des Weiteren die gemäß der Themenpyramide je Sachgebiet (Bilanzierung und Kontenplan, Umsatzkostenverfahren, Berichtswesen etc.) erstellten Fachkonzepte (welche die betriebswirtschaftlichen Inhalte und das technische Vorgehen zur Umsetzung beinhalten) vom Lenkungsausschussteam abzuzeichnen.

Die zeitliche Reihenfolge der abzunehmenden Konzepte bzw. Inhalte könnte dabei folgendermaßen durchlaufen werden:

Reihenfolge der Abnahmen

- Abnahme Fachkonzept Umsatzkostenverfahren,
- Abnahme Fachkonzept Bilanzierung und Kontenplan,
- Abnahme Fachkonzept Berichtswesen,

- Abnahme Fachkonzept Schnittstellen (für Anbindung von möglichen vorhandenen Fremdsystemen),
- Abnahme Testergebnisse,
- Abnahme Cut-Over-Szenario (beinhaltet alle vorbereitenden Aktivitäten – z. B. Datenübernahme, Stammdatenpflege im Produktivsystem, Transporte – zur einwandfreien Überleitung der Einstellungen in den Echtbetrieb).

H IAS going live – Produktivstart

Dieses Kapitel beschreibt:
- die Notwendigkeit und Inhalte von Change-Management Prozessen im Rahmen der IAS/IFRS-Einführung,
- die Bedeutung des Coachings der Key-User und der Schulung der Endanwender,
- die Inhalte und Abhängigkeiten eines Cut-Over-Plans im Rahmen der Produktivsetzung des IAS-Systems,
- die konkreten Aktivitäten zur Vorbereitung des IAS-Produktivstartes,
- das Vorgehen zur Gesamtprojektabnahme.

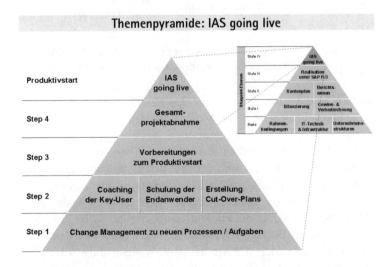

1 Einführung

Nun wurde das Thema der IAS-Umstellung im Unternehmen im wahrsten Sinne des Wortes auf die „Spitze" getrieben. Betrachtet man die Ausgangssituation zur Umstellung der Rechnungslegung,

H IAS going live – Produktivstart

die in diesem Buch als IAS-Themenpyramide dargestellt wird, ist mit diesem Kapitel der letzte Teil der Umstellungsaktivitäten mit dem Thema „IAS going live – Produktivstart" erreicht.

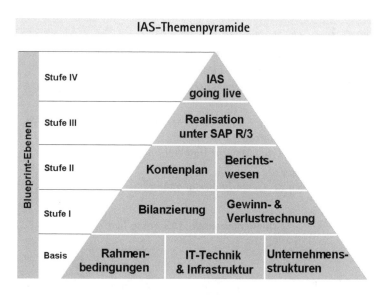

Cut-Over-Plan und Vorbereitungen zum Produktivstart

Zeitlich ist diese Projektphase, die den Abschluss des Projektes beschreiben soll, ungefähr zwei Monate vor dem geplanten Produktivstart zur IAS-Umstellung anzusetzen. Auch wenn in dem bisher beschriebenen Projektverlauf alle fachlichen Themen sowie systemtechnischen Inhalte und Erfordernisse bereits umfangreich behandelt und in dem Projekt erfolgreich umgesetzt wurden, ist das Projekt noch nicht am Ende angelangt. Vielmehr entscheidet diese Phase über den Erfolg des Produktivstarts zum gesetzten Fixtermin der Umstellung. Bis zum Produktivstart liegen noch eine Reihe von Einzelaktivitäten, die in einer bestimmten Reihenfolge bearbeitet werden müssen, was in diesem Kapitel im Einzelnen unter dem Punkt „Erstellung eines Cut-Over-Plans" und „Vorbereitungen zum Produktivstart" beschrieben wird[243].

---

[243] Weitere Unterlagen und Arbeitshilfen zum Produktivstart sind auf der CD zu dem Buch enthalten.

Change Management zu neuen Prozessen/Aufgaben H

Nun wurden auch eine Reihe von ablauforganisatorischen Prozessen im Rahmen des Projektes im Unternehmen den IAS-Erfordernissen angepasst, die in dieser Phase des Projektes den so genannten Process owner kommunizieren und für den Gebrauch in der späteren IAS-Praxis des Unternehmens auf einander abgestimmt werden müssen. Diese Prozesse müssen den Beteiligten in einem so genannten Change Management dargestellt werden, um einen reibungslosen Ablauf sicherstellen zu können. Die wichtigsten Punkte hierzu sollen an dieser Stelle beschrieben werden.

Change Management

Nun geht es in dem Projekt nicht nur um inhaltliche Veränderungen der Rechnungslegungspraxis, sondern auch um greifbare systemtechnische Anpassungen, die im Rahmen des Projektes am System durchgeführt wurden und eine Systembedienung bzw. andere Systemabläufe durch den Anwender bedingen, die gecoacht bzw. geschult werden müssen. Welche Schulungspraktiken sich hierzu in der Praxis bewährt haben, soll im Folgenden beschrieben werden.

Coaching und Schulungen

Genaugenommen gibt es in einem solchen Projekt nicht eine Gesamtprojektabnahme, sondern mehrere Abnahmen unterschiedlicher Projektinhalte. Die Vorgehensweise hierzu wird in dem Kapitel erläutert.

Gesamtprojektabnahme

Erst wenn der erste Periodenabschluss erfolgt, geprüft und als richtig abgenommen wurde, kann das Umstellungsprojekt als abgeschlossen betrachtet werden. In der Regel treten in den ersten Tagen nach dem Produktivstart immer kleinere Probleme auf, die von dem Projektteam im Rahmen einer Nachbetreuung behoben werden sollten. Die Einzelheiten zum Projektabschluss und der erforderliche Nachbetreuungsaufwand werden am Ende dieses Kapitels erläutert.

Nachbetreuung und Prüfung

2 Change Management zu neuen Prozessen/Aufgaben

Nahezu in jedem Fachbereich des Unternehmens, der mit der Rechnungslegungsthematik direkt oder indirekt verbunden ist, haben sich inhaltliche Veränderungen in den Ablaufprozessen und der Aufgabenbearbeitung ergeben. Diese Veränderungen müssen vor

IAS going live – Produktivstart

dem Durchführen von Schulungen mit den Beteiligten im Detail besprochen werden. Hier ein paar Beispiele aus verschiedenen Fachbereichen eines Unternehmens:

- Finanzbuchhaltung
  - Monatsabschluss
  - Fremdwährungsbewertung
- Treasury
  - Behandlung von Finanzderivaten
- Anlagenbuchhaltung
  - Unterschiedliche Abschreibungsabläufe
  - Neubewertungen
- Kostenrechnung/Controlling
  - Bewertung langfristiger Fertigungsaufträge
  - Work-in-Process (WIP)
  - Bewertung von Entwicklungskosten
  - Periodenabschluss
- Geschäftsleitung/Vorstand
  - Ausweis von Finanzsicherungsgeschäften
  - Auswirkungen der Bilanzpolitik des Unternehmens

Notwendigkeit des Change Management

Im Prinzip sind die o. g. Punkte für die Projektbeteiligten keine neuen Themen. Sie wurden im Einzelnen bereits in der Projektbearbeitung besprochen, konzeptioniert und festgelegt. Dennoch sprechen drei Punkte aus der Praxis dafür, alle Veränderungen im Rahmen eines Change Managements mit den einzelnen Fachbereichen explizert zu besprechen bzw. darzustellen:

1. **Einbeziehung der Nicht-Projektbeteiligten**
   In den Projektteams solcher Umstellungsprojekte sind selten alle Mitarbeiter eines Fachbereichs komplett an der Ausgestaltung der Fachinhalte beteiligt. Die Nicht-Projektbeteiligten kennen damit auch nicht alle Veränderungen in den Abläufen, die mit Einführung der IAS notwendig werden.

Change Management zu neuen Prozessen/Aufgaben

2. Zusammenfassung für Projektbeteiligte

Im Laufe des Projektes wurden eine Reihe von neuen und notwendigen Maßnahmen, Methoden und zukünftigen Arbeitsweisen definiert. Die Praxis zeigt, dass durch eine Zusammenfassung der wesentlichen Inhalte, die für die jeweiligen Fachbereiche des Unternehmens relevant sind, die Fehlerquote in den Arbeiten der Einzelnen reduziert werden konnte.

3. Fachbereichsübergreifende Abstimmungen

Nicht ganz unwesentlich ist die übergreifende Abstimmung zu bestimmten Prozessen zwischen den einzelnen Abteilungen im Unternehmen. Zum Teil kann man, um es in der Sprache des HGB zu formulieren, von einer unkgekehrten Maßgeblichkeit bei neuen Abstimmungsnotwendigkeiten (zwischen IAS und HGB) sprechen. So muss sich nun zum Beispiel die Kostenrechnung öfter mit der Finanz- bzw. Anlagenbuchhaltung zu Aktivierungsmaßnahmen auseinandersetzen, weil die Kostenrechnung IAS als führende Bewertung übernommen hat und die Aktivierung von Entwicklungskosten oder die Bewertung langfristiger Fertigungsaufträge aus der Kostenrechnung gesteuert wird.

Der Vorbereitungs- und Organisationsaufwand eines Change Managements Prozesses ist abhängig

- von der Unternehmens- bzw. von der Abteilungsgröße,
- von räumlichen Aspekten (verschiedene Standorte etc.)
- sowie von dem Umfang der externen Unterstützung durch Beratungskapazitäten.

Organisation des Change Management Prozesses

Die Entscheidung über die Aufteilung zur Vorbereitung und Durchführung des Change Management Prozesses zwischen internen Ressourcen aus den Fachbereichen des Unternehmens und externen Ressourcen einer Unternehmensberatung, die den Umstellungsprozess begleitet hat, sollte vom zeitlichen Engpass der internen Kapazitäten im Hinblick auf den Umstellungstermin abhängig gemacht werden und nicht von zusätzlichen Kosten, die durch den Einsatz externer Ressourcen entstehen. In der Regel beansprucht die Erstellung der notwendigen Unterlagen je Fachbereich fünf bis zehn Arbeitstage. Diese Unterlagen sollte zwei Monate vor

H IAS going live – Produktivstart

dem geplanten Produktivstart fertiggestellt sein, damit in den letzten beiden Monaten die Workshops mit den Fachbereichen durchgeführt werden können. Die zeitliche Einteilung wird durch die Phasenaufteilung im Projektplan deutlich:

Projektplan zur Umstellung der Rechnungslegung

Folgende Inhalte sollten die Unterlagen zur Durchführung der Change Management Workshops aufzeigen:

- **Liste neuer Prozessabläufe**
  Auflistung aller unternehmensspezifischen neuen Prozessabläufe, die im Rahmen der Umstellung der Rechnungslegung auf IAS erarbeitet wurden.

- **Prozessgegenüberstellung alt/neu**
  Detaildarstellung zu Veränderungen der einzelnen Prozesse in einer Gegenüberstellung alt/neu je Fachbereich.

- **Graphische Darstellung der Gesamtprozesse**
  Bei einer graphischen Darstellung des Gesamtprozesses einer Abwicklung, sollten die Abteilungsübergänge der Bearbeitung in den Prozessschritten herausgehoben werden und die Anforderungen

Change Management zu neuen Prozessen/Aufgaben

an die Übergabe spezifiziert und mit Beispielen aus der Unternehmenspraxis unterlegt werden.

- **HGB/IAS-Synopse als Quick-Check für den Alltag**
  Besonders für die buchhaltungsnahen Unternehmensbereiche ist es für den Alltag gut, wenn die signifikanten Unterschiede der Rechnungslegung in einer unternehmensspezifischen Gegenüberstellung (Synopse) von HGB- und IAS-Rechnungslegungsansätzen in den Change Management Workshops als Handbuch ausgegeben werden können. Diese Unterlagen können auch zu einem späteren Zeitpunkt erstellt werden. Jedoch ist dabei zu beachten, dass sich die IAS-Richtlinien des IASB im Laufe der Zeit ändern können und diese Unterlagen dem Rechnung tragen müssen.[244]

Beispiel für eine Synopse als Quick-Check

Sachverhalt	US-GAAP	IAS	eigenes Unternehmen
3. Leasing			
Zurechnung des Leasing-Objekts	Leasing-Nehmer, sofern Capital Lease gegeben ist.	Leasing-Nehmer, sofern Finance Lease gegeben ist.	Leasing-Verträge sind i. d. R. so ausgestellt, daß eine Bilanzierung beim Leasing-Geber erfolgt.
	Sofern eines der nachfolgend aufgeführten Kriterien erfüllt ist, liegt Capital-Lease vor:	Sofern eines der nachfolgend aufgeführten Kriterien erfüllt ist, liegt Capital-Lease vor:	
	1. Übergang des rechtlichen Eigentums auf den LN nach Ablauf der Vertragslaufzeit (Grundmietzeit zzgl. Mietverlängerungsoption)	1. Übergang des rechtlichen Eigentums auf den LN nach Ablauf der Vertragslaufzeit (Grundmietzeit zzgl. Mietverlängerungsoption)	
	2. Leasingvertrag enthält eine günstige Kapitaloption (bargain purchase option)	2. Leasingvertrag enthält eine günstige Kapitaloption (bargain purchase option)	
	3. Vertragslaufzeit umfaßt mindestens 75 % der Nutzungsdauer des Leasingobjekts	3. Vertragslaufzeit umfaßt überwiegenden Teil der wirtschaftlichen Nutzungsdauer des Leasing-Objekts	wg. Kriterium 3 und 4 werden Verträge gem. IAS/US-GAAP vielfach dem Leasing-Nehmer zuzurechnen sein.
	4. Barwert der Leasingraten beträgt mindestens 90 % des Marktpreises des Leasing-Guts zu Beginn der Gesamtmietzeit	4. Barwert der Mindest-Leasing-Zahlungen zu Beginn der Vertragslaufzeit ≥ Wert des Leasing-Objekts	
		5. Leasing-Objekte haben eine spezielle Beschaffenheit, so daß nur der Leasing-Nehmer sie ohne wesentliche Veränderungen nutzen kann.	
Besonderheiten bei Immobilien	Sofern der Wert des Bodens < 25 % des Gesamtwerts der Immobilie, dann Boden und Gebäude für die Zurechnung gemäß 3. und 4. als Einheit zu betrachten; Zugrundelegung der Nutzungsdauer des Gebäudes		

---

[244] Ein Beispiel für den Aufbau einer HGB-/IAS-Synopse ist auf der CD zum Buch hinterlegt.

IAS going live – Produktivstart

Es ist leicht nachvollziehbar, dass diese Vorbereitungen am Besten von den eigenen Mitarbeitern des Unternehmens aus den jeweiligen Fachbereichen erstellt werden sollten. Jedoch ist das in der Praxis nicht immer realisierbar, weil gerade zum Ende solcher Projekte eine Vielzahl anderer Projektaktivitäten durch Fachbereichsmitarbeiter des Projektteams durchgeführt werden müssen.

> **Tipp:**
> Sollte die Organisation und Vorbereitung auf Grund von Kapazitätsengpässen nicht von internen Mitarbeitern des Projektteams erstellten werden können, sondern von externen Ressourcen, dann ist es zwingend erforderlich, dass eine enge Abstimmung der verwendeten Prozessbeispiele mit den Fachbereichen sichergestellt wird. Bei der Erstellung der erforderlichen Unterlagen muss darauf geachtet werden, dass die Unternehmensspezifika in den Prozessen dargestellt und mit praxisbezogenen Beispielen unterlegt werden. Auf allgemeine Veränderungsdarstellungen kann verzichtet werden.

Durchführung der Change Management Workshops

Anders als bei der Organisation und Vorbereitung der Workshops, kann bei Durchführung der Workshops auf die internen Ressourcen aus dem Projektteam nicht verzichtet werden. Für die erfolgreiche Vermittlung der Änderungen in den Prozessen ist es erforderlich, dass diese von Vertretern der Fachbereiche, die am Projekt beteiligt waren, durchgeführt werden. Nur die eigenen Mitarbeiter kennen die Besonderheiten und Abwicklungen innerhalb des Unternehmens, die zu den einzelnen Prozessen herausgestellt werden müssen.

3 Coaching der Key-User

Neben den veränderten Inhalten müssen auch die veränderten systemtechnischen Bedingungen geschult werden. Hierfür bietet es sich an – sofern das Unternehmen die Unterstützung externer Berater für die im Rahmen des Projektes erforderlichen SAP®-Einstellungen in Anspruch genommen hat –, dass diese die Key-User auf Basis der angepassten Geschäftsprozesse am System schulen. Erwartungsgemäß ist der erforderliche Schulungsaufwand verhältnismäßig gering, weil die Key-User einen Großteil der systemtechnischen Veränderungen im Laufe des Projektes mit begleitet haben. Die Key-User sollten jedoch in die Lage versetzt werden, alle Prozesse am System sicher bedienen und intern dieses Wissen weitergeben zu können.

4 Schulung der Endanwender

Neben den am Projekt beteiligten Key-Usern müssen auch die restlichen Endanwender aus den am Projekt beteiligten Abteilungsbereichen geschult werden. Die Praxis zeigt, dass die besten Schulungserfolge erzielt werden, wenn die Schulungen durch eigene Mitarbeiter durchgeführt werden, in diesem Fall durch die Key-User. Bei den erforderlichen Unterlagen zur Durchführung der Schulungen kann auf die Unterlagen der externen Beratung, die für die Schulung der Key-User bestimmt waren, zurückgegriffen werden.

> **Tipp:**
> Damit die Schulungsunterlagen für die Endanwender durch die Key-User individuell ergänzt bzw. den Anforderungen im Unternehmen entsprechend überarbeitet werden können, ist es wichtig, die Unterlagen von der externen Beratung in einem editierbaren Format und nicht nur als Ausdruck zu erhalten.

5 Erstellung eines Cut-Over-Plans

Nachdem alle Key-User und Anwender entsprechend geschult worden sind, kann mit der konkreten Erstellung des Cut-Over-Plans begonnen werden. Ein beispielhafter Cut-Over-Plan ist auf der beiliegenden CD enthalten.
Dabei beinhaltet der Cut-Over-Plan alle notwendigen Aktivitäten, welche für einen problemlosen Übergang („Cut-Over") vom Test- zum Produktivsystem durchgeführt werden müssen. Bei der Planaufstellung ist festzuhalten, wer, wann, welche Tätigkeiten (in der

Übergang vom Test- zum Produktivsystem

IAS going live – Produktivstart

logischen Abhängigkeit) durchzuführen hat. Nur bei strikter Einhaltung des Cut-Over-Plans kann der Produktivstart zum geplanten Termin eingehalten werden. Praktischerweise sollte der Plan in Excel® gemäß nachfolgendem Beispiel aufgestellt werden:

Beispiel für einen Cut-Over-Plan

Inhaltlich lassen sich z. B. folgende kritische Aktivitäten definieren, die im Cut-Over-Plan festzuhalten sind:

- Ermittlung der Vortragswerte (z. B. in Excel)
  Die Vortragswerte derjenigen Bestandskonten, bei denen sich Differenzen zum HGB ergeben (z. B. Pensionsrückstellungen), müssen zum gewünschten Einführungstermin wert- bzw. saldomäßig (z. B. in Excel) von der Buchhaltung ermittelt werden. Ggf. sollte eingeplant werden, dass die Vortragswerte noch mit dem Wirtschaftsprüfer abgestimmt werden müssen. Die so ermittelten IAS-Werte bilden die Grundlage zur späteren Einbuchung der Vortragswerte in die IAS-Eröffnungsbilanz.

- Stammdatenpflege
  Zu den neu zu pflegenden Stammdaten im Rahmen einer IAS-Einführung auf Basis der Kontenplanlösung zählen vor allem die neuen HGB- und IAS-Bestands- und Erfolgskonten in der Finanzbuchhaltung (siehe auch Kapitel E „Kontenplan"). I. d. R.

Bestands- und Erfolgskonten

Erstellung eines Cut-Over-Plans

werden Stammdaten nicht vom Test- ins Produktivsystem transportiert, sondern im Zielsystem manuell neu angelegt. Hierbei ist in der Cut-Over-Planung sicherzustellen, dass die Stammdaten im Produktivsystem rechtzeitig eingepflegt werden, ohne dass abhängige Bereiche (z. B. das Einspielen der Plan-Afa-Werte für die IAS-Tarifermittlung oder das Einbuchen der Vortragswerte) nachteilig tangiert werden. Außerdem ist zu beachten, dass den neu anzulegenden HGB- und IAS-Erfolgskonten die richtigen Erfolgskontentypen zugeordnet werden, damit im Zuge der späteren Jahresabschlussarbeiten sichergestellt werden kann, dass auch das korrekte Saldovortragskonto gezogen wird.

- Einbuchen der IAS-Vortragswerte und Umbuchen der HGB-Werte
Zum jeweiligen Stichtag (also z. B. zum 31.12. bei Produktivstart zum 01.01.) sind die ermittelten IAS-Vortragswerte in die „Eröffnungsbilanz" einzubuchen. Die hierbei anzuwendende Buchungssystematik ist im nachfolgenden Kapitel beschrieben. Außerdem müssen noch die Salden bestimmter HGB-Bestands- und Erfolgskonten vom vormals gemeinsamen Konto auf das neue reine HGB-Konto umgebucht werden. Im Anschluss daran empfiehlt es sich, die vormals gemeinsamen Konten – aus denen nun neue HGB- und IAS-Konten gemäß dem Mickey-Mouse-Konzept (siehe hierzu auch das Kapitel „Kontenplan") angelegt wurden (z. B. aus dem Konto Pensionsrückstellung) – für weitere Buchungen zu sperren.

- Ermittlung neuer IAS-Standardpreise
Gemäß der Annahme, dass als zukünftig führende Bewertung IAS gewählt wird und damit unterjährige Abschlüsse nach IAS aufgestellt werden müssen, empfiehlt es sich u. U., die bisherigen HGB-Standardpreise nach IAS-Gesichtspunkten zum jeweiligen Umstellungsstichtag umzubewerten. Dabei ist zu berücksichtigen, dass abhängige Aktivitäten (z. B. die Ermittlung von IAS-Leistungsartentarifen oder Zuschlagssätzen, Einspielung der IAS-Plan-AfA-Werte) im Vorhinein durchzuführen sind.

Führende Bewertung IAS

H IAS going live – Produktivstart

- Übernahme des Anlagevermögens
  Die Aktivitäten aus der Übernahme des Anlagenvermögens (Übernahme von Anschaffungswerten, aktuellen Buchwerten, AfA-Parametern sowie Einstellung der Kontenfindung) stellen bei der Einführung der parallelen Rechnungslegung i. d. R. den komplexesten Teilbereich dar. Im Zuge der Cut-Over-Aktivitäten ist dabei u. a. festzulegen, zu welchem Zeitpunkt die Bestandswerte übernommen werden und ab wann die neue Kontenfindung ins Produktivsystem eingestellt werden soll bzw. kann.

- Transporte
  Bei der Übernahme der Transporte vom Transport- ins Entwicklungs- und ins Produktivsystem muss ggf. die Reihenfolge der Transporte berücksichtigt werden. Außerdem ist festzustellen, welche Transporte als kritisch zu betrachten sind. Mit dem Systemadministrator sind darüber hinaus die Modalitäten für den Ablauf der Transporte zu klären.

- Prüfung der Transporte und Nummernkreispflege
  Zum festgelegten Stichtag müssen die Transporte im Produktivsystem auf Vollständigkeit hin überprüft werden. Zu berücksichtigen dabei ist, dass ein entsprechender Anzeige-User hierfür im Produktivsystem zur Verfügung gestellt wird. Unter Umständen (falls z. B. Transporte fehlerhaft waren) müssen bestimmte Transporte manuell nachgezogen werden.

> **Tipp:**
> Es bietet sich an, alle im Testsystem erzeugten Transporte mit aktuellem Status (Freigabe, bereits weitergeleitet, getestet etc.) in einer Excel-Datei separat festzuhalten, um so die Übersicht über den aktuellen Transportstand nicht zu verlieren. Die nachfolgende Abbildung zeigt beispielhaft eine solche Aufstellung:

Transporte

Datum	Transport	Inhalt	User	Transportstand Entwicklungssystem	Produktivsystem
15.05.2003	PFPK908311	IAS_NEU: Anpassung Kontenlänge - 15.05.2003	Mueller	Ja	Ja
19.05.2003	PFPK908338	IAS_NEU: Erfolgskontentypen angelegt - 19.05.2003	Mueller	Ja	Nein
(..)	(..)	(..)	(..)	(..)	(..)

Neue Nummernkreise (z. B. Abstimmledger) sind i. d. R. manuell im Produktivsystem anzupassen bzw. einzustellen. Auch hier ist ein entsprechender Pflege-User zur Verfügung zu stellen.

- Systemfreigabe
  Nachdem sichergestellt wurde, dass alle Transporte erfolgreich ins Produktivsystem übernommen wurden, kann das Produktivsystem offiziell freigegeben werden. Mit der Freigabe – die i. d. R. schriftlich erfolgen sollte – wird festgelegt, dass dem operativen IAS-Produktivbetrieb nichts mehr im Wege steht.

> **Tipp:**
> Für die offizielle Systemfreigabe sollte bei Bedarf auch der Wirtschaftsprüfer mit ins Boot geholt werden.

6 Vorbereitungen zum Produktivstart

Die Vorbereitungen zum Produktivstart leiten sich, wie bereits im Kapitel 5 beschrieben, unmittelbar aus den Aktivitäten des Cut-Over-Plans ab. Der Cut-Over-Plan muss daher alle vorbereitenden Aktivitäten zum Produktivstart in der korrekten zeitlichen Reihenfolge beinhalten. Außerdem muss aus dem Plan hervorgehen, wer, wann, welche Aktivitäten durchzuführen hat.

Eine wesentliche Cut-Over-Aktivität ist dabei die Einbuchung der Vortragswerte. Grundsätzlich sind für alle Bestands- und Erfolgskonten, bei denen Bewertungsdifferenzen zwischen HGB und IAS bestehen (z. B. Bestandskonto „Pensionsrückstellung" und Aufwandskonto „Zuführung Pensionen"), neue HGB- und neue IAS-Konten im Kontenplan zu hinterlegen. Für die neu angelegten HGB- und IAS-Bestandskonten müssen zum jeweiligen Stichtag (z. B. 31.12.) Vortragswerte in die Eröffnungsbilanz eingebucht werden.

Einbuchung der Vortragswerte

H IAS going live – Produktivstart

> **Achtung:**
> Für das SAP®-System ist eine spezielle Eröffnungsbilanz nicht notwendig, da der Saldovortrag mit Hilfe von Reports vorgenommen wird. Bestandskonten werden auf sich selbst vorgetragen.

Für die bereits gebuchten Erfolgskonten muss zunächst geprüft werden, ob es sich bei den Werten um HGB- oder um IAS-Werte handelt (i. d. R. handelt es sich dabei um HGB-Werte). Die Salden der relevanten Erfolgskonten sind dann auf das neue (HGB-) Erfolgskonto umzubuchen.

> **Tipp:**
> Es ist grundsätzlich ratsam, die erforderlichen Eröffnungsbuchungen mit dem Wirtschaftsprüfer abzustimmen! Insofern können die hier beschriebenen Buchungsbeispiele nur als Vorschläge betrachtet werden.

Die nachfolgende Übersicht zeigt zunächst eine mögliche Buchungssystematik zur Einbuchung der Vortragswerte am Beispiel der Pensionsrückstellungen (Eröffnungsbilanz zum 31.12.2002; somit erfolgen ab dem 1.1.2003 die ersten produktiven Buchungen):

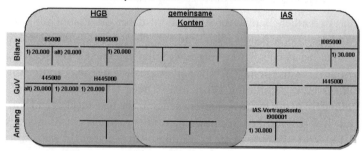

Buchungssystematik zur Einbuchung der Vortragswerte
Beispiel: Pensionen 31.12.2002

Geschäftsvorfälle
1.) Eröffnungsbuchungen zum 31.12.:
- per 85000 an H085000   20.000 € (Umbuchung Bestandsaldo)
- per H445000 an 445000   20.000 € (Umbuchung Erfolgskontensaldo)
- per I900001 an I085000   30.000 € (Einbuchung Vortragswert IAS)

Vorbereitungen zum Produktivstart H

Das Grundkonzept der Mickey-Mouse-Konzeption im Zusammenhang mit der Kontenplanlösung basiert darauf, dass die Salden von HGB-Konten und gemeinsamen Konten sowie die Salden der IAS-Konten und gemeinsamen Konten immer Null ergeben müssen. Außerdem müssen die Salden von HGB-Konten und nicht zur Bilanz- und GuV-Struktur zugeordneten Konten sowie die Salden der IAS-Konten und nicht zugeordneten Konten immer Null ergeben. Basierend auf dieser Annahme zeigt die Abbildung folgende durchzuführende Aktivitäten für die Erstellung der Eröffnungsbilanz:

Nullsaldo im Rahmen der Mickey-Mouse-Konzeption

- Umbuchen des Gesamtsaldos des Bestandskontos auf das neue zugehörige HGB-Bestandskonto. Damit ist das alte Bestandskonto abgeschlossen. Das alte Bestandskonto sollte über die SAP®-Transaktion „FSP5 – Sachkonto sperren im Kontenplan" für weitere Buchungen gesperrt werden.

- Umbuchen des Gesamtsaldos des Erfolgskontos auf das neue zugehörige HGB-Erfolgskonto. Damit ist das alte Erfolgskonto abgeschlossen. Das alte Erfolgskonto sollte über die SAP®-Transaktion „FSP5 – Sachkonto sperren im Kontenplan" für weitere Buchungen gesperrt werden.

- Einbuchen des Vortragswertes für das IAS-Bestandskonto. Dieser Wert muss zuvor (z. B. in Excel®) manuell zum entsprechenden Stichtag ermittelt worden sein. Die Gegenbuchung erfolgt gegen das IAS-Vortragskonto. Somit trägt das IAS-Vortragskonto die bis zum Einbuchungsstichtag kumuliert angefallenen Aufwendungen (zum jeweiligen Bestandskonto).

Das beschriebene Vorgehen kann im Prinzip für alle Vortragsbuchungen angewandt werden. Lediglich im Anlagenbereich sollte die Buchungssystematik folgendermaßen abgeändert werden:

H IAS going live – Produktivstart

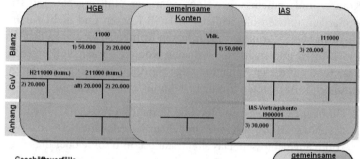

Der Unterschied zu der in der vorherigen Abbildung dargestellten Buchungssystematik am Beispiel der Pensionsrückstellung liegt darin, dass für den Anlagenbereich auf dem Vortragskonto IAS zwar die kumulierten IAS-AfA-Werte stehen (hier 30.000 €), dieser Wert jedoch nicht dem Anlagenbestandswert (hier 20.000 €) entspricht. Aus diesem Grund wird der Anlagenbestand zunächst auf ein Ausschlusskonto bzw. ein separates Verrechnungskonto (hier I900000) gebucht. Außerdem wird das Vortragskonto (I900001) in Höhe der kumulierten AfA-Werte gegen das Verrechnungskonto (hier I900000) gebucht. Somit steht auf dem Verrechnungskonto – welches übrigens nicht ausgeglichen und keiner Position der Bilanz- und GuV-Struktur zugeordnet wird – immer der ursprüngliche Zugangswert der jeweiligen Anlage (hier 50.000 €). Durch ein solches Vorgehen bei der Einbuchung der Werte ist zudem sichergestellt, dass der HGB- bzw. IAS-Bereich und der gemeinsame Bereich immer den Saldo Null ergeben. Außerdem sind der IAS- bzw. HGB-Bereich und der nicht zugeordnete Bereich saldomäßig immer Null. Zusammenfassend sind somit für den Anlagenbereich folgende Aktivitäten bei Erstellung der Eröffnungsbilanz durchzuführen:

- Ein Umbuchen des Gesamtsaldos des Anlagenkontos auf das neue zugehörige HGB-Anlagenkonto ist insofern nicht notwendig, da aus technischen Gründen bereits gebuchte Zugangskonten nicht ohne weiteres aus der bestehenden Kontenfindung im R/3®-System entfernt werden können. Somit fungiert das alte Anlagenkonto in diesem Fall als HGB-Konto (obwohl es die Nomenklatur eines gemeinsamen Kontos besitzt).
- Umbuchen des Gesamtsaldos des AfA-Erfolgskontos auf das neue zugehörige HGB-Erfolgskonto. Damit ist das alte Erfolgskonto abgeschlossen. Das alte Erfolgskonto sollte über die SAP®-Transaktion „FSP5 – Sachkonto sperren im Kontenplan" für weitere Buchungen gesperrt werden.
- Einbuchen des Vortragswertes für das IAS-Anlagenkonto. Dieser Wert muss zuvor (z. B. in Excel) manuell zum entsprechenden Stichtag ermittelt worden sein. Die Gegenbuchung erfolgt gegen ein spezielles IAS-Übernahmekonto, welches nie abgeschlossen wird. Außerdem werden die bis zum Stichtag angefallenen AFA-Werte mit dem Buchungssatz per IAS-Vortragskonto an IAS-Übernahmekonto gebucht.

7 Gesamtprojektabnahme

Bevor der IAS-Produktivstart offiziell auch im R/3®-System vollzogen wird, sollte das gesamte Projekt offiziell seitens des Lenkungsausschussteams und der Wirtschaftsprüfer abgenommen worden sein. Die Gesamtprojektabnahme resultiert dabei aus den Teilabnahmen der einzelnen Sachgebiete laut IAS-Themenpyramide. Demnach wären folgende Sachgebiete mit folgenden Inhalten abzunehmen:

- Sachgebiet Bilanzierung
  Im Sachgebiet Bilanzierung werden die bilanziellen Auswirkungen des Überganges von den handelsrechtlichen auf die internationalen Bewertungsgrundsätze dargestellt und seitens der Wirtschaftsprüfung abgenommen. Auf Basis der jeweiligen Bilanzpositionen (Anlagevermögen, Umlauf- und Finanzvermögen, Rückstellungen, Verbindlichkeiten) sind die Bewertungsunter-

Prüfung der bilanziellen Auswirkungen

H IAS going live – Produktivstart

schiede zwischen HGB und IAS in einer Arbeitsbilanz (z. B. in Excel®, siehe auch Kapitel C „Bilanzierung") zahlenmäßig zu dokumentieren. Diese IAS-Arbeitsbilanz wird dem Wirtschaftsprüfer vorgelegt, welcher dann eine „Pro-forma-Testierung" vornehmen kann. Die testierte IAS-Arbeitsbilanz stellt später die Basis für die Ermittlung der Vortragswerte der IAS-Eröffnungsbilanz dar. Die Abnahme des Sachgebietes Bilanzierung sollte schriftlich seitens des Lenkungsausschussteams erfolgen. Basis für die Abnahme ist die zuvor in schriftlicher Form erstellte IAS-Bilanzierungsrichtlinie, welche alle wesentlichen bilanziellen Auswirkungen des Übergangs von HGB auf IAS beinhaltet.

- Sachgebiet Gewinn- und Verlustrechnung
Für das Sachgebiet „Gewinn- und Verlustrechnung" erfolgt ebenfalls eine separate schriftliche Abnahme seitens des Lenkungsausschussteams.

Herstellkosten, Ableitung Funktionsbereiche und F+E-Kosten

Inhaltlich sind hierbei insbesondere die Ermittlung der Herstellkosten nach IAS zu produktionsbezogenen Vollkosten sowie die (logische) Ableitung der Funktionsbereiche für die neu zu erstellende GuV nach dem UKV in die Abnahme einzubeziehen. Außerdem muss die organisatorische Abwicklung und buchhalterische Behandlung der F+E-Kosten (Aufwand oder Aktivierung?) geprüft werden. Basis für die Abnahme ist die zuvor in schriftlicher Form erstellte Dokumentation für dieses Sachgebiet.

- Sachgebiet Kontenplan

Prüfung der neuen Konten

Im Sachgebiet „Kontenplan" sind im Wesentlichen die neu zu definierenden Konten (HGB- und IAS-Konten) für die Abbildung der parallelen Rechnungslegung im Zusammenhang mit der Kontenplanlösung zu prüfen und schriftlich seitens des Lenkungsausschussteams abzunehmen. Basis für die Abnahme ist die zuvor in schriftlicher Form erstellte Dokumentation für dieses Sachgebiet sowie das separat zu erstellende Kontierungshandbuch!

- Sachgebiet Reporting
Im Sachgebiet „Reporting" sind die neuen Berichtsstrukturen und -inhalte wie z. B. die Neugliederung der IAS-Bilanz, der Aufbau der GuV nach dem UKV, der Aufbau und die Inhalte der

Gesamtprojektabnahme H

Segmente im Rahmen der Segmentsberichterstattung sowie das interne Berichtswesen abzunehmen. Basis für die Abnahme ist die zuvor in schriftlicher Form erstellte Dokumentation für dieses Sachgebiet.

- Sachgebiet Realisation unter SAP R/3®
  Im Rahmen dieser Phase sind neben der erstellten Customizing-Dokumentation die dokumentierten (erfolgreichen) Testergebnisse im Rahmen der Einzel- und Integrationstests abzunehmen.

- Sachgebiet IAS going live
  Im Sachgebiet IAS going live erfolgt die (schriftliche) Gesamtprojektabnahme auf Basis der in den vorherigen Punkten beschriebenen Teilabnahmen der jeweiligen Sachgebiete. Bevor jedoch die Gesamtprojektabnahme erfolgen kann, sollte zuvor der Cut-Over-Plan im Lenkungsausschussteam verabschiedet werden. Somit könnte die Gesamtprojektabnahme auf Basis des folgenden Dokumentes erfolgen:

Gesamtprojektabnahme

Dokument zur Gesamtprojektabnahme

	Abnahme erfolgt? Ja	Nein	Anmerkung
Sachgebiet Bilanzierung	☑	☐	
Sachgebiet Gewinn- & Verlustrechnung	☑	☐	
Sachgebiet Kontenplan	☑	☐	
Sachgebiet Berichtswesen	☑	☐	
SAP- Realisations- & Testphase	☑	☐	
Cut-Over-Planung	☑	☐	
Gesamtprojektabnahme	☑	☐	
Unterschrift (Kunde)	26.05.2003 Datum		
Unterschrift (Berater)	26.05.2003 Datum		

8 IAS going live: Nachbetreuung und Prüfungen zum ersten IAS-Abschluss

Nach der Gesamtprojektabnahme und somit nach dem erfolgreichem Produktivstart erfolgen die ersten produktiven Buchungen für die parallelen Bereiche IAS und HGB.

Explizite Betreuung des 1. Periodenabschlusses

Hierbei ist insbesondere der erste Periodenabschluss (nach IAS und ggf. nach HGB) von Bedeutung, da gerade im Zuge der Periodenabschlussarbeiten die unterschiedlichen Rechnungslegungsbereiche und damit die jeweiligen HGB- und IAS-Konten angesprochen werden – zum Teil über die automatische Kontenfindung (z. B. AfA-Lauf, Fremdwährungsbewertung), zum Teil über manuelle Abschlussbuchungen (z. B. Buchung von Rückstellungen). Außerdem muss für die Darstellung der GuV nach dem UKV geprüft werden, dass die Funktionsbereiche korrekt gefüllt bzw. abgeleitet wurden. Weiterhin sollte gewährleistet sein, dass die GuV nach dem GKV und die GuV nach dem UKV zum selben Ergebnis führen. Auf Grund dieser Begebenheiten bietet es sich an, dass der erste IAS-Periodenabschluss vom jeweiligen Beratungsunternehmen explizit betreut wird. So können bei auftretenden Problemen (z. B. bei Füllung des Fehler-Funktionsbereiches) direkt und vor Ort die Vorgehensweisen zur Fehlerbehebung mit den Anwendern besprochen und durchgeführt werden.

Abschließender Workshop „Qualitätsreview"

Grundsätzlich ist es darüber hinaus sinnvoll, nach erfolgtem ersten Periodenabschluss einen Workshop (mit allen Projektbeteiligten) zum Thema „Qualitätsreview" durchzuführen, um hier die bis dahin aufgetretenen Probleme zusammenfassend kritisch zu würdigen und u. U. grundsätzliche Lösungsalternativen zur Problembehebung zu erörtern.

Literaturverzeichnis

ADS: Adler, H.; Düring, W.; Schmaltz, K. (1995 ff.): Rechnungslegung und Prüfung der Unternehmen, 6. Auflage, Stuttgart 1995 ff.

Baetge, J.; Dörner D.; Kleekämper, H.; Wollmert, P.; Kirsch, H.J. (2002): Rechnungslegung nach International Accounting Standards (IAS) – Kommentar auf der Grundlage des deutschen Bilanzrechts, 2. Auflage, Schaeffer-Poeschel Verlag, Stuttgart, 2002

Beck'scher Bilanzkommentar (1999): Der Jahresabschluss nach dem Handels- und Steuerrecht, bearb. von Budde, W.; Clemm, H.; Ellrott, H.; Fröschle, G.; Hoyos, M., 4. Auflage, München 1999

BFH-Urteil (1993): (IV R 87/92) vom 21.10.1993 BStBl. 1994 II S. 176

Bieker, C.; Haslauer, A.;Jacobs, T. (2002):Bilanzen 2002 – Schöner Schein, Das Moderne Wirtschaftsmagazin, Focus Money, Ausgabe 20, 2002, S.13 - 14

Blazek, A. (1994): Projekt-Controlling - Denken und Handeln in Projekten zur Verwirklichung der Selbstkontrolle, 4. Auflage, München 1994

Born, K. (2001): Bilanzanalyse international: deutsche und ausländische Jahresabschlüsse lesen und beurteilen, 2.Auflage, Schäffer-Poeschel Verlag, Stuttgart, 2001

Borszcz, A. (1998): Die Zukunft des Controlling, ersch. in Controlling-Praxis erfolgreicher Unternehmen, Borszcz, A. und Piechota, S. (Hrsg.), Wiesbaden 1998, S. 15 - 18.

Bruns, C. (Hrsg.) (2001): Fälle mit Lösungen zur Bilanzierung nach IAS und US-GAAP, Verlag Neue Wirtschafts-Briefe, Herne, Berlin, 2001

Coenenberg, A. (1995): Einheitlichkeit oder Differenzierung von internem oder externem Rechnungswesen: Die Anforderungen der internen Steuerung, in: DB 1995

Coenenberg, A. (2001): Jahresabschluss und Jahresabschlussanalyse: Betriebswirtschaftliche, handelsrechtliche, steuerrechtliche und internationale Grundlagen – HGB,IAS,US-GAAP, 18. Auflage, Verlag Moderne Industrie, Landsberg/Lech, 2001

Literaturverzeichnis

Dangel, P.; Hofstetter, U.; Otto, P. (2001): Analyse von Jahresabschlüssen nach US-GAAP und IAS, Schäffer-Poeschel Verlag, Stuttgart 2001

Dürr, U.; Zwirner, C. (2003): Überleitungsrechnung von HGB auf IAS/US-GAAP – Empirische Ergebnisse im NEMAX als Orientierung für die Unternehmen des SMAX , Institut für Wirtschaftsprüfung, Universität des Saarlandes, Saarbrücken, 2003.

Eggloff, F. (1999): Bilanzierung nach HGB, US-GAAP und IAS im Vergleich: eine praxisorientierte Einführung, Gabler Verlag, Wiesbaden,1999

Europäische Union (2002): Verordnung des Europäischen Parlaments und des Rates betreffend die Anwendung internationaler Rechnungslegungsstandards, PE-CONS 3626/02, Brüssel 2002

Faltermann, H.; Beckmann, H. (1996): Buchführung und Bilanz, 16 Auflage, Achim 1996

Förschle, G. ; Kroner, M.; Mandler, U. (1996): Internationale Rechnungslegung: US-GAAP, HGB und IAS, 2. Aufl., Bonn 1996

Fröschle, G.; Holland, B.; Kroner, M. (2001): Internationale Rechnungslegung: US-GAAP, HGB und IAS (PwC), 5. Auflage, Economica Verlag, Heidelberg, 2001

Grünberger, D.; Grünberger, H. (2002): IAS und US-GAAP 2002/2003, Verlag Neue Wirtschafts-Briefe, Herne;Berlin, 2002

Herrmann, C.; Heuer, G.; Raupach, A. (2001): EStG und KStG, Loseblattsammlung, Stand April 2001

Hummel, S.; Männel, W. (1986): Kostenrechnung I, 4. Auflage, Wiesbaden 1986

IASB (2001): International Accounting Standards 2001 (Deutsche Ausgabe), Schaeffer-Poeschel Verlag, Stuttgart, 2001

Kagermann, H.; Kütting, K.; Wirth, J. (2002): IAS-Konzernabschlüsse mit SAP®, Schaeffer-Poeschel Verlag, Stuttgart, 2002.

Kilger, W. (1988): Flexible Plankostenrechnung und Deckungsbeitragsrechnung, 9. Aufl., Wiesbaden 1988

Kremin-Buch, B. (2000): Internationale Rechnungslegung – Jahresabschluss nach HGB, IAS und US-GAAP, Grundlagen-Vergleich(e)-Fallbeispiele, Gabler Verlag, Wiesbaden, 2000

Literaturverzeichnis

Kresse/ Leuz (Hrsg.) (2002): Internationale Rechnungslegung, Internationales Steuerrecht - Die neue Schule des Bilanzbuchhalters Bd.6, Schäffer-Poeschel Verlag, Stuttgart 2002

Küting, K.; Haeger, B.(1988): Die Bedeutung des Maßgeblichkeitsprinzips für die Ermittlung der steuerbilanziellen Herstellungskosten – Eine kritische Betrachtung vor dem Hintergrund des Entwurf eines Steuerreformgesetztes 1990, in DStR 1988, Seite 159ff.

Lüdenbach, N. (2001): International Accounting Standards, Der Rat-geber zur erfolgreichen Umstellung von HGB auf IAS, 1. Auflage, Haufe Verlag, Freiburg, 2001

Männel, W. (1999): Integration des Rechnungswesens für ein durchgängiges Ergebniscontrolling, in: Kostenrechnungspraxis, 43. Jg., 1999, Heft 1, S. 11-21.

Prangenberg, A. (2000): Konzernabschluss international, Grundlagen und Einführung in die Bilanzierung nach HGB, IAS und US-GAAP, Schaeffer-Poeschel Verlag, Stuttgart, 2000

Riebel, P.(1994): Einzelkosten- und Deckungsbeitragsrechnung, Wiesbaden 1994.

Scharpf, P. (2001): Rechnungslegung von Financial Instruments nach IAS 39, Schäffer-Poeschel Verlag, Stuttgart 2001

Schön, M.(1999): Schlankes Controlling mittels Integration von internem und externem Rechnungswesen, in: Der Controlling-Berater, Heft 6, 1999, S. 71 – 98.

Stahl, A. (2001): Rechnungslegung: Umstellung von HGB auf IAS oder US-GAAP, in: Der Controlling Berater, Haufe Verlag, Freiburg i. Br., Heft 6 Nov.2001, S.89 –110

Strack, T. (2002): Projekt-Controlling für IT-Dienstleister, ersch. in Haufe Controlling-Office, Haufe-Index: 658903, Dezember 2002

Wagenhofer, A (1999): International Accounting Standards, 2. Aufl., Wien 1999.

Wöhe, G. (1997): Bilanzierung und Bilanzpolitik, 9. Auflage, München 1997

Stichwortverzeichnis

Abbruchkosten 101
Abgrenzungskostenarten 423,
425 f., 436
Abgrenzungsversion 422 ff.,
432 f., 436
Ableitung Funktionsbereiche
242, 245, 254, 292 f., 309, 311,
338, 343, 346 f., 350, 465, 488
Abnahme Testergebnisse 469
Abschreibungen
- Abschreibungsmethoden 108,
112 f., 118, 120 f., 123, 127,
189, 206, 280, 290, 295, 383,
388
- Abschreibungsvolumen 108
- außerplanmäßig 108, 121
- Nutzungsdauer 95, 99, 102 f.,
108, 112, 118, 120, 125, 127,
384, 386
- planmäßige Abschreibungen
112, 123
- Restwert 108, 120, 466
Abstimmbuchungen 402, 404,
466
Abstimmledger
- Aktivierung 399, 401
- Ausgleichskonten 401
- Funktionsbereichsverrechnungskonto 302, 402, 456
Accrual basis 18, 92, 212, 268
Accruals 187
AfA-Konten 297, 392, 395 f.
AfA-Parameter 378, 383 f., 387,
466

AHK-Wertübernahme 381 f.,
391
AICPA 20 f.
Aktivierungsdifferenzen 293,
297, 381, 394, 406, 408, 413
Aktivierungsschlüssel 408 f.,
411 ff., 416 f.
Aktivierungsversion 408 f., 411
Allgemeine Verwaltungskosten
- nach HGB 237
- nach IAS 237
Allowed alternative treatment
17
Altdatenübernahme 338, 396
Alternative Kontonummer 288
Alternativkontenrahmen 287
Amortisation 322
Anhang 17, 69, 80, 87, 90, 123,
159, 161, 165, 170, 180, 185,
204, 222 f., 225, 232, 312, 316,
331 f., 344, 436, 459
Anlagenbuchhaltung
- AfA-Parameter 378, 383 f.,
387, 466
- AHK-Wertübernahme 381 f.,
391
- Allgemeines zur Umstellung
der Bewertungsbereiche 377
- Altdatenübernahme 338, 396
- Anlagenklassenbewertung
384 f., 387, 391
- Bereichstyp 380 f., 391
- IAS-Bewertungsbereich 380
- Statistischer
Bewertungsbereich 379

Stichwortverzeichnis

Anlagenklassenbewertung 384, 385, 387, 391
Anlagenspiegel 111, 122, 331 f., 459
Anlagespiegel 69, 306, 332
Anlagevermögen
- AK/HK 98 f., 101, 104, 411
- Anlagenspiegel 111, 122, 331 ff., 459
- außerplanmäßige Abschreibung 108, 121
- Einbeziehung Abbruchkosten in AK/HK 101
- Fremdkapitalzinsen als AK/HK 238 f., 241
- nachträgliche AK/HK 103
- Neubewertung 98, 106 f., 112, 119 f., 124, 191, 311, 332, 462
- planmäßige Abschreibung 112, 123
- Untergliederung 161, 168, 170, 185, 219
- Wertaufholung 109, 136
Anschaffungskosten
- Abbruchkosten 101
- Anschaffungsnebenkosten 101
- Investitionszuschüsse 102
Anwendungsberater 39, 46
Arbeitshilfen
- Arbeitsbilanz 68, 123, 199, 200, 488
- Cut-over-Plan 472
Asset
- Aktivierungskriterien 105
- Definition 104
- Folgebewertung 106
- Neubewertung 106
- Notes 110, 121, 138
- Zugangsbewertung 106
Auftragsfertigung
- Abgrenzungsschlüssel in SAP® 421 f.
- Abgrenzungsversionen in SAP® 423
- Auffassungen zur Teilgewinnrealisierung 132
- Beispiel zur Ergebnisermittlung 418
- Bewertung 131 f., 269, 271, 273, 279
- Bewertungsmethoden in SAP® 426 f.,
- Buchungsregeln in SAP® 435
- Fertigstellungsgrad 132, 272
- Festpreisverträge 131 f., 271 ff.,
- Kostenarten in SAP® 422
- Notes 133, 275, 277
- Schätzungen 131
Aufwandsrückstellungen 97, 186
Ausgleichskonten 302, 401 ff., 466
Ausgleichskonto 302, 400 ff., 466
Außerplanmäßige Abschreibung
- erzielbarer Betrag 99, 109, 121
- Nutzwert 109

Befreiender Konzernabschluss 32, 34
Belegnummernkreise 404 f.
Benchmark treatment 87
Benchmark Treatment 17, 87, 106, 136
Bereichstyp 380 f., 391
Berichtswesen
- Recherche-Tool in SAP® 437 f., 445, 450 f., 454 f., 460, 462
- Report-Painter 328, 338, 344, 437, 447 ff., 455, 460, 461
Berichtswesen (extern)
- Bilanz 307

Stichwortverzeichnis

- Eigenkapitalveränderungsrechnung 17, 30, 78 f., 162, 166, 222, 311 ff., 461
- Gewinn- und Verlustrechnung 310
- Kapitalflussrechnung 17, 30, 78 f., 92, 303, 306, 313 ff., 332, 338, 436, 459 f., 467
- Segmente 303, 329
- Vorschriften 306

Beschäftigungsschwankungen 240, 247
Beteiligungen 25, 194 f.
Bewegungsarten 348, 396, 462
Bewertungsansatz 282, 468
Bewertungsbereich
- Anlagenbuchhaltung 296
- Einführung 295
- Fremdwährungsbewertung 298

Bewertungskonzeption 18
Bewertungsunterschiede 75 f., 85, 191 f., 194, 284, 286, 290, 294, 299, 357 f., 372, 466
Bewertungsvorschriften nach IAS 86
Buchungskreismethode 283
Buchungssystematik 284 f., 481, 484 f.

Change Management 82 f., 473 ff.,
Comprehensive income 162
Conversion Service 289
Current cost 18, 98

Darlehen 169, 170 f.
Decision usefulness 91
Depreciation 322
Disagio 168 f.
Drohverlustrückstellungen 149, 180, 267
Dualer Abschluss 33

Effektivzinsmethode 148, 169
Eigene Anteile 163
Eigenkapital
- Abgrenzung zum Fremdkapital 164
- Definition 161
- eigene Anteile 163
- Mindestgliederung 161
- Mitarbeiteroptionen 164 ff.
- Notes 166
- other comprehensive income 162

Eigenkapitalveränderungsrechnung 17, 30, 78 f., 162, 166, 222, 311 f., 461
Einzel- und Integrationstests 81, 337, 464, 489
Entwicklungsaufwendungen 73, 115, 123, 256, 261, 467
Entwicklungskosten 73, 83, 94, 113, 116 f., 200, 207, 221, 256 f., 259 ff., 406, 415, 474 f.
Erfolgskontentyp 302, 372 f., 375, 415, 442, 481
Ergebnisrechnung 210, 218 f., 246, 304 f., 340, 356, 424 f., 430, 463
Ergebnisvortragskonten
- Einstellungen in SAP® 374
Ergebnisvortragskonto 301 f., 338, 357, 372 ff., 415, 442
Eröffnungsbilanz 312, 481 ff.,
EU-Kommission 13, 24
Eventualverbindlichkeiten 167, 178

F+E Abwicklung in SAP® 374, 406
F+E Kosten 115 ff., 229, 244, 255, 309
F+E-Ausweis 116, 255, 293

Stichwortverzeichnis

Fair presentation 19, 22, 208, 225 f.
Finanzderivate 143, 147, 154 f., 169, 306
Finanzvermögen
- at equity 146
- Ausweis 142
- Beteiligungen 143
- Bewertung von Beteiligungen 144
- Effektivzinsmethode 148
- Fremdwährungsforderungen 149, 169, 362
- Klassifizierung nach IAS 141
- Notes 159
- signifikanter Einfluss 144
- sonstiges Finanzvermögen 146

Foreign currency hedge 156, 169
Forschungs- und Entwicklungskosten 115 f., 229, 244, 255, 309
Fremdkapitalzinsen
- Alternative-Methode 104
- Benchmark-Methode 104
- nach HGB 238
- nach IAS 238 f., 241

Fremdkapitalzinsen
- Qualifizierter Vermögenswert 104

Fremdwährungsbewertung
- Automatische Konten im SAP® -System 365
- Automatische Konten in SAP® customizen 366
- Bewertungsbereiche 362
- Bewertungsmethoden 87, 89, 92, 95, 170, 212, 240, 282, 286, 311, 324, 331 f., 362 ff., 418, 425 ff., 462, 467
- Report SAPF100 370

Führende Bewertung 72, 80, 83, 242, 245 f., 304, 327, 368, 371,
378, 395, 405, 415, 425, 467 f., 475, 481

Funktionsbereiche in SAP® 340
Funktionsbereichsverrechnungskonto 302, 402, 456

Geringwertige Wirtschaftsgüter 108, 466

Geschäfts- oder Firmenwert 114, 117 f., 123

Gewinn- und Verlustrechnung
- HGB-Gliederung - GKV 226
- HGB-Gliederung – UKV 230
- IAS-Gliederung -GKV 227
- IAS-Gliederung -UKV 231

Gläubigerschutz 18, 208, 214
Goodwill 100, 117, 194, 208, 257
Grundstücke 105 f., 125

Hedge Accounting 149, 155
Held-to-maturity 152 f.
Herstellungskosten
- Ableitung 234
- Allgemeine Verwaltung 230, 235, 237, 309, 340
- Bestandteile 235
- Definition 102
- Fremdkapitalkosten 87, 89, 100, 104
- nach HGB 234, 235
- nach IAS 101 f., 137, 233 f., 239, 241, 249, 280
- nachträgliche 241
- nachträgliche AK/HK 103
- produktionsbezogene Vollkosten 102
- Sondereinzelkosten 235 ff., 270
- Umfang 235, 241
- Voll- und Teilkosten 240
- Wertober- und -untergrenzen 239, 265

Historical cost 18, 98

497

Stichwortverzeichnis

House of GAAP 20 f.

IAS/IFRS-Ziele
- Endscheidungsrelevanz 18, 212
- Vergleichbarkeit 18, 212
- Verständlichkeit 211
- Zuverlässigkeit 18, 212

IAS-Bilanzierungsrichtlinie 205, 488

IAS-Themenpyramiden 40
- 1. Rahmenbedingungen 56
- 2. IT-Technik & Infrastruktur 60
- 3. Unternehmensstrukturen 62
- 5. GuV 70
- 6. Kontenplan 74
- 7. Berichtswesen 78
- 8. Realisation unter SAP 81
- 9. IAS going live 82

Immaterielle Vermögenswerte
- Aktivierungskriterien 118
- Aktivierungsverbot nach HGB 115
- Ansatzkriterien 119
- Definition 113
- Identifizierbarkeit 114
- Unterschiede von HGB zu IAS 114

Income statement 224
Ingangsetzungsaufwendungen 114, 123, 257
Investorschutz 18

Joint ventures 142 f.

Kalkulationsvarianten 338, 398, 406, 468
Kapitalflussrechnung 17, 30, 78 f., 92, 303, 306, 313 f., 332, 338, 436, 459 f., 467
- direkte Methode in SAP® 460
- indirekte Methode in SAP® 460

Konsolidierung
- Aufstellungspflicht und Konsolidierungskreis 194
- Control-Konzept 194
- Einheitstheorie 196
- Erstkonsolidierung 197, 199
- Erwerbsmethode 198
- Konsolidierungsverfahren und Konsolidierungsbereiche 198
- Pooling-of-Interests-Methode 198
- Währungsumrechnung 196
- Weltabschlussprinzip 195
- Zeitbezugsmethode 197

Konten
- Abstimmkonten 302
- Ergebnisvortragskonten 302, 338, 357, 372 ff.
- Gemeinsame Konten 284, 299, 373, 441
- Kontenlänge 294, 357 ff.
- Nomenklatur 76, 281, 291, 294, 296, 299, 358, 394, 487
- Übernahmekonten 302
- Verrechnungskonten 300 ff., 377

Kontenplanlösung 281, 286, 289 f., 292 ff., 392, 480, 485, 488

Kontenplanmethode 284
- Gemeinsame Konten 284, 299, 373, 441
- HGB-Konten 75 f., 284, 294, 296, 302, 308, 357 f., 365, 372 f., 377, 392, 437 f., 441 f., 459, 461, 485
- IAS-Konten 75 f., 79, 284, 290, 293 ff., 299, 302, 308, 357 f., 365, 373, 375, 378, 391,

Stichwortverzeichnis

393 f., 416 f., 438, 441 f., 459, 461, 481, 483, 485, 488, 490
- Mickey-Mouse-Konzeption 75, 284, 301, 376, 415, 466, 485

Kontenplanverzeichnis 359 f.
Kontierungshandbuch 77, 286, 291, 488
Konvergenz des Rechnungswesens 47, 72, 83, 207 f., 242, 249, 304, 406
Konzernkontenrahmen 287
Konzernkontonummer 289
Kostenbasis
- kalkulatorisch 148, 210, 216 f., 219, 242, 249, 343, 382, 395, 406
- pagatorisch 216, 220

Kostenrechnung
- Kostenartenrechnung 215, 246 f., 249, 401 f., 404
- Kostenstellenrechnung 216, 244, 246, 249 ff., 398, 405, 423
- Kostenträgerrechnung 65, 216, 246, 251, 418, 421, 423 f., 427, 431 f., 434 f.

Kostenstellenarten 348

Landeskontenrahmen 286 ff.
Langfristige Fertigung
- Beispiele 274
- Completed-Contract-Methode (CCM) 73, 132, 262, 264, 266 f., 417, 419 ff., 425 ff., 468
- Meilenstein-Methode 264, 267
- Notes-Angaben 276 ff.
- Percentage-of-Completion-Methode (POC) 74, 130, 133, 263, 266, 269, 275 ff., 417, 422 f., 425 f., 430

- Selbstkosten-Methode 265, 267

Latente Steuern
- Berechnung 191
- Bilanzielle Darstellung 190
- Definition 187
- Herleitung der Steuerlatenzen 192, 194
- Liability Methode 189
- Notes 192
- Permanente Differenzen 188
- Saldierung 190
- Temporary-Konzept 187
- Verlustvorträge 22, 190 f.,

Leasing
- Definition 124, 126
- Finanzierungsleasing 124, 126, 129
- Operating Leasing 127, 129
- sale-and-lease-back 128

Leistungsartentarife 405
Lösungsmöglichkeiten zur Abbildung der parallelen Rechnungslegung
- Buchungskreismethode 283
- Kontenplanmethode 284
- Parallele Ledger 282

Market value 19
Materiality 18, 112, 159, 212, 223, 225
Mickey-Mouse-Konzeption 75, 79, 284, 301, 308, 357, 361, 376, 392, 415, 437, 459, 466, 485
Mitarbeiteroptionen 164 ff.,

Nachbetreuung 473, 490
Net selling price 98 f., 109
Neubewertung
- Anschaffungswertprinzip 106, 119, 264, 267
- fair value 106

499

Stichwortverzeichnis

- fair value < Buchwert 107
- fair value > Buchwert 107
- Immaterielle Vermögenswerte 119
Notes
- Eigenkapital 166
- Immaterielle Vermögenswerte 121, 123 f.,
- langfristige Fertigung 133
- Pensionen 175
- Sachanlagevermögen 110
- Sonstige Rückstellungen 185
- Verbindlichkeiten 160, 171
Notes Steuerrückstellungen/ Latente Steuern 178, 192
Notes Vorräte 72, 138, 140
Nutz- und Leerkosten 241

Operativer Kontenplan 287
Optionen 154, 165 f.,
OSS® - Hinweise 340, 418, 438
Other comprehensive income 153, 156, 162, 311 f., 462

Parallele Buchungskreise 283
Parallele Konten 284 f.
Parallele Ledger 282
Paralleler Abschluss 32 f.
Pensionsrückstellungen
- Abzinsungssatz 174, 182 ff.
- Ansammlungsverfahren 173 f.
- Beitragsorientierte Pläne 172
- Kategorien von Leistungen an Arbeitnehmer 172
- projected unit credit method 174
- Teilwertverfahren 175
Periodenabschluss 418, 421 ff., 427, 431 ff., 468, 473 f., 490
Periodengerechte Erfolgsermittlung 18, 23, 29, 268
Present value 18, 98

Prinzipien der IAS 18
Produktionsbezogene Vollkosten 73, 102
Produktivstart 38, 53, 82 f., 386, 471 ff., 476, 480 f., 483, 490
Profit-Center-Rechnung 283, 305, 327 f.,
Projektabnahme 84, 471, 473, 487, 489 f.
Projektinfrastruktur
- Projektdatenbanken 55, 57 ff.
- Projekträume 58
- Technik 57
Projektorganisationsformen 48 f.
Projektplanung
- Externe Ressourcen 45
- Fachbereiche 43 f., 49, 258, 475, 478
- Grundprobleme 41
- Projektmitglieder 41
- Projektphasen 52 f., 476
- Projektvorbereitungen 43, 45
- Projektzeitraum 40, 44, 57
- Umstellungszeitpunkt 47, 52, 311
Provisions 185, 187
Purchase method 198
Realisationsprinzip 92, 232, 264, 268, 468

Rechnungslegungssysteme 282
Rechnungslegungsvorschrift 16, 282
Rechnungswesensystem
- Ein-Kreis-System 209, 215, 220
- Zwei-Kreis-System 217, 220
Recoverable amount 18, 109
Relevance 18, 212
Reliability 18
Report
- RAAFAR00 388

Stichwortverzeichnis

- RAPERB00 297, 300, 389, 394, 397, 413, 415, 417, 467
- RFBILA00 301, 377, 437 f., 441 f., 455 f., 467
- SAPF100 362 f., 370
- SAPF101 361 f.

Restrukturierungsrückstellung 181

Rücklagen 161, 166, 312

Rückstellung
- Abzinsung 182
- Ansatzkriterien 178
- Außenverpflichtung 179
- Bewertung 180 f.
- Buchungsbeispiel 357 f., 490
- Drohverlustrückstellung 149, 180, 267
- Eventualschuld 179 f.
- Gegenwärtige Verpflichtung 178
- Pensionsrückstellungen 172
- Rückstellungen für Restrukturierung 181, 187
- sonstige Rückstellungen 187
- Steuerrückstellungen 177, 185, 187
- Wahrscheinlichkeitsbegriff 179

Saldierungsverbot 134

SAP-Transporte 470, 482 f.

Schulungen 83, 471, 473, 478 f.

Segmentberichterstattung 64, 80, 462 ff., 467

Segmente
- Aufstellungspflicht 316 f.
- Definition 318
- geographische Segmente 319 f.
- Geschäftssegment 319
- Informationspflichten 317, 321 f., 324 f.

Sicherungsgeschäfte 147, 154 f.

Sondereinzelkosten
- nach HGB 236
- nach IAS 237

Standardpreis- / Inventurkalkulation 406

Standardpreise 47, 242, 399

Standards
- lex specialis 13, 15 f., 19 f., 22, 24 ff., 30 f., 51, 60 f., 86, 88 ff., 101, 160, 202, 211, 224, 249, 306, 314, 316 f., 491 ff.

Standard-Setter 19

Start-up-costs 123

Stetigkeitsgebot 240

Steuern
- Bewertung tatsächlicher Ertragssteuern 177
- Bilanzdarstellung 177
- Bilanzierung tatsächlicher und latenter Steuern 177
- Latente Steuern 177, 187 f., 191
- Notes 178, 192

Substance over form 94, 212, 225

Substitution
- Aktivierung 351
- Definition 339, 349 f.
- Prioritäten innerhalb der Substitutionsregeln 349

Summensatzanzeige 400, f.

Systemfreigabe 483

Termingeschäfte 154

Tochterunternehmen 63, 89, 143, 194 f., 214, 317

Überleitungsrechnung 33 f.
- Aktivitäten zur Erstellung 85, 202
- Beispiele 203
- Einführung 201

Übernahmekonten 302

Stichwortverzeichnis

Umsatzkostenledger 448, 450, 453, 457
Umsatzkostenverfahren
- Ableitungslogik FB 242, 245, 254, 292 f., 309, 311, 338, 343, 346 f., 350, 465, 488
- Aktivierung 339, 356
- Arbeitsschritte zur Aktivierung 338 f., 346, 356, 465
- Definition der Funktionsbereiche 309, 339, 345
- Einstellung FB im SAP® System 345
- FB in Objekten Eintragen 347 f.
- Fehlerfunktionsbereich 344
- Ledger 352
- Substitution einrichten 349 ff.
- Vorschlag zur Gliederung der FB 340

Value in use 99, 109
Verbindlichkeiten
- Definition 167
- Folgebewertung 169
- Fremdwährungsverbindlichkeiten 169, 362
- Gliederung und Ausweis 167
- Notes 160, 171
- Transaktionskosten 168
- Zugangsbewertung 145, 168
Verlustvorträge 22, 190 f.
Vermögensgegenstand 106, 189, 240
Verrechnungskonten 300 f., 377
Vorjahreswerte 311, 348

Vorräte 47, 221, 406
- Anschaffungskosten 135
- Bewertung 134
- Bewertungsvereinfachungsverfahren 136, 137
- Definition 99, 134, 139
- Einzelbewertung 136
- erhaltene Anzahlungen 134
- Festwertansatz 137
- Herstellungskosten 102, 135, 235, 237, 239
- Lower of cost or market 135
- Nettoveräußerungswert 98 f., 109, 134 ff., 140
- Notes 72, 138, 140
- Wertaufholung 136
Vorratsvermögen 139, 261
Vorsichtsprinzip 23, 92, 154
Vortragskonto 374, 486
Vortragswerte 110, 113, 199, 302, 480 f., 483 f., 486, 488

Währungsumrechnung 196
Wertpapiere
- Gliederung 148, 151
- Umklassifizierung 153
Workshops
- Agenden 55, 58 f.
- Dokumentation 59
- Protokolle 55, 59
- Qualitätsreview 490

Zeilenidentifikationen 426, 430 f.
Zugangs- und Abgangskonten 295 f., 392 ff.

Die Zwei für IAS/IFRS

Der Kommentar

Der Haufe IAS-Kommentar unterstützt Sie bei der Anwendung der IAS/IFRS-Regeln und lässt keine Fragen offen. Mit diesem Kommentar können Sie der Zukunft der Rechnungslegung zuversichtlich entgegensehen.

Aus dem Inhalt:
✓ Praxisorientierte Kommentierung mit konkreten Beispielen
✓ Detaillierte Hinweise zur Bilanz-Politik nach IAS/IFRS
✓ Aktuell, mit Rechtsstand 01.01.2003

„Ich empfehle den neuen Haufe IAS Praxiskommentar für die praxisgerechte Bewältigung der IAS-Rechnungslegung nachdrücklich."

Prof. Dr. Wolfgang Eisele, Universität Hohenheim

Dr. Norbert Lüdenbach /
Dr. Wolf-Dieter Hoffmann (Hrsg.)
Haufe IAS-Kommentar
1. Auflage, 1.200 Seiten, Hardcover
Bestell-Nr. 01148-0001 **nur € 139,–***
ISBN 3-448-05199-3
Aktualisierung nach Bedarf **nur** je € 129,–*
(* inkl. MwSt., zzgl. Versandpauschale € 1,90)

Der Ratgeber

Schritt für Schritt geht dieser Ratgeber auf die Bedürfnisse der deutschen Anwender ein. Sie erfahren im Detail, wie Sie bei der Umstellung von HGB auf IAS/IFRS vorgehen. Ein Praxisratgeber für innovative Unternehmen, deren Berater und für alle im Rechnungswesen, die in ihrem Berufsfeld auch morgen noch wettbewerbsfähig sein wollen.

Das bietet Ihnen dieses Buch:
✓ Basisgrundsätze der IAS/IFRS
✓ Synoptische Darstellung der wesentlichen Abweichungen von HGB und IAS/IFRS
✓ Wertvolle Checklisten und Arbeitshilfen

… unverzichtbar für Ihre tägliche Arbeit mit den IAS!

Dr. Norbert Lüdenbach
International Accounting Standards
2. Auflage, 350 Seiten, Hardcover
Bestell-Nr. 01145-0002 **nur € 49,90***
ISBN 3-448-05555-7
(*inkl. MwSt., zzgl. Versandpauschale € 1,90)

⌐Haufe Mediengruppe …

Jetzt bestellen und vier Wochen unverbindlich testen!

Telefon: 0180/50 50 440*
*12 Cent pro Minute (ein Service von dtms)

Fax: 0180/50 50 441*

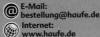
E-Mail: bestellung@haufe.de
Internet: www.haufe.de

Post:
Haufe Service Center GmbH
Postfach
79091 Freiburg

Setzen Sie auf Kompetenz

Bücher, Loseblattwerke, Profi-Software

Katalog anfordern unter:
Telefon 0761/89 88 444 oder Fax 0761/89 88 555
oder unter bestellen@haufe.de

www.haufe.de

Haufe Akademie

Seminare und Schulungen, Tagungen und Kongresse, Qualification Line, Management-Beratung & Inhouse-Training für alle Unternehmensbereiche. Über 180 Themen!

Katalog anfordern unter: Telefon 0761/47 08-811

www.haufe-akademie.de

Tausende Dokumente zum Download

Aktuelle und rechtssichere Qualitätsdokumente, Applikationen und Service-Angebote zum einfachen Herunterladen aus dem Internet.

Dokumente unter: www.redmark.de

Haufe Mediengruppe

Haufe Mediengruppe   Hindenburgstraße 64   79102 Freibu